[比較政府與政治5]

德國政府與政治

顧俊禮／著

李炳南／主編

《比較政府與政治》

──叢書序──

　　格物而致知，下學而上達。比較政府與政治系列叢書，付梓的終極目的，不僅在於形而下的格物，更在於形而上的致知，致何知？曰：規撫各國憲政體制之精華，以爲我國之用；而亦非僅是毫無章法地下學於各國的政府與政治，它主要在上達，即爲將各國政治與政府的優劣，加以綜覽與歸納，截長補短、因革損益，以爲國家憲政體制的建構，提供參酌的範本。所謂他山之石可以攻錯，豈不然也。

　　孫逸仙先生說，政治乃「管理眾人之事」。但眾人之事如何管理？此非有賴於一個健全的政府，則未能竟其功。傳統政治學將政府列爲建構國家的四個要素之一；而近代民主國家立憲原則必須符合：(1)主權在民，(2)規範人民的權利與義務，(3)建構政

府體制，此三要素缺一不可。由此觀之，政府體制的良莠，乃成為驗證此一國家是否符合憲政理論與規範最重要、而且是憲政運作最具體的標準之一。

近代民主憲政理論與實際的演化過程已有數個世紀之久，其中一些民主國家的憲政典章，頗值得其他國家學習與效法。二次世界大戰後新興的國家，若欲建構一部可大可久的憲政體制，自不能自絕於先進國家的政治經驗之外。撫今追昔，持平而論，現今各國不論西方或第三世界國家，其政治制度與運作，總不脫離三權分立、責任政治、政黨政治等幾項重要原則與原理，此可謂萬法不離其宗也。作為一個新興的民主政體，中華民族當然不能自絕於此一潮流之外。換言之，吾人不餘遺力地鑽研各國的政府與政治，其目的不外如下：

一、縮短學習的時間，減少學習時所必須付出的社會成本。對於中華民族而言，各國政府與政治的興衰成敗之理，正如同輿馬、舟楫，吾人若能善假之，則不但可以大大降低學習過程中所必須付出的代價，更可以藉由各國的政治經驗，拓展視野見識，以達事半功倍之效。

二、坐收知己知彼之功。借用荀子之言，「不聞各國之政府與政治，不知學問之大也。」身處二十一世紀，中華民族絕對不能畫地自限於國際社會之外，相反地，必須一步一腳印參酌他國的憲政過程，並與之分享自己的經驗。簡言之，近代任何為人所歆羨的民主國家，其憲政進化的歷程，皆非憑空而降、無中生有，更非一蹴可幾的。反之，近代憲政改革過程不甚成功，或為

人所詬病、甚至引為負面教材的國家，其挫敗的原因，亦頗多可供後起者引為借鑑。質言之，如荀子所言：「不積跬步，無以至千里；不積小流，無以成江海。騏驥一躍，不能十步；駑馬十駕，功在不舍。鍥而舍之，朽木不折；鍥而不舍，金石可鏤。」實良有以也。屢戰屢敗、復屢敗屢戰，進而「鍥而不舍」的精神，豈不正是中華民族這百年來憲政發展史的寫照？

三、良善之憲政制度，非生而有之，必須學困而致之。對中華民族而言，民主政治是外來的產物，非傳統之所有，是故中華民族對於各國的憲政發展經驗有著急迫性的需求，不言而自明。中華民族在這條民主憲政的道路上，已步履蹣跚地走過了百年以上的歲月，誠然，憲政如同有機的生命體一般，不斷地在發展，除非凋零謝世，否則絕無停止演化與成長的一刻；但吾人亦不禁要問，如果中華民族的憲政藍圖有一個終極的關懷，即臻於所謂的至善，則將如何建構此一境界？又為何始終停留在憲政「草創」的階段？中華民族憲政的發展，究竟該如何進入「眾裡尋他千百度，驀然回首，那憲政體制正在燈火闌珊處」？這是思索二十一世紀中華民族出路必須且無法規避的嚴肅課題。

四、彼此切磋，以達相互學習之效。舉凡各國立憲之初，無不懷抱遠大夢想，亦無不信誓旦旦，亟建立萬年憲政基業之宏大願景。此一氣吞山河的憲政氣勢，無論是在國際社會中名不見經傳、甚至無足輕重的第三世界國家，或近數百年來在世界上呼風喚雨、縱橫睥睨的強權國家亦然。基於此，中華民族必須與上述國家共同分享憲政發展的點滴，除攝取他國的憲政經驗外，更必

須適時回饋給國際社會。中華民族的民主憲政已晚西方數百年之久,在另一個千禧年展開之際,有必要展現自己對於全球村的政治領域的關懷。

　　跨越千禧,中華民族必須盡力拋棄舊傳統的束縛,與國際社會共同擁抱嶄新的二十一世紀。現行國際間存在著兩種矛盾的思維:一方面,國際社會看似欲跨越傳統國與國的藩籬,打破古典政治學派的窠臼,進而強調世界乃是全球村的合作理念(如WTO等組織);但另一方面,不少大國卻又以積極的態勢,向其他弱勢的國家,推銷其建國與治國的憲政體制,甚或以不同的文明,區隔未來國際社會的互動模式。身處國際社會一份子的中華民族,不可能免於這波思維潮流的衝擊。而吾人以為中華民族的憲政之路,若要具有前瞻性與未來性,必須從以下兩個願景來思考:

一、台灣願景

　　台灣五十年來的憲政之路,一方面承繼一九一二年以來,由孫中山、蔣介石等開國者所規劃出的建國藍圖,再加上一九四九年撤退來台後,因時制宜、甚或便宜行事,所設計出的諸多政治制度,以兩者相互交融、大體搓揉成現階段的台灣憲政體制與規模。由於民初建國之時的中國,與現在偏處一隅的台灣,兩者時空環境上的南轅北轍,使早先制憲先賢們嘔心瀝血所創造的憲政體制,顯得處處捉襟見肘,無法真正發揮作為國家根本大法的功能;尤有甚者,不少當代政治人物與學者多所揶揄,質疑一九四

七年制定的憲法在台灣的適用性與合法性。

　　正因爲部分學者與政治人物對於此部憲法的質疑，從一九四九年以來，已有過多次大規模的修憲工程。這多次的憲政改革，因實施時間尚短，功過尚難蓋棺論定。唯多數憲政學者皆同意，憲政是有生命的、有機體的，憲法絕對可因時、因地制宜。但吾人卻不可忘卻有機生命的成長必須有其一貫性與持續性，故吾人從不懷疑任何制憲與修憲先軀會冀望創造一部「朝修夕改」的憲法。尤其是改革過程中，如果過度訴求權謀與現實，而不關注憲法的理想性，其結局將如莊子所言，「朝菌不知晦朔，蟪蛄不知春秋」，這是吾人所不樂見的。因此吾人認爲，從台灣層次思考，若要創造一部兼具前瞻性與未來性的憲政大法，參與者必須以秉公無私的心，多以制度的良善爲出發點，而少以個人的好惡爲判準。

二、中國願景

　　台灣與其他現代民主政體，在憲政發展過程中最大的差異，除必須自身成長外，尚可懷有一個憲政夢想，即未來如何將台灣的憲政理論與實務完整地呈現給全中國。換言之，一部宏觀的開創性的台灣憲政史，所關照的，不必只把焦點放在台灣；台灣可以肩負其他民主國家所無需承擔的責任，台灣不必自絕於未來中國的民主憲政發展之外。簡言之，台灣的憲政道路可以「預留迴旋的空間」，以涵蓋全中國的未來。這裡所謂的空間，意含著台灣憲政的氣魄與願景，不畫地自限於海島一隅，而把憲政視野延

伸至未來的全中華民族。

　　為完成上述願景，我們應以宏觀的角度，迎接此願景所帶來的挑戰。但所謂的宏觀思維，絕非泛泛之論，它須言必有物，行必有據。中華民族有其聰明才智，為四大古文明的一員，中華民族有能力與其他民主國家較量，假以時日，一定可以走出自己的路。但吾人也不可妄自尊大，以為所有西方文明皆不如中華民族；反之，吾人更應靜心思索為何中華民族的憲政發展不如西方國家，甚至連經濟落後的印度，中華民族仍瞠乎其後？

　　古今中外任何國家，其政府與政治均涵蓋兩個因素，其一為制度，其二為人物。前者是靜態的，後者是動態的。西方民主國家，認為人性本惡，其憲政制度的設計，以避免人性為惡作出發點，防弊重於興利。故西儒在政制的設計上，以制度為首、人物為次，以制度為經、人物為緯。而中華民族的思維則相反，孟子言：「徒善不足以為政，徒法不能以自行。」中華民族的政治哲學，歷來即期待一位「內聖外王」的超人，可以跨越現有體制的框架，為中華民族創造一個理想的國度；他們認為一切的制度乃為人所用，不可拘泥於有形的事態上。在此思維下，凡事皆可因人設事、因人設制，典章制度在政治的運轉過程中，就不可能舉足輕重，反常淪為主政者的附屬品。

　　唯吾人願再強調，近代憲政體制是西方國家的產物。在改革中華民族的政制與政治之時，我們必須改革傳統的政治思維邏輯，應以「因時制宜，與時俱進」的奮進態度，包容與擷取他國之長。雖然，中華民族的思維模式已有數千年之久，欲短時間內

「變夏於夷」，恐怕難為所有政治人物所接受，但《論語》亦曾勉勵主政者：「政者，正也，子帥以正，孰敢不正？」制度與人物是憲政的兩大支柱，缺一不可，吾人寄望於政治人物，主政者正心修身以治國，人民將風行草偃，若政治人物以無私的心為人民服務，則任何優越的憲政體制與理念，必然可為中華民族所用。果其然，中華民族遲早可以登入先進國家之林，不會仍如今日一般跌跌撞撞地尋找憲政的源頭活水。

李炳南

謹述於台灣大學研究室

——自序——

　　德意志國家的歷史如果從西元九世紀算起，至今一千多年。在這期間，它經歷了興起和衰亡、分裂與統一的曲折歷程，直到本世紀中才走上民主與法治的道路，建立起穩定的議會民主制度。它憑藉著這一點，不僅博得了本國人民的真誠支持、實現了國家統一、保持了半個世紀的穩定與繁榮，而且贏得了鄰國的尊重與信任。

　　德國的民主制度，除了議會制度、自由選舉制度、多黨制度以外，主要還包括七方面內容：

1.確立民主、法治、福利國家和聯邦制是治國的基本方略；
　並且透過國家根本大法《基本法》使之憲政化。

2. 《基本法》的原則穩定不變，但又隨著國際形勢和社會經濟的變化與發展，補充一些新內容，使之更臻於完善。《基本法》的基本原則包括：(1)「一切權力來自人民」，人民是國家的主人；國家不是實行統治，而是服務於人民。(2)尊重和保護人權（即人的基本權利），實行信仰自由、言論自由、集會自由、選擇職業和遷徙自由；保障私有財產不可侵犯。(3)《基本法》是自由民主基本制度的基礎和體現，必須保持長期穩定。《基本法》的修改必須獲得聯邦議院2/3的議員和聯邦參議院2/3議員這兩個2/3多數的通過。(4)明確劃分聯邦政府和各州政府的財政預算和稅收權利，各級政府實行財政全責運作，量入為出，不得超支挪用，不得從銀行透支。(5)實行軍隊國家化，且軍隊不得參政。軍隊的任務：對外抗擊入侵者、保衛國家安全；對內幫助人民抗禦自然災害、保護人民生命財產安全。

3. 國家權力實行立法、行政、司法三權分立，相互制衡；同時，立法機構實行聯邦議院和聯邦參議院的兩院制，二者相互制約，更有效地體現垂直意義上的分權制衡原則。

4. 實行司法獨立。司法權委託給法官；司法權的行使由聯邦憲法法院、各聯邦法院和州法院負責。聯邦憲法法院是保護憲法實施的最高司法機關，具有與其他制憲機構平等的特殊地位。

5. 黨、政分開，各司其職、互相監督。政府是由人民選舉，代表人民、服務人民的執法機構；政黨只是代表一部人的

利益。政黨不能干預政府，但政府可以對政黨依法管理。

6.輿論獨立，並對政府、政黨和社會團體實行廣泛監督。

7.雇員和雇主各自成立利益集團，在維護自身利益的同時，
結成社會夥伴，共同為國家繁榮和社會穩定貢獻力量。

　德國不僅在發展經濟、而且在管理國家方面都有許多成功的
經驗，值得我們學習和研究。學習，當然不是照搬而是要從我國
國情出發，去蕪存菁、去偽存真，為我所用、為振興中華而用。

　我在寫完這本書時，正值德意志聯邦共和國成立五十周年紀
念日，我僅以此書獻給偉大的德意志人民，祝德意志聯邦共和國
繁榮昌盛！

　我還要將此書敬獻給養育我的父母親，是他們茹苦含辛把我
培養成才，並使我和我的兩個孩子從此與德國結下了不解之緣！

　最後，我還要向我的夫人王文珍女士表示深深的謝意，她不
但承擔了全部家務，而且用她的歌聲和琴聲使我在緊張的工作之
餘得到了精神上的調劑與鬆弛。

顧俊禮

於中國社會科學院太陽宮宿舍

九如齋

──目錄──

第1章
德意志國家的建立與發展

　　德意志聯邦共和國❶，簡稱德國，位於歐洲中部。它周圍與九個國家相鄰：北與丹麥接壤，並臨北海和波羅的海，西界荷蘭、比利時、盧森堡和法國，南接瑞士和奧地利，東部與捷克共和國和波蘭相鄰。面積357,000平方公里，南北之間的直線距離最遠相距876公里，東西之間為640公里。人口約8,000萬。除俄羅斯外，它是歐洲人口最多的國家，超過義大利、英國和法國。按面積計算，它小於法國和西班牙。

　　德國在19世紀70年代後，曾經對歐洲和世界發生過重大影響。在人類邁入21世紀的今天，可以肯定，統一的德國定將在建立世界政治、經濟新秩序中發揮重要作用，這不僅是因為它具有特殊的地理位置，更在於它具有強大的經濟實力、先進的科學技術、光輝燦爛的文化以及德意志特色的民主與法治的政治體制。

第一節　日耳曼國家的形成與文化起源

　　德意志民族的形成是一個經歷了許多世紀的歷史過程。德意

志民族的祖先是古代日耳曼人，是歐洲大陸上的古老民族之一。

　　早在西元前約2000年的銅器時代，屬於印度日耳曼語系的古代日耳曼人部落便產生了。這時「基本的日耳曼部落有五個：溫底爾人，其中勃艮第人、瓦林人、喀林人和古頓人；第二個部落是印格伏南人，其中有基姆布利人、條頓和喬克人；住得最靠近萊因河的是易斯卡伏南人，其中有西幹布爾人；住在這塊土地中央的是赫米奧南人，其中有蘇維彙人、赫蒙杠利人、卡騰人、凱魯斯奇人；第五個部落是和達克人鄰接的佩夫金人及巴斯泰爾人。」❷西元前1800年起，日耳曼人開始在斯堪地那維亞半島的南部以及今日德國的北部和西北部定居下來。西元前600年左右，他們開始向南或向西遷徙，直達萊因河下游和維斯杜拉河。後來幾個世紀裡，便逐漸在萊因河以東、多瑙河以北和北海之間的廣大地區繁衍生活。這時，日耳曼人各個部落還保持著一些具有血緣關係的人組成的氏族。差不多同時期，羅馬人征服了萊因河以西和多瑙河以南的地區，並修築了東南走向的「界牆」。西元前約50年，日耳曼人占領了北海和德意志中央高地直到羅馬人「界牆」的廣大地區。西元1世紀左右，日耳曼人的氏族社會開始瓦解，出現了以地域關係形成的大家族公社，稱之為「馬爾克」。西元1世紀中葉，日耳曼部落開始結成部落聯盟。部落聯盟是一個民族由遊牧時期分散孤立狀態走向集體有組織社會的過渡，為後來日耳曼民族的形成奠定了基礎。起初較大的部落聯盟有：法蘭克人、蘇維倫人、盎格魯・撒克遜人、倫巴底人、東哥德人、西哥德人和汪德爾人等。在長期與羅馬帝國的衝突中，西元2世紀起逐漸形成了法蘭克、薩克森和阿雷蒙三個著名的大部落聯盟。西元250年，法蘭克人和阿雷蒙人超過羅馬人的「界牆」和

萊因河，向東推進。

　　西元375年，日耳曼民族開始大遷移。日耳曼民族大遷移不僅加速了羅馬帝國的滅亡，而且對日耳曼民族國家和民族文化的形成和發展產生了巨大影響。羅馬帝國分裂成東、西兩個帝國，西羅馬帝國面對日耳曼人的頻繁侵襲，束手無策，被迫允許他們以「同盟者」的身分移居西羅馬帝國境內。西羅馬帝國由於國內奴隸起義日趨衰落，加上日耳曼人的大舉入侵，終於在476年滅亡。西元5～6世紀，日耳曼部落逐漸發展成各自獨立的日耳曼王國，當時著名的日耳曼王國有：汪達爾王國、東哥德王國、西哥德王國。但這些日耳曼王國並未對後來德意志大地上的日耳曼國家的歷史產生直接影響，對日耳曼民族國家形成產生重大影響的則是由法蘭克部落聯盟發展起來的法蘭克王國。

　　西元486年，法蘭克部落聯盟的軍事首領克洛維（466～511）統一了萊因河下游的高盧北部的法蘭克人、打敗了羅馬駐高盧的最後一任總督，征服了阿雷蒙人和西日耳曼其餘各部族的大部分，創立了法蘭克王國。這個王國的版圖很大，包括了幾乎當今整個法國、萊因河流域和從阿爾卑斯山直到德國中央高地的廣大地區。西元496年，克洛維王國皈依基督教，這對於平衡日耳曼人和被征服的羅馬人之間的關係、鞏固法蘭克王國十分重要。後來，他多次發動戰爭、吞併了信奉其他教派的日耳曼各部族。西元6世紀，法蘭克王國終於以日耳曼民族為中心奠定了永久性國家基礎。這時法蘭克王國的領土，東起易北河和塞勒河，西到庇里牛斯山，南至義大利北部，北臨北海。在這個王國裡的日耳曼民族主要有法蘭克人，阿雷蒙人、薩克森人、圖林根人、巴伐利亞人、弗里斯人以及部分凱爾特人、羅馬人和斯拉夫人。法蘭克

王國最重要的君主是查理大帝。西元800年，羅馬教皇給他加冕稱帝，尊號「羅馬人的皇帝」。此後，查理大帝就成爲羅馬帝國的皇帝和基督教會的保護人。查理大帝的強大帝國在他的繼任者們的統治下多次瀕臨分裂，西元843年，法蘭克王國根據《凡爾登和約》正式分裂爲三部分，即勃艮第－普羅旺斯－義大利中部王國（後來發展成爲義大利）、西法蘭克王國（後來發展成爲法蘭西國家）和東法蘭克王國。東法蘭克王國後來發展爲德意志國家。西元911年，名存實亡的法蘭克王國卡洛林王朝的最後一位君主去世，東法蘭克王國的公爵們選舉法蘭克公爵康拉德爲「法蘭克國王」，史稱「康拉德一世」。康拉德一世的當選，意味著德意志國家歷史的開始。

日耳曼人在與羅馬人的長期征戰與共同生活中，不但形成了德意志民族、創建了自己的民族國家，而且創造了燦爛的日耳曼文化。日耳曼文化的源流主要有三。❸

■ 古希臘和羅馬文化的影響

古希臘是歐洲文明的發源地，對歐洲文化的影響極大，正如馬克思所說：「沒有希臘文化和羅馬帝國所奠定的基礎，也就沒有現代的歐洲。」❹恩格斯也說：「這個小民族的成就……他們無所不包的才能和活動，保證了他們在人類發展史上爲其他任何民族所不能要求的地位。在希臘哲學的多種多樣的形式中，差不多可以找到以後各種世界觀的胚胎和發生過程。」❺古希臘的文化，大約在西元前12～8世紀的「荷馬時代」、西元前5～4世紀左右的「古典時代」，以及西元前3世紀左右的「希臘化時代」是最繁榮的時代，這表現在哲學、美學、自然科學、文學、神話、

音樂等各個方面。希臘著名詩人荷馬的兩大史詩「伊利亞德」和「奧德賽」，依斯克勒斯、索福克里斯和尤里皮底斯等希臘悲劇的偉大代表，以及柏拉圖、亞里斯多德和蘇格拉底的哲學等等，都為日耳曼文化所汲取，成為日耳曼文化的重要思想基礎之一。但希臘文化對日耳曼文化的影響，並不是直接的，而是通過羅馬間接傳播的。古希臘對羅馬的影響很深。西元前3世紀，羅馬大肆向外擴張，恣意掠奪，許多古希臘寶藏被帶到羅馬；大批希臘戰俘被當作奴隸供羅馬帝王、貴族、奴隸主使用，這些都成為希臘文化在羅馬的直接傳播者，而且希臘文化已成為羅馬文化某些方面不可分割的一部分。羅馬在相當長的時期中是橫跨歐、亞、非三大洲的龐大帝國，這個帝國利用、模仿古代地中海區域許多中心地的文化，特別是「希臘化時代」雅典城邦的文化，它的管理才能使經濟貿易暢通無阻，穩定的貨幣促進了消費市場的發展；它完善的城邦共和政體、嚴謹的羅馬法，以及大加圖、凱撒等人的散文，維吉爾、賀拉斯等人的詩歌，競技場和神廟的建築等等，對後世歐洲文明都產生了深遠的影響。日耳曼人最初與羅馬人毗鄰而居，繼而雜居而生，在長期的相互征戰和民族融合中，日耳曼文化受羅馬文化的影響更直接、更深刻。在一定意義上可以說，日耳曼文化與羅馬文化是「孿生文化」。

■ 基督教文化的影響

基督教起源於猶太國，後經希臘而入羅馬。基督教與早先的猶太教具有深厚的淵源關係，它在希臘文化和羅馬文化中已經成為獨立的宗教。古希臘文化主要講奧林匹斯山的諸神，而羅馬文化則以基督教為中心。日耳曼人接觸基督教已經是該教產生幾百

年之後，他們是通過與羅馬人的軍事衝突和正常交往，逐漸認識並接受基督教的。在這一過程中，戰俘與商人起了積極作用。克洛維建立法蘭克王國後，感到宗教有利於統治人民，便宣布皈依基督教，並在西元 496 年基督誕生日率領幾千名法蘭克人接受了規模空前壯觀的洗禮，基督教思想從此迅速在日耳曼各部落中廣泛傳播開來。後來，卡洛林王朝與羅馬天主教會進一步結成聯盟，甚至建立「教皇國」，使基督教在國家生活與文化領域中的地位上升到頂點。在基督教思想的傳播中，也包含了像理性、思想、智慧與不朽等古代哲學思想的重要概念，它們和基督教思想一起成為日耳曼文化的重要源流。

■ 日耳曼早期文化是古代神話與英雄業績的結合

在日耳曼民族大遷移中，日耳曼人與羅馬人的掠奪征討以至後來的民族融合，對日耳曼文化特性的形成具有重要意義。在洪荒時代，人類把雷電風雨、日月星辰等一切自然現象都奉為神，甚至每週 7 天的名稱也都用神的名字命名；克洛維皈依基督教之後，日耳曼文化的宗教思想便更加濃重。其次，忠於本民族和勇敢。這是頻繁的掠奪征戰給日耳曼民族生活和文化特性打上的深刻烙印。著名的日耳曼傳說「希爾德布蘭德之歌」就表現了這種文化特性：日耳曼民族大遷移時，東哥德國王的侍臣希爾德布蘭德被羅馬人逼迫逃到匈奴人那裡，三十年後歸來時，兒子問他是哪個民族的，他說出實情後，兒子不但不相認，反而立即挑戰，誣他是匈奴人，於是父子激烈拚殺。這個傳說流傳了好幾個世紀，突出地表現了兒子強烈的民族感情以及父親面臨挑戰不退讓畏縮的勇敢精神。

另外，日耳曼民族的忠誠和服從，也反映在古日耳曼文化上。日耳曼人早期的部落制度帶有濃重的軍事色彩，軍事首領的權力很大，由下級軍事首領組成的扈從隊的權力也很大。日耳曼人為掠奪土地和食物，起初對其首領言聽計從，逐漸形成了對其首領崇拜，把他看成是上帝的化身，並把自己的命運寄託於他的文化。他們發誓忠於自己的首領，並嚴格遵守自己的誓言，慢慢地形成了對首領的盲從。這種對首領的忠誠與服從隨著歲月的變遷與歷史的發展深深地根植於日耳曼人的性格中，也反映在日耳曼文化上。但是，這種忠誠與服從是有局限的。一般說來，平民百姓多忠誠服從，中上層頭目則忠誠與利己兼具。中上層頭目一旦憑忠誠為自己贏得一些封土賞賜之後，利己主義就迅速膨脹，取代忠誠而占上風，不擇手段地鞏固自己的利益，他們的權力欲和利己主義欲與其上司的權力欲和征服欲同步增長。這也是導致日耳曼民族後來長期處於分裂與分散狀態的重要原因之一。

　　最後，日耳曼文化尊重婦女、重視名聲和榮譽。長期的部落生活中，婦女不但是生活勞作的重要力量，而且是民族繁衍的主導力量；在古日耳曼文化中，女性一直是善和美的象徵，尊重婦女自古至今一直如此。名聲和榮譽一直為日耳曼人所稱頌。人的生命以至財產會隨著時間一起流逝，但事業、榮譽卻會永留人間。在日耳曼歷史上建立過功勛的卓越人物，都習慣地由後人建碑塑像以資紀念。如在德國旅遊，很容易發現這種突出的文化現象。

　　語言是人類文化媒介的工具，日耳曼語言是日耳曼民族史上的早期語言，它隨著日耳曼民族的起源而產生，隨著日耳曼民族的發展由低級到高級地逐步完善而規範。「德語」這個詞最早出

現於西元786年，意指人民的、民間的、通俗的語言。它作爲東法蘭克的民族語言，後來被逐漸用來指使用這一語言的民族；從十世紀中葉起，人們進一步把使用這一語言的民族所生活的國家稱爲「德意志」。

第二節　德意志國家政體的演進

在德意志民族國家的形成和發展中，德意志人保留了古代日耳曼人選舉君主的制度，儘管選舉需要考慮血緣的因素。西元843年法蘭克帝國的分裂和東法蘭克王國的創立，是形成德意志國家的起點。東法蘭克王國包括薩克森、法蘭克尼亞、巴伐利亞、施瓦本和圖林根等5個公國，領土大致包括當今的荷蘭、西部德國、瑞士和奧地利，其中薩克森最爲強大。西元911年，法蘭克公爵康拉德被選爲「法蘭克國王」（康拉德一世），標誌著德意志歷史的開始。西元911年薩克森公爵亨利當選爲康拉德一世的繼承人（亨利一世），獲得了東法蘭克王國全境的統治權，正式創立了早期封建的德意志國家。中央皇權的軟弱和諸侯的長期割據是德國歷史的一大特色。西元936年，亨利一世的長子奧圖一世（936～967）第一次使德國出現了強大的王權，他兩次鎮壓了法蘭克、巴伐利亞、洛林、施瓦本等公爵的反抗，並將法蘭克公國置於國王的直接統治之下。在鎮壓公爵的叛亂中，奧圖意識到必須建立一種能抵禦世俗封建主勢力的平衡力量，也就是加強教會的勢力。於是奧圖開始向大的主教轄區授予特恩權，從而創立了獨特的「帝國教會體制」。大主教和修道院長獲得了大量的王室產業，他們的世俗權力以及對國王負有的義務等同於相應的封建

貴族。西元961年，奧圖率領軍隊翻越阿爾卑斯山，吞併倫巴德國家，幫助教皇約翰十二世（955～963）鞏固了地位。962年，奧圖在羅馬聖彼得大教堂由教皇加冕，稱爲「羅馬皇帝奧古斯多」。奧圖稱帝後，成爲羅馬教廷的庇護人，由此也擁有了整個羅馬天主教世界實際上的最高權力。此後，所有德意志國王都有權要求加冕稱帝，但並不是繼任國王後就自動擁有皇帝的稱號。加冕必須跑到羅馬，獲得教皇的同意。皇帝與教皇之間的關係和鬥爭從此深刻地影響到德意志內部的權力鬥爭。奧圖加冕後，德國就正式稱爲「羅馬帝國」。西元1155年，弗里德里希一世由教皇哈德良四世加冕，稱爲「神聖羅馬帝國皇帝」，這樣在「羅馬帝國」名稱前又加上了「神聖」兩字。15世紀時又在「神聖羅馬帝國」前增加了「德意志民族的」附加詞。德意志神聖羅馬帝國集合了羅馬帝國的傳統、天主教會的特權和法蘭克帝國的王權，延續了840多年，在德國歷史上稱爲「第一帝國」。

在奧圖一世時期，皇帝任命主教，甚至決定教皇的人選，但到11世紀下半葉，羅馬教廷經過改革逐漸不再受制於德國皇帝，甚至在1076年企圖抗爭的皇帝亨利四世頒布了破門令。事後雖然經過亨利四世的乞求教廷解除了破門令，但這一事件意味著教廷的權力開始超越德國皇權。12世紀中葉，德國皇帝弗里德里希一世6次遠征義大利，最後歸於失敗，不得不答應不再反對教皇。德皇對主教和修道院長任命的干預權僅限於德國境內。由於弗里德里希一世在遠征義大利的過程中不斷對封建諸侯的勢力退讓，德國中央皇權衰微。西元1256～1273年，德國甚至出現了中央皇權崩潰的空位時期。

1356年，盧森堡家族出身的德皇查理四世頒布了一項重要的

帝國立法——金璽詔書,正式從法律上明確了德國皇帝選舉制度。金璽詔書規定,德皇由最有權勢的7位諸侯選舉產生,史稱「選帝侯」。這7位選帝侯分別是科隆大主教、美因茲大主教、特利爾大主教、薩克森公爵、巴拉丁伯爵、布蘭登堡侯爵和波希米亞國王。選侯會議由美因茲大主教召集,選舉以多數通過為有效。選侯地位與皇帝相等,每年舉行一次選侯會議。選侯在邦國內享有最高統治權,並實行長子繼承制原則,以保持選侯的領地、榮譽和權力永保完整。選帝侯的設立,使德國再也不可能有一個皇室強大到足以成為民族的代表,從而建立中央集權制的統一國家,德國四分五裂的局面進一步加深。

德國皇帝依據封建法規儘管可以任命官職、授予爵位、要求他的封臣對他盡一定的義務,但帝國重要事務都需要經過帝國議會討論決定。帝國議會的成員最初是那些大的諸侯和貴族。隨著皇權的急遽衰落,15世紀以後,帝國議會開始在帝國政治事務中發揮重大作用,其性質也逐漸演變為一個等級會議。帝國議會由皇帝主持,地點不固定(17世紀下半葉以前),皇帝的外交政治決策、徵募軍隊、增加稅捐等必須經過帝國議會的同意。帝國議會代表分為三個等級,第一等級為選帝侯,第二等級為諸侯,第三等級為城市,三個等級各有一票表決權。顯而易見在帝國議會中起主導作用的是選帝侯和諸侯,任何不利於他們的議案都難於通過。

除帝國議會以外,其他重要的中央機構先後有帝國宮廷總務府,它主要對皇帝提供有關帝國事務的建議;帝國宮廷參議院(樞密院),它是直屬皇帝的有關司法案件的最高上訴機關,在政治和宗教問題上維護皇帝的立場;帝國執政政府,它協助皇帝處

理國務。但帝國沒有統一的常備軍，沒有統一的貨幣和財政稅收，也遲遲沒有一個統一的帝國法院。羅馬教會在德國的勢力特別大，教皇代表不到，帝國議會不能召開，這一狀況一直沿續到16、17世紀德國宗教改革和宗教戰爭爆發。18世紀末、19世紀初，法國拿破崙大肆向外侵略擴張，一度侵占了德意志神聖羅馬帝國的2/3領土，並挾持16個德意志邦國組成了「萊因邦聯」。德意志神聖羅馬帝國遂於1806年8月滅亡，從而打開了通往新德意志國家體制的道路，並爲最終建立一個統一的德意志民族國家奠定了基礎。19世紀初，普魯士和奧地利所進行的各項改革是德意志國家「吸收革命成果」❻以圖自強的嘗試。拿破崙1815年6月在滑鐵盧徹底失敗後，當時的歐洲大國都擔心「如果像德國那樣一大堆五方雜處的人擾和成一個整體，變得聲勢浩大，咄咄逼人的話」❼，將帶來不可估量的後果，所以「維也納會議」就決定建立德意志邦聯。根據《德意志邦聯條例》，德意志邦聯由奧地利、普魯士等35個主權國家和萊因河畔的法蘭克福、不萊梅、漢堡和呂北克4個自由城市組成鬆散的聯盟，以「維護德國的內外安全和獨立，以及德意志各邦的獨立和不受侵犯」❽。但德意志邦聯並沒有減少德意志各諸侯國之間政治上的猜忌和經濟上的分裂。普魯士經過艱苦的努力，通過和德意志邦聯的絕大多數成員國簽訂稅務條約的辦法，在1834年建立了德意志關稅同盟。19世紀中葉，德意志的資本主義經濟發展很快，資產階級要求在政治上統一德意志。統一德國的兩次嘗試失敗之後，普魯士在俾斯麥的領導下經過1864年丹麥戰爭、1866年普奧戰爭和1870年的普法戰爭，終於在1871年1月結束了德意志歷史上的四分五裂狀態，建立了統一的德意志帝國，史稱「第二帝國」。德意志帝國包

括22個獨立的邦國、3個帝國自由城市和1個帝國直轄區，實行了君主立憲制聯邦制政體。19世紀80年代後，德意志帝國迅速成爲歐洲僅次於英國的經濟大國和頭號軍事強國，不斷對外侵略擴張，要求重新瓜分世界，於1914年挑起了第一次世界大戰。戰爭以德國於1919年1月18日簽訂割地賠款的《凡爾賽和約》而告終，德意志帝國政府被推翻。

1919年2月6日，制憲國民議會在威瑪召開，通過了於1919年8月11日生效的《德意志帝國憲法》，宣布成立「德意志共和國」。史稱該憲法爲「威瑪憲法」；德意志共和國爲「威瑪共和國」或「第一共和國」。在德意志帝國舊的國家機構和軍事體系的基礎上建立起來的共和國很快出現了各種危機，特別是1929～1933年的第一次世界經濟危機，使得希特勒於1933年1月4日上臺執政，從而結束了短命的威瑪共和國。希特勒通過1933年3月23日的《授予政府權力法》等步驟，建立起法西斯獨裁的所謂「民族的元首帝國」。1939年9月，希特勒爲了在歐洲建立德國的霸權地位，悍然發動第二次世界大戰。1945年5月8日，德國戰敗投降，宣告了希特勒「千年帝國夢」的徹底破碎。根據雅爾達會議決議和波茨坦協定，德國作爲戰敗國被分別劃成四個占領區，由美國、英國、法國、蘇聯❾四個戰勝國占領。從此德國被迫開始了歷史性轉折。

在德意志歷史變遷中，除了德意志民族神聖羅馬帝國（962～1806）沿襲了法蘭克王國的封建制度、改采邑制爲世襲領地以外，德意志國家基本上實行過兩種政治體制：君主立憲制和內閣共和制。希特勒的所謂「民族的元首國家」，既不是君主制，也不是共和制，而是一種法西斯主義的「政治怪胎」。

（一）1815年的德意志聯邦體制

　　戰勝拿破崙後，1814～1815年的維也納會議建立了歐洲新秩序，德國因為既缺乏自然邊界，在過去幾個世紀中又沒有形成發展為統一國家的政治機制，只是建立起由德意志諸邦國組成的，稱為「德意志邦聯」的鬆散聯盟。根據維也納和會議定書第13條的規定，「德意志邦聯……是由有主權的王侯國所構成，所以，由此而產生的根本指導思想是全部國家權力集中於國家元首，而且主權者只能根據等級憲法行使特定的權力，並受等級合作的約束」❿。但是德意志邦聯根本不是一個統一的德意志民族國家，它包括奧地利、普魯士在內的34個邦國和4個自由城市，它們各自都擁有自己的邦憲法、邦議會、邦政府以及軍隊和警察，各自完全獨立自主。德意志邦聯的唯一機構是設在法蘭克福的「邦聯議會」，它由各邦國和自由城市派代表參加，實際上是個常設的使節會議。邦聯議會在奧地利的主持下開會，每作一項決議，至少需要2/3的多數通過，在許多情況下甚至需要全體一致通過，因此，邦聯議會實際上沒有正常的決策能力，而且即使邦聯議會通過了決議，對各邦國和自由城市也沒有約束力。邦聯議會法案中唯一值得一提的是，允許各邦國的公民擁有邦等級議會組織法和新聞自由。但除了幾個小邦國和1818年以後在邦新憲法中以邦國家法律形式載明這一原則外，沒有一個當時有影響的大邦國堅守這一規定。實際上邦聯的主要任務只是鎮壓一切爭取德意志民族統一和人民自由的努力。

　　德意志邦聯時期，德意志北部各邦和南部各邦在經濟和政治上存在較大差異。北部各邦受斯堪地那維亞半島的影響，工業發

展很慢，政治上還保持著封建主義政治體制。西部和南部各邦受法國大革命的影響較大，煤礦工業、鋼鐵工業和機器製造業發展較快，新興的資產階級迅速崛起；相反地，大地主的政治影響越來越小，各邦國相繼實行開明的君主立憲制。但邦國王室的基礎沒有動搖，一切邦國權力仍然掌握在國王一人手裡，只是國王行使權力時多少聽取邦議會的意見，或多或少受到邦議會的牽制。邦議會基本上實行兩院制，第一院是由國王任命的貴族、僧侶及高級官吏組成，封建殘餘勢力十分強大；第二院採用對選民身分和等級進行嚴格限制的選舉方法選舉產生，如當時的巴伐利亞邦議會的第二院：土地貴族占1/8，舊教及新教的僧侶占1/8，都市平民占2/8，土地貴族以外的地主占4/8。實際上，它是一種表面上的君主立憲制。有的學者甚至把它算作君主主義的德意志君主立憲制。

　　1848年法蘭克福國民大會進行了歷史性的憲政嘗試。1848年的法國二月革命立即在德國引起了響應，三月分，德意志邦聯各邦國都強烈爆發了人民起義。同年5月18日，在法蘭克福的保羅教堂召開國民大會，「為德國、為整個德意志帝國制訂一部憲法」⓫。會議選舉奧地利大公約翰為帝國臨時首腦——帝國攝政王，並設立了一個帝國部。但是他既無實權，又無威信。國民大會中形成了保守派、自由主義中間派、激進派等派別，各派圍繞著德意志帝國是否要包括奧地利（即所謂「大德意志」方案、「小德意志」方案）展開激烈爭論。經過艱苦的努力，終於在1849年3月28日制訂了《德意志帝國憲法》，也稱「保羅教堂憲法」。這是德意志歷史上第一部對整個德國都有效的民主憲法。該憲法規定德意志實行君主立憲制，國王是世襲皇帝，擁有國家最高權力。

皇帝對外代表德意志和德意志各邦國，有權宣戰、媾和；皇帝統帥德國一切武裝力量；並有權解散議會、擱置法案。根據該憲法要成立一個對議會負責的政府，當奧地利堅持要接納它的包括十多個民族的所有領土加入擬議中的帝國時，國民大會在堅持小德意志方案的一派的倡議下選舉普魯士國王威廉四世為德意志皇帝，但是威廉四世拒絕接受皇位。薩克森、法耳茨、巴登等地爆發以強行實施憲法為目的的人民起義，均告失敗。於是，德意志各邦國又重新修訂邦憲法，於1851年5月重新恢復德意志邦聯，憲政嘗試以失敗告終。

（二）1871年的德意志帝國

普奧戰爭以奧地利王國戰敗而告終。奧地利在1866年8月23日簽訂的《布拉格和約》中同意解散德意志邦聯，建立北德聯邦；放棄它在什勒斯威－霍爾斯坦的權益，承認普魯士對漢諾威、黑森選侯國和拿騷與法蘭克福的吞併；普魯士承認巴登、符騰堡和巴伐利亞等南德三邦國享有獨立地位。《布拉格和約》締結的5天後，普魯士便與梅因河以北的各邦國簽訂了一個建立聯邦制國家的條約。按照這個條約，締約國建立聯邦制國家；經過普遍、平等和直接選舉產生聯邦議會並制訂聯邦憲法。這部憲法把北德各邦國、薩克森、普魯士以及漢諾威、黑森選侯國、拿騷、法蘭克福聚合在北德聯邦裡，成為一個聯邦國家。北德聯邦的行政權歸聯邦主席團，普魯士國王掌握主席團的大權，他在國際法上有權代表整個聯邦、決定戰爭與和平，也是聯邦軍隊的最高統帥，並能宣布、簽發已經通過的法律並任命聯邦首相。聯邦憲法把立法權分為兩個權力機構：其一是通過普遍、平等和自由

選舉產生的聯邦議會；另一個是聯邦參議院。聯邦參議院由聯邦各成員國代表組成，在聯邦首相的主持下討論並通過將向聯邦議會提出的法案以及聯邦議會所作出的決議。聯邦參議院是真正掌握聯邦權力的機構。當時普魯士在聯邦參議院全部26票中擁有14票（無法被否決的多數），同時又掌握了聯邦主席團，這樣就保證了普魯士在聯邦中的霸主地位。在各成員國與聯邦的權限分配上，聯邦憲法除了保證聯邦對外統一外，同時還保證聯邦對內的統一。聯邦憲法不包含公民基本權利的條款；各個成員國仍然保留各自的憲法，特別在所有文化立法領域裡保存各成員國生活中豐富多采的形式。當時著名的反對黨人士倍倍爾認為：「北德聯邦憲法並沒有包含立憲制度的民意機構務必堅持的權力。」它沒有基本權利、沒有稅收基本權、沒有部長負責制，也沒有規定議員津貼，代替這些的卻是鐵的軍事預算和聯邦首相強有力的權力地位。⓬事實上，北德聯邦這個聯邦國家，不是建立在人民主權的基礎上，而是建立在普魯士君主制權力的基礎之上。

西元1870年底，德意志西南部的巴伐利亞、符騰堡、巴登、黑森四個邦國加入「北德意志聯邦」；1871年1月18日，普魯士國王威廉一世在法國凡爾賽宮加冕為德意志皇帝，實現了德國統一。統一後的德國稱為德意志帝國，史稱「第二帝國」。德意志帝國由25個獨立的邦國、3個帝國自由城市和帝國直轄區阿爾薩斯─洛林組成。1871年4月16日制訂了《德意志帝國憲法》。該憲法規定，德意志帝國為聯邦制國家，普魯士國王為德意志帝國的世襲皇帝。德皇是帝國國家元首、軍隊最高統帥；他擁有對帝國宰相和各級官員的任免權、立法創議權及對執行法律的監督權；他有權召集、解散聯邦參議院和帝國議會；對外代表德意志帝

國，經聯邦參議院同意以帝國的名義宣戰、媾和、結盟、締約、派遣駐外使節。帝國宰相是帝國的最高行政長官，德意志帝國不設內閣，由宰相稟承皇帝的旨意，制訂政府的施政綱領、方針和政策。他只對皇帝負責，法律上不對帝國議會負責。所有由皇帝以帝國名義頒布的命令和指令需要宰相的副署才能生效。帝國宰相還直接領導有關專業大臣的各國務秘書，並負責管轄帝國直轄區阿爾薩斯－洛林。另外，帝國宰相還兼任聯邦參議院主席，擁有對聯邦參議院一切事務的決定權。因此，德意志帝國實際上是帝國皇帝和宰相爲核心的德國式二元君主立憲制。

德意志帝國的代議機構採用兩院制。即帝國議會和聯邦參議院。帝國議會是人民的代表機構，它是在普遍、平等、直接、無記名選舉中根據多數選舉法原則產生的，每五年選舉一次。帝國議會由帝國皇帝召開。經聯邦參議院同意，皇帝有權提前解散。但由於普魯士等邦國實行三級選舉制，人民的選舉權受到很大限制。帝國議會雖擁有立法權，但一切法案須經聯邦參議院通過並經皇帝批准方能生效，實際上立法提案權屬於帝國宰相和聯邦參議院。帝國議會沒有行政監督權；雖擁有財政預算批准權，但不得干涉軍事開支。帝國議會開會時對外開放。議員享受豁免權，有權參與立法並行使審查預算權，但不受委託和指示的約束，在1906年以前議員不享受議員津貼費。聯邦參議院不是由選舉產生的，而是由各邦國政府任命本邦國政府的高級官吏的代表組成。它擁有立法權、行政權和司法權，對帝國議會通過的法案有否決權。與帝國議會相比，聯邦參議院掌握著帝國的實際權力，其政治地位也更加重要。聯邦參議院共有61名代表（原爲58名，後阿爾薩斯成爲獨立邦國後也派3名代表參加），各邦國的代表受本邦

政府的指令的約束。投票時，各邦國代表必須按本邦政府指令投一致票，不得各行其是。普魯士在聯邦參議院中擁有17名代表，占有很大優勢。德意志帝國憲法是君主立憲的聯邦制憲法，雖然對邦國的分離主義作了過多的讓步，但對於德意志國家的統一、德意志民族意識的鞏固和發展確實起了重要的促進作用。帝國憲法規定的帝國議會就其組成的成分來說，是個現代的民主機構，但就其職權來說，卻缺少民主議會的各種權力，特別是帝國行政權完全獨立於帝國議會的規定，爲德意志憲政發展留下了歷史遺憾。

(三) 1918年的德意志共和國

第一次世界大戰以德國割地賠款而告終。1918年11月9日在「十一月革命」的風暴中宣告成立了德意志共和國。1919年2月6日在威瑪召開共和國制憲國民議會，2月11日選舉社會民主黨人弗・艾伯特爲德意志共和國總統。艾伯特在接受國家總統職務之後指出，大家共同奮鬥的目標是「爭取和平，使德意志民族擁有自決權，擴大和捍衛保證德國所有男女政治平等的憲法，爲德國人民提供工作和麵包，組織他們的全部經濟生活，使自由不是成爲乞討的自由，而是文明的自由」**⓭**，從而爲制訂共和國憲法提出了綱領性原則。同年7月31日，國民議會通過《德意志帝國憲法》，宣布「德意志帝國是一個共和國」。8月11日該憲法由艾伯特總統簽署生效。於是，德國歷史上著名的威瑪憲法誕生。

威瑪憲法是受1848年資產階級革命思想的強烈影響，根據人民當家作主的原則制訂的，它既吸取了當時歐美各國憲政體制的長處，又總結了本國立憲的成功經驗和失敗教訓，是當時歐洲最

進步的一部憲法。在制訂該憲法的過程中，制憲者們充分吸取了美國的聯邦制和總統制、英國和法國的責任內閣制和瑞士的直接民主制等憲政體制的有益經驗，也參考了1849年3月的保羅教堂憲法和1871年4月初的俾斯麥帝國憲法，第一次明確地確立了「三權分立」的憲政原則。威瑪憲法第1條規定：「德意志帝國是一個共和國。國家權力來自人民。」❶這就從根本上結束了德國的君主立憲制，開創了共和政體的先河。該憲法第52條規定：「帝國政府由帝國總理和帝國部長組成。」第55條規定：「帝國總理擔任帝國政府主席、並且根據帝國政府制訂並經帝國總統批准的議事規則主持帝國政府的工作。」第56條還規定：「帝國總理確定政策的指導方針並對帝國議會負責。」從而明確地確立了帝國政府實行內閣制。該憲法第4章還規定，德意志帝國實行聯邦制，各邦國依法派遣代表組成聯邦參議院，參與帝國的立法和管理。但是，在聯邦（中央）與各州的權力分配上，聯邦的權力明顯加強。首先，聯邦作為立法的最高機構對各州保持優勢，各邦的憲法與法律都要參照聯邦憲法和法律，不得與之相違背。其次聯邦擁有十分廣泛的權力，如外交、殖民地事務、國防、貨幣流通、關稅、國籍、郵政等；此外，還擁有與各邦國共有的權力，如私權、民刑法及程序法、新聞、結社與集會權、公共衛生、商業、工業、礦業、保險以及鐵路交通等。聯邦還擁有直接徵稅的權力，而各邦國的保留權被取消了。

威瑪憲法規定，德意志共和國總統是擁有廣泛實權的國家元首。總統不由議會而由選民直接普選產生，且必須超過參選人的半數才能當選；任期7年，連選可以連任。總統對外代表國家；擁有任免國家高級官員和高級軍官的權力；並行使赦免權。總統

是國家武裝力量的最高統帥；有權解散議會、確定新的選舉時間，也有權將議會已經通過的法律提交公民複決。總統擁有廣泛的緊急命令權。憲法第48條規定：「……如果公共秩序和治安受到嚴重擾亂或危害時，總統為恢復公共秩序和治安，可採取必要措施，必要時可使用武力加以干預。為此目的，總統可暫時全部或部分地取消本憲法所規定的人民基本權利。」但是總統的權力也受到內閣和議會的制約。憲法第50條規定，總統的一切命令須得到總理或有關部長的副署才能生效。通過副署制度使總統的權力受到內閣的制衡。總統有緊急命令權，但如果遭到議會的反對，緊急命令即無效。內閣總理和各部長由總統任免，但總理和各部長須對議會負責，因此，總統必須任命議會中多數黨的領袖為總理，議會有權通過不信任案等促使總理或部長辭職。總統如果失職，經共和國議會（下院）2/3多數彈劾後，提交選民投票罷免。在罷免投票中，只要多數票贊成罷免，總統就得去職；如贊成免職票未超過半數，則總統繼續執政到任期屆滿，同時，總統解散下院、宣布重新大選。

威瑪憲法確立了議會內閣制的基本原則，規定德意志共和國內閣是一個合議制機構。憲法第53條規定：「帝國總理由總統任免。帝國部長由總理提請總統任免。」第54條規定：「帝國總理、帝國部長任職期間需要帝國議會的信任，當帝國議會以明確的決議表示不信任時，帝國總理或帝國部長必須離職。」憲法的上述規定是公認的議會內閣制的基本原則。總理由總統任命，總統必須選擇議會中獲得超過半數的多數黨領袖組閣，但當時德國政黨林立，議會中很難形成多數黨，因此，往往由多個政黨組成執政聯盟，聯合組閣。這樣，總統任命總理就有較大的選擇餘

地。總理組閣時，一般根據各黨在議會中所占議席的多少來分配閣員人數，但有時出於政治需要，個別政黨可以獲得超過本黨議席比例的閣員人數。威瑪憲法規定的總理地位和權限，界於俾斯麥憲法中的帝國宰相與英國內閣制裡的首相、法國內閣制裡的總理之間的地位。威瑪憲法規定的總理對內閣有較大的領導權，如總理有權挑選閣僚、有權向總統建議任免閣員。帝國政府的大政方針由總理個人決定，總理以其政策對議會負責，因而決策權屬總理。各部長在總理確定的大政方針範圍內獨立主管本部事務並向議會負責，因此，總理和各部長只有各自的個人責任，而無共同責任。但由於政府的大政方針由總理提出，並經內閣會議討論決定，所以總理與各部長實際負有連帶責任。

威瑪憲法規定的議會採用兩院制，即帝國議會（Reichstag，下院）和帝國參議院（Reichsrat，上院）。帝國議會是全體人民的代表，擁有立法全權，政府對它負責，而且只有它有權隨時撤銷對總理和部長的信任，迫使他們辭職。此外，議會還可提出憲法修正案，監督政府、向政府提出質詢等等。議會議員由全國選民以比例代表制選舉產生，任期 4 年。議員為全體人民的代表，不對選舉他的選民負責；享有議員豁免權和議員津貼。帝國參議院是各邦的利益代表機構，其代表由各邦政府任命其政府官員充任，而不由選舉產生。各邦的代表名額視各邦人口多少而定，但最小的邦在參議院中也必須有一名代表（即一票）；最大的邦，如普魯士，其代表也不得超過代表總數的2/5，且普魯士的代表，一半由邦政府派遣，另一半由該邦的地方政府指派。參議院投票時，未明文規定各代表必須投一致票。各邦代表雖可自由發表本人意見，但由於受本邦政府派遣，投票時還是要考慮本邦政府的

態度。參議院不是立法機關的主體，其立法權十分有限。它有提案權，但必須提交內閣，由內閣以政府提案的形式提出。它對議會通過的法案可以擱置，使其難以成為法律，但對法案無修改權，也無否決權。議會對參議院反對的法案如不能以2/3的絕對多數維持原案，則參議院可於2週內提請總統交選民複決。參議院對憲法修正案也起重要作用，如參議院反對議會通過的憲法修正案，則該憲法修正案必須提請總統交由選民複決。另外，帝國政府發布涉及邦政府權限的行政命令，必須事先取得參議院的同意。

此外，威瑪憲法的一個鮮明特徵是具有強烈的民主性質。首先，普遍、平等和秘密的選舉權擴大到了婦女；比例選舉制取代了從前的多數選舉制；規定實行公民投票和公民表決，擴大了選民的民主權利。其次，該憲法特地列舉了保護人身、教會和社會集團的各種基本自由和權利，如結社自由、集會自由、請願自由、信仰自由、良心自由和學術自由，並保證司法獨立。另外，該憲法還第一次詳細列舉了公民的社會經濟基本權利，包括保護婚姻、家庭和人的勞動力以及有關財產、土地分配和土地利用的社會政治權利和義務等。當然，有關這些基本權利的憲法規定，並不是直接有效的法律，必須通過具體法律才能生效。

威瑪憲法明顯的不足是，總統的權力過大，相比之下，議會的權力過小，形成了所謂「跛腳議會」。根據該憲法第48條規定，總統的緊急命令權要受議會監督權的限制，但當時德國政黨林立，又沒有相應的法律規範政黨政治的運作，以致議會內越來越不可能形成明確的議會多數，不可能形成對總統權力的有效制約機制。因此，一旦實施緊急命令權，國家大權便完全掌握在總

統一人手裡，造成權力嚴重失控。另外，在總理與議會的關係方面，總理的地位顯得比較虛弱，特別在政黨政治運作還很不正常的情況下，議會比較容易形成對總理不信任案的多數，以致總理地位不穩，像跑馬燈地更換造成政局動盪。威瑪共和國從1919年2月成立至1933年1月滅亡，14年期間，其內閣便更迭了21次，平均壽命不超過8個月。

（四）1933年的希特勒第三帝國

1933年1月30日魯道夫‧希特勒上臺後，採取一切法西斯手段，全面改變威瑪共和國政體：變「三權分立」的議會內閣制為法西斯獨裁；變聯邦制國家結構為中央集權的單一制；變多黨制為納粹黨一黨獨裁。從1933年1月～1945年5月希特勒統治德國的12年，是德國歷史上最黑暗的12年。

■ 廢棄「三權分立」的議會內閣制政體

1933年3月23日，議會在社會民主黨人投票反對、其他各個政黨贊成的情況下通過了《消除人民與政府艱難的法律》，即「授權法」。授權法全文如下：

第1條　國家法律除依憲法規定的手續制訂外，可由內閣制訂之。憲法第85條第2款（按：指預算）及第87條（按：指公債）所指的法律，亦得由內閣制訂之。

第2條　內閣制訂的法律若不涉及議會或參議院的存廢問題，可與憲法條文牴觸。但不得侵害總統的權限。

第3條　內閣制訂的法律由總理起草制訂之，公布於政府公報，這種法律除有特別規定外，自公布之次日起，

發生效力。憲法第68條至第77條（按：指立法程序）
不適用於內閣制訂的法律。

第4條　締結條約即令和立法事項有關，也毋需徵求議會同
　　　　意。內閣可制訂施行條約所必要的一切法令。

第5條　本法律自公布之日起生效，至1937年4月1日止失
　　　　效。但現內閣變更時亦失效。

　　授權法的實質是取消了憲法對政府權力的一切限制，把國家
權力，如議會的立法權、修憲權、審查國家預算權、監督政府信
貸權等權力轉移到內閣手中，變議會的權力為政府的權力，凡是
內閣認為有必要的就可以命令的形式執行，不必經過議會立法。
甚至明目張膽地規定，「內閣制訂的法律」「可與憲法條文牴
觸」。這樣，就從根本上廢棄了「三權分立」的議會內閣制，確立
了法西斯極權統治體制。威瑪憲法雖一直未明文取消，但實際上
已被授權法取而代之。授權法於1937年期滿後，曾三次延長，一
直延續到希特勒覆滅為止。

■ 改變國家結構，變聯邦制為單一制中央集權

　　為此，希特勒先後採取了一系列步驟：

1.1933年3月31日，希特勒頒布旨在使各邦同中央劃一化的
　「調整各邦和聯邦的暫行法律」，規定按照3月5日新一屆議
　會選舉的結果重新成立各邦議會和地方民意機構，實質上
　是剝奪邦議會的權力。

2.1933年4月7日，希特勒內閣制訂「調整各邦和聯邦的第二
　法律」，使各邦政府從屬於早在3月初就已任命的、由希特

勒黨徒擔任的地方長官，實質上是取消獨立的邦政府權
力。

3. 1934 年 1 月 30 日，納粹黨控制的議會制訂「德國改造法」。
該法全文共 6 條，主要內容是：裁撤各邦議會；各邦的治權
移歸中央政府；中央派往各邦的攝政官直屬國家內政部長
監督；將另外制訂德國新憲法；國家內政部長得發布施行
本法律所必要的法令。

此外，為實施「德國改造法」，還相繼頒布了一系列法令，如
1934 年 2 月 2 日的命令規定，各邦只有在中央政府不行使治權
時，才能由中央政府委託，並以中央政府的名義行使治權；1934
年 2 月 5 日的命令廢除邦籍，確立單一的德國國籍，並由國家內政
部長授予；1934 年 2 月 14 日頒布的法律撤銷了聯邦參議院（上
院）。這樣，經由上述一系列改造措施，徹底廢除了聯邦制。德國
在歷史上第一次成為高度中央集權制的統一國家。

■ 禁止政黨和工會

1933 年希特勒上臺時，德國有影響的政黨除了國家社會主義
工人黨（即納粹黨）之外，還有社會民主黨、中央黨、人民黨和
共產黨等。從 1933 年 2 月 27 日製造國會縱火案至同年 7 月 5 日，
希特勒先後解散了共產黨、社會民主黨領導的各類工會、人民黨
的鋼盔團、社會民主黨、國民黨、人民黨、中央黨以及其他一切
重要政黨，並沒收其財產。代替工會的是納粹黨控制的德國勞工
陣線。為確保所謂勞資和平，規定雇員和雇主都參加這個陣線，
並禁止罷工和解雇工人。1933 年 7 月 14 日，希特勒內閣頒布法
令，禁止人民組織任何新黨，並且規定：凡恢復已被解散的政黨

或組織新的政黨者，均構成刑事犯罪，可判處6個月至3年監禁。1933年12月1日，希特勒內閣頒布法令，承認納粹黨及其附屬團體是公法上的團體，規定內閣總理為該黨領袖兼軍隊司令官，宣布該黨為「同國家不可分地連在一起」，成為德國唯一的政治意志代表，實行黨國合一。

■ 希特勒獨攬黨、國、軍權，實行「領袖」獨裁制

希特勒上臺後不到半年，採用卑鄙的恐怖手段，迅速竊取了大部分國家權力。1934年8月1日興登堡總統病危，希特勒便迫不急待地頒布法律，規定政府總理兼任國家總統，改稱「國家領袖」；總統的職權改由國家領袖行使；領袖指定自己的繼承人，不再舉行選舉。第二天興登堡總統病逝，希特勒立即把總統和總理這兩個職務合而為一，並叫軍隊、法官和所有官員向他個人宣誓效忠；甚至還恬不知恥地宣稱：「一人身兼黨、國家、行政數職已成為迅速得以實現的民族社會主義統治原則。」⑮至此，希特勒身兼國家元首、政府首腦、納粹黨領袖和武裝部隊最高統帥，掌握著不受任何制約的全部國家最高權力，實行典型的領袖獨裁。

■ 限制公民權、剝奪人權，實行法西斯恐怖統治

希特勒法西斯一方面肆無忌憚地踐踏法律，取消憲法規定的公民基本權利和新聞自由；另一方面又隨心所欲地頒行法律，限制人民的自由。臭名遠播的黨衛軍和蓋世太保遍及全國城鄉，他們監視、盯梢、逮捕、鎮壓一切反對納粹政權的個人、團體或者稍微不滿的人，成千上萬的人不經法律程序被關進集中營，慘遭迫害。議會名存實亡，各專門委員會有的被取消、有的被奪權。

希特勒還猖狂推行種族滅絕政策，殘酷迫害、大肆屠殺猶太人。希特勒法西斯的血腥統治把整個德國變成了人間地獄。

德國自1871年實現統一到希特勒覆滅為止的70多年間，雖然俾斯麥帝國建立過議會、穿過民主的外衣，威瑪共和國有過共和、民主的光榮歷史，但是歷史上，德國以所謂「崇高的德意志精神」來頑固的抵制和反對以英、法為代表的自由民主思想和秩序，資產階級的民主、人民主權、議會至上等思想根本沒有在一向崇拜國家權威的德國紮根。希特勒充分利用了當時國內外各種因素，把個人的意志強加於整個德意志民族和歷史，逆潮流而動，終究成為遺臭萬年的歷史罪人。

第三節　德國的分裂與兩個德國的對峙

早在二次世界大戰進行期間，美、蘇、英反法西斯同盟就已醞釀戰爭勝利結束之後處置德國的構想。1943年12月1日，美、蘇、英三國首腦德黑蘭會議上，美國總統第一個也是第一次提出分割占領德國的建議——即把德國分割為5個地區，分別建立5個獨立的國家，另把基爾運河區、漢堡區以及魯爾區和薩爾區交由聯合國或同盟國管轄。⓰邱吉爾也提出了分割德國的具體主張。⓱史達林除了傾向於羅斯福的建議之外，還提出了變動蘇聯、波蘭和德國領土的要求。⓲1944年1月14日在倫敦成立的「歐洲諮詢委員會」建議：在簽訂對德和約之前暫時將其劃分為占領區，並完全解除德國的武裝、實行非軍國主義化，對德國進行民主化教育；同時，允許建立政黨和州議會，重建以城鎮為中心的國家生活；協定要求保持德國經濟統一、平等對待德國人民，即不允

許在各占領區成立區別對待德國人權利的政體。1944年10月，美、蘇、英三國外長在莫斯科第一次討論了分割德國的問題，提出把德國分為兩個國家，一個以普魯士為核心加上幾個州，另一個是巴伐利亞；同時，打算把魯爾區和西伐利亞州置於國際共管之下。1945年2月，美、蘇、英三國首腦舉行雅爾達會議，第三次討論分割德國問題，包括劃分四國占領區範圍和波蘭西部邊界問題。會議決定在德國無條件投降後由同盟國分區占領和管制德國，「三國的部隊將各自占領德國的一個區域」。計畫規定，成立一個中央管制委員會執行相互協調的行政管理和監督工作，這個委員會由三國的總司令組成，地點在柏林；並商定：「法國如願意承擔一個占領區，並作為第四個成員參加管理委員會，三大國當於邀請。」❶蘇聯同意在不影響它的占領區的利益的條件下，從美、英占領區劃出一塊給法國占領。首都柏林不屬於任何一個占領區，而由四個盟國共同各占一個區。1945年5月8日，希特勒德國無條件投降。同年6月5日，四個同盟國的軍事司令官簽署了「鑑於德國失敗和接管最高政府權力的聲明」，以及關於管制法、占領區和聯合國其他成員國的關係三項補充規定。根據上述文件成立的、由美蘇英法四盟國占領軍司令組成的對德管制委員會，必須一致同意才能作出決定；同時，各占領軍司令對各自政府負責，並在其管轄的占領區內行使最高權力。1945年7月17日到8月2日，美、蘇、英三國首腦舉行波茨坦會議，簽署了後來以「波茨坦協定」而著稱的「公告」。該公告詳細列舉了處置德國的政治原則和經濟原則，商定蘇聯的西部疆界「應自但澤東岸之一點，迤東經勃朗斯基—戈爾達普之北，以達立陶宛、波蘭共和國及東普魯士疆界之會合點」。「在波蘭西部邊界最後劃定前，以前

德國之領土，即自斯維內蒙得以西之波羅的海，沿奧得河至與奈塞河西段匯合處，再沿奈塞河西段至捷克斯洛伐克邊境線以東，包括經本會議決定不歸蘇聯管轄之東普魯士，並包括以前之但澤自由市區域，應由波蘭政府管轄，且為達到此目的，應不得視為蘇聯在德國占領區之一部分。」❷⓪ 把德國東普魯士北部包括柯尼斯堡地區1.4萬平方公里和原歸波蘭的近20萬平方公里的領土劃歸蘇聯，把德國東普魯士剩餘的10.1萬平方公里土地劃歸波蘭。這一疆界變更涉及德國東部領土11.4萬平方公里，約占德國1938年以前版圖的1/4左右，包括整個東普魯士、西里西亞以及波莫瑞、布蘭登堡的一部分。波茨坦協定對德國後來的政治發展起了決定性影響。

與雅爾達會議的文件不同，波茨坦會議的公告沒有一處提到分割德國，相反地，卻規定美蘇英法四國通過盟國管制委員會對整個德國負責，準備建立德國中央行政機構；強調「占領期間，應視德國為一個統一的經濟整體」❷① ；非軍事化、民主化和分散化由政治原則應適用整個德國；還談到未來的德國政府和締結對德和約等。從文字上看，波茨坦會議還是主張維護德國統一的。但是，波茨坦協定也規定，德國的行政管理應以政治機構的地方自治為目標，在初期將不設立德國中央政府。特別是美、蘇、英、法四個占領國之間思想意識的對抗和各自的安全利益的需要，極大地損害了德國內部的進一步發展。法國構想，未來德國的國體應該是由各個享有主權的國家組成的鬆散邦聯，就像1814年維也納會議安排的那樣，邦聯機構只享有有限的職權，邦聯議會本身應由邦聯院產生，因此，法國占領軍當局一開始就反對企圖在德國建立中央集權制的努力，在自己的占領區內實行地方行

政分權。英國卻相反，希望建立一個帶統一國家性質的聯邦制國家，在英占區建立了由中央占領當局領導的各州。美國人也同樣致力於在德國建立聯邦制國體，最早在自己的占領區建立了州機構，州事務由各州委員會協調處理。蘇聯人則熱衷於在自己的占領區內實行絕對的集中，成立了五個州，統一受蘇軍占領當局的管理。不僅如此，而且，四個占領軍當局都不讓其他國家插手自己占領區的事務。

所以，美、蘇、英、法分區對德占領不久，就逐漸顯露德國政治分裂的跡象。美蘇英法四國出自不同的利益和需要，推行迥然不同的對德政策。西方三盟國雖然在具體問題有分歧，但是在將來德國的社會制度、國家政體等原則問題上則是一致的，他們認為議會民主、法治、新聞自由、人權、私有財產和私有經濟是不可分的整體。蘇聯卻堅持馬列主義理論、共產黨領導和中央集權的計畫經濟，從而慢慢地形成了以美英法為一方、以蘇聯為另一方的公開衝突。

1946年12月2日，美英簽訂將美占區和英占區合併為「聯合經濟區」，也稱「雙占區」。1948年3月20日，蘇聯最高司令官在盟國管制委員會上以中途退席抗議美英占領區合併，從此盟國管理委員會名存實亡。美英法以及比、荷、盧六國外長倫敦會議後，西占區於同年6月20日進行貨幣改革，蘇聯進行反擊，全面封鎖了通往西柏林的水陸交通，繼而美英法三國通過「空中走廊」向西柏林運送民用物資。於是，雙方的衝突迅速演化成世界性的東西方冷戰。

在這之前，各占領區已按照各自占領軍當局確定的方向發生了政治變化。美英法西方占領區，劃定了各占領區內州的界限；

進行了地方選舉，建立了各級地方政府；允許當地人民建立民主政黨；經濟上堅持私有經濟為主，也沒有進行動搖原體制的重大改革。1947年1月1日美英雙占區的成立是西占區政治發展的一個重大突破。美英「雙占區」的行政機構也是按照美國聯邦主義的合議制原則建立的，這些都表明西占區朝向以英美社會政治體制為模式、以財產私有制為基礎、實行議會民主制的聯邦制政體方向發展。美英「雙占區」實際上便是德意志聯邦共和國的「胚胎」。由各州議會代表組成的、設在法蘭克福的「經濟委員會」和由該委員會選舉產生的「行政委員會」，則是後來的聯邦德國的議會和政府的前身。與此同時，蘇占區開始了向另一方向的發展。1945年夏天，蘇占區就允許成立全區規模的政黨。1946年4月，德國社會民主黨被迫與德國共產黨合併，成立德國統一社會黨。1946年進行了地方和州議會選舉，對國家行政機構也採取了一些改革措施，建立了若干中央行政機構。經濟方面進行了徹底的結構性改革。總之，蘇占區朝向一種中央集權的、以公有制為基礎的、實行計畫經濟、以蘇聯的社會政治經濟模式的方向發展。

1948年2月，美、英、法以及比、荷、盧在倫敦經過長時間的談判，就今後的對德政策取得了一致意見。1948年6月7日，他們授權西占區各州總理著手召開立憲會議，重申願意「向德國人民提供機會，讓他們為建立一個自由的、民主的政府形式創造共同的基礎，以便有可能使目前處於分裂狀態的德國重新統一」㉒。同年7月1日，美、英、法三國占領當局最高軍事長官在法蘭克福向西德11個州的總理遞交了後來以「法蘭克福文件」著稱的三個文件。第一個文件為《關於憲法決定的聲明》，授權各州總理最遲於1948年4月1日前召開制憲會議。憲法應該是民主、自由

和聯邦制的：經軍事長官批准後，各州提交公民表決。第二個文件爲《關於改組州議會的聲明》，責成各州總理審查各州邊界，必要時提出修改建議。第三個文件爲《憲法生效後軍事長官權限的聲明》，提出了占領法規的方針以及占領當局與未來德國政府之間權限劃分的構想。這三個文件對西占區的發展「闡明了基本思想，並爲將來西德的國家機構及其職權範圍定下了基本方針」❷❸。

在西占區各州總理與三國占領軍當局激烈爭論並達成妥協後，1948年9月1日在波昂成立了議會委員會。該委員會由經各州議會選舉的65位議員❷❹組成。此外，西柏林還派了5位無表決權的代表。基督教民主聯盟的康拉德·阿登納當選爲主席，社會民主黨的卡洛·施密特爲總委員會主席。阿登納在議會委員會開幕詞中強調：「我們鑑於德國的艱難處境和意識到對我國人民所負的責任，聚集一堂來群策群力地起草一部基本法。❷❺我們議會委員會的基本目標是，要寫出這樣一部憲法：使全國統一的可能性永久地存在下去，使德國的東部地區在任何時候都能在這個新國家裡占有自己的位置。」❷❻隨後議會委員會便在巴伐利亞州的海倫希姆湖開始了基本法的起草工作。與此同時，美、英、法三國也成立了聯合委員會開始起草占領法規。1949年4月10日美、英、法三國占領當局最高軍事長官將《占領法規》交給德國議會委員會。《占領法規》的主要內容是：

1.西德國家成立後，美英法三國的文職高級專員將取代三國軍事長官成爲駐西德的最高官員，並組成盟國高級官員委員會主管德國的對外事務和安全事務，並對西德議會的一

切行動擁有否決權。

2. 德國人將擁有「民主的自主政府」，可以在盟國允許的範圍內自行立法。

3. 美英法三國占領區合併的細節一旦擬定完畢，三占領區應立即合併。

4. 新成立的西德國家將成爲歐洲復興計畫的正式成員，但盟國將繼續監督德國的外貿。

5. 盟國將貫徹建立魯爾國際管制機構的協議。㉗

阿登納認爲：「整個德國應作爲一個國家繼續生存下去。而《占領法規》和這種看法是一致的，它保障了德國人民在政治和經濟上恢復統一的要求。」㉘

西德議會委員會的議員中，基民盟—基社盟和社會民主黨各占27名，自由民主黨5名，中央黨和共產黨各2名。主要議會黨團在國家的指導思想上觀點針鋒相對。以卡·施密特爲代表的社民黨人堅持自由主義思想，即民主要把國家和社會分開，實行分權制衡原則，並保證公民的基本權利。以阿登納爲代表的基民盟則強調天賦人權思想，即國家權力屬於全民，人民在倫理和天賦人權所劃定的界限中把政治的全部權能集於一己，國家要受其對個人與集體的輔助職能的約束。儘管如此，各黨派對基本法的一些根本點還是取得了一致意見。1949年5月23日《基本法》生效。1949年9月20日，德意志聯邦共和國宣告成立。《基本法》的生效，爲當今德國的政府體制和政治發展奠定了基礎。

在西占區籌建西德國家的同時，蘇聯的東占區也在加緊籌建東德國家。1949年3月17日，蘇占區召開了德國人民代表大會，

選出400人組成的「德國人民委員會」。1948年10月22日，德國人民委員會通過了由統一社會黨提出的「德意志民主共和國憲法」草案。德國人民委員會主席團主席威廉‧皮克致函西德的議會委員會和設在法蘭克福的經濟委員會，建議於1949年4月8日召開聯席會議，討論實現德國統一的方式和手段，以便達成對德和約、撤出四國占領軍等問題。這一建議遭到拒絕。1949年3月19日，第三屆德國人民代表大會批准了《德意志民主共和國憲法》。這部憲法與西德的基本法有許多相似之處，如第一條規定：「德國是一個不可分割的民主共和國。」並規定：「一切國家權利來自人民。」這說明東西德人民都希望國家和民族統一，而不是分裂。1949年10月7日，德國人民委員會通過決議，宣告自己以臨時人民議院的名義行使最高立法機關的職責。臨時人民議院決議當天成立德意志民主共和國，並宣布《德意志民主共和國憲法》生效。至此，在德國土地上出現了兩個德意志國家：德意志聯邦共和國（聯邦德國）和德意志民主共和國（民主德國）。

德國的分裂，是以蘇聯為一方、以美英法為另一方的利益衝突的結果，而且德國問題本身也成為這場持續近半個世紀的世界性衝突中最重要的部分。在這一複雜的過程中，衝突雙方的許多人都有推脫不了的歷史責任。但是歸根究柢，希特勒法西斯是造成德國分裂的真正罪魁禍首。

從兩個德意志國家相繼建立到1989年東德衰亡的40年間，美英法和蘇聯之間圍繞著德國問題，展開了全球性的冷戰。在這場冷戰中，主要反映了東西方、尤其是美蘇兩個超級大國在歐洲的爭奪，特別是對德國的爭奪。西德和東德分別屬於以美國為首的北大西洋公約組織和以蘇聯為首的華沙條約組織兩個軍事集團。

在冷戰的大背景下，民主德國和聯邦德國圍繞德國是否統一以及如何統一等問題，也展開了一系列錯綜複雜的鬥爭、長期嚴重對峙。這些鬥爭大致可分為四個階段。

■ 1950～1966 年，雙方嚴重對立

這段時期鬥爭的焦點先是，美、英、法重新武裝聯邦德國，並將它納入北大西洋公約組織；蘇聯則把民主德國納入華沙條約組織。1955 年後，美蘇鬥爭的焦點則是西柏林地位問題。民主德國對兩個德國的統一，表面上雖持積極態度，但其條件是聯邦德國被統一到民主德國，統一後的德國實行中立化。而聯邦德國對民主德國則採取不承認、不接觸、不談判的「三不」立場，並且奉行「哈爾斯坦主義」❷。第二次柏林危機❸中，民主德國在蘇聯的支持下，於1961 年 8 月 13 日一夜之間建成了「柏林圍牆」❹，從而隔絕了兩個德國人民和東西柏林居民的往來，使德國分裂進一步加深。

■ 1966～1982 年，雙方的關係開始「解凍」

60 年代初以來，美蘇兩個超級大國出於各種原因開始尋求在歐洲和德國緩和對立，並於1971 年 9 月簽訂了美蘇英法《四國柏林協定》。這樣，美蘇雙方實際上相互承認聯邦德國和民主德國屬於各自控制的勢力範圍，不再堅持德國統一。為適應東西方緩和的新形勢，聯邦德國政府在德國社民黨人的推動下，衝破哈爾斯坦主義，推行「新東方政策」，先後改善了與蘇聯、波蘭、羅馬尼亞等東歐國家的關係，並於 1972 年 12 月 21 日簽訂了《關於德意志聯邦共和國和德意志民主共和國關係的基礎條約》（簡稱基礎條約）。條約正文由前言和 10 項條款組成，另外有一份《附加議定

書》。條約就如下問題達成協議：「在平等的基礎上發展相互之間的正常睦鄰關係」；雙方「將遵循聯合國憲章中確定的宗旨和原則，特別是一切國家主權平等、尊重獨立、自主和領土完整、自決權、維護人權和互不歧視的原則」；「用和平手段解決雙方的爭端，放棄武力威脅或使用武力」，兩國之間的「現存邊界現在和將來均不可侵犯」；「兩國中的任何一方在國際上都不能代表另一方或以另一方的名義行事」；「兩國中任何一國的管轄權都僅限於本國領土之內」，「兩國尊重雙方在內政和外交事務上的獨立和自主」；「雙方準備在關係正常化的過程中處理實際的人道方面的問題」；在雙方政府所在地「將互設常駐代表處」；雙方一致認為，「本條約不影響兩國以前簽訂的或與它們有關的雙邊和多邊國際條約和協議」。❸❷《基礎條約》的簽訂，爲兩個德國關係正常化奠定了基礎；同時，也使德國的分裂進一步「條約化」，以致兩個德意志國家於1973年9月一起加入了聯合國。1975年8月初，兩個德國又與當時歐美等35國簽署了《歐安會最後文件》（又稱「赫爾辛基最後文件」），承認「主權平等，尊重各國內部的主權」；「邊界的不可侵犯性」；「用和平手段解決衝突」；「互不干涉內政」等等。實際上以國際法的形式承認了歐洲兩大軍事集團的存在和德國分裂的現實。

　　兩個德國對德國統一的不同立場，也反映在對待「德意志民族」和「德意志國家」概念的態度上。聯邦德國的阿登納、艾哈德和基辛格三屆政府不強調德意志民族，而特別強調德意志國家和德意志人民的概念，布蘭德政府則不再強調「重新統一」或「德國的統一」，而強調「民族的統一」。布蘭德說：「在民族的概念裡，歷史的實際和政治的意志統一在一起。民族包括和更多地

意味著比共同語言和文化、比國家和社會制度更多的東西。民族
建築在、生活在一個地域的人民心裡持續存在的、休戚相關的感
覺之中。」❸他還說：「在我們的時代，德國人……通過比單純
的共同語言更多的東西聯繫起來。在人員方面，始終通過無數家
庭的紐帶；在精神方面，透過一種共同的歷史和文學聯繫起來。
直到未來一種政治聯繫成為可能，這一點也不會改變。爲此，我
們需要一種致力於維護民族的政策。」❸布蘭德關於德意志民族
的概念，一方面堅持了德意志民族統一的要求，另一方面堅持兩
個德意志國家彼此互不爲外國，而要在兩國之間發展特殊關係，
以維繫國家統一的基礎。

　　1949～1961年，民主德國一直堅持德意志民族統一的立場。
1960年12月，烏布利希強調：「在一個曾經形成現代民族的地
區，儘管暫時出現分裂，但從歷史的角度看，民族統一的重新締
造是不可避免的。」❸但從1962年起，民主德國便逐漸改變了原
來的立場，同年6月，民主德國提出德意志民族已分裂爲兩個國
家的觀點。1968年進一步提出「德意志民族的社會主義國家」的
理論❸。1970年12月，烏布利希聲稱：「在從封建主義向資本主
義過渡過程中，在1871～1945年一個統一國家範圍內曾經產生的
資產階級德意志民族，現在已經不復存在。民主德國是社會主義
的德意志民族國家。這是無可爭辯的事實。聯邦德國是北大西洋
公約組織的帝國主義國家，體現著在國家壟斷資本統治體制條件
下舊的資產階級德意志民族的殘餘。」❸1971年6月德國統一社
會黨第8次全國代表大會上，民主德國在民族統一問題上的觀點
發生了決定性的轉折，昂內克正式提出了「兩個民族、兩個國家」
的理論。1974年10月以後，民主德國便不再正式稱爲「德意志民

族的社會主義國家」或「社會主義德意志民族國家」，而稱爲「工人—農民的社會主義國家」。由於冷戰作爲國際大氣候在這期間開始緩和，兩個德國的不同政治態度也不可能掀起大的波浪。於是，德國問題便進入「沉寂」時期。

■ 1982 年 10 月～ 1989 年 11 月，德國統一問題重新活躍起來

柯爾接替施密特擔任聯邦德國總理後，他在 1982 年 10 月 13 日在聯邦議院發表的第一個政府聲明中指出，「德意志人的民族國家是破裂了，但德意志民族仍然存在並將繼續存在下去」，我們的目標是「重新獲得統一」。此後，他在每年一次的《關於被分裂的德國民族狀況報告》中都要講德國統一問題。柯爾的德國政策的思想核心是一個德意志民族下的兩個德意志國家；只承認一個德國國籍，這就是聯邦德國國籍；聯邦德國政府可以給任何民主德國公民簽發護照，而不承認民主德國國籍；兩個德國互不爲外國，相互派遣的常駐代表處不能升格爲大使館。爲推動德國的統一，柯爾繼承施密特在外交上的「雙軌政策」，在保持與美、英、法以及蘇聯領導人的廣泛接觸的同時，努力加強和民主德國的關係。1987 年 9 月，民主德國領導人昂內克訪問聯邦德國，並與聯邦德國總理柯爾就歐洲和平與兩德關係達成了廣泛的共識。雙方「一致認爲，在德意志的土地上絕不允許再發生戰爭，從德意志的土地上必須產生和平」❸。強調兩德關係是建設性的東西方關係的一個穩定因素；贊成擴大現存的各方面的合作。昂內克在聯邦德國的訪問受到了國賓待遇，表明了聯邦德國承認了民主德國，德國的分裂「正式化」。但是，昂內克對聯邦德國的訪問、特別是對他的出生地薩爾州的諾伊恩基爾興的訪問充滿了「同胞之誼」，

進一步激發了早已存在於兩國人民之間的民族感情與統一潛流。但由於當時歷史條件還未完全成熟，兩德尚不能真正走向統一，而只能繼續處於緩和對峙狀態。

德國統一的外部問題主要指美、蘇、英、法四大國在德國問題上的權利和責任、德國與鄰國的關係和德國統一後的軍事地位歸屬問題。1990 年 7 月 16 日，聯邦德國總理柯爾與蘇聯領導人戈巴契夫在北高加索列茨諾沃茨克城附近的阿爾黑茲村的會談是個重要轉折。戈巴契夫一見到柯爾就笑著說：「在這麼高的山區，空氣清新，極目遠眺，許多事情或許可以看得更清楚些。」柯爾聽後有些丈二金剛摸不著頭緒，經過長時間緊張會談後，雙方達成協議，柯爾才明白戈巴契夫此話的含義。雙方發表聯合公報，稱：「就德國統一後的軍事政治地位、德武裝力量的最高限額以及不把北約的軍事結構擴展到民主德國等一系列問題，達成了很大程度上的相互諒解。」當日下午，柯爾與戈巴契夫聯合舉行記者招待會，介紹了他們達成的協議：德國統一後的領土包括聯邦德國、民主德國和整個柏林；一旦完成統一後，四大國就將停止其對德國的權利和責任；統一後的德國可自主決定歸屬哪個聯盟（柯爾特別插話說明，統一後的德國將歸北約）；統一後的德國將在 3～4 年內將其軍隊裁減到 37 萬人，而且放棄生產、擁有核武器、生物和化學武器等八點。❸❾這樣，實現德國統一的最大外部障礙已基本消除。「2＋4」會議經過 1990 年 5 月 5 日在波昂、6 月 22 日在柏林、7 月 17 日在巴黎三輪談判，於 1990 年 9 月 12 日在莫斯科的第四輪談判中，美、蘇、英、法以及兩個德國的外長分別代表本國政府簽署了《最終解決德國問題的條約》；此外，根

據「2＋4」會議協議，德波簽署了《關於確認兩國現在邊界條約》。

　　《最終解決德國問題的條約》包括序言和10項條款，主要內容是：統一後的德國的領土包括聯邦德國、民主德國和整個柏林；兩個德國的邊界從條約生效之日起成為最終邊界。兩個德國重申它們所作出的關於德國土地上只會出現和平的聲明，並在3～4年內把統一後德國的武裝部隊減少到37萬人（陸、空、海軍），放棄製造、擁有和控制核武器、生物武器和化學武器。統一後的德國享有完全的主權。另外，還對蘇聯從民主德國地區撤軍、美英法繼續駐軍作了規定。《最終解決德國問題的條約》的簽訂，是締約各方相互妥協的結果，它為德國統一清除了外部障礙。1990年10月3日，兩個德國宣告正式統一。同日，統一的德意志聯邦共和國總統理查‧魏茨澤克任命前民主德國部長會主席德‧梅齊埃、人民議院議長等五人為以柯爾為總理的統一的聯邦政府的特別任務部部長。原民主德國人民議院全體144名議員參加聯邦德國聯邦議院，組成統一後的全德聯邦議院；原民主德國各州按統一的人口比例派代表參加全德聯邦參議院，原聯邦德國的下薩克森州、北威州和巴伐利亞州因人口超過700萬，在聯邦參議院各增加1席。這樣，統一的德國沿著議會民主的道路，滿懷信心地開始邁向德意志民族偉大的新歷史時期。

─注釋─

❶二次大戰後，德國被分裂為兩個德意志國家。德國西部於 1949 年 9 月 20 日成立德意志聯邦共和國，臨時首都波昂；東部於 1949 年 10 月 7 日成立德意志民主共和國。1990 年 10 月 3 日，德意志民主共和國按西德《基本法》第 23 條加入德意志聯邦共和國，建立起統一的德意志國家──德意志聯邦共和國。首都柏林。

❷凱龍斯・普林尼・塞孔德：《博物誌》三十七卷本，第 4 卷第 14 章。轉引自中國社會科學院民族研究所編：《馬克思恩格斯論民族問題》，民族出版社，1987 年，第 606 頁。

❸杜美：《德國文化史》，北京大學出版社，1990 年 2 月第 1 版，第 20 頁。

❹《馬克思恩格斯選集》，第 3 卷，第 220 頁。

❺恩格斯：《自然辯證法》，人民出版社，1995 年，第 26 頁。

❻弗・朗格主編：《N・V・格奈澤瑙論格奈澤瑙》，柏林，1954 年德文版，第 295 頁。

❼1815 年 7 月 8 日德意志邦聯文件。轉引自迪特爾・拉夫：《德意志史》，第 64 頁。

❽卡‧奧‧恩澤：《我的回憶》，1843年德文第2版，第315～324頁。

❾蘇聯即蘇維埃社會主義共和國聯盟。1922年12月30日成立，1991年12月26日解散。

❿轉引自〔日〕佐滕功：《比較政治制度》，法律出版社，1984年中文版，第88頁。

⓫迪特爾‧拉夫：《德意志史》，1987年中文版，第86頁。

⓬轉引自上書第145頁。

⓭轉引自上書第246頁。

⓮該憲法條文均引自〔德〕慕尼黑，威廉‧戈德曼出版社，1981年德文版《德國憲法》，第99～136頁。

⓯轉引自前引書《德意志史》，第284頁。

⓰薩納柯耶夫、崔布列夫斯基編：《德黑蘭、雅爾塔、波茨坦會議文件》，三聯書店，1978年，第120頁和125頁。

⓱同上書第120頁。

⓲同上書第126頁。

⓳同上書第244頁。

⓴世界知識出版社編：《德國統一縱橫》，1992年1月版，第243～244頁。

㉑薩納柯耶夫等編：《德黑蘭、雅爾塔、波茨坦會議文集》，三聯書店，1987年，第510～512頁。

㉒「占領國公告五」，載於奧彭的貝阿特‧魯姆選編：《1945～1954被占領的德國文件集》，牛津，1955年版，第228頁。

㉓《阿登納回憶錄》，上海人民出版社，1976年版，第1卷，第156頁。

❷❹ 基督教民主聯盟—基督教社會聯盟27名議員、社會民主黨27名議員、自由民主黨5名議員，德意志黨、中央黨、共產黨各2名議員。

❷❺ 普魯士對法國北部進行軍事占領期間，法國人於1875年曾制訂過一部所謂「基本法」。此處的「基本法」是德國人仿照法國人的先例想出來的，既不違背盟國占領當局旨意，又為將來東西德統一永久保留機會的妙計，意在強調該憲法的臨時性質。

❷❻ 前引書《阿登納回憶錄》，第163頁。

❷❼ 《1949年檔案資料年鑑》，紐約，1980年，第114頁。

❷❽ 前引書《阿登納回憶錄》，第183頁。

❷❾ 哈爾斯坦主義也稱單獨代表權主義。其主要內容是：聯邦德國政府是代表整個德國的唯一合法政府；聯邦德國政府將同所有與民主德國建立外交關係的國家斷絕外交關係；也不同「東方集團國家」建立外交關係。它首先由聯邦德國外交部專家威廉·格雷韋於1955年9月提出，後經外交部國務秘書哈爾斯坦同意，並為阿登納所接受，成為聯邦德國政府的一項外交政策。

❸❶ 第二次柏林危機發生在1958年11月～1961年12月期間。

❸❶ 柏林圍牆，全長165公里，其中45公里橫穿柏林市區。整個柏林圍牆共有280個觀察哨，137個地堡，247個警犬椿，108公里坑道。其重要地段水泥牆高3.5～4公尺，厚約1公尺。牆後是一道約5公尺深的坑道或間隔不大的鐵椿。鐵椿後面是邊防士兵用的7公尺寬的大道，照明設備、邊防塔、地堡、鐵絲網。另外還備有了瞭望臺和警犬。

❸❷ 聯邦德國新聞局編：《聯邦德國東方政策文件集》，中國對外翻譯出版公司，1987年版，第179～181頁。

❸❸ 轉引自金斯·哈克爾：〈民族問題的新的機遇？波昂與民主德國觀

念中的空白：「整個德國」〉，載於《政治言論集》，1978年第177冊，第41～53頁。

㉞聯邦德國德意志內部關係部編：《聯邦政府關於1972年民族局勢的報告和文件》，波昂，1972年，第8頁。

㉟轉引自託馬斯·戈利主編：《歷史的負擔》，第143頁。

㊱見1968年4月6日頒行的《德意志民主共和國憲法》。

㊲前引書《歷史的負擔》，第152頁。

㊳聯邦德國政府：《新聞公報》，1987年，第209頁。

㊴蘇聯塔斯社：莫斯科，1990年7月17日，俄文電。

第2章

德國的重新統一

　　德國的重新統一，是20世紀下半葉歐洲乃至世界最突出、影響最深遠的事件。戰後40多年來，德國的分裂一直被認爲是維護歐洲和平與穩定的重要前提。至於統一，則被人們看作是遙遠未來的事，只能留待歷史去解決。然而，當歷史的巨輪進入20世紀90年代時，美蘇關係進一步緩和，蘇聯、東歐發生劇烈變化，造成了德國統一的有利時機。聯邦德國審時度勢，及時地抓住了這個歷史機遇，從1989年11月28日，聯邦德國總理赫爾穆特·柯爾提出德國統一的十點計畫，到1990年10月3日舉行統一慶典，不到一年即完成了統一。德國的重新統一，是戰後歐洲歷史發展的一個重大轉折。它標誌著以德國分裂爲基礎、美蘇分治爲特徵的「雅爾達格局」的解體，對今後歐洲乃至世界局勢的發展有著深遠影響。

第一節　德國統一問題的再提出

　　二次世界大戰之後，美、蘇兩個超級大國的關係時而緊張、

時而緩和，呈現出緊張與緩和相交替的波狀發展態勢。但是80年代末90年代初，美蘇關係出現了新的轉折。1985年3月，米哈依爾·戈巴契夫出任蘇聯共產黨中央總書記。這時，蘇聯面臨的國際形勢十分嚴峻：美蘇爭霸不但沒有使全球力量相對朝著有利蘇聯的方向發展，反而使蘇聯背上了沈重的包袱；在歐洲部署中程導彈和出兵阿富汗，更加使蘇聯感到不堪負荷。美國對蘇聯實行經濟上的制裁、技術上的封鎖，軍事上實施「星球大戰計畫」，力圖用輪番升級的軍備競賽將它拖垮。在美國全面挑戰的面前，蘇聯感到力不從心，迫切希望與美國緩和。蘇聯的緩和要求得到了美國的積極回應。1985年11月和1986年10月，美國總統羅納德·雷根和戈巴契夫分別在日內瓦和雷克雅未克舉行首腦會晤，打破了1979年以來兩國僵持對峙局面。1987年12月，雷根和戈巴契夫在華盛頓舉行第三次美蘇首腦會晤，雙方簽署了中程導彈條約。此後，美蘇之間又多次舉行正式或非正式的首腦會晤，雙方之間的對話更加深入和經常化。兩國關係雖然也曾一度出現波折，但緩和一直是兩國關係的主流，其發展的廣度和深度遠遠超過了以往。

在美蘇緩和的大環境下，分屬於北約和華約兩大軍事集團的西歐和東歐國家抓住機會，紛紛尋求自身的發展，並進一步加強了彼此的合作與交流。美國戰後對西歐的控制遠不像蘇聯對東歐國家的控制那麼緊。因此，這次美蘇關係的緩和對東歐的影響要比對西歐的影響更大、更深刻。1987年11月，戈巴契夫發表新著《改革與新思維》，在國內外引起了轟動。戈氏在該書中承認蘇聯在處理同東歐國家關係中犯了錯誤，強調在政治上對東歐國家應該「絕對完全平等」；經濟上應該突出互利原則；外交上應該尊

重東歐各國的主權。戈巴契夫調整東歐政策，其直接目的是為了改善與東歐盟國的關係，以適應蘇聯改革和加速發展戰略的需要；同時，也是要讓美國看到蘇聯與西歐改善關係的「誠意」，以便進一步推動美蘇關係的緩和。而以美國為首的西方也正好利用緩和之際，大力推行「解放」東歐的政策。這一切對東歐國家形成了一股強大的衝擊。於是，在歷史的、現實的，內部的和外部的，政治經濟和戰略策略等各種因素的相互作用下，1989年春，波蘭、匈牙利和捷克斯洛伐克等東歐國家的政局急劇變化，波蘭從2月分起舉行由各黨派參加的「圓桌會議」，6月團結工會在大選中獲勝，8月組成由非共產黨人領導的馬佐維耶茨基政府。匈牙利社會主義工人黨從2月分放棄執政黨地位，準備舉行全國自由選舉。所有這些給民主德國帶來了巨大衝擊，導致民主德國人心思變、局勢陡轉。就在這一年的5月2日，匈牙利的邊防軍開始拆除與奧地利邊境上的鐵絲網，這為東德居民繞道匈、奧逃往西德打開了第一個缺口。從這時起，從東德逃往西德的人越來越多，甚至成百上千的東德人湧入西德駐匈、捷、波等東歐國家的大使館，要求西德外交人員幫助他們前往西德。於是，兩德之間以及兩德分別與匈、奧、捷、波等國之間，就如何解決東德難民問題展開緊急磋商和討價還價。9月10日，匈牙利突然單方面宣布廢除1969年與東德簽訂的《關於禁止對方無有效證件公民去第三國的協定》；9月30日，捷克斯洛伐克開始用專車把滯留在布拉格的1.1萬名東德難民送往西德；10月5日，運送東德難民的專車也從波蘭的華沙開出。在這種形勢下，東德被迫放寬居民出境的限制，並決定公民可以申請不經第三國而直接去西德。這樣，在東德立即出現了一股居民爭先恐後申請前往西德的潮流。

東德居民潮水般湧向西德，極大地衝擊了東德的政治局勢。1989年10月7日，東德慶祝民主德國建立40周年，德勒斯登以及東柏林、萊比錫、卡爾─馬克思城、馬格德堡等大中城市成千上萬的人先後走上街道，舉行反政府遊行示威，要求「民主、自由和人權」。東德昂內克政府調動軍隊和警察鎮壓群眾，逮捕了數千人，這更加激起了群眾的不滿和抗議。參加東德國慶的蘇聯領導人戈巴契夫表示：「我確信，每個國家的前途都必須由本國的人民自己決定。我非常瞭解自己的德國朋友，知道他們有能力深思熟慮問題，有能力從生活中吸取經驗教訓，有能力實行相應的政治改革。」他對昂內克以及東德其他領導人說：「必須及時地認識到社會的需求，並且做需要做的事情。誰跟不上形勢，誰就會受到現實生活的懲罰。」❶戈巴契夫訪問之後，東德爆發了更大規模的反政府遊行示威。10月9日萊比錫有7萬多人遊行示威，喊出了「我們是人民」的口號。與此同時，德勒斯登、東柏林、波茨坦、馬格德堡等地的遊行示威強烈要求改革和自由選舉；在奧寧堡還成立了由43人組成的第一個反對黨──民主德國「社會民主黨」。10月17日德國統一社會黨舉行第11屆九中全會，全會就如何對付目前的局勢發生了激烈爭論。18日，昂內克「因健康原因」宣布辭去黨內外職務，新當選的第一書記克倫茨表示，黨「對民德社會發展實質的估計不夠現實，沒有及時得出正確的結論」，稱東德正在出現「轉折」。10月29日，在東柏林市政廳前舉行的、有2萬人參加的群眾大會上，第一次有人公開提出拆除柏林圍牆的要求。11月4日，東柏林有50萬人參加遊行示威，這是民德歷史上最大規模的示威活動。這一天，捷克斯洛伐克為東德人打開了進入西德的邊界。次日是週末，竟有1萬多東德人使用

各種不同的交通工具，甚至以步代車經捷德邊界進入西德。

　　面對劇烈動盪的局勢，東德政府束手無策。10月7日，以維利‧斯多夫為首的東德部長會議集體辭職，由原德勒斯登黨委第一書記漢斯‧莫羅德接任部長會主席。11月9日晚上6時，克倫茨給中央政治局委員、政府發言人亨特‧沙波夫斯基寫了一個便條，告訴他即將在舉行的記者招待會上宣布一項新的旅行規定。當晚7時，沙波夫斯基在記者會上宣布了一項措辭模稜兩可的涉及遷徙自由的新旅行法。❷東德人看到電視、聽到廣播後，紛紛湧向街頭，向柏林圍牆會合，甚至有人開始打鑿柏林圍牆，試圖推倒它。但這時邊防軍竟沒有接到上級的任務命令。到了晚上10時，東德邊防軍打開欄杆，讓成千上萬的人「不受阻礙地」向西柏林湧去。11時，西德電視一台在新聞節目中說：「民德宣布，其邊界即時對所有人開放，通向西方的旅行自由了，柏林圍牆的大門打開了！」柏林圍牆的開放在世界各國引起強烈迴響。11月10日，美國總統布希發表談話，稱民主德國開放邊界是「戲劇性事件」，對此表示熱烈的歡迎。同日，法國總統密特朗在記者招待會上說，開放邊界是「令人高興的事件」。11月11日，英國首相柴契爾夫人聲稱，英國完全支援「東德人民關於實行自由選舉和多黨制的要求」，認為開放邊界是「拆除柏林圍牆的前奏」。戈巴契夫也表示：「支援東德領導人作出的決定。」柏林圍牆是德國分裂的象徵，它的倒塌是德國「事實上統一的預兆」。

　　柏林圍牆開放後，東德形勢更加動盪。1989年11月17日東德部長會議主席莫羅德發表政府聲明，宣稱民主德國政府願意擴大同聯邦德國的合作，並將這一合作提高到一個新階段。莫羅德提議：「我們主張通過一種條約共同體來確立兩個德國的責任共

同體。這種條約共同體要遠遠超過基礎條約以及兩個德國間迄今所簽訂的條約和協定。本政府願意就此舉行會議。」10天之後，即11月28日，聯邦德國總理柯爾在既沒有和西方盟國商量，也沒有和他的外交部長根舍研究過的情況下，果斷地向聯邦議院提出了《消除德國和歐洲分裂的十點計畫》，把德國重新統一問題提上了議事日程。《十點計畫》的內容如下：

1. 西德準備將在人道主義和醫療方面立即提供具體幫助；盡可能實現不受阻礙的雙向旅行交通。
2. 西德將在一切領域繼續與東德進行直接有利於雙方人民的合作。這特別適用於經濟、科技和文化合作，以及環保方面的合作。
3. 如果東德的政治經濟體制的根本改革不可逆轉，西德願意擴大給東德全面的援助與合作。
4. 西德願意接受莫羅德提議的「條約共同體」思想。兩個德國的鄰近和關係的特殊性質，要求有一個越來越密切的、包括一切領域和層次的協調網。
5. 西德願意邁出決定性的一步，即發展兩個德國間的邦聯結構，目標是在這之後建立一個聯邦。在自由選舉之後可以很快成立以下機構：一個經常協商和政治協調的共同政府委員會，一些共同的專門委員會，一個共同的議會機構。
6. 德意志內部關係的發展仍然被列入整個歐洲建設和東西方關係之中。德國未來的大廈必須是整個歐洲未來大廈的一部分。
7. 現在要求歐共體對中歐、東歐和東南歐傾向改革的國家採

取開放和靈活的態度。歐共體必須給一個民主的東德、中歐和東南歐其他民主國家留著位置。歐共體不應終止於易北河，必須向東方開放。

8.歐安會進程現在和將來都是整個歐洲大廈的核心部分，人們必須有力地推動這一進程。我們應該考慮歐洲合作的新的機構形式。

9.要求在裁軍和軍備控制方面取得廣泛和順利的進展，以便消除歐洲和德國的分裂。裁軍和軍備必須跟上政治發展的步伐，必須儘可能地加快裁軍和軍備控制的進程。

10.採取廣泛的政策謀求歐洲的和平，使德國人民能夠在自由自決的情況下重新獲得統一。❸

《十點計畫》是兩德統一的宣言和綱領性文件，是柯爾作為一位具有遠見卓識政治家的歷史性創舉。

柯爾的「十點計畫」公布之後，各方面反應強烈。西方盟國擔心德國統一的速度太快，會影響歐洲的穩定。英國首相柴契爾夫人說：「如果德國重新統一來得太突然，那麼就得冒德國重新統一不會以和平方式實現這個更大的危險。」法國總統密特朗告誡西德不要推動與東德的重新統一，他說這可能打亂歐洲的微妙均勢。蘇聯戈巴契夫則表示反對「人為地強行推進德國統一」，甚至警告說：「柯爾提出的受到美國國務院讚揚的十點計畫孕育著危險的後果。」「十點計畫」得到當時西德各政黨的支援和歡迎，但遭到東德主要政黨的反對，東德陷入更加混亂和無序之中。12月7日東德14個政黨和組織舉行第一次「圓桌會議」，多數人要求與西德統一。12月上、中旬，德國統一社會黨兩次召開會議，修

改「兩個德意志民族的理論」，重新提出「兩德具有共同的民族基礎」，表示在一定條件下可以實現統一。12月8日，東德的統一社會黨特別黨代會宣布更名爲「東德統一社會黨——民主社會主義黨」，1990年2月4日又更名爲「民主社會主義黨」，簡稱「民社黨」。1990年1月28日，各黨派舉行第二次「圓桌會議」，一致決定同年3月18日東德舉行多黨「自由選舉」。

1990年1月29日，莫德羅應邀訪問蘇聯，並和戈巴契夫會談。戈氏明確表示「德國人有權統一」，「原則上沒有人對此有懷疑，時代本身正在加快此一進程，並予以推動」。2月1日剛剛從莫斯科訪問歸來的莫德羅即以《德國，統一的祖國——關於通往德國統一的方案》提出實現德國統一的「四階段方案」。該方案沒有再提東德的「主權」與「獨立」問題，明確主張先與西德組成「條約共同體」，爾後建立各自擁有一定主權的「邦聯」，最後舉行全德選舉，產生統一的議會、制訂統一的憲法、成立統一的政府，首都設在柏林。從最終目標和主要步驟來看，這個方案與柯爾的十點計畫沒有太大的區別，有些設想甚至更爲具體。主要區別是，莫德羅強調統一後的德國應當「中立」或「非軍事化」，而柯爾則把留在北約和歐共體內作爲兩德統一的前提。莫德羅方案表明，東德在統一問題上的立場已經發生了轉折性變化，已由反對統一轉爲贊成統一。至此，兩個德國把統一問題正式提上了日程。只不過柯爾不打算把莫德羅政府作爲討論兩德統一的談判物件，表示要等東德3月18日大選後，才能與新的民主德國政府就統一的各個步驟進行會談。

德國究竟按照什麼模式統一，可以說1990年3月18日自由選舉起著重要作用，正如柯爾所說是「一次決定命運的選舉」。這次

大選的籌備工作非常認真，而且打破常規，允許所有政黨及政治團體參加競選。報名參加大選的政黨和政治團體共41個，但依法批准的只有24個，有些黨派和政治團體聯合組成選舉聯盟，其中真正有實力角逐的政黨和選舉聯盟只有3個。

德國聯盟，是柯爾鼓動下於1990年2月5日由基督教民主聯盟、德國社會聯盟和「民主覺醒」三個黨派聯合組成的。它明確主張立即進行經濟改革、實行市場經濟，儘快地在西德基本法第23條❹的基礎上實現統一，即民主德國以州建制加入聯邦德國。該聯盟提出的競選人是基民盟主席洛塔・德・梅齊埃。德國社會民主黨成立於1989年10月7日，得到西德的社會民主黨的全力支持，主張建立資本主義社會民主，實行多黨制，經濟上實行社會市場經濟，解散國營企業，建立多種形式的經濟所有制。該黨主張在西德基本法第146條❺的基礎上實現統一，即兩個德國平等地通過公民投票來實現德國統一。該黨推選41歲的黨主席伊伯拉希姆・鮑姆為主要競選人。民主社會主義黨，即原來的德國統一社會黨，主張實行民主社會主義，實行多元化的議會民主；經濟上實行市場經濟；同意實現兩德統一，但強調維護民主德國的主權和平等地位，反對西德以任何形式吞併東德，不贊成統一後的德國成為北約的成員；承認德波現行邊界；提出的競選人為莫德羅。參加競選的其他較大政黨還有：自由民主聯盟（由自由民主聯盟、德國自由民主黨和德國新論壇黨組成）、聯盟90、聯合左翼行動聯盟、德國農民黨、德國民主婦女聯盟等。

1990年3月18日，舉世矚目的東德大選正式舉行。選民對這次大選積極、踴躍。登記的選民總數為1,238萬，參加投票的選民共1,153.8萬，投票率達93.22％。大選結果：德國聯盟共得48.15

％的選票，在400個議席中得到192席（其中基民盟得票40.8％，163席；德社盟6.32％，25席；民主覺醒0.92％，4席）；社民黨只得票21.84％，獲88席；民社黨得16.33％選票，獲66席。4月12日，德國聯盟、自由民主聯盟和社會民主黨組成大聯合政府，基督教民主聯盟主席洛塔‧德‧梅齊埃出任總理。民社黨由過去的執政黨轉爲反對黨，退出執政舞臺至今。4月19日，德‧梅齊埃總理在人民議院發表的第一個施政綱領提出：同意按《基本法》第23條加入聯邦德國；在東德廢除指令性經濟，實行市場經濟並對國有企業私有化；同意與聯邦德國建立經濟－貨幣－社會聯盟，並使用聯邦德國馬克；在東德重新恢復州的建制。德‧梅齊埃政府具有三大特色：

1. 它是一個眞正的大聯合政府，擁有75.27％的選票，400個議席中的301席。新政府由總理、1名副總理和22名部長組成，幾乎包括了東德政治舞臺上主要政治力量的代表人物。

2. 教會色彩濃厚。新政府成員中有5人是職業牧師，如外交部長和國防部長；總理德‧梅齊埃雖然是律師，但與教會關係也很密切。

3. 新政府以「儘快統一爲目標」。參與執政的各政黨雖然在如何統一，特別是統一速度上有些不同設想，但在統一問題上沒有重要原則分歧，而且各黨達成的「執政聯盟協定」與德‧梅齊埃施政綱領的核心內容一樣，即贊成根據聯邦德國《基本法》第23條加入聯邦德國。另外，德‧梅齊埃總理也明確宣布要以儘快實現統一爲施政目標。

事實上，新政府成立後，德‧梅齊埃總理以及各部部長都紛紛飛赴波昂，以就統一事務尋求對口會談作為首要任務。總之，東德「自由選舉」結果的揭曉和德‧梅齊埃政府的組成，是德國統一進程的轉折。從此，統一進程猶如拉滿風帆的帆船全速前進。

第二節　重新統一的實現

兩個德國實現統一中的最大「內部問題」，是戰後兩國40年來所形成的相互對立的政治、經濟和法律制度，只有消除它們之間的區別才能把兩個德國真正統一為一個完全的國家。談判、簽訂《德意志聯邦共和國和德意志民主共和國關於建立貨幣、經濟和社會聯盟條約》，就是解決這一問題的關鍵性一步。

1990年2月7日，聯邦德國政府根據柯爾總理的建議作出同民主德國就貨幣聯盟問題進行談判的決定；次日，柯爾總理親自向民主德國政府提出這一建議。2月21日，兩德貨幣、經濟聯盟專家委員會在柏林召開了第一次會議。雙方商定，成立貨幣、經濟聯盟工作小組，為兩德簽訂經濟統一條約作準備。後來，根據德‧梅齊埃政府的建議和要求，雙方最後決定：經濟統一條約即為貨幣、經濟和社會聯盟條約。該條約談判的核心問題是西德馬克與東德馬克的匯率問題。談判大體分三個階段。第一階段，1990年4月初的1：1方案和2：1方案，即西德央行理事會於4月初提出：東德每個公民按1：1兌換2,000馬克存款，工資與養老金以及其他的款項按2：1兌換。這個方案因遭到東德各方面的激烈反對而被否決。第二階段，4月下旬的每人按1：1兌換

4,000馬克方案。4月23日,兩德政府進行了第二輪會談,並就以下原則大致達成一致協議:東德公民的工資、養老金、獎金和租金按1：1兌換:東德成年公民的存款按1：1兌換4,000馬克,其餘存款、債權、債務等均按2：1兌換。但民德方面對此方案仍感不滿,要求繼續就公民存款和現金額兌換進行談判。第三階段,根據年齡層按1：1兌換馬克。兩德經過討價還價,最後達成一致,即根據不同年齡層,個人存款和現金按1：1兌換數額不等的馬克。其中,東德公民14歲以下每人按1：1兌換2,000馬克,15歲至59歲每人兌換4,000馬克,60歲以上每人兌換6,000馬克;其餘一律按2：1兌換。外國人1990年1月1日以後的存款按3：1兌換。此外,談判中還涉及東德儘快引進西德的經濟和社會福利制度與法規等問題,談判進展較為順利。1990年5月12日,兩德就建立「貨幣、經濟和社會聯盟」的各項條款達成協定。5月18日在波昂的紹姆堡宮正式簽訂《德意志聯邦共和國和德意志民主共和國關於建立貨幣、經濟和社會聯盟條約》(簡稱第一個國家條約或經濟統一條約),並宣布該條約從1990年7月1日起生效。條約除序言外,共分6章38條,另有1個關於簽訂該條約之「指導方針」的聯合議定書和9個附件。柯爾在簽字儀式上說,這個條約的簽字之日也就是「一個自由、統一的德國誕生之時」;德·梅齊埃強調,條約的簽署將使兩德統一進程「不可逆轉」。該條約的正式簽署是兩德統一進程中的第一個實質性進展,它標誌著東德40多年的政治、經濟和社會制度從此將不復存在。

1990年7月6日,兩德開始就實行統一的第二個國家條約談判。主要任務是:確定統一的原則、方式和時間;規定統一後的政治和社會制度;統一兩德的各種國內法和國際條約、協定;確

定統一後的國名、國旗、國歌和首都；擬定統一進程中可能產生的一些社會、財政問題的初步解決辦法。目的是通過談判簽署一項條約，把兩德從國家形態和基本制度上統一成為一個國際法意義上的國家。談判過程中爭論最激烈的是以下三大問題：

■ 民德何時加入西德

　　這首先是民德內部各政黨激烈爭吵的一個問題。7月18日，民德的自民黨議會黨團建議儘快宣布民德加入西德，爾後舉行全德大選；而主要執政黨基民盟主張在簽署第二個國家條約後宣布加入，全德大選之後再正式加入。自民黨的主張得到第二大執政黨社民黨的支持，而基民盟得到另一執政夥伴德社盟的支持，雙方勢均力敵、相持不下。總理德·梅齊埃（基民盟）竭力在兩者之間尋求折衷解決方案。當與各黨派磋商尚未取得結果時，自民黨為了向德·梅齊埃施加壓力，宣布退出政府，社民黨也以不再參加政府相威脅，導致民德出現了一場政府危機。8月2日，兩德草簽《民主德國和聯邦德國關於第一次全德聯邦議院選舉的準備與實施條約》。8月3日，德·梅齊埃在記者招待會上突然宣布，他建議將定於12月4日舉行的全德大選提前在10月14日舉行。8月8日，民德人民議院經過辯論通過了基民盟／民主覺醒議會黨團提出的10月14日舉行全德大選、民德加入西德的議案。西德的基民盟－基社盟－自由黨執政聯盟對民德人民議院的提案表示歡迎，但未接受10月14日提前舉行大選的建議。因為按照《基本法》規定，兩屆聯邦議院之間隔時間不得少於45個月，即不得早於11月18日。在西德社民黨的堅持下，西德聯邦議院決定把全德大選的日期定在12月2日。8月22日晚，民德人民議院舉行特別會

議。社民黨堅持9月15日民德加入西德。德社盟提出，乾脆當晚立即宣布民德加入西德。基民盟則認爲加入的日期無論如何應在10月初，一直辯論到午夜仍不能取得一致意見，許多議員困倦不堪，有的議員已在座椅上打起鼾聲。這時，德·梅齊埃總理與各議會黨團緊急磋商，提出10月3日加入西德這個折衷性的日期，並建議進行表決。結果是：總計議員400名，實到363名，贊成的294名，反對的62名，棄權的7名，贊成的占2/3以上的多數。接著通過了一個簡短的決議：「根據德意志聯邦共和國《基本法》第23條，人民議院宣布，德意志民主共和國加入基本法適用範圍，從1990年10月3日生效。人民議院認爲，到那個時候將會結束對統一條約的談判；『2＋4』會談已使德國統一具備了外部和安全政策條件；州建制的籌備也到了可以在10月14日舉行州議會選舉。」這時已是8月23日凌晨3時零5分。柯爾獲知這一消息極爲興奮，當日便在西德的聯邦議院發表了歡迎民德決定在10月3日加入西德的政府聲明。

■ 何時舉行全德大選以及採用何種選舉法

如上所述，舉行全德大選的時間幾經波折終於訂在12月2日。採用什麼選舉法直接關係到各黨利益，鬥爭十分激烈。7月26日，由兩德議會組成的「德國統一委員會」決定儘快制定出新的選舉法。8月2日，兩德政府草簽的「選舉條約」規定，在全德大選時實行統一的計票辦法，各黨進入聯邦議院的最低得票率不得低於5％。但同時規定採用「背負法」，即小黨可以依附於主張相同的大黨，隨大黨進入聯邦議院。8月8日和9日，兩德議會分別批准該「選舉條約」。但綠黨、左派競選聯盟、民社黨以及共和

黨等小黨極為不滿，並向西德的聯邦憲法法院提出告訴，認為這個「選舉條約」有損它們的利益。聯邦憲法法院經過審議於9月26日作出裁決，認為這些小黨的理由是成立的，要求立法機構制定出新的選舉法。此後，選舉委員會決定把兩德分成東、西德兩個選區，分別按5％的限制條款計算選票，使小黨有了較多的進入聯邦議院的機會。

■ 統一後德國的定都問題

民德政府之各政黨和公眾一致主張統一後首都定在柏林。但在西德，從政府內部、各政黨內部以至廣大選民之間，卻存在三種不同的意見：一種主張定都柏林；另一種主張仍在波昂；第三種主張「多都制」❻，即首都設在柏林，政府和議會所在地仍是波昂。在各種意見相持不下時，柯爾總理主張，首都所在地問題應由統一後的德國聯邦議院作出決定。聯邦總統魏茨澤克雖力主定都柏林，但也致函各州州長，建議把定都問題留待統一後的全德聯邦議院解決。因此，第二個國家條約第2條第1款便原則性地規定：「德國的首都為柏林。議會和政府所在地問題待德國統一實現後再作決定。」❼

兩個德國經過7月6日、8月1日和8月7日三輪談判之後，於1990年8月31日在柏林的菩提樹下宮簽署了《德意志聯邦共和國和德意志民主共和國關於實現德國統一的條約》（簡稱統一條約或第二個國家條約）。該條約包括序言、9章45條，另加備註及有關聲明。其主要內容可歸納為以下十點：

1. 條約闡明兩德在和平和自由自決中實現統一，兩德人民願意生活在一個民主、法治的聯邦國家；統一的德國將努力

為歐洲的統一和建設歐洲的和平秩序作出貢獻，確保歐洲的現有邊界及各國的領土完整和主權不受侵犯。

2. 規定民德恢復1952年7月進行行政區劃分改革前的五州建制，東西柏林合併成一個州；10月3日按西德《基本法》第23條集體加入西德。統一後使用西德目前的國名。

3. 規定統一後的德國領土範圍只包括戰後邊界以內的兩個德國和整個柏林；明確放棄對戰後劃歸波蘭和蘇聯的東普魯士及奧得─奈塞河以東的原德國領土的要求。

4. 規定從10月3日起，西德《基本法》和其他法律即在民德五個州和東柏林生效；歐共體的所有法律、條約同時也適用於民德。

5. 規定西德迄今簽訂的所有雙邊和多邊國際條約、協定都自動延伸到民德；民德迄今簽訂的國際條約、協定是否繼續有效，須與締約的另一方商談後再定。

6. 條約規定，1994年之前暫不把西德《基本法》中有關財政平衡的條款引入東德；決定分階段引入西德的營業稅和所得稅分留制，以及把東德各州掌握的「統一基金」分額由80％提高到85％。條約還規定退還東德建國後所沒收的私人財產，特別是房地產。

7. 規定儘快制定統一的勞動法及東德地區領取養老金的實施細則。

8. 條約規定東德各部、委所屬文化機構轉歸各州、市領導；東德各州需要重新制定教育制度，學生過去的畢業證書在東德繼續有效。

9. 規定由人民議院確定144名議員從10月3日統一之日起參加

西德的聯邦議院，組成兩德統一後的全德聯邦議院；按人口比例，對東德各州參加統一的聯邦參議院的代表數作了規定，並決定人口超過700萬的下薩克森州、北威州和巴伐利亞州在聯邦參議院也增加一席。

10.條約規定爲民德建國後在原統一社會黨執政時期受到迫害或受過不公正對待的人平反昭雪、恢復名譽，並對其蒙受的損失給予賠償。

　　該條約的簽署爲最終實現兩德統一鋪平了道路，也爲兩德統一後各種制度的確立奠定了政治和法律基礎。

　　德國是二次大戰的戰敗國，它的重新統一不僅涉及兩個德國之間大量、複雜的「內部問題」，而且涉及到在第二次世界大戰中對德作戰的國家，特別是依照波茨坦協定，對德國統一負有「準備對德和約」責任的蘇、美、英、法四國。當德國統一問題明顯地提上議事日程時，蘇、美、英、法四國對這個問題都持反對或懷疑態度。最堅決反對德國統一的是蘇聯。1989年12月6日，戈巴契夫在會見密特朗時指出：「今天歐洲的現實已被赫爾辛基歐安會協定所確認，兩個德國都是主權國家，都是聯合國成員國，東歐今天發生的變化，並未改變這一現實。」英國最不願意看到德國成爲統一的強大國家。柴契爾夫人多次公開表示，德國統一問題「尚未提上議事日程」。她在1990年1月向美國記者發表談話時明確表示，「在東歐經濟和政治改革完成之前，英國反對德國實現統一」。法國國防部長也表示：「統一後的德國將是一個非常強大的國家，它對法國將構成極大的威脅。」美國總統喬治·布希認爲：「現在不是提出重新統一的時候。」

有鑑於此，柯爾在積極解決德國統一的內部問題的同時，也積極展開多邊或雙邊、特別是對蘇、美的外交活動，以促使美、蘇、英、法四大戰勝國改變態度。皇天不負苦心人，1989年11月29日，美國國務卿貝克終於提出了美國處理德國統一問題的四項原則：

1. 必須實行自決的原則，統一「可以意味著單一的聯邦國家，也可以意味著一個邦聯」，其形式應由德國人自己選擇。
2. 「不應以中立換取統一」，而應在「繼續與北約結盟，並不斷加強同歐洲共同體聯繫」的基礎上實現統一。
3. 必須和平地、循序漸進地統一，統一應「有利歐洲的全面穩定」。
4. 必須遵守「赫爾辛基最後文件的原則」，承認歐洲現有邊界只能以和平的方式進行變動。

1990年初，蘇聯對德國統一問題的立場也發生了轉折性變化。2月10日，戈巴契夫在莫斯科與西德總理柯爾單獨會談時明確表示：「現在在蘇聯、德意志聯邦共和國和德意志民主共和國之間對下述問題不存在分歧，即必須由德國人民自己解決德意志民族的統一問題，由他們選擇以什麼樣的國家形式、在什麼樣的期限、以何種速度以及在什麼樣的條件下實現這一統一。」❽至此，蘇聯也正式表明贊同德國統一的立場。英法等西歐國家見阻撓和延緩統一進程不成，遂順應形勢，把對德統一的關注重點轉向制約統一後的德國。這樣，四大戰勝國對德統一開放了綠燈，於是出現了解決德國統一進程中「外部問題」的「2＋4」機制。

「2＋4」機制最初是由美國人提出的。兩德統一迅速提上日程，形勢迫使美國加速考慮四大國應如何履行對恢復德國統一所承擔的歷史責任。美國國務卿貝克與他的主要助手國務院顧問羅・佐利克、負責歐洲事務的助理國務卿雷・塞茨和政策計畫處處長丹・羅斯一起磋商時，塞茨提出用「2＋4」機制解決德國統一問題：即有關兩德統一的方式、時間和速度以及兩德經濟、政治、社會和法律制度的統一等，由兩德自己解決；有關四大國對德國的權利和責任、德國統一後的軍事和政治地位、戰後邊界及柏林問題等，由兩個德國和四大戰勝國共同解決。布希和貝克表示同意，但決定保密。過了4天，西德外長根舍訪美並與貝克舉行秘密會談。根舍表示同意美國方案，但強調順序是「2＋4」，而不是「4＋2」，也就是說應首先由兩個德國來解決自己的命運。根舍明確表示，他的政府反對「4＋0」，也不同意「2＋15」，即不同意北約盟國都參加。根舍說，西德也不會把它的前途交給歐安會35個成員國掌握，「2＋4」方案正合適。1990年2月13日，在加拿大渥太華舉行北約和華約23國外長參加的「開放天空會議」（即允許對方在自己的領空飛行）期間，美、英、法、蘇四國外長和兩個德國的外長經過一番秘密磋商，終於一致同意美國提出的「2＋4」機制。

　　「2＋4」機制雖然要解決的問題很多，但核心問題實際上只有三個：(1)統一德國的聯盟歸屬問題；(2)奧得—奈塞河波德邊界問題；(3)簽署「最終解決德國問題的條約」。因此，「2＋4」機制也是圍繞著這三個問題進行談判的。第一次「2＋4」會談於1990年5月5日在波昂舉行。參加第一次「2＋4」會談的六國外長一致確認，德國人有自己決定自己命運的權利，德國統一應當

「有序地、毫不拖延地繼續進行」；一致同意同年6、7、8月分別在柏林、巴黎和莫斯科舉行第二、三、四輪「2＋4」會談；一致同意邀請波蘭外長參加在巴黎舉行的、商量解決戰後歐洲世界特別是德波邊界問題的第三輪「2＋4」會談；一致同意在「2＋4」會談後，就德國統一包括德國軍事政治地位、擁有的軍隊人數、承擔的國際義務等等，締結一項國際條約。第二次會談於同年6月22日在東柏林舉行，會談重點是德國統一後的聯盟歸屬問題。會談並未取得實質性突破，但一致同意加速磋商。

德國統一後是歸屬北約、實行中立，還是同屬北約和華約兩大軍事聯盟，是解決德國統一「外部問題」的關鍵，也是蘇聯和西方國家鬥爭的焦點。在第二次「2＋4」會談之前，美蘇兩國領導人以及兩德領導人之間進行了緊張、頻繁的外交接觸和政治磋商，但都未取得突破性進展。1990年7月15日和16日，西德總理柯爾、外長根舍和財長魏格爾一行訪問蘇聯，舉行兩國首腦的會晤。15日，柯爾與戈巴契夫在莫斯科進行一輪會談後，即一同乘專機去戈巴契夫的家鄉北高加索的列茨諾沃茨克城，在療養勝地阿爾黑茲村下榻。次日清晨，戈巴契夫一見到柯爾便微笑著說：「這麼高的山區，空氣清新，極目遠眺，許多事情或許看得更清楚些。」當時柯爾摸不著頭腦，似懂非懂。後經過幾個小時的緊張會談，雙方終於達成了一致協議。蘇方發表的新聞公報稱雙方「就德國統一後的軍事政治地位、德武裝力量的最高限額，以及不把北約的軍事結構擴展到民德等一系列問題，達成了很大程度的相互諒解」。❾當天下午，在柯爾和戈巴契夫聯合舉行的記者招待會上，柯爾介紹了他和戈巴契夫達成的八點協定❿：

1.德國統一的領土範圍包括西德、東德和整個柏林。

2.兩德一旦實現統一，四大國就將停止其對德國的權利和責任。

3.統一後的德國可自主決定歸屬哪個聯盟（介紹到這裡時，柯爾特別強調，將歸屬北約）。

4.蘇聯在民德的駐軍將在3～4年內全部撤出。

5.在蘇軍撤出之前和之後，北約部隊均不得向民德擴展；但在蘇軍撤出後，西德的本土防禦部隊可進駐民德地區和柏林。

6.蘇軍留駐柏林期間，美、英、法三國軍隊繼續留駐柏林，但人數和裝備不得超過現有水準。

7.統一後的德國將在3～4年內將其軍隊裁減至37萬人，並從簽訂維也納裁軍談判第一個條約時開始削減。

8.統一後的德國放棄生產、擁有核武器和生物、化學武器。

至此，實現德國統一的最大外部障礙已經根本排除。從6月22日第二次「2＋4」會談到戈巴契夫與柯爾達成上述八點協定，時隔不到一個月，蘇聯的態度就發生如此大的變化，其原因主要有三點：

1.在統一後德國歸屬問題上，西方國家態度基本一致，形成了5對1的局面，蘇聯在外交上已沒有多少迴旋餘地。

2.北約在7月6日結束的倫敦首腦會議上決定修改「靈活反應」和「前沿防禦」戰略，並決定從歐洲撤走長矛導彈和核大炮，同時建議與華約發表某種形式的互不侵犯宣言，這些減少了蘇聯對北約的擔憂。而且統一的德國軍隊裁減至37

萬人，又承諾放棄生產、擁有核武器、生物和化學武器，
也使蘇聯感到統一後的德國即使留在北約內，也不會對它
構成重大威脅。

3. 西德已宣布向蘇聯提供由政府擔保的50億馬克的貸款，90
年還將支付12.5億馬克作蘇軍駐民德的軍事費用。西德還
答應幫助支付蘇聯的撤軍費用，並與其簽訂包括政治、經
濟、科技、文化等各方面的條約，讓蘇聯感到與德國發展
關係的實惠。

1990年7月17日，在巴黎舉行第三次「2＋4」會談。西德外
長根舍向美、英、法三國外長通報了柯爾赴蘇訪問期間與戈氏達
成的八點協定。這次會議要談判解決德波邊界問題，所以波蘭外
長應邀參加了這次會議。波蘭版圖的變遷是二次世界大戰期間及
戰後美、蘇、英三大國歷次國際會議安排決定的。二戰前，波蘭
領土面積為38.8萬平方公里，二戰後則為31.25萬平方公里。變更
的部分為：戰前波蘭東部領土約17.7萬平方公里劃歸蘇聯，而戰
前德國東部領土即奧得－奈塞河以東以及東普魯士部分地區共
10.2萬平方公里劃歸波蘭，奧得－奈塞河遂成為德波之間的邊界
線。劃歸波蘭的原德國土地約占波蘭現今領土的1/3和波蘭海岸線
的4/5以上。1949年兩個德國分別建國後，民德與波蘭於1950年
7月6日簽訂邊界條約，共同確認奧得－奈塞河為德波邊界；但當
時西德不承認民德與波蘭簽訂的邊界條約具有合法性。1970年12
月7日，西德和波蘭在華沙簽訂了《兩國關係正常化基礎條約》。
該條約第一條確認「由波茨坦會議規定了走向的現有邊界為波蘭
西部邊界」，確認邊界的不可侵犯性，並保證現在和將來都不向東

方提出任何領土要求。但西德的立場是，承認德波邊界現狀及其不可侵犯性，但德波邊界仍需留待對德和約來最終解決。因此，一直不承認波蘭的西部邊界的「最終性質」。德國統一進程開始後，柯爾在1989年12月與英國首相柴契爾夫人進行私下談話時說，對現有邊界問題「我不作任何擔保，我不承認目前的邊界」。有鑑於此，波蘭始終把德波邊界視為隱患，擔心德國有朝一日提出領土要求，使其失去西部大塊領土。第三次「2＋4」會談就最終解決波蘭西部邊界問題的原則、方式和時間順序順利達成一致。美、蘇、英、法四國外長一致認為，德國在實現統一後應盡快與波蘭簽署一項保證波蘭西部邊界的條約❶；應把奧得－奈塞河邊界作為德波「永久性邊界」這一點寫進最終解決德國問題的國際條約中❷。

　1990年9月11～12日，兩個德國和美、蘇、英、法四大國外長在莫斯科舉行第四次、也是最後一輪「2＋4」會談。這一次會談的中心議題是談判結束美、蘇、英、法四個戰勝國各自在兩個德國領土上的駐軍權和對柏林的占領權，結束四大國根據波茨坦協定所獲得的對柏林和整個德國的權利和責任，使德國重新獲得對內對外的主權。根據1952年簽訂的「波昂條約」和「巴黎條約」的規定，美、蘇、英、法四個戰勝國擁有的權利主要有：(1)美、英、法三國占領軍可以繼續占領到1998年。(2)禁止西德製造和擁有原子、生物和化學武器。(3)在盟國駐軍的「安全」受到威脅時，美英法三國有權在西德地區（含西柏林）宣布緊急狀態。蘇聯在東德和東柏林的駐軍，擁有與美、英、法相應的權利和責任。在第一次「2＋4」會談之後，四個戰勝國便就四國對整個德國和柏林的權利與責任問題進行了頻繁的接觸和磋商。美國從一

開始就敦促蘇、英、法三國在德國統一後放棄在德國的權利和責任。美國國務卿貝克曾說：「統一和民主的德國一旦建立起來，四個戰勝國便盡完了自己的責任。繼續保留任何特殊權利的基礎也就不再存在。」但是蘇聯始終試圖保留或延長其對德國的權利和責任，直到「簽署條約的最後一分鐘才達成妥協」。9月11日，兩個德國和四大國外長抵達莫斯科，旋即開始第四次「2＋4」會談，一直持續到次日淩晨。據柯爾事後透露❸：9月11日，英國外交大臣赫德在莫斯科向他的幾位同僚宣稱，他將拒絕在條約上簽字。他的理由是，人們根本不知道戈巴契夫還能掌權多長時間，他的女王政府認為，一定要保證在蘇聯撤軍後北約軍隊能夠駐紮在現屬於民主德國的領土上。已經過了午夜，根舍打電話把貝克從睡夢中吵醒，向他通報了赫德的態度。在貝克的住所，他們兩人立即進行了緊急磋商。貝克答應幫忙。第二天早上，根舍又爭取到迪馬的支持。後來在貝克和迪馬兩人的一致敦促之下，赫德與唐寧街10號協商，最終作出了讓步。9月12日上午，六國外長繼續進行談判，並就《最終解決德國問題的條約》達成一致，舉行了隆重的簽字儀式。西德外長根舍第一個在該條約上簽字，接著簽字的是東德總理兼外長德‧梅齊埃。四大國簽字的順序是：法國外長迪馬、蘇聯外長謝瓦納茲、美國國務卿貝克、英國外交大臣赫德。蘇聯總統戈巴契夫出席了簽字儀式。

《最終解決德國問題的條約》由一個「很有分量的政治序言」（蘇聯外長謝瓦納茲語）和十個條款組成，其主要內容可以歸納為以下五點：

1.形勢和意願。條約序言指出，歐洲局勢發生了「歷史性變

化」，這種變化使歐洲大陸的分裂狀態有可能消除，「德意志人民在自由行使自決權的情況下，表達了他們實現德國統一爲一個國家的願望」。「鑑於德國統一爲一個民主與和平的國家，四大國對柏林和整個德國的權利和義務將失去其意義」，因此「願意就最終解決德國問題達成協定」。

2.領土和邊界。條約的第1條明確規定，統一後的德國領土將包括聯邦德國、民主德國和整個柏林；確認保持現有邊界的最終性質，是建設歐洲和平秩序不可缺少的因素。責成統一的德國與波蘭簽訂一項具有國際約束力的邊界條約，現在和將來都不對其他國家提出任何領土要求。爲此，兩個德國保證在統一後的德國憲法中將不包括與此相悖的任何條款，《基本法》序言中的有關內容、第23條第2款和第146條，都將予以刪去。

3.和平與裁軍。條約第2、3、4條就如何保障「德國土地上只會產生和平」作了一系列具體規定。兩個德國重申在統一後的德國憲法中將不允許從事任何旨在破壞國家間的和平關係的行爲，認爲這類行動將是違反憲法的犯罪行爲；重申放棄製造、擁有或控制核武器和生物、化學武器；保證在3～4年內把統一後德國的武裝部隊人員（陸、空、海軍）裁減到37萬人。

4.駐軍和撤軍。條約第5條規定，蘇聯在民主德國和柏林駐紮的部隊「到1994年底將完成這些部隊的撤出行動」；蘇軍1994年底完全撤出民德地區之前，只有德國本土防禦部隊可以進駐該地區。此後，屬北約指揮的德國部隊可以進駐，但無論如何不能攜帶核武器運載工具，其常規武器系

統的裝備也只能起常規作用。美、英、法駐柏林的部隊「應德國的要求」，通過簽訂一項協定，可繼續留在柏林到1994年，但其數量和裝備不得超過目前水準，不得向柏林引進新的武器品種。

5. 主權問題。條約第6、7條規定，統一後的德國有權自己決定歸屬哪個聯盟；在對內、對外事務中享有完全的主權。據此，四大國將結束它們對柏林和整個德國的權利和義務；同時所有相關的四個戰勝國的機構也將解散。此外，作為條約的附件，兩德外長還以致函四大國外長的形式表示，統一後的德國將尊重並不碰觸1949年兩德建國前戰勝國對德國財產的處理；保護在德國土地上的反法西斯紀念碑；制止納粹勢力抬頭等。

《最終解決德國問題的條約》是20世紀下半葉簽署的具有國際法性質的重要條約之一，它是「實質上的對德和約」，從國際法上解決了美、蘇、英、法四大國對德國的權利和責任問題，以及統一後的德國的軍事政治地位及其主權問題，為德國統一從國際法上提供了決定性的外部保障，因此對兩個德國具有特殊重要性。該條約的簽署，還標誌著「集團對抗的冷戰時代已經過去」，「德國歷史和歐洲歷史都將揭開新的一頁」。

1990年10月3日，兩個德國宣告正式統一。統一慶典於3日零時整正式開始。首先在柏林帝國大廈前的廣場上舉行隆重的升旗儀式，魏茨澤克總統、柯爾總理、德國政府其他成員、來自全德各界的2,000位代表和常駐德國的外交使節出席了升旗儀式。魏茨澤克總統發表談話，強調德國統一是「全歐歷史進程的一部

分」，呼籲全德人民團結一致，為建設自己的國家而共同奮鬥。上午11時，在柏林愛樂樂團音樂廳舉行國家慶典，德國總統、總理、聯邦議院議長、聯邦參議院議長以及原民德主要領導人出席。魏茨澤克總統發表重要談話，強調德國的「統一沒有強加於任何人」；呼籲所有德國人互相尊重、互相幫助，共同「消除思想上的分歧，填平物質上的鴻溝」；表示德國「不會拿大西洋關係和歐洲夥伴關係去冒險，這是德國的利益之所在」，統一後的德國將把自己「完全融合在西方，面向歐洲，使德國分裂的消除成為歐洲統一的重要篇章」。

柯爾總理10月3日就德國統一和統一後的對外政策致函世界各國政府領導人，由德國駐外使節面交並作說明。柯爾總理說，「德國人民通過自由自決並同鄰國達成一致以及在最終解決德國問題的條約基礎上」實現了統一。過去從德國土地上爆發的第二次世界大戰曾經給歐洲和世界帶來無窮的災難，「今後從德國土地上只會產生和平」。為此，柯爾確認目前歐洲各國邊界的不可侵犯性，尊重各國的領土完整和主權，不會對任何人提出領土要求；強調統一後的德國不染指核武器和生物、化學武器，並將把自己的武裝力量裁減到37萬，還將為在歐洲和世界範圍內達成進一步的裁軍協定而努力。柯爾說，隨著統一，「德國在國際上也將肩負更大的責任」，德國願意為聯合國在建設和平的世界和應付全球挑戰中發揮重要作用而作出貢獻，願意在將來參加聯合國為維護和恢復和平而採取行動，包括派遣它的武裝部隊，並將為此創造所需要的國內條件。柯爾說：「德國統一與歐洲統一是密不可分的，德國人將像爭取德國統一那樣繼續堅持不懈地爭取歐洲統一。」柯爾強調，「統一後的德國特別願意為已經獲得自由並已

走上政治、經濟和社會改革道路的中歐、東南歐國家與歐共體發展更密切的聯繫作出貢獻」；表示德國仍將置身於北大西洋聯盟，「願意同盟國一起根據西、東關係的發展和時代要求的不斷變化，來繼續發展這一富有成效的聯盟」，並把它作為歐洲新的集體安全結構的柱石予以保護。柯爾聲稱：「德國將同所有把和平、尊重人權與自由以及人們的幸福視為自己的義務的國家站在一起。」柯爾最後說：「在德國人民解除了由於分裂而帶來的精神負擔之後，將以新的活力和充滿信任的合作精神，來同所有懷有同樣崇高目標的國家和人民，共同塑造和平的未來。」

中國國務院副總理吳學謙在10月3日接見面交柯爾總理致世界各國政府首腦信的德國駐華大使韓培德時指出：「中國人民一貫理解、同情和支持德國人民要求實現統一的願望，尊重德國人民的選擇，歡迎德國最終實現和平統一。」吳學謙副總理對韓培德大使還明確表示，中國「希望德國的統一將有利於歐洲和世界的和平、穩定與發展」。

第三節　統一的德國與世界

（一）占據重要國際地位

德國統一後，其地位和所處的國際環境發生了重大變化。統一的德國雖然沒有超級大國那樣遼闊的國土（統一後領土面積為35.7萬平方公里）、核武器以及數以億計的人口，但是它擁有相對於歐洲國家來說占優勢的人口（1990年近8,000萬；1999年8,220萬）和強大的經濟實力（1990年國民生產總值達1.7萬億美元，

幾乎為英、法兩國之總和；1999年國民生產總值為38,490億馬克），堪稱為「歐洲的超級大國」。其次，統一後的德國擺脫了北約和華約的雙重鉗制，主權得以恢復，外交、安全地位空前改善，正以新的姿態面向世界。另外，統一之後德國從東西方對峙時代的前線國家重新成為歐洲政治中心國家，它在歐洲南北樞紐的地位得到擴展——即把斯堪地那維亞與波西米亞地區和巴爾幹國家聯繫起來。更為重要的是，統一使德國再度成為歐洲東西交通的軸心——通過柏林，德國把巴黎、倫敦、布魯塞爾與布拉格、華沙、基輔和莫斯科連了起來。這種獨特的地理戰略位置使得德國「成為了歐洲的權威力量」。德國根據上述對它極為有利的新的國際環境，本著前瞻性、整體性和國際性等三原則，對自己的未來進行了詳細的「自我設計」，確立了面向全球主義⓮時代挑戰的大國作用。這種大國作用，可以概括為以下三方面。

■ 歐洲統一的「發動機」

柯爾總理於1990年10月3日就德國實現統一及統一後的對外政策給世界各國政府首腦的函件中聲明：「德國統一與歐洲統一是密不可分的，德國人將像爭取德國統一那樣繼續堅持不懈地爭取歐洲統一。」他在1995年12月7日聯邦議院會議上重申：「我們的外交及歐洲政策的核心在現在和將來都應該是始終如一地推進歐洲的統一大業。歐洲統一的政策對德國和歐洲都是一個生死攸關的問題，實際上它也是一個關係到21世紀是戰爭還是和平的問題。」1998年10月德國社民黨─綠黨聯合執政後，也一再強調德國外交政策的重點之一是「繼續擴大歐洲聯盟這個必將發展成為全球範圍各個領域裡一名有行動能力的夥伴。通過加強和擴大

歐洲聯盟確保整個歐洲的和平、民主與富裕」。德國在1999年上半年擔任歐盟輪值主席國期間，就通過歐盟《2000年議程》，在推動歐洲一體化的廣度和深度發展方面作出了積極的貢獻。當然，德國所追求的歐洲統一，是要建設一個具有共同價值觀以及普遍實行民主政體和自由市場經濟的「統一的歐洲」。德國認為，這個任務應該包括兩個方面。首先，聯合法國，推動歐洲聯盟朝著建設歐洲聯邦❺的方向發展，把歐洲聯邦建設成為統一歐洲的核心和世界格局中的一極。而要建立歐洲聯邦，必須鞏固並發展「巴黎－波昂軸心」，建立「歐洲統一的雙發動機」機制，否則將一事無成。為此，德國巧妙地利用法國想把德國拴在歐洲的企圖，與法國共同提出了在建立歐洲統一大市場的基礎上簽訂馬斯垂克條約（歐洲聯盟條約），建立歐洲經濟貨幣聯盟；簽訂阿姆斯特丹條約，建立以實現共同外交和安全政策為目標的政治聯盟，從而開始「統一歐洲」的實質性進程。其次，促進「已經獲得自由並已走上政治、經濟和社會改革道路的中歐、東歐及東南歐」的前華約國家，徹底轉變體制進入西方軌道，以實現「統一的歐洲」的目標。在這一方面，德國率先倡導、大力推動西方國家向上述華約國家提供支持、援助、合作作為施加影響的手段，並且提出「獎優罰劣」的原則，要求受援國必須按照西方的願望，進行徹底改革。蘇聯解體後，德國首先提出，包括外交上承認獨聯體各國，接納它們參加北大西洋合作委員會和歐安會的「四點計畫」；德國主動與上述國家開展多方面合作，如辦培訓班，對這些國家的外交官進行人權、民主和自由市場經濟方面的培訓；幫助這些國家改革軍隊，推動軍工生產改為民用生產等等。從目前情況來看，德國的這些做法收到了明顯效果。但這些國家在它的

「統一的歐洲」中的位置不盡相同，波蘭、匈牙利、捷克三國「表現」最好，於1999年3月12日被正式接納入北約，而且成為歐盟東擴的首批候選國。與此同時，獨聯體各國正在歐洲聯盟的幫助下，實行政體轉軌、推行真正的經濟一體化，從而在歐洲大陸上出現兩個由特殊條約聯繫起來的經濟集團。

■ 建立全歐安全體系

德國外交政治強調，「在歐洲安全與合作組織（OSZE）中加強全歐的合作」。為此，改造北約、擴建歐洲支柱、發展歐洲安全結構、建立全歐安全秩序，是「德國外交政策的偉大目標」。其實質就是在調整歐美關係的同時，將前華約國家納入「大西洋─歐洲合作」中去，並逐步建立對付威脅歐洲新挑戰的機制和能力。

北約雖然仍是「歐洲的安全與穩定以及建立持久的歐洲和平秩序的不可缺少的工具」，但它已不能適應冷戰結束以來歐洲發生的根本性變化。北約在波灣戰爭、科索沃衝突中的表現，表明北約對歐洲安全面臨新的挑戰時軟弱無力，需要重新制訂聯盟的政策和挑戰，須在維持歐洲戰略平衡的前提下，建立對付外來威脅的手段；在減少軍備的同時，加強政治作用。為此，德國促使北約進行了兩項重大改革：(1)成立北約快速反應部隊，德在其中承擔了重要任務。(2)成立了北大西洋合作委員會，為北約16國和前華約國家定期會晤討論安全問題提供了論壇。德國希望這個論壇能成為政治對話與安全合作的穩定性機制，以便逐漸形成從溫哥華至符拉迪沃斯托克的新的大西洋─歐洲─亞洲安全夥伴關係。擴建歐洲支柱，實際上就是建立歐洲軍隊和歐洲防務政策。對於德國來說，建立一種西歐的安全結構特別重要，因為「除了聯合

國外，只有它唯一能在政治上給予德國聯邦國防軍在北約範圍以外發揮作用的現實機會」。德國強調，應「進一步發展大西洋聯盟以及跨大西洋的合作，在此範圍內歐洲必須自己承擔更多的責任」。為此，德國堅決主張將西歐聯盟納入歐洲聯盟，負責共同的防務政策，並不顧美、英等國的反對，毅然與法國商定將法德混合旅擴大，改建為聯合軍團，作為未來歐洲部隊的雛型。對於歐安會問題，德國強調應根據冷戰後的需要，進一步發展歐安會結構和機制，使它能比目前更有效地控制危機、調解爭論、防止衝突。首先，應「將歐安會從一個價值共同體擴大為一個能作出決斷、並且有行動能力的組織」；然後，將歐安會發展成為歐洲的地區性安全體系。為了推動歐安會朝這個方向發展，德國積極支持歐安會擴大職能，建立起一套包括部長理事會、高級官員委員會、常設秘書處、預防衝突中心、自由選舉局以及議員等的新機構、新制度，加強決策機制。德國目前正在努力促成建立歐安會的維持和平部隊和環保部隊。

■ 謀求大國地位，參與建立國際新秩序

　　德國統一後曾多方表明，它要積極參與建立冷戰後國際新秩序的工作，為德國從歐洲走向世界開闢道路。柯爾曾明確表示：「統一的德國將在國際共同體中承擔更大的責任，尤其是維護世界和平承擔更大的責任。我們將不僅在聯合國、歐洲共同體和大西洋範圍內承擔這種責任，而且也將在我們與各個國家的關係中承擔這種責任。」在參與建立國際新秩序方面，德國主要從三件事情著手：

　　1.緊緊抓住聯合國。施若德政府強調：「德國決心在這個變

化了的世界上承擔更大的責任。德國外交政策在這方面的活動範圍依舊是同我們在歐洲聯盟、在北西洋聯盟中的夥伴的緊密聯合以及在國際組織中，特別是在聯合國和歐洲安全與合作組織內共同發揮作用。」「加強國際組織，首先是聯合國以及德國在這些組織中發揮更加積極的作用。」這一點實質涉及兩個關鍵性問題：第一是派遣聯邦國防軍參加維護和平的聯合國行動；第二是聯合國安理會常任理事國席位問題。為了及早派兵參加維護和平的聯合國行動，德國早在1992年就已組建了一支5萬人的危機反應部隊❶，而且這個部隊的頭兩個營在1993年10月已經可供使用。與此相關的是修改基本法對德國軍隊限制的相關條款。1993年4月21日，德國聯邦議院經過5小時的激烈辯論，通過了柯爾政府提出的派遣1,640人的軍隊去索馬利亞參加聯合國救援行動。這是第二次世界大戰以來德國第一次向海外派兵。當時聯邦議院雖然以341票贊成、206票反對、8人棄權通過了向索馬利亞派兵的議案，但反對黨堅持反對這一議案，並將其告到聯邦憲法法院。1994年7月12日，聯邦憲法法院對此作出判決，認為德國可以使用本國武裝力量在北約和西歐聯盟行動範圍內參與旨在貫徹聯合國安理會決定的行動，這同樣也適用於德國武裝部隊參加聯合國組建的維護和平部隊，從而為德國向海外派兵提供了法律依據。在這種情況下，以美國為首的北約於1999年3月24日發動對南聯盟科索沃的空中轟炸時，施若德政府積極參與，直接派4架轟炸機參加了對南的首輪空襲。德還在義大利部署了14架「旋風式」戰鬥機和多架無人偵察

機，並向亞德里亞海派遣了驅逐艦，在巴爾幹地區部署了5,000多人兵力。後來，德又將其派往科索沃的維和部隊人數增加到8,500人；並在第二次世界大戰後首次在外國的領土上——南聯盟——擁有了德國占領區；同時德國將軍也首次成爲包括美、英、法在內的北約派駐科索沃維和部隊的司令。

　　謀求聯合國安理會常任理事國席位的問題，涉及到德國在國際上的地位，對於建立國際政治、經濟新秩序也具有很大的影響。德國是許多重要國際組織如國際貨幣基金組織（IMF）、國際復興開發銀行（IBRD）、世界貿易組織（WTO及其前身GATT）等的成員國；早在50年代，德國就加入了聯合國的下屬機構，1973年成爲聯合國的正式成員國，從1973年起，它幾乎不間斷地是聯合國人權委員會的成員，並曾三次（1977/1978，1987/1988，1995/1996）被選爲聯合國安理會非常任理事國；從1996年7月1日起，聯合國志願者計畫組織和聯合國沙漠地區秘書處設在德國的波昂。目前，德國承擔了聯合國費用的8.9％，是聯合國第三大會費繳納國。另外，在過去幾年裡，德國還參與了聯合國組織在柬埔寨、索馬利亞、格魯吉亞、原南斯拉夫以及瓜地馬拉的維和行動。另外，德國很希望成爲安理會常任理事國。早在1992年8月23日，柯爾政府的外交部長金克爾就聲明，「目前安理會的構成情況是第二次世界大戰的結果，不再能反映世界形勢」，表示德國對聯合國安理會常任理事國席位感興趣。1993年就聯合國安理會改革問題給聯合國秘書長的覆函中，德國明確表示：「準備承擔

安理會常任理事國應盡的義務。」社民黨─綠黨聯合執政後，施若德政府在1999年5月聲明：「它決心根據聯合國大多數成員國要求的安理會改革也將作為常任理事國尤其在聯合國的維和任務方面承擔更多的責任。只要無法達到一個共同的歐洲席位的話，它將利用成為安理會常任理事國的可能性。」2000年9月6日，施若德在聯合國千年首腦會議的談話中再次強調：「如果常任理事國的數目將會增加，德國準備擔負它的責任。」

2. 大搞「人權外交」，以便以「人權衛士」的身分在國際上發揮作用。德國政府已把「人權狀況」作為提供發展援助的重要條件。德國的政治家們也在宣傳「人權干預」論，鼓吹「人權高於主權」，其目的是強迫受援國接受西方的價值觀，實行西方式的民主制度和自由市場經濟。德國在科索沃問題上的表現，是它執行「人權外交」的突出事例。

3. 努力促成美、歐、日三極體制。德國從不公開挑戰美國的「領導權威」，但實際並不認為能夠建立「美國領導下的新秩序」。德國認為，德、日兩國是歐亞地區的重要經濟大國，是其各自所在地區的領導國家，不僅對世界的穩定和發展負有特殊使命，而且在建立新的國際秩序方面責任重大。對德國來說，要想在世界政治中發揮更大作用，除了跟美國建立「領導夥伴關係」外，還必須和日本密切合作；建立世界新秩序這一全球任務，要由北美─歐洲─日本這一三頭馬車來共同完成。德國欲促進三極體制的目的有三個：一是加快德日合作，形成德日洲際「戰略同盟」；二是要求日本放棄對西方的強硬態度，開拓與西方

合作的新階段；三是想讓日本成爲歐安會觀察員，以保證日本能有參與締造未來的共同發言權。

（二）積極擴展國際影響力

■ 消除鄰國的疑慮

戰略目標確定後，關鍵就是付諸實行。由於德國在歷史上曾兩度發動世界大戰，使歐洲不少國家飽嚐了戰火的痛苦，因此歐洲各國對德國重新統一和迅速崛起疑慮重重、憂心忡忡，「歐洲的德國」還是「德國的歐洲」成爲人們經常議論的話題。面對這種情況，統一的德國的首要工作是採取各種措施，消除鄰國顧慮，與周邊各國建立睦鄰友好關係。爲此，德國實現重新統一的當天，柯爾便在致世界各國政府首腦的信中強調：「隨著德國的重新統一，我們在各國人民大家庭中將承擔更爲重大的責任。因此，我國外交政策的目標仍然是建立世界範圍內的夥伴關係、緊密合作與和平的利益均衡。」「今後在德國的土地上只能出現和平。」他還表示，德國政府願意通過德國統一爲世界和平和推進歐洲統一服務。柯爾的這封信可以說是統一後的德國爲消除歐洲各國的顧慮，向歐洲乃至世界發表的和平外交宣言。德國爲此採取了下列四項具體措施：

1. 以條約形式確定戰後歐洲邊界不可變更。戰後歐洲邊界的關鍵涉及德國與波蘭之間的奧得—奈塞河線。1990 年 7 月，德國同意邀請波蘭參加第三次「2＋4」會談，就最終解決德波邊界問題達成全面協定。根據《最終解決德國問題的條約》的有關規定，1990 年 11 月 14 日，德波正式簽訂

了《德意志聯邦共和國和波蘭共和國關於確認它們之間現有邊界的條約》。德國通過這一國際條約最終確認了戰後歐洲邊界。

2. 承諾「德國土地上應當只產生和平」。統一後，德國政府多次發表聲明，德國只能走和平道路，承諾德國要為歐洲和世界和平作出貢獻。1990年10月4日，柯爾在德國聯邦議院就第一個全德聯邦政府發表政府政策聲明中指出，在德國的土地上，「絕不允許再發生戰爭！絕不允許再出現獨裁！」此後，柯爾還多次表示，德國人正在用實際行動努力消除歐洲和世界的疑慮。1998年10月社民黨一綠黨聯合執政後，施若德在他的第一個政府聲明中也強調「我們應當記住歷史」。更為重要的是，《最終解決德國問題條約》從第2條到第4條，對如何保障在德國土地上只會產生和平作了種種規定，如重申統一後的德國放棄製造、擁有或控制核武器、生物武器和化學武器；保證統一後的德國在3～4年內把武裝力量減少到37萬人；在蘇軍撤出原民主德國地區之前和之後（最後一批軍隊已於1994年8月撤回俄羅斯），任何非德國部隊及其核武器或核武載工具均不得進駐原民德地區，這使統一後的德國東部地區成為了「無核區」。該條約的附件還規定，保護在德國土地上的反法西斯紀念碑，及制止納粹勢力在德國抬頭。這樣，通過這一國際條約以及德國和其他國家簽訂的條約的種種規定，德國軍事力量的發展受到了限制，德國只能走和平之路。

3. 繼續留在北約，加速歐洲一體化進程。統一後的德國留在北約內，北約可以通過內部機制來約束德國，使之對歐洲

的安全承擔義務，而不至於對歐洲鄰國造成威脅。此外，歐洲國家還希望德國統一不要危及歐洲一體化進程，希望用加速一體化來約束統一後的德國。而德國從戰後歷史中也深切體會到，只有把自己放在歐共體／歐洲聯盟和北約框架內，才能消除歐洲國家的疑慮，才會為歐洲國家所接受。因此統一後，德國歷屆政府都強調德國應繼續留在北約和歐共體／歐盟內，「以致力於德國統一的同樣決心努力促使歐洲實現統一」。

4. 與東歐國家簽訂雙邊條約，推行睦鄰政策，消除東歐國家的疑懼心理。1990 年秋天後，德國先後同東歐鄰國簽訂了一些雙邊睦鄰友好條約，以安定人心。1990 年 11 月，德國與波蘭簽訂最終確認德波邊界條約後，1991 年 6 月，德國又與波蘭簽訂《睦鄰友好合作條約》；同年 10 月，德國與捷克簽署《睦鄰友好合作條約》；1992 年 2 月，德國與匈牙利簽訂《友好合作與歐洲夥伴關係條約》。在這些雙邊條約中，尊重主權和領土完整、邊界不可侵犯等成為不可缺少的共同內容。此外，德國還與丹麥、瑞典、芬蘭、挪威、俄羅斯、波羅的海三小國以及波蘭宣布成立「波羅的海國家委員會」。透過這些條約，德國儘可能把自己融入東歐和北歐的鄰國之中。誠然，要完全消除歐洲各國對德國的疑懼心理需要一個漫長的歷史過程，但是德國透過上述這些措施確實為消除歐洲國家的疑懼奠定了良好的基礎。

■ 加強德法合作，促進歐洲聯合

德國統一後，能否繼續歐洲聯合事業，直接關係到歐洲的和

平、穩定與發展。統一後的德國兩屆政府都明確表示,德國仍將繼續推進歐洲一體化建設,仍將與法國攜手充當「推進歐洲聯合的發動機」。柯爾因促進歐洲一體化和歐元的啓動作出過舉世公認的重大貢獻,而被譽爲「歐洲總理」;施若德則利用1999年1月至6月德國第11次擔任歐共體/歐洲聯盟輪值主席國機會,積極推動柏林歐盟首腦特別會議,通過了包括從2000年到2006年期間歐盟農業政策、結構改革政策和財政預算等三大方面的一系列改革方案——《2000年議程》(Agenda 2000),對此,世界輿論一致稱讚「歐洲發動機升溫」。2000年5月19日,德法兩國領導人在法國的朗布依埃舉行了非正式會議;同年6月9日,德法兩國領導人又在德國的美因茲舉行第75次首腦會晤。通過這些會晤,德法兩國領導人就歐洲共同安全與防務建設、加強軍備生產合作、推進歐洲機構改革的表決機制等問題達成了共識,對歐洲未來的發展具有長遠的意義。德國統一後繼續致力於推進歐洲聯合事業,主要基於以下考慮:

1. 借助歐洲聯合,樹立起德國新的國家形象。德國透過歐共體的長期發展重新樹立起「歐洲的德國人」的形象,借助歐共體從「戰爭的棄兒」變成了「歐洲的巨人」,並最終實現了德國的統一。德國的根本利益與歐洲一體化的發展緊密相連。

2. 只有紮根於歐共體/歐洲聯盟,才能消除鄰國的疑慮和不安。眾所皆知德國歷史上有一些劣跡,這部歷史使人們對德國始終有著強烈的恐懼感;只有在德國的上空蓋上一張共同的歐洲屋頂的情況下,才能消除這種恐懼感。可見,

實現了統一的德國，仍然需要紮根於歐共體。

3. 以歐洲聯盟為依託，增強德國對歐洲和國際事務的影響。
歐共體40多年的經濟成就使得作為其重要成員的德國不斷
地發展壯大，已經成為歐洲經濟、政治力量的中心，成為
多極世界中重要的一極。但與美、日相比，德國仍有明顯
的差距。美國的國民生產總值在美洲獨占70％以上，日本
的國民生產總值在亞洲占60％以上，而德國的國民生產總
值只占歐洲聯盟的30％，在歐盟內遠未占絕對優勢。相反
地，德國經濟對歐盟的依賴性卻很強，它一半以上的貿易
是透過歐盟國家進行的。德國與美國、日本雖然形成了經
濟上的三足鼎立之勢，但並不是等邊三角形。因此，德國
要想提高國際地位、在歐洲乃至世界發揮舉足輕重的作
用，而與美、日相抗衡，就必須繼續立足歐盟、以歐盟為
依託。

「德國的前途在統一的歐洲」，推動歐洲聯合符合德國的根本
利益，為此德國正從深化和擴大兩方面推動歐洲一體化建設。

■ 發展與美國關係

　　美國是德國在歐洲聯盟之外最親密的同盟者和夥伴。80年代
中期之前，由於特殊的歷史條件，德國與美國的關係基本上是依
附與服從的關係。80年代末，這種關係開始發生實質性變化。
1989年5月31日，美國總統布希在美因茲發表演講時指出，美國
和德國過去一直是親密的朋友和盟友，今後將成為起領導作用的
夥伴。其後，德國在外交政策上「自行其是」雖然使美國十分惱
火，但柯林頓政府繼續推進與德國的「領導夥伴」關係。1994年

7月，柯林頓總統訪問德國期間一再強調：「德美關係已成為『特殊關係』；德國今後將在世界政治中，同樣也在歐洲發揮巨大作用。德國不能逃避領導作用。」美國與德國必須為解決國際問題進行「非常密切的合作」。柯林頓訪問德國標誌著德美「僕主」關係的結束，開始建立起「領導夥伴」關係。德美「特殊關係」有著深層原因：

1. 美國對歐洲的直接投資占其對外投資的一半，美國對歐洲的貿易是順差，可以說歐洲是美國利益的中心。德國在歐洲經濟發展中勢頭強勁，起主導作用，被譽為歐洲經濟的「火車頭」。因此美國要維護自己的經濟利益，就必須與德國建立一種特殊關係。

2. 若美國想在安全防務上透過北約繼續控制歐洲盟國，就需要提高德國在歐洲的地位，使德國分擔更多的責任，以減輕美國對歐洲安全的負擔。

3. 德國地處歐陸中心，對東歐地區有著傳統的政治、經濟輻射和影響力，它對解決東歐國家的問題有財力、有「關係」，可以起特殊的作用。在歐俄關係方面，德國也是對俄羅斯影響最大的歐洲國家。

邁向21世紀，德美關係對雙方都顯得越來越重要，但也存在潛在的摩擦：目前，一個強大的德國對美國有利，但一旦德國強大到對美國自身的安全構成威脅時，恐怕美國就會翻臉；再者，德國也不可能長期充當美國在歐洲的代言人，而它與美國拉得太遠，勢必影響它與法、英、俄等歐洲國家的關係。近年來，德、美在北約東擴、歐安會安全機制、西歐防務以及國際貨幣基金組

織總裁人選等事情上的分歧，已經顯現出來。總之，德、美對彼此互有需要，合作仍是主流，但矛盾和衝突也不可避免。

■ 保持與俄羅斯的友好

德國與俄羅斯之間，「夥伴友好關係的進一步發展是德國外交政策十分關心的一件要事」。俄羅斯是歐洲東部的一個強國，也是世界上的一個強國，它的實力雖比蘇聯時代有所下降，但它是安理會常任理事國，又是核俱樂部主要成員，一旦它政局穩定、經濟上升，就會發出巨大威力。同時，俄羅斯作爲離德國不遠的東部大國，對西方的關係如何定位與德國的安全利益休戚相關。因此德國處理好與俄羅斯的關係，是發揮其大國作用的關鍵之一。爲此德國所採取的動作有：

1. 積極促成俄羅斯對西方國家簽訂「和平夥伴關係條約」，強調「歐洲的安全只有在俄羅斯密切合作的情況下才能得到保障」。在北約東擴問題上德國努力說服美國要「尊重俄羅斯的情緒」，緩和美俄關係。它對俄羅斯的其他許多要求也都給予了積極回應，最明顯的就是支持俄羅斯全面加入西方七國集團，使西方七國首腦會議變成了八國首腦會議。
2. 德國全力支持俄羅斯的國內改革，不顧美國和其他西方國家的反對，率先向俄羅斯提供了大量經濟和財政援助，從1991年至今，德對俄的經援已達750多億馬克，比西方其他各國援助的總和還多。

此外，德在俄的合資企業規模龐大，俄羅斯正成爲德國商品銷售和資本投資的巨大市場，僅1994年至1998年短短的4年裡，

德對俄的投資便增長了63倍。德、俄兩國領導人的互訪也相當頻繁。施若德總理執政後，馬上訪問俄羅斯，在拜會葉爾欽總統時重申：「德俄關係過去沒有變，現在和將來也不會變。」2000年3月，德國也成為普京總統上任後的西歐之行的首選國之一。兩國領導人在會談時都一致強調，德俄要建立長期穩定的友好合作關係。德對俄政策雖然最近幾年已經作了調整，但德仍堅持在「更廣泛的基礎上」發展德俄關係，其政策的基本點是將俄更廣泛地納入國際合作之中。不過，德俄發展友好合作也還存在一些矛盾，如：德國滿腔熱血要當東歐國家的領頭羊，而俄羅斯則認為東歐國家和獨聯體是它的傳統勢力範圍，不許他國染指；兩國在歐洲安全體系❶的設置中想法也不相同，尤其在北約東擴問題上明顯矛盾。

■ 擴大在亞洲的影響力

德國重視發展和亞洲地區的關係，極力擴大在該地區的影響。德國統一之後重視亞洲並對其亞洲政策作了大幅度的調整，其原因主要有兩方面：一是政治因素。世界正向多極化發展，各國展開了以經濟和科技為主體的綜合國力的競爭，力圖在多極化格局中占據有利地位。這對德國產生了極大的誘惑力。德國要承擔更多的「國際責任」，當然不能僅僅囿於歐洲。二是經濟因素。最近幾十年來，亞洲地區經濟呈現出空前的活力，其發展前景對西方各國具有極大的吸引力，這一地區潛在的大市場已成為西方各國競相爭奪的目標。德國要發揮大國影響，必須「更多地參與亞洲事務」，要和「這個地區的國家建立面向未來的夥伴關係」。因此柯爾在1999年2月亞洲五國之行後，便親自主持制定、且在

同年9月22日由聯邦內閣通過了《德國政府的亞洲政策綱要》。為了貫徹這個政策綱要，德國政府又於1994年1月24日至26日在波昂召開了德國駐亞太地區國家的大使會議，將聯邦政府的亞洲政策綱要進一步具體為「德國亞洲政策的十點原則」。德國新亞洲政策的內容可以歸納為六個方面：

1. 確定亞洲為德國外交和對外經濟政策的重點。採取這種積極的亞洲政策，不僅有助於德國政界和經濟界實現其眼前利益，而且也有助於確保德國的未來。只有把亞洲作為德國對外經濟戰略的重點，才有可能利用亞洲帶來的機會與美、日等國競爭，使德國成為經濟大國。
2. 加強與亞洲的經濟合作。這是新亞洲政策的核心內容。在加強與亞洲經濟合作中，重點是增加在亞洲的直接投資。
3. 把科技合作作為與亞洲合作的關鍵領域，以便利用其重視人員培訓和技術轉移等增加它在亞洲的競爭力。
4. 利用在環境保護方面擁有領先於世界的先進技術，積極開展與亞洲國家在環境保護方面的合作。
5. 加強與亞洲各國的政治對話，特別是加強各個級別的經常性磋商和高層人士的互訪，由此來協調包括國際金融、改革聯合國機構、安全與裁軍以及國際犯罪與環保等重大國際問題的立場。
6. 加強與亞洲國家在文化方面的合作。這是開展經濟合作的保障。

　　德國的新亞洲政策，從區域來看，重點在東南亞這個「經濟高速增長區」；從國家來看，重點是日本、東盟國家、印度、韓

國和中國等亞太地區的重要國家。中國在這個新亞洲政策中具有特殊的地位。1972年10月中德建交以來，兩國高層互訪頻繁、經貿關係迅速發展、文化交流不斷擴大、科技交流逐年增加。德國的新亞洲政策出爐後，中德兩國合作的廣度與深度令人十分振奮：1999年雙邊貿易額達到161.14億美元，比前年增加12%；截止1999年底，中國累計批准德在華直接投資的專案達到2,125個，協定資金額達94.45億美元，實際投入50.37億美元。德國多年來一直是中國在歐洲的最大經貿夥伴。德國總理施若德1999年11月訪華時強調，德國紅綠聯盟政府將毫無保留地堅持「一個中國」的政策；德國不會參加任何對中國構成潛在危險的行動。中國總理朱鎔基2000年6月訪德時也表示，要推動兩國關係在現有的基礎上向新的階段發展。目前，中德雙方正致力於建立邁向21世紀的長期穩定的全面合作關係。

統一後的德國確實比過去強大了，其國際地位也明顯提高。但目前德國仍只是一個歐洲大國，尚不是世界經濟大國，更不是世界政治軍事大國。然而我們應該十分重視德國，特別是在經濟上，但絕不可把歐洲看成是德國的歐洲。邁入21世紀，統一的德國正在通向世界的大道上艱難跋涉，世界人民都在聆聽它的腳步聲。德意志民族是一個理性的民族、自信的民族。一個理性的民族不會重犯昔日的錯誤；一個自信的民族應該透過和平競爭實現自己的目標。願偉大的德意志不辜負全世界愛好和平人民的真誠期望。

―注釋―

❶ 〔德〕薩比內‧布勞恩等編：《1990年10月3日：統一之路》慕尼黑，1990年德文版，第77頁。

❷ 據1990年11月9日《南德意志報》載文回顧說，當時民德的統一社會黨中央只作出了一個《關於民德公民經捷克斯洛伐克去西德長期旅行的變更決定》，其中說可以從民德直接去西德旅行，但須提出申請並經批准。這個《決定》計畫在11月10日凌晨4時以民德政府發言人發表聲明的形式公布，並送給了德通社副社長伍爾達克。沙波夫斯基那天下午並未參加黨中央全會的會議，他在記者招待會上說的那些話是在唸一張坐在他旁邊的外貿部長遞給他的紙條，還說每個人都可以經民德的任何一個過境點到西德旅遊等等。德通社的總編輯從電視上看到沙波夫斯基在記者會上講話後，不顧那位副社長的反對，立即於當晚7：04在廣播上提前公布了關於那個《決定》的聲明。另外，據《明鏡》週刊記者施尼本說，當時民德內務部主管護照和戶口登記的領導人勞特爾稱，他是那個《決定》的主要執筆人，有關私人可以自由出國旅遊的話是他「偷偷塞進去」的。看來，上述紙條是誰寫的，似乎還是個「謎」。

❸ 據德國的德意志通訊社 1989 年 11 月 28 日電訊。

❹ 西德《基本法》第 23 條規定：「本基本法先在巴登、巴伐利亞、不萊梅、大柏林、漢堡、黑森、下薩克森、北萊茵—威斯特法倫、萊茵蘭—法耳茨、什勒斯威—霍爾斯坦、符騰堡—巴登和符騰堡—霍恩佐倫各州生效。本法在德國其他部分加入聯邦共和國之後，也將在那裡生效。」德國統一後，《基本法》第 23 條修改為歐洲聯盟條款。

❺ 西德《基本法》第 146 條規定：「本基本法在德國人民根據自由決定所通過的憲法開始生效之日起喪失其效力。」

❻ 目前世界上 179 個國家中，有荷蘭、南非、玻利維亞、貝寧和科特迪瓦等 5 個國家實行「多都制」。

❼ 1991 年 6 月 20 日德國聯邦議院以 17 票多數通過決議，同意將聯邦議院和聯邦政府遷往柏林。1999 年 6 月，聯邦議院和聯邦政府已經先後遷到柏林。

❽ 1990 年 2 月 10 日，塔斯社俄文電。

❾ 1990 年 7 月 16 日，蘇聯塔斯社俄文電。

❿ 〔德〕漢斯·克萊因：《在考卡蘇斯開始》，烏爾斯泰因出版社，柏林—法蘭克福，1991 年 10 月德文版，第 275～276 頁。

⓫ 1990 年 11 月 14 日，統一後的德國與波蘭正式簽署《德意志聯邦共和國和波蘭共和國關於確認它們之間現有邊界的條約》。該條約共 4 條，第 2 條：「締約雙方聲明，它們之間的現有邊界現在和將來都是不可侵犯的，並且互相保證無條件地尊重對方的主權和領土完整。」第 3 條：「締約雙方聲明，它們雙方之間無任何領土要求，並且將來也不提出這種要求。」

⓬ 關於德波邊界問題後來體現在《關於最終解決德國問題的條約》第

一款中。

⑬〔德〕凱‧迪珂曼等編著：《我要的是德國統一──柯爾自述》，勃魯萊茵出版社，1996年柏林德文版，第379頁。

⑭1995年3月13日，德國總統赫爾佐克在慶祝德國外交政策協會成立40周年紀念會上的講話中說：「21世紀將會是什麼樣子，我們尚不知道，而且也不單單取決於我們。但有一點是肯定的，即在一個日益變小的、機會與風險同等程度全球化的世界上，德國外交政策的全球化也將是不可避免的。」

⑮2000年5月12日，德國副總理兼外交部長約施卡‧菲舍爾在柏林漢堡大學發表題為《從邦聯到聯邦──關於歐洲一體化目標的思考》時，已經公開提出了德國關於歐洲一體化的終極目標是建立「歐洲聯邦」的主張。

⑯1992年12月16日，德新社，波昂德文電。

⑰目前歐洲安全體系由三套機制構成：一是北大西洋公約組織（簡稱北約，1954）；二是歐洲安全與合作委員會會議（簡稱歐安會，1975）；三是西歐聯盟（1954）和歐洲聯盟（前身為歐共體，1958）。

第3章

德國憲法 ——《基本法》

　　《德意志聯邦共和國和德意志民主共和國關於實現德國統一的條約》第1章第1條第1款規定：「隨著德意志民主共和國根據基本法第23條於1990年10月3日加入德意志聯邦共和國生效。布蘭登堡州、梅克倫堡—前波莫瑞州、薩克森州、薩克森—安哈特州和圖林根州便成爲德意志聯邦共和國的州❶。」該條約第2章第3條規定：「從加入生效之日起，只要本條約沒有其他規定，聯邦法公報III（編號100－1）中發表的修改後的德意志聯邦共和國基本法（最近一次修改的根據是1983年12月31日的法律文本，見聯邦法律公報I第1481頁）連同本條約第4條所規定的變動，在布蘭登堡州、梅克倫堡—前波莫瑞州、薩克森州、薩克森—安哈特州、圖林根州以及在柏林州迄今未適用該法的地區生效。」該條約第4條第1款對基本法前言修改中強調：16個州的「德意志人在自由的自決中實現了德國的統一和自由。因此，本基本法適用於整個德國人民」。因此，《基本法》是統一後的德意志聯邦共和國的根本大法 —— 憲法。它規定了德國國家的基本制度、國家

政權的基本形式、憲法機關的任務、公民的法律地位以及制訂普通法律的基本原則和程序，爲德國政治體制和政治運作奠定了堅實的法律基礎。

第一節　《基本法》的原則與特色

(一)《基本法》的原則

德意志聯邦共和國是共和、民主和社會的、法治的聯邦國家。《基本法》結構上承繼了《威瑪憲法》，憲政原則上吸取了1919～1933年威瑪共和國實行該憲法的歷史經驗和希特勒法西斯篡權的歷史教訓，貫徹了民主、法治、社會和聯邦制等四大原則，從而在德國確立了「自由民主的基本秩序」。基本法第79條第3款規定：「對基本法的修改不得影響由各州組成的聯邦，不得影響各州在原則上參與立法或影響第1條和第20條所規定的原則。」同時，基本法第9條第2款、第18條和第21條第2款還規定，誰要想推翻自由民主的基本秩序，誰就將喪失基本權利，從而創建了一種自由的、勇敢的民主。基本法通過上述兩種方式來保障這種憲政秩序。

■ 民主原則

民主，是德國憲法的基本原則。它表明了德國國家形式和政治意願形成的方式；同時，也是最重要的國家目標之一。民主原則主要表現在政治民主、經濟民主和社會民主三方面，它依靠基本法的具體規定來體現。基本法第20條第2款規定：「一切國家

權力來自人民。」人民擁有主權，國家的一切法令以人民的決斷為基礎，都必須是民主的和合法的。這種民主政治，具有民意政治、多數統治、法治政治、責任政治、政黨政治和民主社會等六大共性。

民主政治與選舉制密切相關。基本法第20條第2款規定：「國家權力由人民透過選舉和公民投票的方式以及通過有立法權、行政權和司法權的專門機構行使。」民主政治的重要原則之一是「多數統治」，即國家大事以民意為依歸，國家權力機關的組成取決於多數選民的意志，凡選舉產生的公職皆以多數當選。「人民的公意是政治權威合法性的唯一基礎。」❷基本法第28條第1款規定：「各州的憲法制度必須符合基本法規定的共和、民主和社會的法治國家原則。在州、縣和市鄉鎮中，人民必須有一個由普遍、直接、自由、平等和秘密的選舉產生的代表機構。在市鄉鎮可由市鄉鎮大會代替這個由選舉產生的團體。」選舉聯邦、州和地方的人民代表是人民參與行使國家權力的決定性行動。一般來說，這種參與透過代議制機構來實現，從而使行使國家權力的原則合法化，並能確保所有國家權力最終都建立在多數人承認和贊同的基礎之上。所以在德國，人民擁有主權的原則實際上是透過人民的「代表」、即透過間接民主實現的。但是這並不排除某些重大決策也採取直接民主的形式，即公民表決的形式。不過這裡所指的只是基本法第29條中有關公民表決、舉行公民投票的提議以及有關對政治問題進行公民投票等的規定，而根據基本法第146條進行的公民表決則是個例外。在威瑪共和國時期，有關公民投票的提議和公民表決常常被濫用，不能很好地尊重人民的意願，實踐上也很難組織進行；另外，公民表決這一作法在決定政治問

題時也容易受情緒的影響，從而導致政治黨派、利益集團之間的對峙尖銳化。因此，當今德國吸取歷史上的經驗教訓，對於採取公民表決的形式一向持十分謹慎的態度。但是各州的看法不同，許多州的憲法都規定了由人民直接參與決定國家重大政策的形式，如舉行公民投票的提議、公民投票和公民表決。

基本法第20條第2款規定，全部國家權力「由人民通過選舉和公民投票的方式以及透過有立法權、行政權和司法權的專門機關行使」。同一條第3款規定：「立法受憲法秩序的限制，行政和司法受法律和正義的限制。」這就是說，民主必須同法治國家權力分配的基本原則相結合。在德國，國家權力分別通過立法權、行政權和司法的專門機構行使，實行三權分立，相互制衡。這種國家權力的分配不僅表現在橫向的三權分立，縱向的聯邦、各州和地方機構也依照基本法、各州憲法以及聯邦和各州法律所規定的管理權限實行分權。這種權力分配透過三種措施來加以保證。首先是透過司法地位的加強，設立聯邦憲法法院，實行「政治生活法權化」。其次是政治黨派對國家權力的制衡作用，在野黨在聯邦議院的作用受法律保障，而且透過四年一度的大選也有機會組閣執政或參與執政。最後，在聯邦制國家中，各州透過聯邦參議院對聯邦的權力起著制衡作用。

■ 法治原則

法治原則是德國憲法的重要指導原則之一。根據法治原則，一切國家行爲都要依法進行。基本法第28條第1款規定：「各州的憲法制度必須符合本基本法規定的共和、民主和社會的法治國家原則。」第20條第3款規定：「立法受憲法秩序的限制、行政

和司法受法律和正義的限制。」

　　法治的基本組成部分是公正原則和法律保障。爲此，首先必須法律平等，也就是治者和被治者、政府與公民都要受法律的約束；法律不因當事人的地位、黨派、階級、財富、種族、宗教或政治信仰區別對待；法律面前不允許特權的存在；法律之內，人人自由。其次，罪行法定。爲了保障人身自由和財產權，判罪科刑都必須有法律的明文規定，習慣和上級指令都不得成爲刑法的法源，並且一切依照司法程序進行。第三，審判獨立。法官須超出政治黨派、中立於政治之外，依據法律獨立審判，不受任何干涉。第四，依法行政。基本法第1條第3款規定：「下列基本權利爲直接有效的法律，約束立法、行政和司法。」

　　分權與制衡雖然爲保障人民自由權利創造了重要條件，然而，行政權仍然是國家權力中最龐大、跟人民接觸面最廣泛也跟人民的自由權利關係最密切的。因此，要確保行政權的行使受法律的限制，行政機關的組織和行爲，都應以基本法和法律爲依據。所有原則性的、直接關係到人民的決定，特別是關於侵犯自由和財產的，只有透過聯邦議院頒布的法律或在這樣的法律基礎上才能發布實施。由立法機關頒布的法律，不能由執法機關不通過法律規定、章程、行政條例或者命令就加以更改。這表明立法機關頒布的法律要比執法機關頒布的規定具有優先權。國家機構既不准任意地、也不准在即使對其來講好像是必須的或是緊急的時候侵犯個人權利。只有依據聯邦議院制訂的法律，才允許對個人權利進行合法的干預。即使在這種情況下，在執法過程中也要盡最大可能保護個人自由與平等。

　　對立法機關的約束，主要受基本法、特別是基本法中關於保

障公民基本權利和有效的相關法律以及具有法律效力的規定的約
束。此外，立法機關在遵守法律的約束方面，要接受聯邦憲法法
院的監督。立法機關可以2/3多數修改基本法——除了不可更改的
原則之外，也可以簡單多數修改其他法律規定。對司法機關的約
束，就是將司法機關限制在解釋和應用法律上；同時，司法機關
也有權完善法律。

　　另外，法律安全也是法治國家的重要組成部分，它包括國家
行為的確切性、清楚性和可預見性，以及通過對法律追溯性的限
制而保護對某一存在的法律狀態的合理信任。相對性的原則就是
當個人的權利在遭到不適當的、不必要的和過分干預時提供保
護。基本法確保每個人在受到法律傷害時，在法庭上享有全面的
和有效的法律保護。另外，基本法第93條第1款4a規定，任何個
人都可以用公共權力機關侵犯他的某項基本權利或侵犯基本法相
關條款規定的權利之一，向聯邦憲法法院提出憲法上訴。基本法
中一系列的對於法治原則的保證，都是對法庭所提供的法律保
護。

■ 社會原則
　　社會原則作為政治要求可以追溯到自由資產階級時代，但作
為法律上的明確表達卻相當晚，並且這種表述僅僅是通過簡單的
立法而已，還未表現為一種憲法權力：直至1949年制訂基本法時
才把社會原則提高、歸納為普遍的、具有現實意義的憲法原則。
表面上看，基本法第20條第1款僅原則性規定「德意志聯邦共和
國是民主的和社會的聯邦國家」，對社會國家、特別是對社會基本
權利缺乏詳細的陳述和具體的保證；事實上，國家的職責要在公

益、社會、教育和經濟政策領域中完成,它對這些社會事務進行有效的干預,並表現在圍繞社會問題的鬥爭中所取得的成就,和對社會安全以及社會公正的追求。基本法第7章所規定的聯邦立法權限,特別是關於公共福利、社會保險、勞動保護、勞資關係、培訓補貼,以及宏觀調控和地區的或專業結構政策的立法權限(基本法第109條、第91a條、第104a條第4款)表現得更加清楚。另外,保障人的尊嚴、實現個性的自由發展與平等,不能僅僅透過有關「防止受到國家侵犯」的條款,還需要「個人的社會安全」才能得到保障。因此基本法中社會國家的要素,也可以理解成國家的社會義務,即國家要在公正的社會秩序的意義上實現社會正義、調和各種社會矛盾;同時這也對主要由社會保險、社會救濟和勞動保護構成的社會安全體系的存在提供了法律依據。在德國,社會國家的目標——即實現社會的公正和社會的安全、保障合乎人的尊嚴的生存以及為個性的自由發展提供平等的條件等等,都已在社會法典(SGB)中得到了明確的規定,並補充寫入了有關社會權利之中(詳見SGB第1章2～10條)。

■ 聯邦制原則

聯邦制原則是德國憲政體制不可侵犯的基本原則。基本法第20條第1款規定,德意志聯邦共和國是一個聯邦制國家。基本法第79條第3款規定:「對基本法的修正案,不得影響聯邦按州劃分之原則,各州參與立法之原則或本法第1條和第20條規定的原則。」第79條第2款還規定:「此項法律必須得到聯邦議院2/3議員和聯邦參議院2/3票數的通過。」事實上,只要基本法生效,在聯邦議院和聯邦參議院中就不能出現2/3的票數通過對上述憲法原

則的修正案，從根本上保證了聯邦制這一國家政體原則的不可侵犯性和不可變更性。

聯邦制的國體符合德國的憲法傳統。1871年成立的德意志帝國是一個由許多諸侯國和自由城市通過條約組成的聯邦國家，各州通過帝國的聯邦參議院對帝國的政策發揮了很大影響。君主制滅亡後，於1919年成立的威瑪共和國也是一個聯邦國家，但重點放在帝國即中央，各州的地位經由中央立法權與行政權的擴大而被大大地削弱了。在希特勒統治時期，根據聯邦制原則進行的權力分配沒有存活空間，州的自主權被中央接管，帝國參議院和各州議會被解散，聯邦制名存實亡。二次大戰後，在占領區內成立了新的州（有些保留原來的州界、有些則是新建立的），西占區內各州的代表制訂了基本法，為德意志聯邦共和國的成立奠定了基石。

德國之所以實行聯邦制，除了歷史的原因之外，主要為了防止國家權力的過分集中和權力濫用。在德國聯邦制政體中，除了聯邦一級的立法、行政和司法之間的橫向分權外，還有聯邦與各州之間縱向的分權。分權的本質是防止權力在一個層次上過分集中，並防止出現濫用權力，從政權結構本身加強了協調合作與相互監督機制，強化了分權與制衡，提高了對公民自由範圍的保障係數。其次，聯邦制也為議會內反對黨在聯邦範圍內提供了用武之地。如果他們掌管州一級政府，那麼他們就有可能在本州的範圍內實現自己的政治理想、負責地行使國家權力。聯邦制不僅有助於各政黨提出自己的「施政方案」、開展政治競爭，而且為各州之間、各州與聯邦之間開展政治試驗和競爭提供了必須的發展空間。另外，聯邦制有利於保障更多的民主。在聯邦制政體中，聯

邦一級下面還有小的地方行政單位，可以更容易地縱覽全貌。國家政治意志的形成和各派政治力量的角逐在各州與公民有著更緊密的關係，公民可以更輕易地注視這一切並親自參與。反過來，各州的主權地位也使其能夠更容易地考慮各地方的實際要求，有利於促進並保障公民的社會權利。

根據基本法確定的原則，形成了獨具一格的德國聯邦制特色。首先，各州與聯邦在政治上保持高度的一致性。基本法第28條第1款規定：「各州憲法必須符合基本法規定的共和、社會和法治國的基本原則。」各州人民透過「普遍、直接、自由、平等和秘密的選舉建立議會民主政治」。透過這種方式，不但為德國的政體在聯邦與州這兩個級別上奠定了高度一致的政治基礎，而且排除了在政治上從內部瓦解聯邦國家的可能性。如果某州建立的不是「自由的民主政體」，這與基本法確定的基本原則就不一致，在這種情況下，聯邦有權命令其撤銷違反基本法確定的憲政體制。另外，聯邦的法律高於州的法律，各州必須履行「聯邦義務」。如果聯邦或某州的「自由、民主的基本制度」受到威脅，聯邦政府可以按基本法的規定調動軍隊或其他州的警察進行鎮壓。

第二個特色是聯邦各州的權力受限。聯邦各州及其公民都必須維護聯邦國家的統一。聯邦的權力置於州的權力之上。立法權主要集中在聯邦，而州議會只限於處理文教事務、治安和市政等事務。法律的執行主要由州掌握，但聯邦法律高於州法律。國家任務的分配以及在此基礎上形成的組織機構也限制了州的權力。隨著無數憲法修正案的頒行，州的權力正日益受到限制。

最後，各州與聯邦忠於合作與相互信任的原則。德國不像美國那樣實行二元聯邦制，而是堅持實行合作性聯邦制。這種合作

性聯邦制使得聯邦與州、以及各州之間彼此合作、相互諒解。聯邦憲法法院對於建立並發展這種可靠的合作關係起了重要作用。

（二）《基本法》的特色

德國的基本法具有以下四大特色：

■ 強調公民的基本權利是國家的基礎，詳列公民基本權

首先，基本法將公民的基本權利放在至高無上的地位。它吸收了1776年美國《獨立宣言》以及1789年法國大革命高潮中誕生的偉大歷史文獻《人權宣言》的精神，堅持天賦人權、人人生而平等等著名的人權原則，對《威瑪憲法》第二部分加以歸納、提煉和補充，形成了基本法的第1～19條，以及第101、103和104條。公民的基本權利十分廣泛，包括每個人有自由發展其個性的權利；公民有信仰、良心和信教的自由以及言論、集會、結社、出版、遷徙和擇業的自由；公民有選舉權、請願權以及有從事科學、藝術、教育的權利；公民不被引渡往外國、公民的住宅不受侵犯；婚姻、家庭和財產權、繼承權受國家法律保護等等。

其次，保障人權，把人的尊嚴不可侵犯作為最高指導原則。公民權與人權是有區別的。一定的基本權利是只有德國公民才享有的公民權。基本權利的大部分則適用於每一個人，這是人權。基本法明確規定人的尊嚴不可侵犯。尊重和保護人的尊嚴是一切國家的權力機構的義務。德意志人民確認不可侵犯的和不可轉讓的人權是所有人類社會、世界和平與正義的基礎。每一個人有生存權和身體不可侵犯權。人身自由不容侵犯。此外還規定，基本權利約束立法、行政和司法，並使之成為直接有效的法律，公民

如感到享有的某項法定基本權利受到公共權力機關的侵犯，有權向聯邦憲法法院提起違憲申訴（見基本法第93條4a）。另外，基本法強調法律面前人人平等。基本法第3條規定：在法律面前人人平等；男女享有同等的權利；任何人不得因性別、門第、種族、語言、籍貫、出身、信仰、宗教或政治觀點而受到歧視或享受特權。

■ 加強聯邦總理的地位，削弱聯邦總統的權力

　　聯邦總理的人選不取決於聯邦總統個人，而是聯邦總統必須提名聯邦大選後的多數黨領袖為聯邦總理候選人，由聯邦議院不經討論選舉產生，再由聯邦總統任命。聯邦總理是聯邦政府中最有實權、最有影響的關鍵人物。在基本法第65條規定的原則基礎上形成了所謂「總理原則」，確定了聯邦總理個人的政治權威。另外，基本法第67條第1款規定：「聯邦議院必須根據多數議員的意見選出一名繼任人並請聯邦總統罷免聯邦總理時，才可對聯邦總理表示不信任。」即實行所謂「建設性不信任投票制」。這樣就削弱了聯邦議院的倒閣權，大大鞏固了聯邦總理的地位、保持了政局的穩定。與此同時，基本法改變了聯邦總統產生的法律程序，實行了「虛位總統制」。基本法規定的聯邦總統，在國際法意義上代表德國，體現國家的統一、行使禮儀方面的職能和法定程序。但他無權干涉立法和政府工作，也沒有武裝部隊的統帥權，更不能動輒解散聯邦議院。其職權大大受到了限制和削弱。

■ 政黨制度的憲制化

　　政黨在德國、特別在威瑪共和國時期的政治生活中早已占有十分重要的地位，但其法律地位並未在憲法中作正式規定。基本

法在德國歷史上第一次明確規定：「各政黨應相互協作以實現國民的政治願望。它們的建立是自由的。」同時，基本法還規定：「如果政黨的宗旨和黨員的行為表明，某些政黨企圖破壞自由民主的憲法秩序，或者推翻、危害德意志聯邦共和國的存在，均屬違反憲法。政黨違憲問題由聯邦憲法法院裁決。」後來，德國又於1967年7月根據基本法的原則頒布了歐美國家迄今第一部《政黨法》，使政黨制度走上了憲政化、法制化軌道。

■ 允許國家主權轉讓，禁止發動侵略戰爭

　　基本法第24條第1款規定：「聯邦可以由法律將主權權利讓予國際機構。」德國參加了各種國際組織，特別是參加了歐洲聯盟、北大西洋公約組織和歐洲委員等。與其他成員國一樣，德國也把它的某些主權轉讓給了這些國際組織。基本法第25條還規定：「國際法的一般規則是聯邦法律的組成部分。它們優先於各項法律，並直接產生聯邦領土上的居民的權利和義務。」針對德國曾兩次發動世界大戰的沉痛教訓，基本法禁止發動任何侵略戰爭。該法第26條第1款規定：「凡擾亂各國人民和平的共同生活和具有此種意圖的行動，特別是進行戰爭的行動，都是違反憲法的。這些行動應受懲罰。」跟歐美其他國家的憲法相比，這是基本法的一大特色。

第二節 《基本法》的主要內容、人權與公民基本權利

《基本法》於1948年8月10～25日在巴伐利亞州的海倫希姆湖起草，由以阿登納為主席、各州議會選舉產生的65人制憲會議於1949年5月8日通過，美英法三國占領軍當局5月12日批准，1949年5月23日在德國西部各州生效。

《基本法》共計11章146條。它作為國家的根本大法，規定了德國的政治體制和三權分立的聯邦國家機構的組織、職權及其相互關係，聯邦與各州立法、財政方面的關係，以及公民的基本權利和義務等等，是當代歐美國家中一部比較完整並且具有一定特色的憲法。

（一）國家制度及三權分立機構的組織、職權與關係

首先，基本法明確規定德國是一個議會制聯邦共和國，實行三權分立的政治體制。基本法第20條規定：「(1)德意志聯邦共和國是一個民主的和社會的聯邦國家。(2)一切權力屬於人民。它由人民通過選舉和全民投票方式以及通過立法權、行政權和司法權的專門機構行使之。(3)立法權受憲法的限制，行政權和司法權受法律和法權的限制。」聯邦議院承擔著以立法形式表達國家意志的功能，它與美國的國會和英國的下院不同。美國的國會完全不依附於政府首腦，是對總統權力的重大平衡力量；而英國的下院正好相反，它聽命於英國首相，完全受英國政府的控制。聯邦議

院則具有美國的強議會和英國的弱議會的混合形態特色。聯邦議院既監督聯邦政府，是政府重要的制約力量，又獨立行使立法權，成爲德國的最高立法機構和監督機構。德國的立法、聯邦總統和聯邦總理的選舉以及國家大政方針的確定都與聯邦議院密切相關。基本法第39條規定：「聯邦議院每屆任期4年。其立法期從第一次會議起屆滿4年，或至解散時爲止。新的選舉在其立法期的最後3個月內舉行，如遇解散則最遲應在解散後60天內舉行。」聯邦議院的選舉採取多數選舉制與比例選舉制相結合的混合體制，按「普遍、直接、自由、平等和秘密」的選舉原則進行。它的最根本職能是制訂法律、選舉政府和監督政府，其他的職能都是從這兩項中引伸出來的。

聯邦議院中多數黨對聯邦政府的組成起決定作用。「聯邦總理由聯邦共和國總統提名，由聯邦議院不經討論而進行選舉。」通常情況下，聯邦總統只能選擇聯邦議院中多數黨領袖作爲總理候選人，因爲只有多數黨領袖才有機會當選。聯邦各部部長由聯邦總統根據聯邦總理的提名任免之。在決定政府的組成人選時，聯邦總理一般都很尊重本黨議會黨團的意願，因而多數黨議會黨團領導成員往往起決定性作用。

如果說組織政府主要由多數黨議會黨團包攬，那麼監督政府的職能則由反對黨議會黨團承擔。當然，由於力量對比的制約，反對黨很難對聯邦政府施加影響和構成壓力。但是當多數黨議會黨團產生分歧時，反對黨議會黨團就可以利用這種機會給聯邦總理或某位聯邦部長製造麻煩、施加壓力。如果說反對黨議會黨團對聯邦政府還起一點監督作用的話，則首先表現在反對黨議會黨團在聯邦議院的各級會議上對政府官員的質詢。這種質詢能使聯

邦議院的辯論更加深入，能及時向各議會黨團通報情況，從而使政府不得不有所顧忌。其次，通過聯邦議院的辯論，提供可資選擇的政策建議及其背景情況。再其次，隨時警告聯邦政府要保障自由、保護少數、維護法治。最後，動員輿論，對聯邦政府的政策實行有效地制約。

聯邦議院的另一個主要職能是立法。基本法第76條規定：「(1)法律草案由聯邦政府、聯邦議院或聯邦參議院向聯邦議院提出。(2)聯邦政府的法律草案必須先交聯邦參議院。聯邦參議院有權在三週內對該案表態。(3)聯邦參議院的法律草案必須由聯邦政府轉交給聯邦議院。聯邦議院在轉交時，須表示自己的看法。」從以上條文中可以看出，除了每一個聯邦議員和聯邦議院議會黨團有立法創議權外，立法創議權主要掌握在聯邦政府手裡。聯邦議院擔負最主要最大量的工作，則是經過極其複雜繁瑣的程序，審議和批准各種法律。在特殊情況下，聯邦總統根據基本法第81條的規定，可以就某一項被聯邦議院拒絕的、而聯邦總理聲稱為「緊急」的法律草案，根據聯邦總理的請求並經聯邦參議院批准，宣布出現「立法緊急狀態」。如果「立法緊急狀態」宣布後，聯邦議院又一次否決了聯邦政府的法律草案，或者聯邦議院雖贊同該法案而其措辭為聯邦政府所不能接受時，只要聯邦參議院批准，該法律即視作已經通過。在宣布「立法緊急狀態」的6個月內，除修改《基本法》以外的一切法案，都可以不顧聯邦議院的反對，予以頒布實施。但在同一屆聯邦總理任期內，不得宣布第二次「立法緊急狀態」。

聯邦制國家結構的主要功能是維護州權，而聯邦參議院則是保障州權的最重要機構，具有議會中第二院的性質。它與英國的

上院相比，其職權要大些，但比美國參議院的職權要小些。基本法第50條規定：「各州通過聯邦參議院，參與聯邦的立法和行政。」實際上，它是一個具有聯邦性質的、爲平衡聯邦與各州之間以及州與州之間的矛盾而設立的各州政府聯合機構。具體講，它的職權主要有：

1. 立法創議權（基本法第76條第1款）。
2. 立法審議權（基本法第76條第2款）。
3. 參與宣布「立法緊急狀態」（基本法第81條）。
4. 在聯邦政府與各州之間發生衝突時，發揮平衡與牽制作用，有仲裁權（基本法第83條至91條）。
5. 有權對聯邦總統蓄意損害基本法或某項聯邦法律的行爲向聯邦憲法法院提起上訴（基本法第61條）。
6. 有權參與聯邦憲法法院成員的選舉（基本法第94條）。

基本法第51條指出：「(1)聯邦參議院由各州政府的成員組成。各州政府負責推選和罷免這些成員。(2)每州至少具有3票，居民人數超過200萬的有4票；超過600萬的有5票；超過700萬的有6票❸。(3)每州可以派出與票數相同的議員。一個州的票只能統一地而且只能由出席議員或議員的代表投出。」另外，聯邦參議院議員既不能作爲所屬政黨的代表行事，也不能作爲獨立的參議員活動，而只能作爲所在州的代表，必須按照州政府的指示辦事，特別在大會表決時更是如此。一個州雖然有3～6票的表決權，但表決時一個州只能持一種政治態度，即全投贊成票或全投反對票，棄權或不參加投票均算作反對票。

聯邦參議院在德國充分發揮維護州權的功能。著名政治學家

宗特海默爾在談到聯邦參議院時認爲：「聯邦參議員是各州在聯邦一級的聯合機構，它的工作首先是代表各州利益並使各州的行政管理經驗在聯邦立法中得到利用。這意味著它對聯邦政府和聯邦議院所作的決定具有控制和糾正作用。所有的德國議院制觀察家一致認爲，聯邦參議院基本上成功地行使了自己的權力。」❹

聯邦政府是聯邦行政權力的中心。以聯邦總理爲首的聯邦政府不是向聯邦總統負責，而是向聯邦議院負責。每屆聯邦議院產生後，第一件大事就是選舉聯邦總理。聯邦總理經聯邦共和國總統提名，由聯邦議院不經討論選舉產生。凡得到聯邦議院法定過半數票者即當選，當選者即由聯邦總統任命爲聯邦總理。如果聯邦總統提名的候選人落選，則在落選後的14天內，聯邦議院可以根據多數票選出聯邦總理。如果在上述期限內仍然沒有選出一位聯邦總理，那麼就立即進行一輪新的選舉。第三輪選舉中，得票最多者即當選。當選者如果得到聯邦議院多數選票，聯邦總統必須任命他爲聯邦總理；當選者如果沒有得到聯邦議院多數選票，聯邦總統可以任命他爲聯邦總理，也可以不予承認，而宣布解散聯邦議院，重新舉行聯邦大選。

根據基本法第62條和第64條第1款的規定，聯邦政府由聯邦總理和聯邦各部部長組成。聯邦政府每屆任期4年。一般情況下，每屆聯邦政府隨每屆聯邦議院的產生而產生，並在下一屆聯邦議院召開時告終，即聯邦政府自然更迭。特殊情況下，同一屆聯邦議院任期內，可以改選聯邦總理。在非常情況下，聯邦總理可以因爲聯邦議院「建設性不信任投票案」的通過而被迫下臺，造成聯邦政府的更迭。

根據基本法第2章規定，聯邦政府不僅可以直接指揮軍隊、

警察、監獄、諜報系統等國家暴力機關，而且對聯邦總統、聯邦議院、聯邦參議院、聯邦法院及各州與地方權力機關都有著極大的控制和影響作用。

聯邦總理作爲聯邦政府的首腦，是聯邦國家機器中最有實權、最有影響的關鍵人物。在基本法第65條規定的原則基礎上形成的所謂「總理原則」，確定了聯邦總理個人的權威。所謂「總理原則」主要包括三點：

1. 聯邦總理有權通過向聯邦總統提名、決定聯邦政府的人選。

2. 聯邦總理負責制訂並執行聯邦政府的總的政策方針，並對其承擔責任。就是說，聯邦總理在一切基本問題上擁有決定政府政策的優先權，在決定政府政策時，他可以提請政府成員進行討論，但他沒有義務一定要尊重同僚的意見。

3. 只有聯邦總理個人、而不是聯邦政府集體向聯邦議院負責；同時，也只有聯邦總理個人擁有向聯邦議院提出信任案的權力。在這種情況下，他的去留也同時決定著聯邦各部部長的命運。

但是，聯邦總理的權力，除了受到聯邦議院和聯邦參議院的制約以外，還受到執政黨乃至執政聯盟內部多方面的制約。例如，聯邦總理在提名聯邦部長時，他就必須與執政黨議會黨團充分協商，必須充分考慮那些有勢力的利益集團的需要。

聯邦總統是聯邦共和國的國家元首。基本法第54條規定：「聯邦總統在無需討論的情況下，由聯邦大會選舉產生。」聯邦大會對候選人不經討論就直接投票選舉。聯邦總統任期5年，連選

可以連任，但以一次為限。德國不設聯邦副總統。聯邦總統雖然只是國家權力的象徵代表，但他同聯邦議院、聯邦政府、聯邦參議院等國家機構結合起來，仍然是國家最高當局重要的一環。

（二）聯邦與各州的關係

明確劃分聯邦與州的權力範圍，是基本法的主要內容之一。按照基本法的規定，聯邦政府享有對外主權，對內的統治權則由聯邦與各州分掌，受基本法保護；在權力的劃分上，採取聯邦列舉、各州概括的方式予以規定。立法權方面，基本法第73條逐一列舉聯邦在外交、國防、關稅、貨幣、憲法保護等11個方面擁有的專有立法權；第75條逐一列舉5個方面，規定聯邦有權頒布原則性的法規。而基本法第70條第1款對州的立法權則原則規定：「在本基本法未授予聯邦立法權的範圍內，各州擁有立法的權力。」基本法第71條規定：「在聯邦專有立法範圍內，各州只有在某項聯邦法律明確授予權力的情況下，方具有立法權。」還有一些權力由聯邦與州共同享有，即所謂「並行立法」。基本法第74條對「並行立法」也逐一列舉，計23項，幾乎無一疏漏。而在涉及各州擁有的並行立法權時，基本法第72條則概括性規定：「在並行立法範圍內，只有聯邦未使用立法的權力，各州才擁有立法權。」在財政方面，首先基本法第109條強調：「聯邦和各州在預算方面是自主的和相互獨立的。」然後在涉及稅收權力時，基本法第105條則詳列聯邦專有立法的稅收和並行立法的稅收的具體種類；第106條規定聯邦、州和地方各種稅收的具體分配內容和方法；第107條規定州的收入、各州（包括地方）收入的相互平衡和聯邦對州的補助等具體內容。透過上述這些規定，建立

起聯邦、州、地方三級財政體制。從上述規定可以看出，基本法處理聯邦與州的關係的原則可以概括爲：(1)聯邦法律高於州法律。(2)聯邦對各州的限制，其目的也在於維護聯邦高於州的地位。(3)聯邦對州的保護，主要是保障州的社會制度。

（三）人權與公民基本權利

尊重和保障人權，是基本法規定公民基本權利的前提和出發點，也是基本法內容的重要特色之一。基本法第1條規定：「(1)人的尊嚴不可侵犯。尊重和保護人的尊嚴是一切國家權力機構的義務。(2)德意志人民爲此確認不可侵犯的和不可轉讓的人權是所有人類社會、世界和平與正義的基礎。」根據聯合國人權宣言和人權公約的精神，基本法明確規定公民享有人身權利、人格權利、經濟權利、社會權利、文化權利和政治權利等基本人權。

基本法中的人身權利，包括生存權、人身自由權、人身保障權等。人格權利主要指人類個體的精神性權利，其實質和核心是任何人都有權維護自己作爲人的尊嚴和價值。經濟權利是其他各種人權要素的基礎和保障，主要指任何人都具有保留維護自己生存手段的權利，核心是經濟權利上的一律平等，如人人享有就業權利、都有同工同酬的權利、都有保障基本生活的權利等。社會權利是指作爲社會成員個人應當從社會那裡獲得的一些基本權利和自由，主要包括：社會保障權、勞動權、受教育權、休息權、安全健康權、未成年人權利、殘疾人權利以及婦女權利等。文化權利是一種精神性質的人權要素，主要指參與社會文化活動、享受文化成果、從科學研究和文學藝術創造方面的基本權利和自由。政治權利主要指基本法中公民享有的基本政治權利和自由，

其主要內容是：每個人在法律面前一律平等；人人享有受法律保護的權利；每個人都有不受任意逮捕、拘禁、審查的權利，都有受到公正和公開審訊的權利，都有享受無罪推定的權利；每個人都有參加和平集會、結社和遊行的權利；人人都有思想自由、信仰自由、發表意見和觀點的自由，即言論自由、出版自由、宗教信仰自由；每個公民都有依法參加選舉、平等擔任公職、平等參與國家行政管理的權利；每個人都享有通訊自由和保護通訊秘密的權利；公民的住宅不受侵犯的權利等等。

保護人權不僅是個內政問題，而且也是世界公正與和平的基礎。在這方面，德國加入了重要的國際公約：1953年加入歐洲人權與基本自由保障公約；1955年以來，每年德國公民都可以就侵犯人權向斯特拉斯堡人權委員會提出申訴；1973年批准了聯合國國際人權公約；1977年以來，德國已經向聯合國提交了四份保護人權報告。

公民權與人權是有區別的。公民權是一種地緣政治意義上的權利。在一定意義上可以說，德意志聯邦共和國公民享有的基本權利，是該國公民實際享有的人權。《基本法》社會公民的基本權利，主要包括六個方面：

1. 公民的平等權和參政、請願等政治上的基本權利。如規定：「主權屬於人民。它由人民通過選舉和全民投票方式，以及通過有立法權、行政權和司法權的專門機構行使之。」「(1)在法律面前人人平等。(2)男女享有同等的權利。(3)誰也不能因性別、世系、種族、語言、籍貫、出身、信仰、宗教或政治觀而受到歧視或優待。」「任何人均

有權單獨或聯名用書面形式向有關當局及議員請願或提出抗議。」

2. 公民有財產神聖不可侵犯等經濟上的基本權利。如規定：「財產權和財產繼承權受到法律保護，其內容及範圍由法律規定之。」「為公眾利益起見，財產可予徵收。徵收應依法實行，並依法確定徵收方式和賠償金額。」「所有德國人有權自由選擇其職業、工作及接受培訓造就的地點。」

3. 公民有言論、結社和宗教信仰等精神自由的權利。如基本法規定：「信仰自由、良心自由、世界觀自由和宗教懺悔不受侵犯。」「人人有以口頭、書面和繪畫形式自由地表達和傳播自己意見的權利，並有自由採訪一般可允許報導的消息的權利。新聞出版、廣播與電影播報的自由予以保護，不受檢查。」「有自由從事藝術、科學、教育和研究的權利。」「所有德國人均可在不攜帶武器的情況下有和平集會的權利。」

4. 公民有不受非法逮捕等人身自由權。基本法第2條規定：「(1)人人有自由發展個性權……(2)人人有生存權和身體不可侵犯權。人身自由不容侵犯，這些權利只有根據法律才能進行干預。」第13條規定：「(1)住宅不受侵犯。(2)在緊急情況下，得由法官和經法定的機關發布命令後，才允許按規定進行搜捕。」

5. 公民有居住和遷徙等社會自由。基本法規定：「所有德國人依法享有在聯邦領土上自由遷徙的權利。」

6. 公民有抵抗暴政的權利。基本法第20條第4款❺規定：「對於那種企圖廢除憲法秩序的人，所有的德國公民在不可

能使用其他救濟手段的場合下，有抵抗權。」基本法第4條第3款規定：「任何人不得違背良心被迫拿起武器服兵役。」

從上述這些規定可以看出，公民權利範圍的擴大確實在《基本法》的條款上得到了充分的體現。但是，這些基本權利是以承認他人的自由和權利爲前提的。例如基本法第2條第1款規定「人人有自由發展個性權」，同時強調「不得損害他人的權利和觸犯憲法制度或道德法律」。第9條第1款規定了「所有的德國人有結社、集會的權利」，接著強調「如社團的目的和活動與國家刑法相牴觸，或導致違反憲法，或違反國民間協商精神，得予以禁止」。第8條第1款肯定公民有和平集會的權利，第2款便立即規定：「如進行露天集會，此項權利將受到法律限制或依法予以限制。」可見「權利永遠不能超出社會的經濟結構以及由此經濟結構所制約的社會的文化發展」❻。

基本法由於它所產生的國際、國內背景獨特，因此與西方其他國家的憲法相比，具有兩個鮮明的特徵。第一特色是臨時性。從它的名稱來看，之所以要選定「基本法」這一稱謂，目的就是要強調它的臨時性。基本法序言也明確提出，「爲了建立過渡時期國家生活的新秩序，……通過了德意志聯邦共和國的這個基本法」，強調「這一行動也是爲了那些未能參加制訂的德國人而採取的」，「全體德國人民仍然要求在自由的自決中實現德國的統一和自由」。曾在制憲會議中擔任要職的社民黨代表卡洛・施密特在談到《基本法》時說得更加明確：當時「聯邦共和國不是一個徹底獨立出來的西部國家，不是一個獨立的西部德意志民族的主權行

動的產物。有鑑於此⋯⋯只能建立一種臨時性組織,是採用一種手段,以使德國的一部分在一個過渡時期可以在占領國的限制範圍內逐步適應自己內部和世界的形勢」。

第二特色是局限性。憲法是一個國家的總章程,制訂憲法是一個主權國家的獨立政治行爲。但是基本法的制訂卻不是這樣。從1948年7月美英法三國占領軍最高軍事長官發布「法蘭克福文件」,到成立制憲會議、擬定該法草案,直到最後批准、生效,每一個環節都置於占領軍當局的嚴密監督和控制下。制憲會議的委員們也認識到,「它們並非憑借它們自己的主權,而是在占領軍的攝政下(雖然是輕微的)發揮作用,基本法必須得到占領軍的批准。這樣,制訂這部基本法的工作就受到了監督⋯⋯議員們很清楚地認識到,獨立自主的制訂一部憲法,同相對地不完全自主地對憲法進行辯論兩者之間的不同之處」❼。當然,占領軍當局也不能完全無視德方人士的意見和要求。在某種程度上可以說,《基本法》是美、英、法三國占領軍當局與德國西部制憲會議代表之間相互妥協的產物。

在德意志聯邦共和國成立初期,基本法只是美英法盟國《占領法規》的附屬物,而「盟國高級專員公署」才是高居於以阿登納爲總理的聯邦政府之上的聯邦德國最高權力機構。直到1955年5月5日,《巴黎協定》❽生效,盟國《占領法規》宣布廢除,聯邦德國才成爲一個主權完整的獨立國家。從這時起,《基本法》才眞正成爲聯邦德國的憲法。41年後,即從1990年10月3日起,又成爲統一德國的憲法。

第三節　《基本法》與《威瑪憲法》

《威瑪憲法》是1919年2月6日威瑪國民議會以普洛斯草案為基礎，吸收各主要政黨改良主張、彼此達成妥協的產物。它於1919年8月14日生效，計5章181條。它徹底地否定了君主專制制度，實行了資產階級民主共和制度，為當時德國人民爭取民主的鬥爭提供了有利條件，被視為資產階級民主憲法的楷模。但是該部憲法在憲政體制設計上的疏漏，不但導致了黨派林立、政局長期不穩，而且被希特勒法西斯篡權上臺所利用。基本法源於威瑪憲法、高於威瑪憲法，吸取了威瑪憲法的歷史經驗，對於聯邦最高當局各方面的職權和相互關係作了較大幅度的調整，強調了反對戰爭、保衛和平的基本國策，其調整主要有以下四方面。

■ 改變總統選舉方式

基本法改變了總統產生的法律程序，用「虛位總統制」取代了威瑪憲法的「皇權總統制」。威瑪憲法第41條規定，「帝國總統由全體德國人民選舉產生」，這就是說帝國總統是由公民直接選舉產生的。按照威瑪憲法第20～22條的規定，帝國議會也是由公民直接選舉產生的。這樣帝國總統對於帝國議會沒有任何依附性，獨立性較強、地位比較強大。而基本法第54條規定：「(1)聯邦總統在無需討論的情況下，由聯邦大會選舉產生……(2)聯邦大會由聯邦議院全體議員和同等數量的由各州根據人口比例選舉產生的代表所組成。」基本法中的聯邦總統既然需要聯邦議院全體議員參與選舉，他就要在一定程度上依附於聯邦議院，其政治地

位就必然虛弱。

此外，也調整了總統的職權。威瑪憲法第47條規定：「帝國總統是帝國武裝力量的最高統帥。」第48條規定：「如果德意志帝國的公共安全和社會秩序受到嚴重擾亂或危害，帝國總統可以在必要時借助武裝力量，採取措施恢復公共安全和社會秩序。為達此目的，該憲法第114、115、117、118、123、124和153條規定的公民基本權利可以全部或部分地暫停執行。」這樣一來，帝國總統就被賦予了近似於「德皇」那樣非常廣泛的權力。後來希特勒就是借助興登堡總統援引該項憲法條款採取緊急命令權，取消公民基本權利、屠殺進步力量、篡奪國家最高權力，建立法西斯獨裁統治的。而基本法第58條則規定：「聯邦總統的指示和命令需有聯邦總理和有關聯邦部長的副署方才生效。」第59條第2款還進一步強調：「與聯邦政治有關或與聯邦法律有關的條約，需根據聯邦法律，徵得聯邦立法有關主管機關的同意及參與，才可簽訂。有關規定聯邦行政管理的條款，應同樣徵得行政機關的同意。」與威瑪憲法規定的大權在握的帝國總統相比，聯邦總統只不過是國家權力的象徵性代表而已。

■ 健全議會職能

基本法用「健康議會」取代了威瑪憲法中的「跛腳議會」。德國的議會制度發展較晚，帝國時代的議會僅限於立法和通過預算，對於組織政府、制訂政策毫無影響。威瑪憲法中的帝國議會比過去的議會有了很大發展，能夠比較完整地行使自己的職能，政府由議會選出並依附於議會。但是威瑪憲法中的議會制度也具有明顯弱點，跟帝國總統的地位相比較，帝國議會地位過於虛

弱，而帝國總統的權力過大。先就二者的任期看，威瑪憲法規定，帝國總統和議會都是由合法公民直接選舉產生，但是議會的任期4年，而帝國總統任期7年，幾乎等於議會的兩屆任期。其次，議會雖然具有立法大權和選舉帝國總理的權力，但帝國總統具有解散議會、統帥三軍，特別是具有緊急命令權（憲法第48條）。一旦總統行使緊急命令權，整個國家的政治大權全部掌握在總統一人手裡，帝國總統處於近似於德皇的地位，這時帝國議會便名存實亡了。可見威瑪憲法中的議會制還很不完備，正如著名政治學家R‧杜馬說的，是「跛腳議會」。而基本法規定，聯邦議院由合法公民直接選舉產生，而聯邦總統卻由聯邦議院全體議員參與組成的聯邦大會選舉產生，在一定程度上總統要依附於聯邦議院。與聯邦總統的地位相比較，聯邦議院比較有效地、建設性地決定著聯邦共和國的政治命運，這在德國議會制度的歷史上是從未有過的，是比較正常的議會制度。

■ 調整聯邦議院與聯邦政府的關係

　　基本法正確地處理了聯邦議院與聯邦政府的關係，強調聯邦政府必須由聯邦議院選舉產生，加強聯邦議院的地位，迫使聯邦議院形成執政多數，選出聯邦總理。而且聯邦政府一旦組成，聯邦總理和聯邦各部部長要在聯邦議院進行宣誓。基本法中聯邦議院的地位遠比威瑪憲法中帝國議會的地位更具優勢。但是一旦聯邦政府開始工作，基本法中聯邦政府的地位就遠比威瑪憲法中帝國政府的地位更加鞏固。威瑪憲法第54條規定，帝國議會對帝國總理或部長表示不信任，總理或部長就必須辭職。由於當時政黨分裂，無法組成穩定的執政多數，結果政府更迭頻繁，政局非常

不穩。威瑪共和國存在14年卻有12屆政府，壽命最短的一屆政府只有47天。基本法吸取了這個教訓，第69條第1款規定：「如果聯邦總理要求對他表示信任的提案沒有得到聯邦議院多數議員的支持，聯邦總統可以根據聯邦總理的提議在21天內解散聯邦議院。一旦聯邦議院以多數票選出另一個聯邦總理時，解散權自行失效。」第67條第1款強調：「聯邦議院必須根據多數議員的意見選出一名繼任人並請聯邦總統罷免聯邦總理時，才可對聯邦總理表示不信任。」即實行所謂「建設性不信任投票制」。「建設性不信任投票制」的確大大削弱了聯邦議院的倒閣權，鞏固了聯邦政府的地位。德意志聯邦共和國立國50多年來只有7位聯邦總理，政局一直比較穩定。

■ 禁止發動侵略戰爭

　　針對德國兩次發動世界大戰、把德國人民乃至世界人民拖進災難深淵的沉痛教訓，基本法禁止發動任何侵略戰爭。該法第26條強調：「(1)凡是擾亂各國人民共同和平生活的行動，以及有此意圖特別是準備發動攻擊性戰爭的行動，都是違反憲法的，必須受到法律的制裁。(2)只有經聯邦政府的批准，方可製造、運送和販賣用於戰爭的某些武器。」第24條規定，德國「將遵守普遍性的、廣泛的、強制性的國際仲裁的協議」。第25條強調，國際公法的一般規定乃是聯邦法律的組成部分，它們置於聯邦法律之上，並直接地構成聯邦德國國土上居民的權利和義務。基本法的這些規定為德國堅持和平與安全、禁止發動侵略戰爭奠定了重要法律基礎。與威瑪憲法相比，這是基本法的一大特色，而且跟歐美其他國家的憲法相比，也是一大特色。

—注釋—

❶編按：「州」乃大陸譯稱，台灣譯為「邦」；為尊重作者，全書統
一採「州」之用法。特此說明。

❷盧梭：《社會契約論》，商務印書館，1980年2月版，第114頁。

❸聯邦德國和民主德國於1990年8月31日簽訂的《統一條約》第4條
第3款，1990年9月23日，成為聯邦議院對《基本法》第51條第2
款的修正案。

❹〔德〕庫特·宗特海默爾：《德意志聯邦共和國政治體制的特色》，
慕尼黑，1980年德文第8版，第194頁。

❺1968年6月24日對《基本法》第20條的追加修正案。

❻《馬克思恩格斯選集》，第3卷，人民出版社，1972年，第12頁。

❼前引書《德意志聯邦共和國政治體制的特色》，第32頁。

❽1954年10月21～23日的巴黎會議上，西方盟國一致同意德意志聯
邦共和國加入西歐聯盟和北大西洋公約組織，最終結束了占領狀
態。

第4章
德國議會──聯邦議院與聯邦參議院

第一節　德國議會制度的演變

　　議會制度是民主制度的核心之一，它在德國的出現和確立要比英國和法國晚得多。德國的議會制度最早源於中世紀中期不定期舉行、而且不斷變更會址的宮廷會議。西元1356年查理四世頒行的黃金詔書推動了選帝侯階層、宗教領主階層、世俗市民階層等各種階級的形成，以及當時叫做 "Diet" 的帝國議會的出現。1495年，帝國議會成員被分在三個議院中，即選侯全體會議、帝國諸侯議事會和城市代表全體會議。他們分頭議事，然後舉行全體會議共同做出決議。被多數通過的決議經皇帝批准成為所謂帝國議會決議或帝國文書。帝國議會的任務就是就出征、戰爭、稅收和帝國法律等事務進行商討和作出決策。❶1806年隨著德意志神聖羅馬帝國的瓦解，帝國議會也自行瓦解。1815年成立的德意志邦聯是個由35個主權邦國和4個自由城市組成的鬆散聯盟，不是統一的德意志國家。邦聯的機構是邦聯議會，它是設在萊因河

畔的法蘭克福的各邦聯成員的常設使節會議。每作一項決議，至少需要2/3多數通過，在許多情況下甚至需要全體一致通過才行，因此邦聯議會基本上沒有決策能力，即使是邦聯議會通過的決議對邦聯成員也沒有約束力。

　　1848年5月法蘭克福國民議會是德國現代議會制度的雛型。1848年3月資產階級革命浪潮席捲德意志大地。5月18日，第一次通過自由、普遍、平等選舉產生的全德議員在法蘭克福舉行國民議會，制定了著名的「保羅教堂憲法」，確定「帝國議會」（Reichstag）由聯邦院（Staatenhaus）和人民院（Volkshaus）組成。法蘭克福國民議會所做的一切雖然隨著普魯士國王腓特烈‧威廉四世拒絕接受德皇皇冠而宣告失敗，使德國議會制度的嘗試遭受失敗，但議會制度的思想、議會的議事規則以民主憲政思想對後來德國議會制度、特別是威瑪共和國議會制度的確立發生了巨大影響。1850年1月31日頒行的普魯士憲法規定，普魯士邦議會由第一院（die erste Kammer，普魯士憲法第65條）和第二院（die zweite Kammer，普魯士憲法第69條）組成。第一院直接由普魯士貴族、騎士莊園主和城市代表、大學代表組成。第二院的議員由三級選舉制產生。邦議會擁有立法權和財政預算權。立法權由普魯士國王和邦議會第一院和第二院共同行使。1867年4月制定的北德聯邦憲法規定，北德聯邦的議會由聯邦參議院（Bundesrat）和聯邦議院（Reichstag）構成。前者的議員由聯邦的各成員國代表組成，它在聯邦首相的主持下討論並通過將向聯邦議院提出的法案以及聯邦議院所作出的決議，真正掌握著聯邦的權力。聯邦議院的議員則經由普遍、平等和自由的選舉產生。1871年4月制定的德意志帝國憲法規定，帝國議會也採用兩院

制。聯邦參議院（Bundesrat）議員為各邦的代表；帝國議院（Reichstag）議員則按照普遍、直接和秘密的選舉制產生。帝國議會主席由帝國首相兼任。帝國議院擁有立法權和預算批准權，但一切法律和決議都須經聯邦參議院和德皇同意才能生效。帝國議會無權任命首相、組織政府，對政府也沒有監督權。與保羅教堂憲法設計的議會制相比，德意志帝國的議會制是一種倒退。

　　德國的現代議會制度確立於威瑪共和國。1919年8月制定的威瑪憲法規定，德意志帝國是共和國，議會採用兩院制。帝國議院（Reichstag）的議員按照比例代表制，以普遍、平等、直接、秘密的原則選舉產生。帝國參議院（Reichsrat）由各州代表組成，代表州的利益，參與立法和行政管理。帝國議院為最高立法機構，擁有對政府預算表決權、對政府總理的信任投票權、對政府總理和部長的撤換權以及對外宣戰權和批准國際條約權等。帝國議院中各政黨成立議會黨團，發揮重要作用。政府總理對帝國議院負責。威瑪憲法中的議會制度雖然比較成熟，但國家最高權力機構職權分配失衡，特殊情況下只能由國家總統以「緊急命令」的形式來治理國家，因此導致了1933年被希特勒法西斯篡權。

　　1949年5月23日制定的德意志聯邦共和國基本法繼承了德國議會制的傳統，議會也採兩院制，即聯邦議院（Bundestag）和聯邦參議院（Bundesrat）。

第二節 聯邦議院

(一) 聯邦議院的特色

　　同美國的眾議院和英國的下議院相比，德國的聯邦議院（Bundestag）具有明顯的特色。這些特色對德國的政治、立法及其程序和聯邦政府的行政管理都有重要影響。

■ 聯邦議院具有弱議會和強議會的混合形態特色

　　基本法規定：「聯邦總理根據總統提名，由聯邦議院不經討論選舉產生。」「聯邦各部部長由聯邦總統根據總理的提名任免。」此一規定強迫聯邦議院形成多數，以便選出聯邦總理、組織政府，加強聯邦議院的職能；但另一方面，聯邦政府一旦開始工作，聯邦議院想倒閣就不容易──「聯邦議院只有以議員過半數票選出繼任總理並請聯邦總統罷免現任聯邦總理時，才能對聯邦總理表示不信任」──從而削弱了聯邦議院。

　　與美國和英國這兩個世界上最有名的、代表民主的議會模式相比，基本法中的聯邦議院既不像美國國會獨立於政府首腦，總體上形成對總統的抗衡力量；也不像英國下院那樣，議會和政府一致，議會甚至被認為是政府的附屬物，議會和政府都受執政黨及其領袖的領導和控制。在美國，國會本身能積極制定國家政策法令（工作型議會）；而英國下議院只是政府手裡的工具，在下議院中政府和反對派經常發生對抗，討論重要的政治問題都是為了給選民們聽的（演說型議會）。聯邦議院是這兩種類型的混合

體，它既滿足了聯邦議院中多數黨支持聯邦政府的需要，又滿足了聯邦議院中少數黨（也包括多數黨中的少數人）對政府保持一定獨立性的需要，顯示了高度的平衡。

■ 聯邦議院議員享有的獨立性受限

　　議員是聯邦議院的細胞。根據基本法第38條第1款規定的原則，聯邦議院的議員「由普遍、直接、自由、平等和秘密的選舉產生」。所有在選舉日年滿18歲、至少在德國居住3個月以上且沒有被剝奪選舉權的德國人都有選舉權；到選舉日年滿18歲且至少在選舉日之前一年就已經取得德國國籍的人都有被選舉權。德國實行相對多數選舉制和比例選舉制相結合的混合制。全國劃分為328個選區，每個選區只可以選出1名議員。選舉時，每個選民擁有兩張選票，即一張選票的左半頁為第一張選票，選舉本選區內自己認為最合適的一位候選人；右半頁為第二張選票，投給符合自己主張的政黨所提出的州候選人。從歷屆聯邦大選的結果來看更符合比例選舉原則。實際上，德國的選舉制是「人員化的比例選舉制」。

　　原則上來說，聯邦議院議員是自由的人民代表。基本法第38條第1款規定，「他們是全體人民的代表，不受委託和指令的約束，只服從自己的良心」。他們的受命是自願的而非強制性的。在聯邦議院作決議時，議員們完全根據自己的良心和全體人民的福祉行事，因此基本法保障他們對行政機構、聯邦議院、選民、政黨、議會黨團和利益集團的法律獨立性。實際上，基本法保障的法律獨立性和議員們事實上的政治義務相牴觸。一般情況下，每位議員都是一個政黨和一個議會黨團的成員，他的投票通常與他

所屬黨團的政治綱領是一致的，並且希望其黨團在政治爭論中獲勝。他是借助他所在的政黨的幫助當選爲議員的，也想通過該黨的幫助再次當選。在這種情況下，他就必須在一切重大問題上接受本黨及其議會黨團的領導和控制，否則便要受到黨紀制裁，在下次選舉便不能再度提名，甚至被開除黨籍。美國國會雖然也是按政黨組織的，但全國性政黨只是一個鬆散的政治聯盟，對本黨議員不能進行紀律制裁；加之預選制的實行，政黨更加失去了對公職候選人提名的控制。美國議員享有比德國議員更大的獨立性。

■ 聯邦議院權力比較分散

聯邦議院設有爲數不少的常設專門委員會❷，協助審議各種法案，並且實際構成聯邦議院內的權力網絡。因而聯邦議院的主要活動便轉到各種委員會，委員會便成了聯邦議院的核心。「國會已不再運用它的立法權，這種職權已轉到各種委員會。」❸正因爲如此，幾乎每個委員會也就成爲一個權力中心，成爲各個政治黨派討價還價及不同利益集團遊說、進行政治交易的對象。這使得各類利益集團或聯邦議院內的利益代表者保護某些特殊社會利益集團的活動更加活躍，進一步加強了對聯邦議院立法的影響。

在基本法中，聯邦議院的職能主要有三個：一是組織政府的決定性機構，二是立法過程的中心，三是作爲德國人民的代表機構監督行政並進行其他工作。根據基本法第63條的規定，德意志聯邦共和國總理形式上經聯邦總統提名，由聯邦議院選出的。實際上，聯邦總理候選人是在聯邦大選前由參加競選的政黨提出來

的，通常都是該黨的領袖，根據聯邦大選的結果以及大選後結成聯盟關係準備執政的政黨間達成的協議確定的。聯邦總統實際上只能提議那個最強大的政黨的領導人作總理候選人，因為只有他才代表了聯邦議院的多數，才能肯定被聯邦議院選上。

聯邦議院是代議制機構，它對聯邦總理的選舉具有全民投票的性質，並且直接影響內閣組織。按照二次大戰之前德國的議會傳統，聯邦各部部長、甚至總理也不一定從議員中選出，現在的基本法對此也沒有作出明確的規定，但從德意志聯邦共和國成立之時起，內閣閣員習慣上都是從聯邦議員中任命。如果偶爾任命一位所謂專家或一位州的政治家入閣，那也只是罕見的例外，而絕不是習慣作法。而且，不是聯邦議員而破例入閣者，一般也會在下屆聯邦大選中當上議員。基本法第64條規定，聯邦各部部長由聯邦總理提名。事實上，新當選總理在組閣時要滿足所有競爭的利益集團並不容易。在德國經常發生幾個政黨聯合組閣，在談判聯合組閣中，除了談判確定聯合執政時的基本政策原則外，就是根據參與執政的政黨強弱和聯邦各部在聯邦政府中的地位和影響分配聯邦部長及國務秘書（副部長級）名額，而這種組閣談判經常是十分艱巨的。相關政黨獲得名額後，還要根據本黨內部各派勢力的強弱、「貢獻」以及相關利益集團的影響力等因素再一次分配名額。最後由新當選總理統一協調各黨提出的人選，提請聯邦總統任命。不過新當選總理始終要堅持的原則便是確保以他本人為核心的多數派的利益。

（二）聯邦議院的立法職能

聯邦議院並非專管立法的機構，但它卻是立法過程中無可爭

辯的中心機構。德國的立法過程是沿著聯邦政府、聯邦議院以及代表聯邦各州利益的聯邦參議院三者進行的。原則上，上述三者都擁有立法創議權，但事實上聯邦參議院很少提出立法創議。大約3/4的議案由聯邦政府提出，即由與議案有關的聯邦政府各部提出，其餘由聯邦議院提出。不過一項法案只能在聯邦議院得到最終肯定，即只有聯邦議院經過立法程序通過的法案才能成為法案。聯邦總統簽署法律並在《聯邦法律公報》上公布只是個手續。

　　與大多數議會制民主國家一樣，德意志聯邦共和國擬訂新法律的創議大多來自行政部門。據統計，從1949年第一屆聯邦議院立法期到1998年10月第十三屆聯邦議院立法期結束，聯邦議院共收到8,223項法案，最後達成立法的有4,987項，占總數的60.64％。雖然有許多法律草案來自聯邦議院，但實際上是由聯邦政府草擬的，透過聯邦議院這個管道提出，只是為了加快立法程序。與英國議會不同的是，德國聯邦議院在起草法案和立法過程中，遠不像英國下議院那樣受政府的控制，聯邦政府對聯邦議院的立法計畫和法案本身的影響也比英國政府的直接影響要小得多。當然，聯邦政府與聯邦議院中多數黨的議會黨團建立經常性非正式接觸，努力達成政治目標和政治策略上的一致意見，大大促進聯邦議院的立法過程。另外，聯邦議院有權改寫聯邦政府提出的法律草案。一些重要法律如《卡特爾法》於1957年7月在聯邦議院通過後，與聯邦政府最初提出的法律草案相比已經面目全非。聯邦政府提出的法案未被聯邦議院採納而達成立法時，聯邦政府在政治上也不受損害，不一定提出「信任案」投票。

　　聯邦議院在立法過程中所起的中心作用，對執政黨（執政聯

盟）和反對黨之間的關係，以及對整個聯邦議院的工作都有重要影響。聯邦議院中的多數派並不是聯邦政府認為必須的、所有重要法律措施的當然執行者，它們二者的合作，既有緊密、默契的一面，又有鬆散、不協調的一面，而且聯邦政府對立法的全過程又不能檢查，這樣，聯邦議院中的反對派就能設法在聯邦議院相關的常設委員會討論法案的過程中堅持貫徹自己的一些政治觀點。聯邦議院常設委員會討論法案的過程，既是多數派與反對派尋求共識、相互妥協的過程，也是朝野兩派內部協調立場的過程，在這一複雜過程中，反對派的上述做法有時能取得部分成功，但它不可能提出替代性法案，因為這種法案根本不會被多數派接受。聯邦議院在通過法案時，經常都有反對票，就是反對派上述策略的反映；而它這樣做還能給人留下一個自始至終、堅持原則的印象。當然，反對派所能爭取到的，是與執政黨遠遠不能相比的。在重大問題上，聯邦政府確實從不擔心自己會被聯邦議院中的多數派拋棄，但與英國相比，德國政府必須預先考慮到自己的立法綱領會被聯邦議院加以修改。

（三）聯邦議院的政治運作

阿登納擔任聯邦總理時，他總在經濟政策和社會政治決策中給聯邦議院中的多數派留有充分的自由，對當時的他來說，更重要的是需要聯邦議院中的多數派對他的西方一體化外交政策作出堅定而明確的支持。布蘭德和施密特執政時，起初聯邦議院中的多數派也有較大獨立性，但後來隨著聯邦議院中朝野兩派勢力越來越旗鼓相當，這種獨立性就變小了。但與英國下院相比，德國聯邦議院中兩派的領導人在政治上都較獨立、影響力也較大。

德意志聯邦共和國成立以來，聯邦議院保持了一定程度的政治獨立性，又沒有嚴重損害聯邦政府的穩定和行使職能，各種社會集團的利益也在聯邦議院中得到了較充分的表達。但是，聯邦議院作為代議制機構卻沒有對眾多繁雜的社會經濟問題展開討論，使自己成為全國性政治論壇，而只滿足於通過細緻的立法工作來影響政治。更甚者，聯邦議院忽視了各種重要利益和政治目標在議會舞臺上的陳述和抗爭，造成聯邦議院與公眾之間的聯繫很弱。為此，聯邦議院好多年之前便設立了公共關係辦公室，但迄今工作沒有起色。德國著名政治學教授宗特海默爾認為，聯邦議院作為德國人民的代表機構而進行工作「不那麼令人滿意」。

　　第13屆聯邦議院總計672位議員。聯邦議員都是職業政治家，其中最年長者85歲，最年輕的只有27歲。專業化程度很高，具大專以上文化程度者475人，占總數的70.68％；其中攻讀法律和政治學的就有126人，占總數的18.35％。1998年9月27日選舉產生的第14屆聯邦議院議員總數為669人，其中最年長的87歲，最年輕的只有24歲，具有大專以上文化程度者占總數的73.92％，其中攻讀法律、經濟學、政治學的人占總數的23.76％。聯邦議員原則上不能從事另外的職業。因此議員每月必須有固定收入，以保障他的決策自由和基本生活。1995年12月以前，每位議員月薪10,366馬克，必須依法納稅；另外還有5,978馬克的補貼，用於在選區的辦公室費用、在首都增加的支出以及差旅費、資料、郵資等費用。根據預算法規定，議員僱用助手的費用可以報銷。1995年12月8日聯邦議院制定了一項關於聯邦議員薪金的新規定。按照這項規定，議員的月薪將逐步調高，並且從1996年起每人每年增加一個月薪金，作為聖誕節獎金。聯邦議院議事規則

第16條規定：「聯邦議員有義務參加聯邦議院的各種活動，無故缺席者得扣除其依議員報酬規定所得之部分津貼。」

　　為了保障聯邦議院的行動能力，按基本法規定，聯邦議員享有不予追究權和豁免權（基本法第46條）。議員在聯邦議院的投票和發言，原則上在聯邦議院之外不受追究；如果議員犯有刑事過失，原則上只有得到聯邦議院的同意才可追究其責任或者予以逮捕。一般來說，聯邦議院對於議員的政治性傷害都不同意追究其責任。另外，為了保護議員和公民之間傳遞的信任訊息，以便對行政機構進行檢查與監督，聯邦議員還享有拒絕作證權（基本法第47條）。

（四）聯邦議院的組織機構

　　聯邦議院的組織機構比較複雜，它們包括聯邦議院議長、副議長、元老委員會、各種常設專門委員會、大會書記員。廣義而言，各議會黨團和聯邦議院的辦事機構也屬於聯邦議院的組織機構。

　　聯邦議院議長是執政黨控制聯邦議院的關鍵人物。他對外代表聯邦議院，對內主持聯邦議院日常工作，是僅次於聯邦總統的國家第二號人物，也是元老委員會的主席和各種常設委員會的當然委員。他與副議長輪流主持會議。議長是聯邦議院行政管理的首腦，又是聯邦議院所有工作人員的最高領導。副議長協助議長工作。議長和副議長在四年的立法期內不得被罷免。議長的月薪比普通議員高三倍，副議長的月薪則僅高50％。

　　元老委員會起源於19世紀，原為議會中各政黨領袖的非正式協商會議。現在它的成員是按其工作經驗豐富與否由各議會黨團

選派的。除了議長、副議長外，主要包括各議會黨團幹事長、聯邦總理府國務部長（當然是議員）。元老委員會商量聯邦議院的工作計畫、聯邦議院全會的日程、各常設委員會的組成以及聯邦議院日常工作中出現的問題。元老委員會不作決議，而只是聯邦議院的顧問機構。

聯邦議院常設委員會，是議會制度不斷完善、適應政治和社會經濟發展與專業化分工的產物。它的主要任務是協助聯邦議院審議法案。聯邦議院的主要活動都是在這些常設委員會中進行的，可說是聯邦議院的核心。第14屆聯邦議院有22個常設委員會，每個委員會由17～41位正式成員組成，另外還有同等數目的成員代表。除資格審查、豁免權以及日程委員會、預算委員會、歐洲事務委員會、申訴委員會、體育委員會和旅遊事務委員會外，每個委員會的主管領域都與聯邦政府各部是吻合的。但各委員會地位並不平等，預算委員會、外交委員會和國防委員會很顯然都很重要，相比之下旅遊委員會和體育委員會就不那麼重要了；但各委員會專門化程度都很高，其成員都是本領域的專家。各委員會的主席和副主席人選按元老委員會達成的協議，由各議會黨團指定。如果元老委員會無法取得一致意見，各議會黨團可根據其實力強弱的次序挑選各自想指定主席的專門委員會，實行所謂「自選程序」。另外，各委員會的席位由元老委員會按各議會黨團議席數額分配，再由各議會黨團指派。各委員會原則上都不公開舉行會議，以便各政治勢力討價還價，進行政治交易。外交委員會、國防委員會和內政委員會所討論的問題十分敏感，因而會議都秘密進行，但聯邦政府、聯邦參議院都可派代表與會。

此外，為廣泛討論某一法案或為處理某一特定問題，如調查

某一醜聞或重大違反規章制度事件，聯邦議院還設立特別委員會處理。

議會黨團，是聯邦議院中屬於同一政黨的議員組成的、以統一本黨成員在聯邦議院中的行動為目的的政黨集團，進入聯邦議院的政黨至少要有占聯邦議員總數 5％的議員才能成立議會黨團。議會黨團是聯邦議院政治活動的基本單位，對於選舉議長、確定聯邦議院議事日程、選舉聯邦議院常設委員等，都具有重要作用。議會黨團與政黨之間具有不可分割的緊密關係：二者具有同樣的政治目標，都是為了貫徹本黨的政治綱領；政黨和議會黨團領導人之間的人員緊密結合、交叉，使得議會黨團與政黨之間很少發生意見分歧。議會黨團的最高決策機構是議會黨團全體會議，它選舉議會黨團主席、副主席和各工作委員會負責人。議會黨團主席一般由該黨黨魁或其副手擔任。聯邦議院議事規則規定，執政黨黨魁如擔任聯邦總理或聯邦部長，則不得擔任議會黨團主席。議會黨團的主要任務是：觀察聯邦議院內的政治發展形勢；向本議會黨團提供議案和各種動議、建議；統一本黨議員的思想和行動；組織、指揮本議會黨團在聯邦議院的活動；參與領導聯邦議院事務。聯邦議院表決時，黨員議員必須服從本黨議會黨團的決定，如有不同意見，可以缺席不參加表決，但不得採取相反立場，否則將受到黨紀的處分。第14屆聯邦議院計有社會民主黨議會黨團、基督教民主聯盟—基督教社會聯盟議會黨團、聯盟90—綠黨議會黨團、自由民主黨議會黨團以及民主社會主義黨議會黨團。在第13屆聯邦議院立法期間，民主社會主義黨依法只組成議會黨團小組，但它具有與議會黨團基本相同的地位和權力。

第三節　聯邦參議院

　　德國聯邦參議院（Bundesrat）不是基本法的創舉，而是德國長期以來「憲法傳統」的繼承。德意志神聖羅馬帝國時累根斯堡的「永久帝國議會」，1815年維也納和會建立的德意志邦聯議會，以及1849年法蘭克福保羅教堂憲法設計的議會，都是現在聯邦參議院的雛型。1871年的德意志帝國憲法以及1919年的威瑪憲法也都有聯邦參議院的設置，只不過其法律地位和職權跟現在的不同罷了。另外，德國目前的聯邦制也不是西方盟國強加給德國的。當時的西德制憲議會也想成立聯邦制國家，唯一的爭論是選擇哪種聯邦制。可供選擇的有兩種模式，第一種是美國式的參議院模式，按照這種模式，參議院成員由聯邦各州的代表組成，代表由選民直接選出或由各州議會選派。第二種模式是傳統的德國議會模式，即聯邦參議院由各州政府通過任命、而非選舉產生的代表組成，代表著各州在聯邦的利益。制憲議會最後選擇了後者。基本法確立的州代表制在政治意志形成過程中的主要作用，是行政和官僚的工具，而不是按照民主方法形成的政治意志的補充機構。

　　聯邦參議院是德意志聯邦共和國的第二立法機構，是一個由各州政府代表組成的、代表各州利益的聯邦機構。它在基本法中的地位比英國和法國上議院的地位強、比美國參議院的地位弱，也不及1871年德意志帝國憲法中聯邦參議院的地位。它的特色有：(1)它作為聯邦機構體現聯邦制的國家憲政原則，與聯邦議院

不同的是沒有固定的立法期；(2)它不主管各州的事務，也不是調解各州矛盾的機關，然而它卻在聯邦一級代表並捍衛各州的利益，是各州與聯邦之間利益的調節器；(3)它在立法上雖沒有聯邦議院那樣的政治地位，但所有法案只有經過它通過才能頒布施行。它是聯邦與各州的紐帶。

基本法明確規定了聯邦參議院的職能和權限。該法第50條規定：「各州通過聯邦參議院參與聯邦的立法和行政。」聯邦參議院是聯邦一級的聯合機構，它的工作首先是代表各州的利益，並使各州的行政管理經驗在聯邦立法中得到運用。基本法賦予它的權能表明，它對聯邦議院通過的法案以及聯邦政府頒布的重要法規和一般性行政法令具有制約與糾正作用。

聯邦各州在聯邦參議院中的席位是不相等的。基本法第51條規定，各州至少擁有3個席位，居民人數超過200萬的州有4席位，超過600萬的州有5席位，超過700萬的州有6席位。各州所擁有的席數如表4-1所示。聯邦參議院成員必須在州政府裡任職，並由各州政府負責推選和罷免，也可以由自己政府中的成員替換。參議院成員如果失去本州政府成員的資格，便同時失去參議院議員的身分。聯邦參議院議員肩負雙重使命：他們是州的政治家，擔負著州行政事務的領導職能；在聯邦參議院內又是聯邦的政治家，參與行使國家的立法權。但他們不是「自由議員」，按基本法第51條的規定，參議院表決一項決議時，每一個州的票必須統一地投出，因此聯邦參議院議員必須嚴格按照州政府的指令行事。聯邦參議院決議時，採取簡單多數決定制，即至少必須有35票贊成才能通過。

聯邦參議院議長不受黨派政治的影響，按各州人口多少輪流

表4-1　聯邦參議院中各州的席數分配

州　　　名	席　數
北萊茵—威斯特法倫	6
巴伐利亞	6
巴登—符騰堡	6
下薩克森	6
黑森	5
薩克森	4
萊茵蘭—法耳茨	4
柏林	4
薩克森—安哈特	4
圖林根	4
布蘭登堡	4
什勒斯威—霍爾斯坦	4
梅克倫堡—前波莫瑞	3
漢堡	3
薩爾	3
不萊梅	3

擔任。聯邦參議院設議長1人、副議長3人，表面上由聯邦參議院全體會議選舉產生，實際上按1950年各州政府總理會議商定，議長和副議長均按各州人口多少為序輪流擔任。議長由人口最多的州政府總理開始輪，副議長由人口最少的州政府總理開始輪，每個州政府總理都可以不受黨派政治的影響在16年內輪流擔任一年的聯邦參議院議長。聯邦參議院議長對外代表聯邦參議院，對內召集並主持聯邦參議院會議：按基本法第57條的規定，聯邦總統

不能行使職權時，將由聯邦參議院議長代理。聯邦參議院設有16個常設委員會，與聯邦議院各常設委員會、聯邦政府各部的業務範圍基本上吻合。各委員會的成員則是各州相應單位的州政府部長，每個州在各委員會都有1個席位。委員會的決議由簡單多數通過。聯邦參議院全體會議通常每隔2～4週的一個週五舉行。由於相關的委員會已經作了十分充分的準備，全體會議無需進行長時間辯論便進行表決。實質上，聯邦參議院對法案主要起批准作用，因此，就立法作用而言，它的管理意義大於政治意義。

　　但是絕不能否定聯邦參議院在立法中的重要地位。首先，聯邦參議院的最重要工作就是對聯邦政府提出的法律草案表態。大多數法律草案都是由聯邦政府提出的，而且必須首先送交聯邦參議院。聯邦參議院可以在6週之內對法律草案表示贊成或者反對，或者提出自己的修改建議。然後，法律草案連同聯邦政府和聯邦參議院的意見一起提交聯邦議院，即一讀。經聯邦議院通過的所有法案還必須再經過聯邦參議院通過，即所謂二讀通過。凡涉及各州利益和各州行政權力的法律必須得到聯邦參議院的明確同意，它有權對這些法案拒絕接受，也可以對其他法案提出反對意見，但這些反對意見也可以被聯邦議院依法推翻。其次，聯邦參議院在立法過程中的重要地位還在於：幾乎所有的重要法律都要經過它的批准，因爲這些法律必須由各州政府貫徹執行。另外，聯邦政府的行政命令和一般的行政管理法規也須得到聯邦參議院的同意。聯邦參議院在上述立法過程中的制衡權，實際上是各州行政部門通過聯邦參議院對聯邦行政部門的控制，各州議會對聯邦參議院的決議沒有直接影響。

　　如果聯邦參議院和聯邦議院對某一法案未取得一致意見，雙

方都可以把問題提交仲裁委員會。該委員會由聯邦議院和聯邦參議院各派16名德高望重的議員組成，委員會主席由兩院議員輪流擔任，每一季度輪換一次。仲裁委員會中的聯邦參議院成員由各州政府指派一人擔任，但投票時不受州政府指令的約束。在該委員會中，聯邦參議院代表的影響力比聯邦議院代表的大，因爲聯邦參議院代表都是行政管理專家，而聯邦議院的代表相比之下較爲遜色；但在純政治性的爭論中，聯邦議院的代表又具有明顯優勢。仲裁委員會開會時絕對保密，會議紀錄五年後才許解密。

隨著歐洲一體化的不斷發展，聯邦參議院對歐洲事務的參與也加強了。1994年11月15日，基本法中新增加的第23條規定，聯邦議院和各州通過聯邦參議院對歐洲事務施加影響，對聯邦政府的歐洲聯盟政策有共同的參與權與監督權。聯邦政府有義務及時向聯邦參議院全面通報有關歐洲聯盟的意圖，請聯邦參議院表態，作爲制定歐洲政策的參考。凡是涉及聯邦各州的立法權限及根本利益時，聯邦政府必須事先徵求聯邦參議院的意見。如果歐洲聯盟擬議中的決定涉及到德國各州的立法權範圍，則要由聯邦參議院指定一位聯邦參議院議員，代表德國到歐洲聯邦部長理事會投票。有關歐洲聯盟的一些緊急或者機密的事務，則交由聯邦參議院下設的「歐洲聯盟法案組」處理。

聯邦各州的全權代表是各州與聯邦的重要紐帶。爲了加強各州與聯邦的聯繫，聯邦各州都在首都設立「州代表處」。代表處的負責人由州政府的聯邦事務部長擔任，作爲州在聯邦的全權代表，並在聯邦政府、聯邦議院和聯邦參議院中代表州的利益進行活動。這些全權代表及時向本州政府報告聯邦的政治發展情況；同時，聯邦政府也及時派代表向這些全權代表通報內閣會議所作

出的決議。

聯邦參議院在立法過程中的重要地位，使它成為政黨施加政治影響的工具。聯邦議院和聯邦政府一般執行大致相同的政治路線，因為聯邦政府是在聯邦議院中多數派的支持之下成立的，其政府工作自然會得到聯邦議院中多數派的支持。但只要聯邦參議院與聯邦議院的黨派政治構成不同，出現所謂的「政治斷裂」現象，即執政黨在聯邦議院中居多數，而反對黨在聯邦參議院中占多數，聯邦參議院就能夠反對或者至少能夠阻礙聯邦政府的政策。德意志聯邦共和國的歷史上曾經出現幾次這樣的情況。最嚴重的是1969年布蘭德—謝爾政府時期，以及1997年柯爾—赫爾佐克政府時期。前一時期裡，基督教民主聯盟—基督教社會聯盟在聯邦參議院中擁有一席的微弱多數；後一時期，社會民主黨在聯邦參議院中則擁有明顯多數。但是在關鍵性的政治問題上，聯邦參議院的力量是無法超過聯邦議院和聯邦政府協調一致的力量的。聯邦參議院那無可爭議的權力，不只在於獨立地參與並影響國家生活上，更在於它對聯邦議院和聯邦政府能起一定的制衡作用。雖然這種制衡作用比較弱，根本不可能改變聯邦議院和聯邦政府共同確定的政治路線和方向，因此聯邦參議院只可能得勢於一時一事，不可能長期地、接連不斷地阻礙政府的政策，政黨對聯邦參議院施加的影響力歸根究柢是有限的。

儘管如此，執政黨總是熱衷於在聯邦議院獲得穩定的多數。聯邦與各州之間錯綜複雜的關係使得聯邦對各州政治具有較強的影響，這種影響尤其表現在對各州議會的歷屆選舉和州政府的組成上；有時為了加強在州的政治基礎，不得不組成州聯合政府。但是德國歷史上長期的政治割據和聯邦制，導致各州的政黨結構

明顯差異，例如社會民主黨在漢堡、不萊梅以及黑森州占優勢，基督教民主聯盟左右著萊法州、基督教社會聯盟控制著巴伐利亞州。這些州自然就不能擁有一種統一的州政府類型。只有當一個政黨在聯邦議院和州議會中同時取得多數席位的情況下，聯邦議院中的多數黨才能有效地影響州政府的組成，否則少數州的政治力量比例就與整個國家政治力量的比例不同。社會民主黨在1949～1966年以及1982年以來，相當長的時期在聯邦議院內處於反對黨地位；但它在一些聯邦州中仍為多數派，有機會證明自己的執政能力，也有機會造就一批著名的政治家。同樣地，在1969年10月～1982年9月間，基民盟─基社盟雖然在聯邦議院處於反對黨地位，但它們分別在一些聯邦州執政也是無可爭議的。而這正是聯邦制所體現出的優點。只是聯邦政治也越來越多地侵犯了州的政治，特別是無數憲法修正案的頒行，使得州的權力正越來越多地轉交給了聯邦，而聯邦機構的決策模式和決策標準也被各州所仿效。可以說州的權力正日益受到限制，這是當今德國聯邦制在實踐過程中值得探討的重要問題。

—注釋—

❶迪特爾‧拉夫：《德意志史》，1987年中文版，第26頁。

❷第14屆聯邦議院設有22個常設專門委員會。

❸〔美〕賀烈德：《眾院議長》，轉引自《各國國會制度》，台北：正中書局，1981年版，第28頁。

第5章

聯邦政府與聯邦總理

第一節　大權獨攬的聯邦總理

　　聯邦政府由聯邦總理和聯邦各部部長組成。聯邦總理是聯邦政府的首腦，他由聯邦議院選舉產生（基本法第63條）。每一屆聯邦議院產生後，第一件大事就是選舉聯邦總理。聯邦總理候選人由聯邦總統和聯邦議院中各議會黨團協商後提名。通常，聯邦總統總是提名聯邦議院中多數派的領袖為總理候選人，然後由聯邦議院全體會議不經過討論就投票選舉產生。每屆聯邦大選開始時，主要政黨便提出了本黨的總理候選人。競選，實際上就是各個政治黨派在本黨總理候選人的旗幟下，以宣傳本黨政治主張和擬議中的施政綱領而開展的政治競爭。大選結果就反映了選民的政治傾向和認同程度，也由選民原則上確定了未來的聯邦總理人選。在一定意義上可以說，聯邦議院投票選舉聯邦總理只是依法履行選舉手續而已。但有時大選中各主要政黨得票相近或多黨結盟而聯合執政，會使聯邦議院的政治形勢複雜化，導致聯邦議院選舉聯邦總理時出現政黨聯盟勢均力敵、爭奪聯邦總理寶座的局

面。聯邦總理候選人在聯邦議院選舉中凡得法定過半數票者即當選；如果沒有取得法定多數票，聯邦議院可以在2週內不經聯邦總統重新提名進行第二輪選舉，如仍無人獲得法定多數票時，聯邦總統可以任命在第三輪選舉中獲得相對多數票者為聯邦總理，或者解散聯邦議院、重新舉行聯邦議院大選。聯邦議院選出的聯邦總理必須經聯邦總統任命才能正式就職。

聯邦總理的權力十分廣泛。他擁有對聯邦政府內外政策、聯邦政府的機構建制、聯邦各部的職權範圍的決定權；擁有任命一位聯邦部長為副總理和提出任免聯邦各部部長的權力；在聯邦總統發布命令時，擁有副署權；在國家宣布處於立法「防禦狀態」時，擁有軍隊指揮權等。他是當今德國最有實權和最有影響的人物。這符合當今民主國家政府首腦的權力日益加強的總趨勢。不過在英國，由於國家情況發生了很大變化，從內閣制政府發展到首相制政府幾乎是不知不覺地演變的；而德國「總理民主」或「總理原則」的確立，則是以《基本法》規定的一系列憲法原則為基礎的。根據基本法第64條和第65條的規定，聯邦總理不只是聯邦政府成員中的頭號人物，而且對整個聯邦政府發揮著實際領導作用：聯邦總理有權向聯邦總統建議聯邦政府部長的任免，他還可以決定聯邦政府工作人員的組成；他確定聯邦政府的「政治總綱並對此承擔責任」、對很多有爭議的問題享有決定政府基本政策的優先權，他可以和他的內閣同僚討論這些指導原則，但不一定要考慮他們的意見。因此聯邦議院不信任投票只能針對他，而且也只有他作聯邦政府首腦才可以提請聯邦議院舉行信任投票。也就是說，正式就聯邦政府的政策結果向聯邦議院負責的只有聯邦總理本人。如果他被推翻或辭職，那麼以他為首的聯邦政府的所

有部長都必須下臺。

聯邦總理挑選聯邦政府部長人選的實際權力很有限。雖然聯邦總理有權精心選拔各部部長、組織內閣，避免競爭、並儘可能地進行合作，但事實上他在物色部長人選時面臨著本黨、執政聯盟內部各派以及壓力集團的許多要求，就連康拉德‧阿登納那樣的「領導藝術大師」也要花好幾個星期才能組成一屆聯邦政府；有時為了避免內部矛盾激烈化，而不得不採取增加部長職務的辦法。在組織政府時，聯邦總理首先要與執政聯盟夥伴商定，多少個部長職務分給主要執政黨、多少分給執政小夥伴。一般情況下，執政聯盟內的小夥伴在組閣時往往比在聯邦議院中能有更好的機遇，因為主要執政黨為促成執政多數而對其小夥伴「禮讓三分」。接著，聯邦總理必須根據聯邦政府各部的重要性分配部長職位，因為聯邦各部的地位實際上並不一樣，聯邦外交部、內政部、國防部、司法部和財政部是所謂一流部，而聯邦經濟部也比其他一些聯邦部更受重視。另外，聯邦總理還必須考慮各主要派別和地區的利益，在分配諸如聯邦食品農村部、聯邦勞動社會秩序部、聯邦經濟合作部等這些不太重要的部門時，也不要引起在大選中曾立過汗馬功勞的壓力集團的對抗。各個政治黨派內部有一些能夠擔任部長職務的政治家，聯邦總理必須在這些政治家中挑選。有時，聯邦總理為了自身利益會讓那些忠於他本人、但能力稍差的人擔任聯邦部長，因此內閣成員並不都是最能勝任部長職務的政治家。

聯邦總理對聯邦政府指導方針的決定權要比選擇聯邦部長人選的權力大得多。聯邦政府的總施政方針當然不是聯邦總理個人靈機一動的突然決定，而是聯邦政府精心制訂的、行使職責時的

總政治計畫,它不僅是執政黨和議會黨團共同意願的反映,而且是執政聯盟各夥伴簽署的聯合執政協議以及每屆新聯邦政府領導人在就職之初向聯邦議院宣讀的施政綱領的產物。但是在聯邦政府日常工作中,聯邦總理因爲擁有對政府指導原則的決定權,他就可以在很大程度上靈活掌握這一指導原則,而鉗制並直接影響、指揮各聯邦部長。因此,基本法賦予聯邦總理對政府指導方針的決定權,是使他能夠明確擔任內閣政治領導的重要保障。

聯邦總理府是聯邦總理的辦事機構,是聯邦總理實施指導方針決定權的關鍵部門,其核心人物就是聯邦總理本人。聯邦總理府通常由一位國務部長擔任主任並主持日常工作。聯邦總理府必須及時向聯邦總理彙報全國各種政治問題和各個聯邦部的工作情況,爲聯邦總理的決策作準備,並關注其決策的執行情況;同時協調聯邦各部的工作。它還要負責內閣會議以及內閣委員會會議的準備工作、聯邦政府決議的草擬工作、防務的全面規劃和協調工作,並承擔著聯邦政府的秘書業務。於是,聯邦總理通過其廣泛的職權,保障了聯邦總理對其指導方針的貫徹。聯邦總理府由法律行政司、內外關係和外部安全司、國內事務司、經濟財政和社會政策司、計畫司和聯邦通訊與保密事務司等六司組成。

聯邦總理府能否成爲聯邦政府有效的核心機構,在很大程度上取決於聯邦總理本人對其作用的發揮。阿登納擔任聯邦總理時,聯邦總理府的作用發揮得很出色。艾哈德和基辛格任職時,聯邦總理府失去了作爲協調機制的重要性。布蘭德和施密特總理時代,它又重新發揮了政府核心機構的重要作用。柯爾總理不但大大強化了聯邦總理府的工作班底,而且配備了最現代化的技術設備,使得總理府成爲他1982年10月執政以來最得力的助手。

聯邦總理也不是都能充分利用其指導方針決定權。阿登納一直是他主持的5屆聯邦政府（1949.9～1963.10）的「獨裁總理」。他的繼任人、著名西德經濟奇蹟之父艾哈德就不會使用這種決定權來貫徹自己的意願，以致於他的內閣成員們爭權奪利、有些部長缺乏對他的忠誠，加上聯邦政府內各個派別的相互傾軋，結果使他以「軟弱總理」而於1966年11月30日垮臺。1966年12月～1969年10月基督教民主聯盟與社會民主黨聯合執政時的基辛格總理受到社會民主黨方面的許多限制，只能實施兩黨一致同意的政策方針，事實上則有一個由兩黨主要閣員以及兩黨議會黨團領袖組成的小集團主宰著聯邦政府的政策的指導方針，他勢單力薄，無法行使決定權。布蘭德總理領導的第1屆聯邦政府（1969～1972）以聯邦部長的頻繁更迭而聞名，他本人也以紀堯姆間諜案而被迫辭職，以致社會輿論強烈要求加強政府工作的監督，政府威信空前下降。施密特總理雖然總體上較好地行使了基本法授予他的權力，但他與社會民主黨內部主流派以及執政小夥伴自民黨政治家的矛盾，使他成為戰後德國第一位經過建設性不信任案投票而下臺的聯邦總理。柯爾總理執政之初，人們對他的執政能力多持懷疑態度，但他1982年10月擔任聯邦政府總理以來的表現說明了他出色地行使了指導方針決定權，展現了非凡的領導才能。基本法關於建設性不信任投票案的規定，對保障聯邦政府的穩定起了重要作用。該法第67條規定：「(1)聯邦議院只有以議員的過半數票選出繼任的總理並請求聯邦總統罷免現任聯邦總理時，才能對聯邦總理表示不信任。聯邦總統應依照其請求任命當選人。(2)從動議到選舉之間必須相隔48小時。」上述規定是記取威瑪共和國內閣頻繁更迭的反面經驗，而採取的重要措施。1949年第1

屆聯邦政府成立以來,「建設性不信任案」投票案只發生過2次。第一次發生在1972年4月。社會民主黨和自由民主黨的某些議員由於對批准1970年8月的德蘇「莫斯科條約」和1970年12月的德波「華沙條約」有嚴重分歧而相繼退黨,轉而加入基督教民主聯盟議會黨團,從而使社會民主黨和自由民主黨聯合政府喪失了在聯邦議院的微弱多數。基督教民主聯盟議會黨團主席巴澤爾提出了對布蘭德政府的建設性不信任案投票,但因未獲多數而失敗。第二次發生在1982年10月。自由民主黨因為經濟政策嚴重分歧而退出施密特領導的聯合政府。不久,基督教民主聯盟─基督教社會聯盟聯合自由民主黨在聯邦議院對施密特總理進行不信任案投票,結果柯爾以絕對多數當選聯邦總理,施密特失敗而下臺。這是近半個世紀來,反對黨引用基本法的規定在聯邦議院通過建設性不信任案投票,成功地推翻現任聯邦總理、自己上臺執政的唯一例子。二次大戰後,德國迄今只有7位聯邦總理,其中阿登納連續執政14年,柯爾至1998年第14屆聯邦大選時已經當政16年。而在威瑪共和國存在的14年中,卻有12屆聯邦政府,壽命最短的一屆聯邦政府只有47天。可見基本法對建設性不信任投票案的規定,對保證聯邦政府的穩定確實起了重要作用。

但是聯邦政府能夠保持穩定的根本原因不在這裡,而在於德國政黨體制的鞏固。建設性不信任投票確實可以使聯邦政府在選出新的聯邦總理之前一直行使政府職能,使聯邦政府在這個意義上保持穩定。但是它不能使聯邦政府在發生國內危機時正常進行管理,一個無力正常工作但仍勉強支撐著工作的內閣,實質上跟一個倒臺了的內閣沒有什麼不同。1966年秋,以艾哈德為總理的聯邦政府危機就是一個典型的例子。當時生產率下降、失業人數

日益增長，出現了嚴重的經濟衰退，艾哈德政府陷入嚴重困境。正在這時，執政小夥伴自由民主黨又斷絕了與基督教民主聯盟的合作，使艾哈德政府雪上加霜，成為少數派政府。然而艾哈德總理堅持不請聯邦議院作信任投票，為可能解散聯邦議院、提前舉行聯邦大選打開道路。就在這時，艾哈德總理的基督教民主聯盟和他的姊妹黨基督教社會聯盟卻私下物色了一位新的聯邦總理候選人，並且與社會民主黨舉行聯合執政談判，導致產生了基辛格領導的基督教民主聯盟─基督教社會聯盟和社會民主黨的大聯合政府（1966.12～1969.10）。艾哈德為了讓基辛格接替他擔任聯邦總理，沒有要求聯邦議院舉行不信任投票就辭去了聯邦總理職務。在艾哈德領導少數派政府到組成大聯合政府之間的幾個星期內，艾哈德是法定聯邦總理，但他不能決策、不起政治領導作用；他領導的聯邦政府也形同虛設。但基本法關於建設性不信任投票案的規定卻使他擁有憲法力量阻止他人在其繼任人的問題上取得一致，他本人既不能實際領導聯邦政府，卻可以在聯邦總理職位上多待些時日，從而延長了聯邦政府危機。在這種情況下，基本法第67條的規定不能阻止由於聯邦議院內各政治黨派不同政治關係而引發的政治動盪。實質上，它只是掩蓋聯邦政府危機的工具，而不是有效結束政府危機的手段。因此聯邦政府的穩定很顯然取決於德國政黨體制的鞏固及其正常發揮作用的能力。

第二節　施若德的新政

20世紀70年代末，德國西部（統一前的西德）政治力量發生重大分化改組，代表左翼政治力量的社會民主黨遇到了前所未有

的挑戰，基民盟－基社盟代表的保守派政治力量形成了以赫爾穆特‧柯爾為首的主流派，並於1982年10月取代了以赫爾穆特‧施密特為首的社會民主黨少數派政府，組成了基民盟－基社盟、自民黨中右聯合政府。柯爾政府推行具有新自由主義色彩的政策，其目標是恢復自由市場的獨立作用、促進經濟增長、改善西德的國際競爭力。要實現上述目標，必須降低成本。為此，必須減輕稅收、解除對企業和市場的管制、削弱工會權力和社會福利並增強市場和勞工的靈活性與適應性。1982～1997年，經過兩次所得稅改革，柯爾政府的收入在社會總產值中的比重一度下降到12％以下。為了對企業和市場解除管制，柯爾政府大力推行企業私有化政策；為了降低成本，則採用降低工資、削減社會福利和減少環保費用等方法。以工資為例，工資的分配明顯有利於高收入者，而不利於低收入者。到了90年代中後期，工資率已下降到60年代的水準，兩極分化越來越嚴重。對企業課徵的賦稅從1982年的19.9％下降到1997年的7.1％；對勞動者收入的徵稅卻從29.4％上升到36.0％。❶90年代以來，經濟全球化的發展給德國帶來了許多新問題，加上柯爾政府的政策並未實現其許諾的經濟增長❷，全德的失業率從1991年4.2％上升到1998年的11.4％，創歷史最高紀錄；公共債務居高不下，到1998年底累計國債總額達到21,355億馬克，占國內生產總值的60.3％。此外，資本外流、國內需求嚴重不足，高科技領域的國際競爭力不斷下降，國民不滿情緒日益強烈。在這種情況下，社會民主黨進行了思想上、組織上、政策上的大調整，打出了「新中間派政黨」的旗幟，喊出「新中間派政策」的口號，奪取了第14屆聯邦大選的勝利，並與聯盟90－綠黨（簡稱綠黨）於1998年10月20日簽署了長達50

頁、題爲《起航與革新——德國邁向21世紀之路》的聯合執政協定。10月27日，以社民黨人格哈德‧施若德爲總理的新一屆聯邦政府高舉「改革」❸的旗幟、宣誓就職，開始推行以「新中間派政策」爲主要標誌的新政。

施若德的「新中間派政策」，實質上就是英國首相布萊爾、美國總統柯林頓等當今歐美社會民主黨人鼓吹的「第三條道路」❹的德國版本。「新中間派政策」的最大特色就在於實用主義，即擺脫意識形態的束縛、淡化左右之爭，以實用主義爲圭臬。施若德標榜自己既非左派也非右派，聲稱「舊的意識形態已被歷史的力量所壓倒，我只對當前起作用的東西感興趣」❺。他提出的所謂「新中間派」包括了來自德國社會各行各業「創造效益的人們」、「想在職業中和社會中找到自己的位置，以便實現自己的工作的意願的人」和「正在尋找培訓和工作機會的青年人，以及一切不甘受失業和不公正現象的人」。❻這些人約占德國總人口的70％，構成了德國社會民主黨廣泛的群衆基礎。他在競選綱領中大肆宣揚社會公正的思想，強調：「我們邀請一切社會力量與我們合作，爲實現我們對現代化和公正的德國的構想而共同努力。我們要塡平我們社會中的社會鴻溝，最終完成我國的內部統一。我們要所有的人都有工作並過著富裕的生活。我們把自己看成是強者和弱者團結互助的共同體。」❼此外，施若德還強調「現代性」和「技術創新」，主張用工作創造去代替福利救濟的發放，他認爲：「新中間道路不僅對所有那些想擁有主動性、願意體驗勞動市場靈活性的人們是有吸引力的，而且對那些想實現自食其力的理想、甘願承擔風險的人們也是有吸引力的。」❽「新中間派政策」的另一個特色是對其具體政策主張具有較大的包容性。施

若德在談到「第三條道路」時，強調實現基本價值的手段，認為「當代社會民主主義思潮的主流是試圖找到回答因全球化而產生的一系列問題的答案。其中最關鍵的是平衡，即如何保持社會現代化、經濟現代化與社會保障間的平衡」❾。這一思想使「新中間派政策」的具體主張具有了較大包容性，而主要表現在下列三方面：

1.兼顧供給和需求。施若德認為：「長期以來引起人們憤怒的不是什麼左的或右的經濟政策，而只能是正確的或錯誤的經濟政策。」❿施若德提出正確的經濟政策應該是重新認識市場的作用，把側重於供給的新自由主義與側重於需求的凱因斯主義結合起來，在保證增長的同時，不斷擴大就業，以此來增強對中產階級和經濟界的吸引力。

2.兼顧公平與效率。「新中間派政策」表示要擺正公平與效率的關係，在宣揚社會公正、反對失業的同時，強調「不承擔責任，就不享有權利」。福利既是每個人的權利，同時個人也要盡義務。要適度調整福利政策，以刺激企業競爭，減少公共赤字。

3.兼顧權利與責任。傳統的社會民主主義理論只強調社會對個人政治的、經濟的、文化的以及教育的權利的保障，忽略了個人對社會盡職盡責的要求。因而「新中間派政策」強調要尋求「權利與義務」、「權利與職責」的平衡，認為應該「促進並加強人們的自我負責能力」，不承擔責任就沒有權利。

每個國家有自己獨特的傳統，因而「第三條道路」在不同的

國家都表現出不同的特色。雖然施若德對布萊爾的理論推崇備至，但德國的「新中間派政策」絕不是「布萊爾主義」的克隆物。施若德考慮到與綠黨關係的協調以及社民黨內部的各種意見，他對「第三條道路」這個他所謂的「哲學流行語」一直保持十分地謹慎，對於「新中間派政策」也沒有像布萊爾那樣作長篇大論的系統闡述，而社民黨艾伯特基金會「未來委員會」起草的《經濟效率、社會團結、生態持久 —— 三個目標，一條道路》則被認為是社民黨「第三條道路」的綱領。該文件對傳統的「德國模式」進行了全面的檢討，就今後建立經濟、社會、生態三位一體的「新德國模式」提出了四項戰略性改革措施：

1. 提高創新能力，強化人力資源。目的是要解決在國際競爭激烈的經濟環境中確保德國產品的高質量以及較強的國際競爭能力。

2. 改善職業技能低下人員的就業機會。其目的是要透過對福利國家的結構變革來解決經濟上合理的市場經濟要求和社會一體化之間的矛盾。

3. 適應家庭的變化和就業危機，回應對社會一體化政策的挑戰。其重點是解決婦女就業問題。家庭是福利制度的重要支柱，在社會保障制度的改革中已轉而實行以個人為單位的繳費制度。較高的教育程度和良好的職業訓練顯著改善了婦女的就業機會，而就業危機把許多人、尤其是婦女排斥在職業勞動之外。因此，家庭、勞動市場和社會政策要協調配合，以減少衝突、實現較高的社會一體化。

4. 推行環保型的生活方式和經濟活動方式。它是要把減少環

境損耗的戰略與促進經濟增長的目標更好地結合起來，研究實現生態去變革生活方式和社會行為方式的必要性和可行性。

　　總之，該文件強調經濟、社會、生態三個目標要協調發展，不能只是單一的經濟目標，不僅經濟要與環境協調發展，而且經濟生活也要適應環境；此外，要調整結構、重視公民參與，社會穩定是重要的生產性要素。

　　隨著「拉封丹後遺症」❶的清除、「第三條道路」影響的擴大以及施若德集聯邦總理、社民黨主席於一身的政治權威，施若德從1999年下半年開始以更大的力度推行其「新中間派政策」，1999年下半年至2000年先後出爐了被學術界稱之為「施若德新政」❷的一系列重大改革措施，主要有：

1. 制訂新國籍法，使長期生活在德國的外國人能比較容易地加入德國國籍。

2. 「有秩序」地結束核能。德國19個核反應爐，每個都限定今後的發電量，發電量按32年的運行時間計算，扣除到目前為止的運行時間，如尚未達到運行時間的，還允許繼續發電，一旦達到所規定的發電量，就將關閉該核反應爐；從2005年起將不再允許把放射性核廢料運往國外處理。計劃今後發展太陽能與高效益技術為基礎的、具有未來前景的能源經濟。

3. 為保護生態環境，開徵生態稅和汽車廢氣稅。

4. 成立由聯邦政府、經濟界聯合會、工會參加的「圓桌會議」，制訂以就業為導向的勞資政策，尋求更多的就業機

會。

5.改革保險制度。停止實行柯爾政府已經推行的部分養老、退休、醫療保障的有關規定；計劃撥鉅款建立私人養老救助體系，並開始協商改革養老保險的具體細節。

6.改革聯邦國防軍。即2001年起將軍隊從現在的32萬人減少到25萬人；但具有實戰能力的部隊從目前的5萬人增加到15萬人。士兵服役期從目前的10個月縮短為9個月。

7.設立綠卡制度以引進5萬多名資訊技術專業人員，加速德國資訊技術的發展。

8.推行稅制改革。它分三方面進行。首先於2001年基本完成企業稅的改革。從該年起企業稅將降到25％，包括工商稅在內，企業最多負擔也只達38％。此外實行股息稅半納稅制，即股份公司因出讓股份所獲利潤將予免稅。最後所得稅最高稅率將從現在的51％下降到2005年的42％。具體做法是：低收入者徵稅率從目前的22.9％下降到2005年的15％；最低免稅收入將從現在的13,499馬克提高到15,011馬克。德國將最高稅率降到42％，使稅制達到國際平均水準。

9.計劃實行無新債務的財政預算。現在聯邦公共債務為1.5萬億馬克，計劃從2006年起提出第一份沒有新債務的聯邦財政預算。

10.重視高科技開發。如政府對基因研究投入的資金增加為1,440億馬克，增幅達70％；政府為保證開發網際網路而制訂了十點計畫，並計劃到2001年為全國的中小學生每人安裝一台電腦⓭等。

與他的前任相比，施若德的改革步子不小，而且取得了初步
成功。施若德推行的以「新中間派政策」爲主要標誌的「第三條
道路」，是要使德國傳統的社會民主主義與新自由主義相結合，揚
利抑弊地採取兼顧國家與市場、供給與需求、公平與效率、權利
與義務相平衡的原則，塑造新經濟、構造新福利、推行新政策，
謀求德國資本主義的新發展。歷史表明，一股政治力量、一個新
的思潮，能否對現實社會生活發生影響以及影響的大小，都取決
於它能否制訂並推行與其自身價值和政治取向相一致、並與特定
環境相適應的理論綱領和政策策略。施若德及其推行的「新中間
派政策」也是如此。躊躇滿志的施若德預言，實行了上文提到的
這些改革之後，「德國病」便將成爲歷史。是否將如其所言，還
得由歷史來驗證。

第三節　國家權力中樞──聯邦政府

（一）聯邦政府的組織與運作

　　根據基本法第62條規定，聯邦政府由聯邦總理和聯邦各部部
長組成，它的任務是治理國家，即依據基本法的規定，對整個德
國的大政方針作出決定並進行行政管理。不僅軍隊、警察、情報
機構、監獄等直接受聯邦政府的指揮，而且聯邦總統、聯邦議院
以及聯邦各州和地方權力機構，也越來越受聯邦政府的影響。總
歸一句話，它是國家權力的「神經中樞」。
　　聯邦政府的結構表明，它是總理原則、部門原則、內閣原則

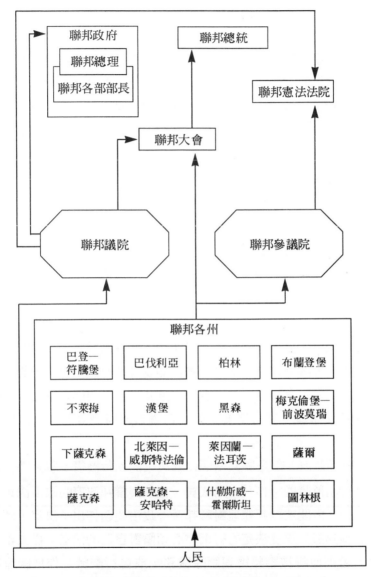

圖5-1　德意志聯邦共和國國家結構

等三原則的混合體。根據聯邦總理個人的領導能力和他的權威，總理原則實際上可強可弱。根據基本法的規定，在政策指導方針範圍內，這一原則要受到聯邦各部部長獨立掌管本部門並對其負責這種條件的限制。聯邦總理不能繞過聯邦部長直接向各部門官員下達指示，他不能干涉各聯邦部長的事務，這就是部門原則。如果聯邦部長間發生意見分歧，按照內閣原則，聯邦總理不能單獨解決糾紛，而必須與整個內閣一起解決。對一切重要問題進行共同討論和審議的程度，完全取決於聯邦總理的個人權威。

聯邦內閣會議是聯邦政府的決策機構。聯邦總理、聯邦副總理和聯邦政府各部部長為內閣會議正式成員。聯邦總統府主任、聯邦新聞局局長、聯邦總理府主任以及聯邦總理特邀人員為列席人員。內閣會議由聯邦總理主持，通常每星期三舉行。會議內容嚴格保密。聯邦內閣會議決定聯邦內政、外交、經濟、社會、財政和文化方面的事務，包括起草法律草案、聯邦預算、聯邦高級官員的任免、協調聯邦各部的工作和調解各個聯邦部長之間的分歧。內閣會議所作之決定對全體內閣成員都有約束力。為起草內閣會議決定，有時還需設立若干內閣委員會。內閣會議由聯邦總理府負責籌備，其決定必要時則由聯邦政府發言人向新聞界介紹。

聯邦政府各部是聯邦內閣會議決議的執行機構。聯邦部長通常具有兩種職能：作為內閣成員，他參與聯邦政府的政治決策，一旦聯邦內閣或聯邦總理對聯邦某一政治問題作出了決定，那麼每個聯邦部長都受決定的約束，必須像對自己的決定一樣去維護它，否則他將被聯邦總理解除職務，或自行辭職；作為聯邦部長，他又必須在聯邦總理決定的方針範圍內對其主管的聯邦部的

事務獨立、負責地作政治決策，擔負起部長的各項任務，領導並督察下屬機構的工作。在一定意義上可以說，聯邦部長既要執政，又要管理。

一位聯邦部長的個人政治影響力取決於多方面的因素。首先，從法律上看，聯邦部長並無高低等級之分。但各聯邦部所轄事務的重要性不同，其地位存在著重要和次要的明顯區別。其中四個聯邦部具有特殊地位。聯邦財政部是最重要的聯邦部之一。聯邦財政部長對聯邦政府有關財政問題的決議擁有反對權，但如果聯邦總理本人或聯邦內閣多數成員都贊成這項決議，聯邦財政部長的這一反對權將失效。聯邦司法部長和聯邦財政部長分別對聯邦政府某項法律草案或條例草案及措施擁有反對權。聯邦國防部在預算中總是得到最大比例，聯邦國防部長在和平時期擁有對聯邦國防軍的指揮權和命令權。聯邦外交部在國際活動中代表國家，一向名揚四海，但這個部的負責人幾乎不能離開聯邦總理行事，迄今為止的歷屆聯邦總理都對外交事務懷有極大興趣，阿登納親自兼任過聯邦外交部長；除了大聯合政府中布蘭德擔任聯邦外交部長那段時期外，從基辛格到目前的聯邦總理都對聯邦外交部進行越來越多地控制。另外，聯邦經濟部也變得日益重要，它的活動越來越處於全國經濟推動力的中心。聯邦政府議事規則規定，聯邦副總理因故不能行使職務時，各聯邦部長代理的順序為：外交、內政、司法、財政和經濟等。聯邦政府各部曾幾經變動。1969 年之前，有時出於對聯邦執政夥伴的照顧，有時出於國內外政治形勢發展的需要，新設立的聯邦部不斷增加。1949 年第 1 屆聯邦政府只設立 13 個部。1951 年 3 月，美英法盟國最高當局修改了占領法規，放棄了對西德的監督，允許西德與其他國家建

立外交關係，於是聯邦政府於1951年3月15日增設了聯邦外交部。1955年6月6日增設了聯邦國防部。聯邦政府最多時設立21個聯邦部。1969年10月布蘭德總理領導的社會民主黨和自由民主黨聯合政府作了較大幅度的精減，只設了15個聯邦部。後來的20多年中，聯邦政府也都沒有超過20個部。

其次，一位聯邦部長除了他領導的聯邦部在聯邦政府結構中的相對重要性之外，他的重要性還取決於他本人在自己政黨中的地位以及在議會黨團中獲得的支持程度。如果在內閣會議討論中他能有恰到好處的建言，獲得聯邦總理的好感，那他就可以對聯邦政府發生很大影響。

聯邦部長是部的最高領導，就他的部內組織及其處理自身工作的方式，聯邦部長都可以自由決定。然而，在聯邦部的議事規則中對本部的工作以及聯邦部與聯邦部之間的工作都作了明確、細緻的規定，因此聯邦部的行政管理在一定程度上都比較僵化，即使是一位很有魄力的聯邦部長也難有大的作為。

聯邦各部的機構比較臃腫，並且形成了某種特定集團利益。各聯邦部的領導機構一般分為五級：部長、國務秘書（副部長級）、司長、分管司和處長，處之下也有設工作組的。其他還有一些輔助機構，如聯邦部長辦公室、部長私人秘書、國務秘書私人秘書、內閣處、議會處、新聞處。有的聯邦部還設計畫司，專門從事政策研究工作。各個聯邦部大小不等，大的部有幾千公職人員，小的部只有幾百人。聯邦人事委員會的工作是審查對較高級文職人員的任命，但它長期的僵化工作方法不能吸引有才華的新人，從而使行政部門的人事更替很困難，大多數文職人員都在思想上把國務秘書視為一個部的真正領導及其利益的直接保護人，

而把聯邦部長的地位看作一種過眼雲煙。基督民主聯盟在1949～1969年長期執政過程中，在聯邦各部級機構中塞滿了帶有黨派政治色彩的文職人員（國務秘書及其助理），1969年10月社會民主黨和自由民主黨接管聯邦政府時遇到的問題就是如何用自己信任的人士去取代他們。這曾引起過一場不大不小的騷動。1982年10月和1998年10月聯邦政府更迭時，也出現過類似的問題。這表明，當今公務員制度在德國的黨派政治中沒有嚴格保持中立的傳統，少數文職人員想要在官階上爬到最高一級，總是千方百計加入一個政黨。

在德國，聯邦部長的職務總是令人垂涎，這不僅因為聯邦部長可以參與德國人一向崇尚的國家權力，可以利用其聯邦部長的金字招牌巧妙地為自己謀利益，而且因為聯邦部長的職務比較保險。英國歷屆首相都經常改組內閣，有時甚至沒有明顯的理由也更換內閣部長。德國的情況卻不這樣。原則上，聯邦總理在位多長時間，其聯邦部長也大致可以任職多長時間；聯邦部長因為反對聯邦總理政策或因聯邦總理建議而辭職的情況很少，因建設性不信任案投票成功而導致聯邦部長跟著聯邦總理一起下臺的事更是罕見。為促進聯邦部長積累更多從政經驗而進行的聯邦部長的部際交流，在70年代中期之前實行過，最近20年來也很少發生；現在較強調的是聯邦部長應該成為本部門的專家、成為熟悉一部門業務的行家。於是聯邦部長一方面要作為部門負責人，按照專門標準監督和管理本部門的工作；另一方面又要作為本部門的政治領導人，為本部門各種政治利益的代表。因此只有多方面素質都比較高的人才能真正勝任聯邦部長職務。

在德國，聯邦部長職位因能夠給這些部長們帶來崇高的聲望

和個人方面的實際好處，因此部長們大都不願意放棄自己的職務。聯邦總理很容易利用這一點來約束他的聯邦部長，有時就算政見分歧很大，非萬不得已，聯邦部長也不會輕言辭職。另外，基本法雖然沒有規定聯邦議院可以對聯邦部長表示不信任，但這並不意味著聯邦部長對他們的政策可以不向聯邦議院負責，聯邦總理對聯邦議院負責，聯邦議院對選民負責，內閣部長對聯邦總理負責，這就是德國的議會內閣責任制。聯邦部長的戀棧以及聯邦總理很少改組內閣，也是導致內閣異常穩定的重要原因。

（二）聯邦部

聯邦各部機構設置上，由於歷史原因和職責不同，多有差異，但也有兩大共同點。首先，聯邦各部的內部機構一般分為兩大類，即機關管理機構和業務機構。業務機構的設置各部不盡相同，機關行政管理機構的設置則大體一樣，即都設有中央司，主管預算、人事、法律和一般行政事務。

其次，在組織上從聯邦部到各處都不設置副職。聯邦各部一律不設副職，實行聯邦部長相互代表的制度，即根據聯邦內閣的決定，必要時某一聯邦部長可以代表另一聯邦部長行使職權，如聯邦總理由聯邦外交部長代表，聯邦外交部長和聯邦國防部長、聯邦財政部長和聯邦經濟部長、聯邦內政部長和聯邦司法部長相互代表等。各聯邦部都設國務秘書。國務秘書分兩類，即議會國務秘書和國務秘書，前者由聯邦議員擔任，在部內負責處理本部與聯邦議院、聯邦參議院的關係，隨聯邦議院換屆而進退，在國際交往中享有國務部長的頭銜；後者在常任文官中遴選，協助聯邦部長主持部內日常業務工作，有權出席內閣會議但無表決權，

可以代表本部出席聯邦議院各專門委員會的會議和其他種種活動。司級領導只設一名司長，一般由部務主任級官員擔任，其職責是保證司的各項工作有計畫、按程序地進行。分管司長由總務專員級官員擔任，其任務是分擔司長的任務和協調各處的工作，相當於某些國家的副司長。處是聯邦部內最基層一級的組織機構，處長一般由部務參事級官員擔任，負責分配處的工作，並有權按工作條例的規定對主管範圍內的事務作出決定；各處都配備高、中級官員擔任主任科員，不但負有本處的領導責任而且必須親自處理業務。

第14屆聯邦議院大選後，社會民主黨和聯盟90－綠黨於1998年10月27日組成聯合政府上臺執政，社民黨人格哈德‧施若德當選第7屆聯邦總理。施若德政府只有16名成員，且年紀都比較輕，出生於30年代的僅2人，40年代的10人占了壓倒性多數，50年代的3人，60年代的1人；女性部長大幅增加，柯爾領導的上屆聯邦政府女性部長最初為3人，後來減少到2人，本屆增加為5人；政治上注意多元化，社民黨成員12人，綠黨成員3人，無黨派人士1人。施若德政府的15個聯邦部分工如下：

■ 聯邦外交部

聯邦外交部是德意志聯邦共和國政府主管聯邦外交事務的機構，建立於1951年3月。它的主要職能是擬訂德意志聯邦共和國外交政策，指導和處理日常對外事務；協調對外經濟、文化藝術、科學、教育、宗教等方面的政策和計畫；負責有關國際法方面的對外交涉和訴訟事務；負責與聯合國及其他國際組織和國際機構的聯繫工作；主管國家駐外機構的工作；負責國賓的接待和

訪問工作。聯邦外交部下設：中央司、政策司、裁軍與軍備監督特派司、歐洲司、發展中國家司、經濟司、法律司、對外文化政策司等。此外，聯邦外交部至1994年初已在162個國家建立了大使館，在國外建立68個總領事館、4個領事館，並向9個國際組織派出了代表。

■ 聯邦內政部

聯邦內政部是聯邦各部中管轄範圍較廣、權力較大的一個部，其主要職能是：負責國內治安、海關和邊境保衛以及非戰爭性質的民事防務，包括領導準軍事組織。另外，內政部還負責難民與外籍工人管理、聯邦版圖的劃分以及各州新聞、廣播、電視和體育等工作。該部下設有：內政原則問題和政治教育司，公共服務司，管理、社區、統計和遷都事務司，憲法、國家法和行政司，民防事務司，警察事務司，內部安全司，外國人和移民事務司，被驅逐出家園者、移民、德國少數民族司，文化司，體育和媒介司等。此外，聯邦憲法保衛局、聯邦外國難民、移民事務局、聯邦情報技術局、聯邦技術工作援助局、聯邦邊防辦公室、聯邦刑事局、聯邦統計局、德國結算銀行、前民德國家安全部文件保管聯邦特派員局、聯邦文獻局、聯邦「德國圖書館」局、聯邦政治教育中心、聯邦公共管理專科大學、德意志聯邦共和國歷史館等等，也直接由聯邦內政部管轄。

■ 聯邦司法部

聯邦司法部是德意志聯邦共和國政府負責處理一切與聯邦法律有關問題的機構，它的主要職責是維護基本法的權威、執行各種法律，具體地講，負責有關聯邦憲法法院以及法院法、刑法、

民法、軍法、經濟法、財政法、貿易法、管理法、專利法等各種法律的立法準備工作；審核聯邦各部提出的法律草案、行政條例是否符合法律形式；參與聯邦憲法法院、聯邦法院、聯邦行政法院和聯邦財政法院的法官選舉工作。該部還與聯邦內政部共同對基本法負責。該部設有七個司：中央司、司法、公民法司、刑法司、貿易與經濟法司、公法司、清理前民主德國的冤假錯案司。此外，聯邦專利局直屬該部管轄。

■ 聯邦財政部

聯邦財政部是德意志聯邦共和國政府主管聯邦財產、聯邦財政和聯邦稅收政策的機構。該部的主要職責有：

1. 制訂聯邦預算草案和收支、財產、債務計畫。
2. 擬定聯邦財政計畫和貨幣、金融政策。
3. 協調聯邦與各州之間的財政關係和貨幣，金融、信貸政策。
4. 管理聯邦財產、關稅、聯邦法律規定的消費稅、進口稅以及與歐盟有關的事務。
5. 執行歐盟共同農業政策、地區政策和社會福利政策。
6. 主管與二次大戰有關的賠償問題以及與第三世界國家債務有關的問題。

聯邦財政部下設：中央司、財政政策司、聯邦預算司、關稅與消費稅和燒酒專權司、財產稅和交通稅司、與各州和地方的財政關係、法律事務和公共財產司、聯邦不動產與聯邦流動財產司、貨幣與信貸司、國際貨幣與財政關係以及與歐盟的財政關係

司。另外，下列機構也歸聯邦財政部管轄：聯邦總金庫、聯邦債務管理局、聯邦財政局、聯邦信貸監督局、聯邦保險監督局、關稅刑事局、聯邦公共財產問題調查局、聯邦燒酒專賣局、聯邦財政管理學院。

■ 聯邦經濟與技術部

聯邦經濟與技術部是德意志聯邦共和國政府負責全國經濟與技術工作的機構，其任務是執行聯邦政府的各項經濟與技術政策，包括競爭政策、治理政策、消費者政策、地區結構政策、能源政策、中產階級政策、研究與工藝政策、職業培訓政策以及對歐盟的政策等。它的具體職能是：

1.制訂內、外貿易政策和措施。
2.主管工業標準化、專利權、商品註冊和工業品的貿易事項。
3.管理外國投資與本國資本的對外投資。
4.規劃國內經濟結構政策和競爭法規。
5.主管卡特爾事務和經濟情報訊息。

聯邦經濟與技術部下設：經濟政策司、中產階級政策與勞務經濟和教育政策司、研究與工藝政策司、能源政策與礦物原料司、手工業經濟與工業政策司、外經政策與發展援助政策司、歐洲政策司、歐洲計畫ERP——特別財產與環境和數據處理保護司。以下機構也歸聯邦經濟與技術部管轄：聯邦經濟局、聯邦卡特爾局、聯邦出口局、聯邦外貿訊息局、聯邦材料研究與檢查局、聯邦物理技術局以及聯邦地球科學研究及原料局。

■ 聯邦 國防部

　　聯邦國防部是德意志聯邦共和國政府負責制訂國防政策與防務計畫、保衛國防安全的機構。主要職能是：主管軍隊訓練、發展軍事裝備、保衛德國外部安全；加強本土防禦能力和處理危機的能力；加強與北約、西歐聯盟等的軍事合作，保衛北約與歐盟的安全；參與聯合國人道主義援助、執行國內民事任務。聯邦國防部機構層次比較龐雜。聯邦內閣安全委員會是最高軍事決策機構。聯邦國防部設部長1人，他接受聯邦總理和安全委員會的領導和指示。下設議會國務秘書和國務秘書協助工作，設聯邦國防軍三軍總監1人、副總監1人。總監是國防部長領導下的聯邦國防軍的最高軍事長官，直接向聯邦國防部長負責，是聯邦政府和國防部長的主要軍事顧問，其地位相當於某些國家的副部長。總監可根據聯邦國防部長的委託，對各軍種發布命令和指示，擁有對各軍種武裝部隊的監察權，但沒有獨立的指揮權和調動權。三軍總監擔任聯邦國防軍軍事指揮委員會主席，領導聯邦國防軍參謀部；負責協調各軍種、兵種之間的關係；主持軍隊訓練和教育工作。聯邦國防軍分陸、海、空和衛生四個軍種。各軍種分別組成指揮部，設立正、副監察長。這些指揮部同時又是國防部的司，監察長就是司長，都是聯邦國防軍軍事指揮委員會的成員。他們在國防軍總監的領導下，參與制訂並實施與其有關的軍事戰略、策略和各種軍事計畫。聯邦國防部下設：人事司、財務司、軍備司、管理和法律司、安頓司、不動產與建築司、社會福利司、國防部分部。另外，還有組織司、新聞與情報司和計畫司。此外，陸軍局、空軍局、海軍局、衛生局、聯邦國防軍管理局、聯邦國防軍基督教教會局、聯邦國防軍天主教教會監督局、部長紀律監

察院和聯邦軍事技術與購置局等，也都直屬聯邦國防部。

■ 聯邦勞動與社會秩序部

聯邦勞動與社會秩序部是德意志聯邦共和國政府主管就業和社會福利政策的機構。其主要任務是：負責聯邦就業政策（包括職業介紹和失業保險）、社會保險政策、勞工法與企業法、勞動保護與勞工法院和社會法院的程序、社會預算與統計，以及國際間社會問題的交流與合作等。該部下設：中央司、原則與計畫司、勞動市場政策與失業保險司、勞動法與勞動保護司、社會保險與社會法典司、護理保險、預防和康復司、戰爭犧牲者家屬照料和藥品供應司、歐洲與國際政策司、外國人就業與社會一體化政策司、人事與組織司。此外，聯邦民役局、聯邦保險局、聯邦勞工法院、聯邦社會法院、聯邦事故保險執行局、聯邦勞動保護與事故研究所等都直屬該部。紐倫堡聯邦勞動局和各類社會保險組織也受該部監督。

■ 聯邦糧食與農林部

聯邦糧食與農林部是德意志聯邦共和國政府主管糧食、農業、林業、漁業、園林建設、葡萄種植以及木材工業的機構。其主要職責是：擬訂農業政策和市場管理措施、制訂農產品價格及其補貼措施、管理農林產品的進出口工作、負責發放農業貸款與指導農業技術研究工作。該部下設：中央司、協調與聯絡司、農業政策司、農業市場與獸醫司、市場政策司、農業地區發展司、林業與木材加工和狩獵司、國際農業政策與漁業政策司。此外，聯邦糧食和林業局、聯邦種子局以及13個相關專業的聯邦研究所等也直屬該部，聯邦農業市場管理局、葡萄酒扶植基金會以及促

進農畜業、林業和糧食銷售業基金會受該部監督。

■ 聯邦家庭、老年、婦女與青年部

此部門是德意志聯邦共和國政府主管家庭、老年、婦女與青年政策的機構。其主要任務是：促進家庭成員的平等和家庭教育，加強歐洲國家家庭政策的經濟交流；採取措施，關心、幫助老年人，加強國際間老年人工作的交流；執行社會救助法，對殘疾人提供幫助；促進男女平等，保護兒童和青年的權益；組織和指導對移民和難民的社會工作。該部下設：中央司、行政管理司、家庭司、老年人司、社會福利司、婦女政策司、兒童、青年與民事司。直屬機構有聯邦青年刊物審定局。

■ 聯邦衛生部

聯邦衛生部是德意志聯邦共和國政府主管衛生政策、保障德國公民健康的機構。其主要任務：制訂衛生政策、策劃衛生制度改革；主管醫療和預防疾病工作；負責藥品和醫療器械的生產與管理；推動反毒；執行有關食品、藥品與化學物品的法律；促進醫療與衛生方面的國際交流與合作等。該部下設：中央司、計畫與國際關係司、疾病預防與藥品司、醫療司、保護消費者利益與獸醫學司。直屬機構有：聯邦衛生局、聯邦衛生宣傳中心、德國醫療文獻與訊息研究所以及鮑爾—埃爾利希研究所。

■ 聯邦交通、建築與住宅事務部

此部門是德意志聯邦共和國政府主管交通政策和規劃、管轄聯邦範圍內的交通和運輸、城市建設、住房和建築業方面事務的機構。它的主要職責是：制訂聯邦交通運輸政策、規劃並保證聯

邦交通運輸計畫的實施；管理聯邦鐵路、公路、水路、內河航運、海運、航空以及天氣預報和汽車駕駛業務（包括建築、維修、徵稅和收費）；協調各州交通運輸業務；制訂建築和城鎮建設的原則與政治，提出相應的發展規劃和措施；協調聯邦與各州的相關事務；促進本領域的國際合作。該部下設：中央司、交通司、鐵路司、公路司、航空與宇航司、海上交通司、內河航運司、公路建設司、住房司、地區規劃與城建司、建築司。此外，直屬機構有：聯邦航空局、聯邦航運管理局、聯邦鐵路局、聯邦公路局、聯邦貨物長途運輸局、聯邦海洋局、聯邦水利工程管理局、德國氣象服務局、聯邦汽車駕駛局、聯邦水文學管理局、聯邦高等技術管理官員考核局、聯邦領員協會以及德國飛行保險股份有限公司、聯邦地理與地區規劃研究所、聯邦建設管理局等。

■ 聯邦環境與自然保護和反應堆安全部

　　該部是德意志聯邦共和國政府主管環境生態與核安全工作的機構。其主要任務是：制訂環境保護政策和條例，治理污染、保護生態，加強公民環保意識；保障核反應堆、核電站的安全，防護核幅射；促進環保工作的國際合作等。該部下設：中央司、環境方針與國防合作司、廢舊貨物管理與水土保護司、環境與健康和藥品安全司、環境與生態司、核技術設施安全司、核電站防護司。另外直屬機構有：新州生態保護局、國際合作局、地球環境保護局、空氣淨化局、海洋與內河水域保護局、地下水保護局、廢水處理局、噪音治理局、危險物質處理局、防止工業污染局、環境技術局、風景保護與規劃局、核設施安全局、核輻射防護局等。

■ 聯邦教育與研究部

　　聯邦教育與研究部是德意志聯邦共和國政府協調教育政策、制訂科研規劃、促進高科技發展的機構，其主要任務是建立各州「文教部長會議」，協調各州教育政策和教育規劃；促進教育科學研究和基礎研究與職業教育；推進高等學校建設、培養科學新生力量；促進關鍵技術、特別是高科技的研究與開發，推動技術革新，開展國際合作。該部下設：中央司、教育政策司、職業教育司、高等學校與科技政策司、管理原則司、基礎研究與國際合作司、能源與生態科學司、新技術與科技訊息司、環境、海洋、航空航天與交通司。聯邦職業教育研究所受該部的監督。

■ 聯邦經濟合作與發展部

　　聯邦經濟合作與發展部是德意志聯邦共和國政府主管對外經濟合作與援助政策的機構，它的主要任務是負責聯邦的對外經濟合作與援助政策，促進非國家性質的組織和機構（如政黨基金會等）對發展中國家的援助項目。發展援助的原則是：「通過援助達到自救。」發展援助的形式有：技術援助、資本援助（政策軟貸款）、人員援助（派遣各方面專家）以及參加聯合國多邊援助。該部本身不負責具體援助項目的實施，而只主管制訂發展援助政策、規劃和協調，並負責與發展中國家談判發展援助項目。財政援助項目大多由復興信貸公司負責實施；技術援助項目則由德國技術合作有限公司執行。該部下設：行政管理司、地區性發展政策司、發展政策計畫與成果監督司。該部的直屬機構有：復興信貸公司、德意志發展公司、德意志發展中心、德國技術合作有限公司、德意志國際發展基金會和德國發展政策研究所（柏林）。

■ 聯邦特別任務部

　　聯邦特別任務部主要任務是完成聯邦總理交辦的任務，協調聯邦管理工作，及時向聯邦總理通報聯邦各部工作進展與存在問題，監督與協調各部工作，促進聯邦政府與聯邦議院和聯邦議院各議會黨團的合作；籌備聯邦內閣會議，草擬內閣會議決議；監督與協調聯邦情報局、聯邦憲法保衛局和聯邦國防部軍事反間諜局的工作。組織機構上與聯邦總理府合而為一。現任聯邦總理府主任即為聯邦特別任務部部長，另設1位議會國務秘書（國務部長銜）、2位國務部長，一位負責文化政策，另一位負責東部各州的建設事務。它設有6個司：法律行政司、內外關係與外部安全司、國內事務司、經濟、財政和社會政策司、計畫司、聯邦通訊與保密事務司。另外，聯邦政府新聞與訊息局為直屬機構。該局的任務是了解和研究國內政治動態和輿論動向，並及時向聯邦總統、聯邦總理、聯邦政府成員報告；公布聯邦政府工作計畫、發表政府聲明、出版發行聯邦政府公報和新聞通報，舉行記者招待會、闡明聯邦政府的立場和政策；與聯邦外交部合作，向國外宣傳和介紹德國。該局由一位國務秘書（副部級）任局長。

（三）聯邦政府管轄機構

■ 聯邦情報局

　　聯邦情報局（Bundesnachrichtendienst）是德國在國外進行間諜和情報工作的中心，與隸屬於聯邦內政部的聯邦憲法保衛局（BfV）和隸屬於聯邦國防部的軍事反間諜局（MAD）有著密切的合作關係，直接受聯邦總理府領導。其前身是「蓋倫組織」（Organisation Gehlen）。蓋倫組織成立於1947年7月，在美國中央

情報局的支持和幫助下，專為美國在德國的占領軍收集情報。1956年4月聯邦政府正式接管該組織，改為現名。總部設在慕尼黑郊區的普拉赫（82049 Pullach）。據《德意志聯邦共和國的秘密情報機構》❹一書介紹，聯邦情報局下設6個司：行政管理司、內部安全司、技術設備司、常規手段情報收集司、高技術手段情報收集司、情報評析司。聯邦情報局的規模十分龐大，工作人員不少於6,000人，在聯邦各地設有100多個分局，與美國中央情報局、北約情報部門和西方各大諜報機構都有業務聯繫和情報交流，其特工人員遍布世界各地的一切重要領域。

■ 德意志聯邦銀行

　　德意志聯邦銀行（Deutsche Bundesbank）是德意志聯邦共和國的中央銀行。它的前身是1765年普魯士創辦的帝國匯劃放貸銀行，1875年改組為帝國銀行。聯邦銀行於1957年8月1日成立。根據《德意志聯邦銀行法》第3條的規定，德意志聯邦銀行的職責是：「運用本法賦予的貨幣政策權限，以穩定貨幣為目的，調節流通中的貨幣量和經濟的資金融通，並且辦理國內外支付往來的銀行業務。」也就是說聯邦銀行具有三項基本職能：(1)它是德國唯一的貨幣發行銀行。(2)它是一切金融機構的資金融通和清算者，並負責管理其他一切銀行、維護金融秩序。(3)它代理財政開支、保管公共企業的資產。它與非金融機構不直接發生借貸業務，對貨幣流通和信貸供應進行管理，維護貨幣幣值，並安排國內、國際支付。它是按公法建立的聯邦機構，其股金為2.9億馬克，完全屬於聯邦政府。聯邦銀行與聯邦政府只有協商與合作的關係，主要表現在：聯邦銀行必須支持聯邦政府的一般經濟政

策；就重大的貨幣政策向聯邦政府提供諮詢；聯邦銀行行長可以參加聯邦內閣會議，討論財政金融問題和對策等等。同時，聯邦銀行又具有相對獨立的特殊地位，保證了它作為貨幣守護神的特殊功能。它表現在：

1. 在制訂和執行貨幣政策時，聯邦銀行不受聯邦政府的指揮和干預。
2. 聯邦銀行不受聯邦議院管轄。聯邦政府成員雖可出席聯邦銀行中央銀行理事會會議，但沒有表決權，只可提出議案。應聯邦政府的要求，中央銀行理事會的決議最多可以延遲2週作出。
3. 聯邦銀行行長和副行長由聯邦政府提名、聯邦總統任命，任期8年；不能被罷免。
4. 聯邦財政部不得任意向聯邦銀行無限制地透支或任意決定擴大鑄幣的發行。

聯邦銀行的管理機構是：中央銀行理事會、執行理事會和州中央銀行管理委員會。中央銀行理事會是聯邦銀行的最高權力機構，由聯邦銀行行長、副行長、執行理事和各州中央銀行行長組成。中央銀行理事會決定聯邦銀行的政策，制訂業務經營指導方針；執行理事會貫徹中央銀行理事會的決議，領導和管理聯邦銀行的日常事務。德意志聯邦銀行共有250多個分支機構。

■ 聯邦審計署

聯邦審計署（Bundesrechnungshof）是只隸屬於聯邦法律的獨立聯邦機構。它不受聯邦政府指示的約束和公務檢查，也不隸屬

法院系統、不負有司法的任務。審計員具有法官的獨立性。它的主要職能是審查、稽查聯邦財政支出。它負責對聯邦各機構、聯邦政府的預算和經濟領導進行監督；對聯邦鐵路、聯邦社會保險和失業補助主管機構的預算和財政領導進行審核。它每年就上一審計年度的預算審核向聯邦議院預算委員會提出報告和說明；向聯邦政府報告行政方面財政管理中的問題，並就有關法律、條例的修改提出建議；可以對聯邦財政部長提出的預算草案表態；可以應立法機關和聯邦政府的要求，就政府資金管理中的重大問題提出報告。聯邦審計署署長由聯邦政府提名，經聯邦議院選舉報請聯邦總統任命。依據聯邦法律，他負責監督聯邦政府的債務情況、兼任聯邦債務委員會主席。聯邦審計署下設若干司、處初審辦公室。聯邦審計署與聯邦各部平級，從聯邦到各州有自己獨立的垂直系統。

（四）聯邦政府的輔助機構

聯邦政府的輔助機構眉目繁多，主要有聯邦內閣委員會、聯邦部際委員會以及形形色色的諮詢委員會。歷屆聯邦政府的議事規則裡都沒有設立這類機構的規定。內閣委員會對聯邦政府的基本方針既無決定權、也無「事前決定權」，主要是起諮詢作用。各內閣委員會都由聯邦總理擔任主席、副總理擔任副主席，主管聯邦部長擔任常務副主席，由聯邦總理府主管。第13屆聯邦立法期的柯爾政府設有：聯邦安全委員會、經濟委員會、歐洲政策委員會、未來技術委員會、環境和健康委員會以及宇宙航行委員會等6個內閣委員會。

■ 聯邦安全委員會

　　聯邦安全委員會是所有內閣委員會中最重要的一個,最初由阿登納提議於1955年10月成立,當時叫「聯邦國防委員會」,1969年布蘭德擔任聯邦總理後效法美國的作法改稱現名,常務副主席是國防部長。該委員會有專門的議事規則,並且限定委員會成員的人數。根據議事規則第2條第2款的規定,除了聯邦總理之外,它的正式成員有聯邦副總理、聯邦外交部長、內政部長、國防部長、經濟部長和財政部長。開會時如涉及有關聯邦部的事務,則請相關的聯邦部長列席。列席該委員會會議的高級文官有:聯邦總理府國務部長、聯邦總統府主任、聯邦政府新聞與訊息局長以及聯邦外交部、國防部、內政部的國務秘書和聯邦國防軍總監。該委員會的職責是協調聯邦的安全政策,具體地講有以下四項:

1. 討論涉及國家安全的一切重大問題。
2. 商討和評估聯邦情報局(BND)、聯邦憲法保衛局(BfV)和軍事反間諜局(MAD)提供的報告。
3. 授權批准對涉嫌人員的電話和郵件進行竊聽和檢查。
4. 協調聯邦和各州的國防和民防工作。

　　在該委員會內部,聯邦外交部一般負責軍備和裁軍監督以及對發展中國家的軍事援助。聯邦國防部負責在軍事政策和技術問題上與外交部在同一領域合作,提供軍事和裝備技術上外交政策的決策參考。內政部負責民事保衛,包括國家出現緊急狀態時的有關防務事項。財政部和經濟部主要負責有關事務的經費政策。聯邦安全委員會雖不是決策機構,但實際變成了一個內部的政治

領導機構，它作出的決定一般都會成為聯邦內閣的正式決定，因此一向有「核心內閣」之稱。該委員會的一切活動都是保密的，不但會議的內容嚴格保密，就連開會的日期和次數也不對外公布。

■ 聯邦部際委員會

聯邦部際委員會是聯邦政府為協調聯邦各部的工作、處理涉及幾個聯邦部的事務如法律草案等而成立的。聯邦政府工作條例對部際委員會的數目、機構、任務等都沒有規定。它最初是為處理某些專門事務而成立的臨時性任務小組，現在已經成為一種常設機構，但沒有決定權，只是聯邦有關部的高級官員就某一領域的事務定期交流情況、協商計畫、協調工作的機構。部際委員會由主管的聯邦部帶頭，一般由該聯邦部國務秘書擔任主席，重要的部際委員會則由主管聯邦部長擔任主席。該委員會討論的結果不能直接提交聯邦內閣，而要由一種名為監督委員會的綜合機構再次討論，才能提交內閣會議決定。

■ 國務秘書委員會

國務秘書委員會是部際委員會中最高層級的協調機構，它的成員都是聯邦各部管理方面的領導人，其任務是對即將提交聯邦內閣會議討論的問題進行預備性磋商，或者討論涉及某一部門的專門性問題。該委員會可以迅速處理一些緊急事務和一些有重大意義的問題，有助於促進聯邦各部的政策與聯邦總理的方針政策保持一致，提高行政效率。

（五）非正式決策中心

另外，還有內閣以外的一些組成不定、活動無常的非正式決策中心。這些非正式決策中心，其成員不受權力分配的約束，但實際上包括最有影響的政治家；不受主管部門的約束，可以非正式地、無拘束地進行政策協商，因而對政府決策起了重要作用。其中最重要的就是所謂「小內閣」。

■ 小內閣

它不是法定機構，但卻是歷屆聯邦內閣決策過程中必要的補充機構。凡聯邦總理認為就某一重大問題需要專門徵求意見、聽取諮詢的人士都是這個圈子的一員，他可以是內閣成員，也可以是非內閣成員的社會名流、利益集團的頭臉人物或某一領域的公認權威。活動形式不拘，可以是小型座談、個別約談，也可以是邀請喝茶❶等。它表面上是聯邦總理聽取諮詢，實際上往往對聯邦總理的政治決策起關鍵性作用，因而被稱之為「小內閣」。

■ 聯合圓桌會議

聯合圓桌會議，又稱「象的圓桌會議」，是執政聯盟各政黨主席協商、決策的重要機構。柯爾領導的基督教民主聯盟－基督教社會聯盟和自由民主黨聯合政府，經常召集執政聯盟各政黨主席以及它們的議會黨團主席和議會黨團小組負責人，商討政府聲明和立法爭議、調解執政夥伴分歧，多年來實際上一直把它作為一個重要決策中心。類似的非正式決策中心，在歷屆聯邦政府時期也都出現過。1953～1961年的阿登納政府時期，6～7名內閣成員、7～10名基督教民主聯盟－基督教社會聯盟議會黨團的領導

成員以及聯邦總理府國務秘書，經常但不定期地舉行會議，就一些政治上有特別重要影響的問題提出決策建議供內閣參考。1961年，基督教民主聯盟－基督教社會聯盟和自由民主黨簽訂聯盟協議後設立的「聯合委員會」也是類似的組織，只不過該聯合委員會只包括相關的議會黨團的代表，沒有包括阿登納、施特勞斯和艾哈德這些政治要員，因而沒有起到政治決策中心的作用罷了。1962～1966年間，由於上述「聯合委員會」沒有起到應有的政治作用，便出現了由幾位內閣成員和相關議會黨團領導人組成的「聯合交談會」，後來由於成員不斷更換、人數過多，也無法起決策作用。基辛格領導的基督教民主聯盟－基督教社會聯盟和社會民主黨的大聯合政府時期，聯邦總理基辛格、聯邦副總理兼外交部長布蘭德、上述三黨的議會黨團主席、聯邦財政部長、經濟部長以及幾位具有重要政治影響力的利益集團代表人物，經常在一起討論並決定一些重大問題，形成了所謂「半機構性聯合委員會」（Kressbronner Kreis）。1969～1982年社會民主黨和自由民主黨聯合執政時，這種半機構性的聯合委員會雖然在組織上沒有了，但類似的影響決策的核心集團還是存在的。

除此之外，還有一些龐雜的諮詢機構，如科學諮詢委員會、專業技術諮詢組、行政管理諮詢組、利益集團方面的諮詢組、訊息諮詢委員會等等。這些諮詢機構大都與聯邦各部掛勾，試圖透過自己的諮詢活動，對各部乃至聯邦政府的決策施加影響。事實證明，其影響力也是不能低估的。

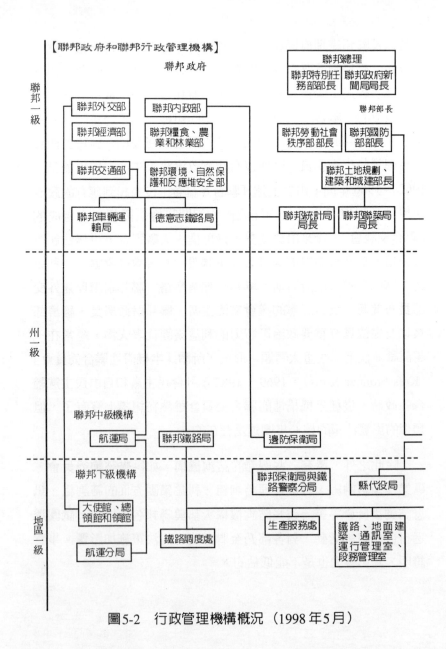

圖5-2　行政管理機構概況（1998年5月）

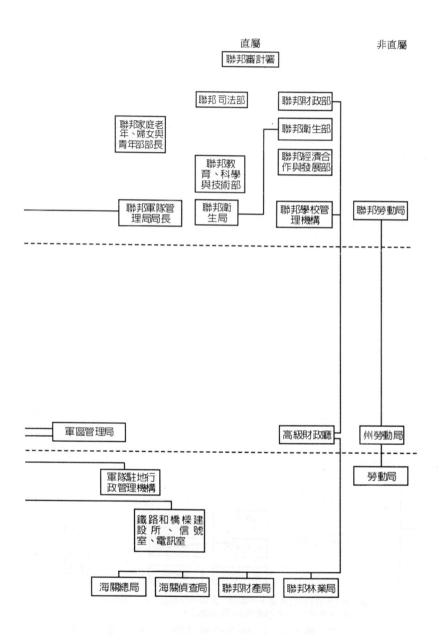

直屬　　　　　　　非直屬

聯邦審計署

聯邦司法部　　　聯邦財政部

聯邦家庭老
年、婦女與
青年部部長

聯邦衛生部

聯邦教
育、科學
與技術部

聯邦經濟合
作與發展部

聯邦軍隊管
理局局長

聯邦衛
生局

聯邦學校管
理機構

聯邦勞動局

軍區管理局

高級財政廳

州勞動局

軍隊駐地行
政管理機構

勞動局

鐵路和橋樑建
設所、信號
室、電訊室

海關總局　　海關偵查局　　聯邦財產局　　聯邦林業局

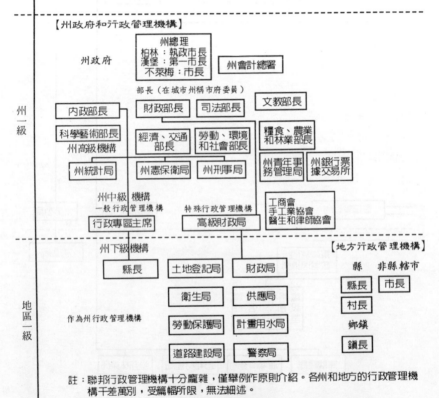

聯邦一級

【州政府和行政管理機構】

州政府

| 州總理 |
| 柏林：執政市長 |
| 漢堡：第一市長 |
| 不萊梅：市長 |

州會計總署

部長（在城市州稱市府委員）

內政部長　財政部長　司法部長　文教部長

州一級

科學藝術部長
州高級機構　經濟、交通部長　勞動、環境和社會部長　糧食、農業和林業部長

州統計局　州憲保衛局　州刑事局　州青年事務管理局　州銀行票據交易所

州中級機構
一般行政管理機構　特殊行政管理機構　工商會
手工業協會
醫生和律師協會
行政專區主席　高級財政局

州下級機構　　　　　　　　　　　　　　　　　　　　　　【地方行政管理機構】

縣長　土地登記局　財政局　縣　非縣轄市
縣長　市長
地區一級　　衛生局　供應局　村長
作為州行政管理機構　勞動保護局　計畫用水局　鄉鎮
道路建設局　警察局　鎮長

註：聯邦行政管理機構十分龐雜，僅舉例作原則介紹。各州和地方的行政管理機構千差萬別，受篇幅所限，無法細述。

（續）圖5-2　行政管理機構概況（1998年5月）

第四節 聯邦行政管理機構

聯邦行政管理機構由聯邦各部、聯邦各部的下設機構、間接的聯邦機構以及聯邦審計署組成。聯邦行政管理機構是聯邦政府工作的輔助機構。概括地說，它具有五大功能：

1. 秩序管理。就是協助政治領導草擬法律草案、條例、行政法規並監督其貫徹執行，使各項工作納入法制化、規範化的秩序化軌道。
2. 服務性管理。即根據聯邦法律和有關條例的規定或政治領導的指令，及時給有關部門、有關人員提供技術性的和人員方面的服務。
3. 財政經濟管理。即管理聯邦財產、公共收入以及行政開支。這方面的管理十分重要、但政策性也很強，一方面要嚴格執行有關規定，另一方面又要在具體問題上體現政策規定的指導思想。
4. 組織管理。即對管理機構本身進行組織管理，如對管理業務和管理人員的管理和監督，以及對人事、檔案、車輛交通、具體行政事務等等的管理。
5. 政治管理。即充當領導的助手，為政治領導人提供決策前的準備，評估領導層的決策可能給管理帶來正面的和負面的影響。在一定意義上可以說，政治管理是政治領導的一部分，它具有原則性、靈活性和實踐性三大特色。

聯邦各部的職能，雖然各不相同，但它們都有一個共同的特

色，即一方面是聯邦政府工作的輔助機構，因為它們要為本部部長的政治決策進行詳細、準確的準備工作；另一方面，它們作為某一領域的聯邦行政管理的最高機構，又要執行聯邦法律以及聯邦政府和聯邦部長依據憲法和法律的政治決策。在這方面，聯邦各部要依靠他們下屬的聯邦機構，例如聯邦司法部在專利問題上就要依靠德國專利局、聯邦財政部就要在財政問題上依靠聯邦財政局的有效工作；同時，依法監督這些下屬機構獨立負責地各司其職。

　　按照基本法第86條的規定，聯邦各部及其下屬機構大致分為三級：聯邦高級機構、聯邦中級機構和聯邦下級機構。聯邦各部下面都設有許多直屬的聯邦高級機構、組織和設置，分別依法在聯邦範圍內承擔特定的任務。它們是：聯邦統計局、聯邦刑事局、德國專利局、聯邦衛生局、聯邦環境局、德意志氣象局等。

　　根據基本法第87條第1款和第87條的b款，聯邦級管理機構都設有聯邦中級機構，作為聯邦與州的共管機構，主要有：聯邦鐵路局、聯邦航運局、聯邦國防軍軍區管理機構、邊防局和邊防保衛局以及高級財政局。聯邦下級機構主要有：航運分局、邊防警察局、鐵路警察局、聯邦海關總局及其分局、聯邦財產局、聯邦林業局等。依據基本法第87條第3款和第2款的規定，為處理聯邦立法賦予的事務，聯邦還可以設立間接的聯邦行政管理機構，即「直轄聯邦」的法人組織、團體或基金會，如自我保護全國聯合會、農業市場秩序聯邦管理處和普魯士文化遺產基金會以及聯邦職員保險公司和聯邦勞動局等等。聯邦的間接行政管理機構原則上都受聯邦主管聯邦部的監督。聯邦行政管理機構概況見圖5-2。

德意志聯邦共和國建國以來，社會經濟發展平穩，堅持政府機構的設置與功能的進化以效率、平衡為原則，在職能和編制上都體現了「小政府、大社會」的特徵：聯邦政府設置的聯邦部的數量一直保持在14～21個之間；聯邦公職人員的編制變化也不大；聯邦各部的總人數，1982年為17,631人，1991年增加到22,010人。聯邦、州、地方三級公職人員總數的比例大致為10：55：35，行政經費開支的比例為4：3.5：2.5。總體行政管理體制比較穩定。

1969年10月布蘭德總理領導的社會民主黨和自由民主黨聯合政府上臺後，對聯邦行政管理體制進行了一次迄今為止最重大的改革。這次行政改革的目的主要是加強聯邦政府對經濟的宏觀調控，防止危機、保證經濟穩定增長。具體做法是對聯邦部的設置和部分聯邦部的權限進行了大幅度的調整。1969年布蘭德政府設置15個聯邦部，比上屆基辛格政府減少4個聯邦部：取消了聯邦難民部、聯邦財產部和聯邦參議院事務部；將聯邦交通部與聯邦郵政部合併為聯邦交通、郵政部，聯邦家庭部與聯邦衛生部合併為聯邦青年、家庭與衛生部；將聯邦全德問題部更名為德意志內部關係部，聯邦科學研究部更名為聯邦教育與科學部，聯邦住宅建築部更名為聯邦城市建設部。1972年又調整設置了16個主管專門事務的聯邦部，以及為聯邦總理和聯邦副總理各設一位聯邦特別任務部；調整了聯邦財政部和聯邦經濟部的關係和職權，確定聯邦財政部主管財政和貨幣信貸政策，聯邦經濟部主管工商經濟事務、制訂對外經濟貿易政策。從這時起，聯邦各部的職權範圍大致上一直穩定到1990年。第12屆聯邦立法期時，由於德國已經統一，聯邦政府取消了聯邦德意志內部關係部，聯邦各部的職權

也做了較小的調整。其次，從聯邦內閣到聯邦各部都增設計畫職能部門，以加強聯邦政府對社會經濟的干預和指導；在聯邦內閣中，加強聯邦內閣各委員會作用的同時，增設了聯邦中期財政委員會和經濟委員會，並賦予「財政內閣」和「經濟內閣」的職權。在聯邦各部、特別在那些主管聯邦社會經濟事務的各部都增設了計畫職能部門。新設的計畫職能部門大體上有三種形式：

1. 設置具有指導職能的計畫部門——計畫司，負責對管轄內的事務進行統一管理，但不負責整個部的計畫和管理。
2. 設置主管計畫工作的精幹機構。這類機構編制很小，直接服務於本部部長和國務秘書。它不直接從事本部的計畫工作、不具有指導和協調功能，也不與部裡其他機構發生工作關係，而是了解其他部的情況、提出建議，在內閣討論與本部有關的規劃時，供本部部長和國務秘書參考。
3. 設置部的計畫中心，負責制訂本部的總體發展規劃。下屬各部門的具體規劃由各主管司、處負責。在實踐中，後來又將計畫中心與各司的代表組成聯合計畫組或各工作小組。與此同時，聯邦總理府也設立計畫司，聯邦各部派一名司級官員作為代表與總理府計畫司共同組成計畫委員會，負責部際計畫協調、蒐集聯邦各部規劃的執行情況。

　　這次聯邦政府的行政改革雖然取得了一定成效，但由於這次改革不是行政系統的全面改革，而只是聯邦各部內部以加強計畫指導為主的改革，缺乏全面規劃和統一領導，以致聯邦各部之間以及各部內部都很不協調、矛盾叢生。於是，1972年底成立的第10屆聯邦政府便中止了這一改革，聯邦各部的協調工作恢復了原

來的體系，而且延續至今。

聯邦行政管理機構效率不高、官僚主義盛行，遭到了日益強烈的批評。國家行政管理機構是掌握政府權力的機構，它作為國家的代表而受到人民的尊重。行政機構的工作受到法律的嚴格約束，這種約束是自然的、必須的，但是在實踐中，堅持法律原則往往顯得生硬、十分不方便公民。機構臃腫，公文旅行也是造成工作效率低下的重要原因之一。人人討厭機構臃腫，但精簡機構會動搖很多人的既得利益；既得利益者也要求維護現狀、反對行政改革。另外，常任文官體制缺乏活力也是一個重要原因。德國的常任文官主要是從大學法學科系招進的，他們堅持行政機構的「傳統原則」，即普魯士行政機構的保守、廉潔和認真的傳統。這使常任文官制度失去了必要的靈活和機動性。在常任文官體制中，一般來說很重視資歷，而不太重視效率；資歷稍差但十分精明能幹的人想要進入這個體制中去，得費九牛二虎之力。另一方面，相當一部分文官依然存在著專制意識的殘餘，影響了這些人從政治上正確看待其作為法定職能的行政管理工作。所有文官或多或少都受過主要是非政治性的相同訓練，形成了一種與政治生活的推動因素、特別是與政黨相悖的小圈子思想，而帶有明顯的利益傾向。這種心理沒有把文官自己看成是政治決策的奉公守法的辦事人員，而看成是作出這些決策的真正權威。這些人在相當程度上已經政治化了，但對於政黨國家（文官制度應該是它的行政機構）中政治意志形成的過程卻又不甚了了。

行政管理機構的主要問題是聯邦行政機構過於龐雜，而且缺乏公開用人政策。當前行政機構對政治決策者表現出明顯的自主傾向，使得技術專家的政治問題變得尖銳起來。文官制度本應是

維護國家利益的中立的辦事人，但是卻變成了強大的、政治上幾乎無法監督的、帶有明顯傾向的權力因素。從最嚴格的意義上來說，這是民主國家的一種官僚機構。雖然形式上可能監督這種官僚機構、特別是監督聯邦部長，但實際上監督的可能性很小。審計署對聯邦財政開支的稽查誠然是個重要的監督手段，但這種監督形式只有堅持長期實施才能奏效，因為直接干預當前的國家開支不但不被允許，而且從審核程序上來說也不可行。就聯邦行政機構的日常工作來說，實質上經辦的都是聯邦各州的事務。聯邦各部不允許自己的行政機構隨意執行自己作出的決定；相反地，它必須利用各州行政機關的支持與合作。聯邦政府給各州行政機關下達各種指令和指示，並透過頒布法令來直接影響各州行政機構執行法律條款，行政機構的具體細節工作必須由各州來做，這就使得聯邦參議院在管理的角度處於立法過程中非常重要的地位。的確，由於聯邦一級沒有一個集中統一的管理機構，使得行政機構的工作過程過於複雜；但正因為聯邦一級沒有這樣一個機構，才迫使聯邦政府更多地尋求州一級行政機構的合作，而迄今為止，這種聯邦與各州在行政管理上的合作一直發揮著較好的成效。

—注釋—

❶〔德〕奧・拉封丹:《不要恐懼經濟全球化》,新華出版社,2000
年版,第206頁。

❷德國最近幾年的經濟增長率:1995年為1.9%,1996年為1.4%,
1999年為2.2%,1998年為2.8%。

❸德國總統赫爾佐克在1998年10月27日施若德政府就職儀式上強
調:「德國需要改革,對某些改革來說,我們並沒有太多時間。世
界不會等待我們。」

❹19世紀末社會民主主義思潮形成以來,曾多次出現過「第三條道路」
的概念。20世紀90年代風行於歐美發達資本主義國家的「第三條道
路」,最早由柯林頓於1992年在大選中提出,後來由英國首相布萊
爾以及倫敦經濟學院院長安東尼・紀登士加以理論化、系統化,並
為德國總理施若德、法國總理諾斯潘、義大利總理普羅迪、荷蘭首
相科克等人所效仿並推廣。其主張有四項:(1)建立合作包容型的新
社會關係;(2)確立能夠團結各種政治力量的新政治中心;(3)由政府
管理型向治理型轉變;(4)改革福利制度,重新定位國家。

❺宋以敏:〈西方新一代領導人與社會民主主義思潮〉,《光明日

報》，1998 年 12 月 25 日。

❻《勞動、革新與公正——德國社會民主黨 1998 年聯邦議院競選綱領》，德文版，第 11 頁。

❼同上書第 13 頁。

❽〔德〕《世界報》，1998 年 5 月 27 日，社民黨科隆會議上施若德講話摘要。

❾Jordan Bonfante: "Joining the Third way", *Time Daily*, July 20, 1998, Vol. 152, No. 3.

❿〔德〕霍姆巴赫：《突破》，杜塞爾多夫，1998 年德文版，第 25 頁。

⓫奧斯卡·拉封丹曾任社民黨主席，在社民黨內影響很大。1998 年聯邦大選時，他與施若德密切合作，並任施若德政府第一任財政部長。1999 年 3 月 11 日因與施若德意見分歧，憤然辭去黨和政府內的一切職務。

⓬周弘主編：《1998～1999 年歐洲發展報告》，社科文獻出版社，1999 年 4 月版，第 116 頁。

⓭德新社，2000 年 9 月 18 日，德文電。

⓮〔德〕F·李特爾：《德意志聯邦共和國的秘密情報機構》，海德堡：迪爾爾—米勒出版社，1989 年德文版，第 72～73 頁。

⓯茶和咖啡雖都是普通飲料，但在德國喝茶顯得更高雅，就像在中國喝咖啡一樣。

第6章

國家權力的象徵性代表
—— 聯邦總統

第一節　聯邦總統在《基本法》中的地位

　　聯邦總統是德意志聯邦共和國國家元首。不同歷史時期，德國國家元首的職權和任務很不相同。1871年1月18日，普魯士國王威廉一世加冕爲德意志帝國皇帝時，按帝國憲法第11條規定，德皇擔任「聯邦的主席職務」。當時的德皇擁有君主立憲制國家元首的全部大權，但他和體現國家的帝國議會都不是主權的擁有者，而是結成聯邦的22個邦國的君主和3個自由城市的市政委員會才共同構成主權的擁有者。只有在國際法交往中，德皇才代表國家主權：他有權跟外國締結聯盟、條約或宣布戰爭、締結和約；在戰爭中，他是國家武裝力量的最高統帥。他有權任命、罷免帝國宰相。德皇的命令和指令必須由宰相副署，並由宰相負責。宰相負責制定具體的政策，但其決策需徵得德皇的同意。如果德皇想改變路線，那麼宰相也必須跟著改變。德皇威廉二世1888年登基以後，與宰相奧托・馮・俾斯麥之間在政治路線上經

常發生分歧，俾斯麥就不得不跟著威廉二世轉，直至1890年被迫辭職。另外，德皇有權召集聯邦參議院（Bundesrat）、聯邦侯爵會議（Vertretung der Bundesfürsten）和帝國議會（Reichstag）會議。他與帝國宰相可以一起解散帝國議會。此外，德皇有權簽署、公布帝國法律並監督其實施，他還有權任命帝國高級官員和大部分高級軍官。

　　在第一次世界大戰快結束時，即1918年10月，為拯救由於發動第一次世界大戰而聲名狼藉的君主制，德國由君主立憲制改為議會君主立憲制，帝國憲法也迅速議會化。憲法第15條的修正案規定：「帝國首相履行職責時須取得帝國議會的信任。……他（帝國首相）和他的副手對聯邦參議院和帝國議會負責。」儘管如此，迫於當時的革命形勢，德國於1918年11月9日宣告成立德意志共和國，德皇威廉二世也被迫於同年11月28日退位。後來在威瑪召開的國民議會於1919年2月11日選舉社會民主黨人弗里德里希‧艾伯特為帝國總統，即威瑪共和國第一任總統；同年7月31日通過了由民主黨人、內政部國務秘書普洛斯（Hugo Preuss）教授主持起草的新憲法，這就是於1919年8月11日生效的著名的威瑪憲法。該憲法第一次設計、創立了議會制政府體制。在這種政府體制中，帝國總統不僅是國家的最高代表，而且擁有廣泛的權力，他有權統帥全國武裝力量、決定國家總理人選，也可以解散議會。在非常時期，他還可以宣布國家進入緊急狀態，自己成為立法者。他由全國的選民直接選舉產生、任期7年。艾伯特的繼任者、帝國第二任總統興登堡元帥，在威瑪共和國末期所起的災難性作用，導致了納粹黨人的上臺和整個民主體制的崩潰。鑑於這種沉痛的歷史教訓，基本法的制定者徹底否定了帝國時期的

「雙極行政體制」（System bipoarer Exekutive），重新設計了德意志聯邦共和國總統的法律地位。在政治上，聯邦總統不再是議會的平衡力量，也被排除在基本法構想的憲政力量角逐場之外。國家的權力重心集中在聯邦政府，特別是集中在聯邦總理手裡。基本法第54～61條專門闡述了聯邦總統的選舉、職權和任務，表面上看來，聯邦總統似乎擁有很多最高權力，但實際上他是一位沒有實權，其法律地位不能與美國總統、法國總統相提並論的虛位元首。聯邦總統不是全國武裝力量的統帥，也不擁有基本法第37條規定的聯邦強制權，更無單獨宣布國家進入緊急狀態的權力。聯邦總統不再握有國家政治大權，而完全超越黨派政治鬥爭和權力政治之上，只是國家權力的象徵性代表、在不同的「組織機構和利益集團」之間起「獨立的平衡」作用，其法律地位類似於英國政府體制中的女王，象徵著國家團結。

第二節　聯邦總統的選舉與罷免

　　基本法第54條第1款規定：「聯邦總統由聯邦大會不經討論選舉產生。」根據該條規定，聯邦總統不由全國選民直接選舉產生，而由聯邦大會選舉產生。聯邦大會是根據民主原則和聯邦原則專門為選舉總統而設立的憲法機構，它由聯邦議院全體議員（民主原則）和全國16個州議會選出的同等數量的代表（聯邦原則）組成。每個州議會選出的代表人數按該州人口比例而定。各州議會選舉其代表時，並非一定要選舉其州議會議員，只要聯邦大選時，具有選舉資格者就有被選舉權。各州的代表名額由各州議會按該州議會中議會黨團的實力自行分配。第14屆聯邦議院共

有669名議員,各州議會選出的代表也為669名。於是,第14屆聯邦大會全部成員為1,338人。上一屆聯邦大會全部成員為1,344人。

聯邦總統候選人必須具備三個條件:(1)年滿40歲,(2)擁有聯邦議院選舉權,(3)具有基本法第116條規定的德國國籍。聯邦大會的任何成員都有權提出總統候選人,提名須用書面形式向聯邦議院議長提出並附上有關候選人的相關資料。但實際上,聯邦總統候選人都由各政黨協商提名。

聯邦大會最遲應在聯邦總統任期屆滿之前30天召開;如在聯邦總統任期提前終止的情況下,最遲應在終止後30天內召開。聯邦大會由聯邦議院議長召集。聯邦大會對候選人不進行任何討論,即由代表秘密投票選舉。獲得聯邦大會法定成員半數以上選票者即當選為聯邦總統。如果無人得票超過半數,則舉行第二輪投票,得票超過聯邦大會成員半數者當選。如仍無人得票超過半數,則舉行第三輪投票,實行簡單多數當選制,即獲得票數最多的候選人當選。選舉結束後,聯邦議院議長應及時通知當選人。當選人在接到通知後2日內聲明是否接受,如2日內不予答覆,則視為自動放棄;如接受,聯邦大會便完成歷史任務而閉會。新當選的聯邦總統隨即在聯邦議院和聯邦參議院聯席會議上宣誓就職。直至目前的8位聯邦總統中,瓦爾特·謝爾、卡爾·卡斯滕斯、理查·馮·魏茨澤克、羅曼·赫爾佐克的第一任聯邦總統以及希奧多·豪斯和海因里希·呂布克的第二任聯邦總統,都是在第一輪投票選舉中當選的;希奧多·豪斯的1949年第一任聯邦總統和海因里希·呂布克的1959年第一任聯邦總統都是在第二輪投票中當選的;約翰尼斯·勞在1999年5月23日第11屆聯邦大會上也是在第二輪投票中以51.76%的得票率當選的;古斯塔夫·海涅

曼1969年的第一任聯邦總統則是在第三輪投票中當選的。

聯邦總統任期5年，連選可以連任，但以一次為限。基本法第115條h款規定：「在防禦狀態中，聯邦總統的任期以及聯邦總統在任期屆滿前空缺時，由聯邦參議院議長代行總統職權，代行總統職權應延長到防禦狀態終止後9個月告終。」德國不設聯邦副總統。按基本法第57條的規定，如果聯邦總統在任期內去世，或因病、因事（外出渡假或出國訪問）不能履行職務或缺位時，或因受聯邦議院或聯邦參議院彈劾而被聯邦憲法法院宣布褫奪其聯邦總統職權時，則由聯邦參議院議長代行聯邦總統職權，直至選出新的聯邦總統。這種由聯邦參議院議長代行聯邦總統職權的安排，突出了德意志聯邦共和國聯邦制的特色。

基本法對聯邦總統規定了嚴密的彈劾制度和罷免制度。聯邦總統不對議會負責，但按照基本法第61條的規定，如聯邦總統故意違反基本法或其他聯邦法律，聯邦議院或聯邦參議院可以向聯邦憲法法院提出彈劾。彈劾動議必須至少有1/4的聯邦議院議員或聯邦參議院議員投票數的1/4的同意才可以提出。彈劾決定須由聯邦議院議員2/3或聯邦參議院議員投票的2/3的多數通過。彈劾須由提出彈劾的機關的1名受託人代表進行。如果聯邦憲法法院確認聯邦總統對於故意違反基本法或其他聯邦法律負有責任，可以宣告聯邦總統喪失其職權。在彈劾過程中，聯邦憲法法院可以臨時性命令聯邦總統暫時停止行使職權。根據基本法第93條第1款的規定，聯邦總統在聯邦憲法法院面前既可以成為被告人，也可以成為控告人。1957年豪斯總統簽署成立「普魯士文化遺產基金會」的法律時，聯邦參議院因為該項法律事先未徵得它的同意而提出了彈劾；另外3個州也就該項法律的標準化監督問題提出聯

邦總統違憲。但上述彈劾均遭聯邦憲法法院駁回，聯邦參議院敗
訴。1983年柯爾總理提出「信任投票」案，假手聯邦總統解散聯
邦議院提前舉行聯邦大選時，四位聯邦議院議員控告當時的聯邦
總統違憲，也被聯邦憲法法院駁回。德意志聯邦共和國自1949年
成立至今，還從未發生過聯邦總統因遭彈劾而下臺的事件。

　　基本法對聯邦總統的兼職有嚴格的規定。該法第55條規定：
「聯邦總統不得兼任政府成員，也不得兼任聯邦或州的立法機關的
成員。」「聯邦總統不得兼任任何其他有報酬的職務，不能從事任
何營業和職業，既不能擔任某一個以贏利為目的事業的領導，也
不能擔任其董事。」

第三節　聯邦總統的職權

　　聯邦總統是德意志聯邦共和國國家首腦。在國際法上，他代
表德意志聯邦共和國與外國締結條約；接受外國使節遞交的國
書；委任、派遣駐外使節；代表國家進行國事訪問、參加各種慶
典和紀念活動。

　　聯邦總統的職權，除了上述禮儀性的之外，主要還表現在組
織聯邦政府上。根據基本法第63條第1款的規定：「聯邦總理根
據聯邦總統提名，由聯邦議院不經討論選舉產生。」聯邦總統如
果不履行聯邦總理提名義務，就會因違反基本法而受到彈劾。在
聯邦總理候選人的選擇上，聯邦總統從法律上來說可以自由選擇
候選人，不一定非選擇聯邦議院中最強大的議會黨團的負責人作
聯邦總理候選人不可。但事實上，聯邦總統政治上選擇的餘地很
小，因為他必須考慮他提名的人選在聯邦議院的第一輪投票選舉

中就能獲得絕對多數票而當選。因此，他必須跟聯邦議院中各議會黨團廣泛接觸，尊重絕大多數聯邦議員的政治意志。

聯邦總統不允許在聯邦總理候選人提名問題上冒險，把自己弄得身敗名裂。德意志聯邦共和國建國以來，一直都是一個議會黨團或幾個議會黨團聯合提議其領導人作爲聯邦總理候選人，聯邦總統總是毫不遲疑地正式向聯邦議院提名這位人士作聯邦總理候選人。如果一個議會黨團或幾個想聯合執政的議會黨團內部有不同意見，聯邦總統就有較大的選擇餘地。基督教民主聯盟－基督教社會聯盟和自由民主黨儘管1961年在聯邦議院中占有明顯多數，但阿登納僅以微弱多數當選聯邦總理。據說當時聯邦總統呂布克曾想提名路德維希・艾哈德作聯邦總理候選人。當1969年海涅曼總統向聯邦議院提名維利・布蘭德作聯邦總理候選人時，聯邦總統對布蘭德是否能順利當選聯邦總理把握並不很大，因爲當時社會民主黨的執政夥伴自由民主黨內部分歧很大，甚至有人仍堅持要提庫特・基辛格當聯邦總理候選人。

如果在聯邦議院內未形成一黨或多黨聯合執政多數，聯邦總統在選擇聯邦總理候選人時可以起「催化劑」作用。1986年秋社會民主黨主席布蘭德就曾敦請魏茨澤克總統發揮其「輔助作用」。1987年1月25日聯邦大選中，基督教民主聯盟－基督教社會聯盟和自由民主黨在聯邦議院中順利取得了多數，因而魏茨澤克總統就沒有必要像布蘭德所希望的那樣去發揮促成多數的「輔助作用」。如果聯邦議院對聯邦總統提名的候選人投票選舉，獲得聯邦議院法定過半數選票者當選爲聯邦總理，當選人即由聯邦總統任命。如果他提名的候選人沒有獲得法定多數選票，那麼就按基本法第63條第3款的規定，聯邦議院可以在14天內重新投票，得票

超過半數者當選聯邦總理。如果上述投票中仍然沒有人獲得過半數選票，那麼按基本法第63條第4款的規定進行第三輪投票選舉，得票最多者即當選。當選人如果獲得聯邦議院法定過半數選票，聯邦總統必須在選舉後7日內予以任命。如果當選人只獲得聯邦議院相對多數票，這時聯邦總統的職權便充分顯示出來：他或者在7日內任命當選者為聯邦總理；或者不予任命，而下令解散聯邦議院，重新舉行全國大選。

根據基本法第64條第1款規定，聯邦各部部長由聯邦總統根據聯邦總理的提名任命。也就是說，聯邦總統任命某人為聯邦部長是以聯邦總理的提名為前提的，沒有聯邦總理的提名，就根本不存在任命某人的問題。聯邦總統既不許自己提出任命某人為聯邦部長，也不能強迫聯邦總理提名某人為聯邦部長。任命聯邦部長的提名權在聯邦總理。理論上，聯邦總統可以對聯邦總理提名任命的部長從倫理道德或個人名聲方面提出疑問，從而影響聯邦內閣的組成人選。但實際上，聯邦總理在提名之前便已把擬任命部長的人選預先跟聯邦總統報備，因而聯邦總理向聯邦總統正式提出任命建議時，聯邦總統便不能拒絕聯邦總理的提名；另外，只有聯邦總理擁有組閣權並對聯邦議院負責，聯邦總統在這方面不享有「政治共同決定權」。聯邦總統是國家團結、穩定的締造者，他的行為必須十分謹慎，他可以提出警告或勸說，但不能在政治上自行其是。他所做的大多數事情必須在幕後進行。因此，迄今為止，聯邦總統與聯邦總理沒有在聯邦部長的任命、解職或其他政策問題上發生過嚴重分歧。但是聯邦總統向新任命的聯邦部長遞交任命狀時，有權提醒聯邦部長們要恪盡職守。魏茨澤克總統在第12屆聯邦政府於1990年12月就職時就提醒聯邦政府成

員竭盡全力減少失業、緩和與德國東部地區的緊張狀況、考慮民德地區同胞的生活。此外，聯邦總統還有權任命聯邦法官、聯邦高級官員和高級軍官。對於提請任命人的相關材料，聯邦總統有權審核。不過，審核主要不是針對政治傾向和業務能力，而是倫理道德和人品。呂布克總統就曾因為一位被提名任命的國務秘書在第三帝國時期的政治態度及其交通違法行為而拒絕給予任命。

聯邦總統在立法方面的職權主要體現在三方面。首先，解散聯邦議院權。根據基本法第63條第4款的規定，在第三輪聯邦總理選舉中，如果聯邦總理候選人雖獲得最多選票，但沒有獲得過半數票時，聯邦總統有選擇權，即或者在7日內任命該員為聯邦總理，或者解散聯邦議院，重新舉行大選。但解散聯邦議院是有前提的，即只有聯邦總統與各議會黨團領導人談話後確認，當選聯邦總理者在聯邦議院中不擁有能正常工作的議會多數，才可以解散聯邦議院；否則，就不能行使解散聯邦議院的權力。第二種情況是，根據基本法第68條第1款的規定，如果聯邦總理提出對他表示信任的動議未得到聯邦議院過半數的同意，那麼聯邦總統可以根據聯邦總理的提議在21天內解散聯邦議院。但是，只要聯邦議院以其議員的過半數票選出另一位聯邦總理時，聯邦總統的此項解散權即告自行失效。聯邦總統的真正選擇權在於，是否尊重現任聯邦總理關於解散聯邦議院的提議，或者是否避免重新大選、或推翻聯邦議院少數派政府。海涅曼總統和卡斯滕斯總統分別採納了布蘭德總理1972年和柯爾總理1983年關於解散聯邦議院提前舉行大選的提議。海涅曼總統沒有遇到什麼麻煩。但卡斯滕斯總統卻因此而遭到4位聯邦議員在聯邦憲法法院對他的控告。此事雖然以聯邦憲法法院「尊重聯邦總統評析權」的裁決而了

結，但給德國戰後憲政史留下了瑕疵。

其次，宣布立法緊急狀態權。如果在基本法第68條規定的情況下，聯邦議院未被解散，聯邦總統可以發揮其「預備性功能」，在聯邦政府的請求下並經聯邦參議院同意，就某一項被聯邦議院拒絕的、而被聯邦政府稱之為急案的法律草案，宣布出現立法緊急狀態。在這種情況下，聯邦參議院便完全取代聯邦議院的立法功能，只要聯邦參議院批准某一法案，該法律即視為已經成立。在同一任聯邦總理的任期內，其他任何被聯邦議院否決的法律，在第一次宣告立法緊急狀態之後的6個月期限內，也都可以成為法律。但在同一任聯邦總理的任期內，上述期限屆滿後，不得再宣告立法緊急狀態。

最後，聯邦法律簽署和頒布權。聯邦總統雖沒有立法倡議權，卻是立法過程中不可或缺的重要環節。根據基本法第82條第1款的規定，聯邦法律、法令經聯邦議院通過後，經聯邦總理和主管聯邦部長副署，由聯邦總統簽署，並在《聯邦法律公報》上予以公布始生效力。基本法或聯邦有關法律都未規定聯邦總統在簽署法律之前有審核聯邦法律的職權。但實際上，豪斯總統於1951年、呂布克總統於1961年、海涅曼總統於1969年和1970年、謝爾總統於1976年都對聯邦法律進行過審核，而且拒絕予以簽署、公布。1986年5月，魏茨澤克總統不但拒絕簽署關於聯邦勞動局的一項法律，而且授權聯邦總統府發布文告，聲明拒絕簽署該法律的理由。

另外，根據基本法第115條的規定，聯邦總統有權宣布國家進入防禦狀態、防禦狀態終止以及與外國媾和；他還代表聯邦行使大赦權，及向為國家作出特殊貢獻的人士頒發聯邦勛章和獎章。

聯邦總統擁有黨派身分，這與英國女王和日本天皇有著明顯的不同。多數情況下，聯邦總統的職務是由執政聯盟中小夥伴的著名人士擔任；只在少數情況下，爲保持執政聯盟中主要政黨內部權力的平衡，才由主要執政黨成員擔任聯邦總統職務。半個世紀以來，這在德國已經形成慣例，從而保證了德國政局的穩定以及政策制定和執行過程中的協調一致。聯邦總統雖然只是國家權力的象徵，但他可以作爲平衡力量獲得巨大的個人威信，能以對當前問題的表態爲國家和社會政治上和道義上的方向確立準則；他作爲國家機器的重要組成部分，和聯邦議院、聯邦政府等國家機構分工合作，仍然是有效維護議會制政府體制正常運行的不可缺少的重要環節。總體來說，二戰後的德國歷史表明，「聯邦總統的職能是正確設想出來的」❶。

聯邦總統與聯邦政府關係密切，訊息十分靈通。根據聯邦政府議事規則，聯邦總統和聯邦總理每5～6個星期晤面交換一次意見，聯邦總理經常向聯邦總統報告聯邦政府各方面的政策，及時將所有重要文件送達聯邦總統。聯邦總統還經常召見聯邦各部部長、高級官員、駐外大使，並接見外國政治家和駐德大使。聯邦總統府主任由聯邦總統任命，具有國務秘書頭銜。根據聯邦政府議事規則第23條第1款，聯邦總統府主任有權參加聯邦內閣會議，並獲得聯邦政府各部提供的文件和法律草案。另外，聯邦總統府主任還參加每週舉行的聯邦各部的「國務秘書小聚會」，並且作爲觀察員列席聯邦安全委員會會議。與聯邦政府、特別是與聯邦各部比較，聯邦總統府工作人員較少，只有150人，其中20％是中、高級公職人員。聯邦總統府已於1998年底作爲第一個最高的聯邦機構從波昂遷到了柏林。

─注釋─

❶〔德〕庫特·宗特海默爾:《德意志聯邦共和國政治體制的特色》,
慕尼黑,1980年德文第8版,第188頁。

第7章

司法制度

第一節　法律體系與司法原則

德國的司法制度主要包括法官制度、律師制度、陪審制度、訴訟程序、司法審查制度和行政訴訟制度等等。司法機關把公認的司法制度的基本原則，貫徹滲透於各種具體的司法程序和制度中，使之成為相互配合、協調一致的嚴密體系，為公民權利的實現和法治國家的政治體系的整體運行提供了有效保障。

（一）法律體系

由於歷史傳統、風俗習慣等的差異，德國的法律體系與英、美、印度、以色列、回教國家的法律體系不一樣。它的法律體系是大陸法系，又稱羅馬－日耳曼法系，或曰民法系。該法系是法、德等歐洲大陸國家，在奴隸制羅馬法的原則和形式的基礎上，以1804年法國民法典為範本形成和發展起來的一種法律體系。

大陸法系的主要淵源是羅馬法和法國民法典。羅馬法主要是指羅馬奴隸共和國從西元前5世紀《十二銅表法》的頒布到西元6世紀東羅馬帝國查士丁尼《羅馬法大全》編纂完成這一時期的法律。古羅馬由於商業、手工業的發展，簡單商品經濟有了一定程度的發展，規範這種關係的法律也隨之得到了發展。隨著疆域的不斷擴大，商業的進一步發展以及社會經濟關係的日益複雜，羅馬法也達到了鼎盛階段，不僅有調整市民階層之間關係的市民法，而且出現了調整羅馬人與外國人、外國人與外國人之間的萬民法。羅馬法最早、最明確地建立了私有權概念，並嚴格規定保護私有權。資產階級後來將其發展成私有財產神聖不可侵犯的原則。羅馬法還劃分了公法與私法；並且最早、最完備地規定了契約自由權，後來發展為資本主義社會契約自由原則。

　　羅馬法對於西歐各國、斯拉夫語系各國都產生了極大影響。其中，以法國、德國、比利時、荷蘭等國受到的影響最早。到了15世紀，不僅在歐洲各大學中都普遍設置羅馬法課程，而且羅馬法也滲透到法國、德國等國的司法過程中，例如1495年德國的宮廷裁判所法便在形式上全面採用了羅馬法。到了18世紀，法國資產階級取得政權以後，根據本階級的利益和要求，吸收羅馬法的精華，在1804年制定了《法國民法典》，第一次把財產私有權、債務、合同等概念按照資本主義的產生方式作了明確的規定。後來，法國又陸續制定了民事訴訟法、商法、刑事訴訟法、刑法等法典。法蘭西的這些法典吸取了羅馬法和日耳曼人習慣法，形成了平等原則、所有權原則和契約自由原則，並且逐漸為歐洲大陸國家及拉丁美洲國家制定法律時所借鑑。19世紀初，德意志各邦都有自己的民法典和民事立法，但內容龐雜、條文晦澀難懂。資

本主義的發展促進了德意志帝國的統一，同時也迫切要求編纂一部統一的民法典來進一步保護並促進資本主義。1874年德意志帝國議會設立法典編纂委員會，歷經22年，總算於1900年頒行了德國民法典。該法典包括總則、債務關係、物權、親屬法和繼承法等五篇2,385條，在全盤繼承羅馬法和法國民法典的基本原則上，又作出了許多新的發展，如法典對法人團體作了詳盡的規定，用以保護壟斷性企業組織的利益。法典增加了富於彈性解釋的規定，如契約應依「誠實信用」的原則和一般交易中的「習慣」解釋；「違背善良風俗的方法加害於他人者」，應負損害賠償的義務等。德國民法典統一了德意志各邦分散的零亂的民事立法，成為大陸法系的另一個樣板。

以法、德為代表的大陸法系強調法律的邏輯性、合理性和嚴肅性，因此德國的法律結構比較單一，法律都是成文法沒有判例法，而且在民法、商法、刑法等方面都制定了較系統的法典，法典內容比較嚴謹、條款比較原則，是法官判案的根本依據。法官判案只依據和服從這些成文法律，不得依據判例；法官只能執行法律，不能任意解釋法律、創造法律，充當立法者。判例對於法官只有參考價值，在法律上是沒有約束力的。法官的判決書也比較簡明，往往只寫明判決結論，而毋需寫明理由。

（二）司法原則

根據基本法確立的「法治國」原則，德國的司法實行兩大原則。

■ 司法獨立原則

　　孟德斯鳩認為，司法權與立法權、行政權分立是自由的前
提，「如果司法權同立法權合二為一，則將對公民的生命和自由
施行專斷的權力，因為法官就是立法者。如果司法權同行政權合
二為一，法官便將握有壓迫者的力量」❶。美國憲法之父漢彌爾
頓認為，在立法、行政、司法三權既分立又制約而形成的權力平
衡中，司法權至關重要。他認為，與立法權、行政權相比，司法
權對社會危害最小，是制約立法權和行政權的有力手段，但「司
法部門既無軍權，又無財權」，「既無意志，又無強制」❷，是分
立的三權中最弱的一個，很容易受到其他兩權的侵犯。因此他主
張實現真正的分權制衡，必須實現司法權的獨立。基本法繼承民
主憲政的基本原則，明確規定國家權力「透過有立法權、行政權
和司法權的專門機關行使」（第20條第2款）、「司法權委託給法
官」（第92條）、「審判官是獨立的，並只服從於法律」（第97
條）。

　　司法獨立，指司法權由司法機關即法院獨立行使。司法獨立
主要包含三方面的含義。首先，司法權由法院獨立行使，不受立
法機關、行政機關及個人的干涉。司法權主要指司法審判權，不
包括司法行政權。法院依據基本法、法律的規定行使司法審判
權，立法機關、行政機關或其他任何個人不得行使司法審判權，
也不得隨意干預司法審判活動。再者，一個法院的審判活動也不
受另一個法院的干涉。上級法院不得干涉下級法院的具體審判活
動，對下級法院的判決上級法院只能依據上訴程序進行變更。最
後一點是法官獨立，這是司法獨立的核心內容，也是司法獨立的
保障。法官獨立，包含業務和人事兩方面的獨立。業務獨立的意

思是任何人或機構、社團都不能向法官發布任何指示。人事獨立意味著法官不得違背本人意願被免職或調離。在確認事實與運用法律方面，法官個人獨立負責。

司法獨立的含義，是司法機關相對獨立於立法機關和行政機關，而不是絕對的獨立。實際上，法院不僅在很大程度上必須依靠行政機關來實現司法官的意願，而且在不少方面也受立法機關的控制。例如，「聯邦憲法法院的成員，半數由聯邦議院選舉產生，半數由聯邦參議院選舉產生」（基本法第94條第1款）。此外，司法獨立也並不意味著司法機關不受任何約束。相反地，它需要在基本法和法律的範圍內行使權力，在遵守國際法、國際條約、特別是歐盟法律以及保護人權和基本權利的歐洲公約等法律的前提下進行活動，「行政和司法受法律和正義的限制」（基本法第20條）。

■ 公平審判原則

對於什麼是公平和公平審判，歷來眾說紛云，沒有統一的標準。英國學者端·史密斯認為，正義在訴訟中主要包含兩方面的含義：一方面，審判官應該是公正無私的，不能審理自己或與自己利益有關的案件；另一方面，應該平等通知當事人各方，給他們以同等機會和權利來接受審判，允許被告為自己辯護。❸從德國的實踐來看，公平審判作為總的司法原則，除了體現司法獨立、司法民主及其相應制度外，還包括公正的法院、公正的訴訟程序及公正的處罰。

公正的法院主要指法院的設立必須依據基本法和法律，並在基本法和法律的範圍內活動。基本法第92條規定：「聯邦憲法法

院、本基本法所規定的各聯邦法院和各州法院行使司法權。」第95條明確規定：「設立聯邦普通法院、聯邦行政法院、聯邦財政法院、聯邦勞工法院和聯邦社會法院作為各個領域的最高法院。」公平的訴訟程序包括控訴、申訴、上訴、辯護等權利，以及公開審判、無罪推定等原則和制度。為保證訴訟過程能公平進行，訴訟當事人都享有無罪推定、公開審判和辯護等多項權利。公平的訴訟程序對任何人都是公正的，不得因出身、種族、性別、宗教信仰、職業、居住地域不同而區別對待。公正的處罰主要有兩方面的含義：一是法律對所有犯同種罪行的人，處罰都是一樣的，不得因犯罪者的地位、身分、種族等的不同而區別對待，凡屬同種犯罪，均處相同刑罰；二是犯罪和刑罰必須對等，既不能重罪輕罰，也不能輕罪重罰。

為確保公平審判原則的實現，德國實行了法律援助制度。根據這項制度，低收入或無收入的公民在訴訟中可以請求政府資助訴訟費用或指派律師援助。法律援助制度的確立，是整個司法制度健全的一個標誌，具有積極的社會意義。

第二節　司法機關與審判制度

(一) 司法機關

司法機關，一般情況下指審判機關，即法院。廣義的司法機關還包括檢察機關和司法行政機關。

■ 法院

　　基本法第 92 條規定：「司法權委託給法官；它由聯邦憲法法院、聯邦最高法院、本基本法所規定的各聯邦法院和各州法院行使之。」根據《法院組織法》規定，聯邦和各州的法院不是兩個平行的系統，而是單一的法院體制，各類法院依類分別構成垂直的關係。聯邦高等法院為地方法院、地區法院和州高等法院的最高審級法院；聯邦不在各州專門設立自己的司法機關，而將其法律事務委託給州司法機關和法官辦理，各州的高等法院既執行州的法律，也執行聯邦法律，它們既是聯邦法院的下屬法院，又是地區法院和地方法院的上訴法院。各級法院都運用統一的法典。

　　根據《法院組織法》規定，德國設立 6 種法院，即憲法法院、普通法院、勞工法院、行政法院、社會法院和財稅法院。除憲法法院外，其他五種法院的聯邦級法院組成聯合委員會，協調彼此的工作。

　　普通法院分 4 級，即聯邦最高法院、州高等法院、州中等法院和地方法院。專利法院算作普通法院系統，附設於聯邦最高法院，與州高等法院同級。勞工法院分 3 級，即聯邦勞工法院、州勞工法院和勞工法院。行政法院分 3 級，即聯邦行政法院、高等行政法院和行政法院。社會法院也分 3 級，即聯邦社會法院、州社會法院和社會法院，負責審理一切有關社會保險的糾紛。財稅法院只分 2 級，即聯邦財稅法院和財稅法院。德國法院結構見圖 7-1。

　　除上述 5 種法院外，還有紀律法院。這些紀律法院主要負責審理官員、法官或士兵的瀆職和怠忽職守。分別設官員紀律法院（聯邦紀律法院、州紀律法院）、法官紀律法院（法官司法工作法

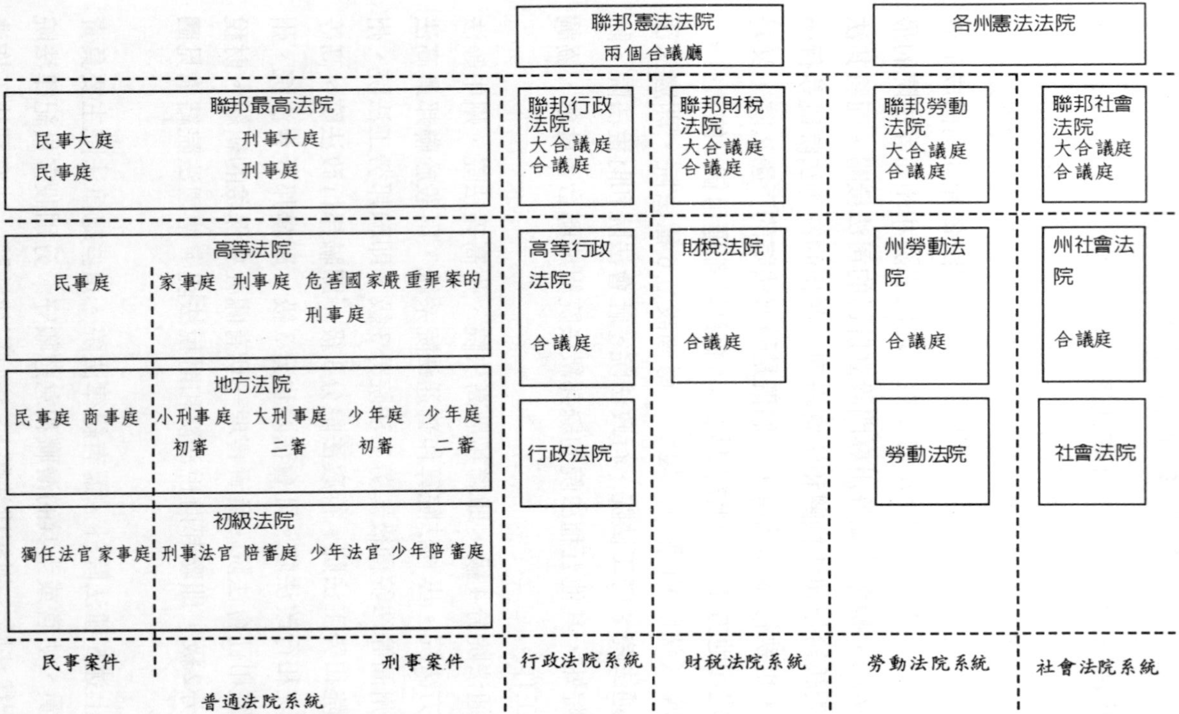

圖7-1　德意志聯邦共和國法院結構示意圖

資料來源：德意志聯邦共和國駐華大使館，《德國——憲法與法制》，1993 年中文版，第 30 頁。

院）、士兵法院（軍人法院）、公證人法院以及律師、稅務諮詢、會計師、建築師、醫生、獸醫和藥劑師等職業紀律法院。

兩德統一後，東部五個新州設有縣級法院和區級法院。這些法院不僅主管民事案件和刑事案件，而且還利用特別法庭和審判委員會負責勞工、行政、社會和財稅法院管轄權。聯邦最高法院統管這些州的司法事務。東部五個新州的法院已於1994年按照西部法院結構改造完畢。

普通法院的職責範圍分為民事法院和刑事法院兩大部門。其中民事法院由有爭議的和志願的司法權組成。監護、遺產、登記註冊和土地登記案屬民事審判權。普通法院的終審法院是聯邦法院，其總部設在卡爾斯魯厄。聯邦法院除審理民事與刑事案的裁決外，還受理懲戒法庭和紀律法庭提出的其他任務。民事法院審理各種合同權益案、因非法行為引起的賠償損失、贍養費、確定非婚生父、離婚案、要求國家賠償因瀆職造成的損失，以及侵犯專利權和著作權等方面的案件。此外，它還受理資產、產業、財產以及人與人之間的法律關係等全部和私人生活領域的案件。民事司法管轄權主要屬於家庭法院、農業法院、海事法院以及建築用地糾紛案的法庭和審判委員會等特殊部門；商務領域的糾紛案則由商務法庭和審判委員會主管。

初級法院主管5,000馬克以下的產權爭議案，不受理租房糾紛案、有關贍養費訴訟案以及一切與離婚有關的案件。州法院主管一審法案的事務。對初級法案和州法院的判決，允許上訴，但只有上訴標金額超過1,200馬克的情況才能上訴。州高等法院向上訴法院發出的判決（初級法院對家庭案的判決和州法院一審判決的上訴）進行再審。受理家庭案件以及父母與子女間的血親關係的

上訴法院，都是州高等法院。上訴標的金額低於6萬馬克，但案情特別重要，州高等法院可受理再審；上訴標的金額超過6萬馬克時，聯邦法院不能拒絕複審。上訴法院對提請複審案件，要重新取證（訊問證人、提取證明材料），從事實和法律兩個方面對整個案件重新審理。終審法院只從純法律關係方面審查下級法院作出的判決，主要審查下級法院是否違反訴訟原則、判決是否違背實體法律規定等。原告和被告雙方都可以親自出席初級法院的審理，也可以讓律師或法律顧問代理。出席州法院、州高等法院和聯邦法院的各方，必須由上述法院批准的律師代理出庭，稱爲強制聘用律師制。

刑事法院中的初級法院主管一般性犯罪案。州法院一審法庭主管大刑事審判庭，負責審理嚴重犯罪案；重大刑事陪審庭負責審理謀殺或故意殺人案。州高等法院的刑事審判團（五名職業法官）主管謀反罪、判國罪以及恐怖和暴力行爲的某些案件。年滿14歲、但不滿18歲的青少年以及年滿18歲、但不滿21歲的成年的刑事犯罪案由青少年法庭（初級法院的專管青少年事務的法官和青少年陪審團法院、州法院中的刑事法院的青少年法庭）受理。青少年法庭也同時受理成年刑事犯侵犯兒童或青少年的犯罪案。

刑事案上訴法庭和終審法庭的程序，原則上與民事法院的程序相似。對初級法院的判決，只要求從法律上進行複審時，可以直接上訴州高等法院（超越上訴）。大刑事審判庭、刑事陪審庭和州高等法院的一審判決，不能上訴，只能複審。聯邦法院有權複審。當法律要求指派辯護人時，法院可向被告指定辯護人。

聯邦勞工法院，負責對各州的勞工法院的判決是否進行再審

和上訴作出裁決，設在卡塞爾。各州都有州勞工法院，負責審查勞資糾紛、工會與雇主協會和各個雇主之間的糾紛以及關於執行企業法的糾紛。審理程序按勞工法進行，執行民事訴訟程序。

聯邦行政法院設在柏林，它確定再審高級行政法院的判決；在特殊情況下，可以直接對行政法院的判決進行再審（超越上訴）。在個別情況下，聯邦行政法院可決定一審和終審。各州行政法院設立第一審判廳，高級行政法院組成上訴法院。它們原則上可審判公法方面的一切糾紛，只要這些糾紛沒有透過聯邦法律明確分配給其他法院。審理程序按行政訴訟法條例進行。

社會法院負責審理社會保險、失業保險和聯邦勞工局的其他法律糾紛以及供養戰爭受害者制度方面的公法糾紛。各州社會法院都設一審和二審法庭；聯邦社會法院設在卡塞爾，設終審法庭。審理程序依照社會法院法進行。在任何審理程序中，每個人都可以自己代表自己在社會法院和州社會法院出庭。相反地，出席聯邦社會法院法庭實行強制代理，除律師外，准許某些社會團體的代表如工會代表充當全權代表。

財稅法院負責審理稅務，即審理徵稅單、財政局的其他單據以及關稅機關單據的合法性。各州的財稅法院設一審法庭；聯邦財稅法院設在慕尼黑，設二審和終審法庭。審理程序按財稅法院訴訟法規定辦理。在財稅法院出庭時，有關各方必須聘用律師、稅務顧問或經濟師代理。

聯邦專利法院設在慕尼黑，具有正式的司法權，設上訴法院和專利法院，負責審理在專利權的授予、樣品和商品的登記或註銷方面的糾紛。專利的無效性要由聯邦專利法院的專利無效判決委員會進行裁決。該委員會還可頒發強制許可證。如對判決不

服，可以上訴聯邦法院。專利律師是自由職業人員，是專利法、樣品法、設計法、商標法和農作物品種保護權等法律事務方面的獨立顧問和代理人。

■ 檢察院

按照聯邦法律的規定，德國的法院都必須設立檢察機關，與英美國家的「審檢分署」不同，德國實行「審檢合署」。聯邦法院設一聯邦檢察長和數名聯邦檢察官，州上訴法院、地區法院也都設一至數名檢察官。充任各級檢察官者必須具有法官資格，但檢察官與法官不同，檢察官受上級機關領導，聯邦總檢察長受聯邦司法部長領導，州總檢察長受州司法管理部門（州司法部長或州政府司法主管人士）領導。州總檢察官和檢察官又受其頂頭上司指示的領導。但檢察官上司的指示權受法律的約束，如他們不能按個人意見命令檢察官提起公訴或放棄起訴。

根據聯邦分權原則，聯邦檢察主管機關與各州檢察主管機關之間沒有領導與被領導關係。州檢察機關同時是初級法院的國家檢察機關。此外，各州還有一個由州總檢察長領導的地方律師事務所被授權代理起訴。地區檢察機關同時承擔縣檢察機關的職責。各級檢察官的辦公地點都附設在法院內，但他們獨立行使職權，不受所在法院管轄，也不能干預法院的審判事宜。德國至今還未制定聯邦檢察官法。

■ 法官制度、律師制度及其他

法官制度，包括法官的不可更換制、法官專職制、法官高薪制及法官退休制。法官，依據基本法行使司法權。在公法上，法官與聯邦或與某個州保持特殊的職務關係，也稱「法官關係」。法

官是獨立的，只服從於法律。所謂獨立就是說，在法官的活動中不允許向法官下達任何指令，法官如果是終身法官，在沒有得到本人同意的情況下，原則上不得被免職，只有在法律規定的條件下通過裁決，才能解除其職務，這就是法官的「不可更換制」。法官實行專職制，除其法官職務外不能從事任何執行權和立法權的活動。通過兩項國家考試（大學法律專業畢業後的實習和陪審員考試）取得法官職務資格的人，方可任命為法官。原民主德國的法官，在統一後的法官選舉委員會對其工作作出肯定的裁決以後，可以在東部五個新州繼續從事法官工作；經過三年的試用期後，才可在全德工作。

　　根據《司法選舉法》的規定，聯邦司法部長與各州政府主管司法的部長和聯邦議院選舉產生的16名議員共同組成法官選舉委員會，任命聯邦最高法院法官（基本法第95條第2款）。只有上述法官選舉委員會選舉產生的人，聯邦總統才能任命為聯邦法官。根據州的法律不統一任命各州的法官。德國實行法官終身制和「高薪養廉」政策給予法官高薪待遇。基本法第98條第2款規定：「如果聯邦法官在執行職務或者在履行公務外違反基本法原則或州的憲法時，聯邦憲法法院根據聯邦議院的請求，以2/3的多數通過決議，將該法官派任其他職務或令其退休。在故意違法的情況下，它可以作出撤職的決定。」法官如喪失德國國籍或參與其他裁判權下的公法服務，或在武裝部隊服務、或未經最高行政機構許可在國外設住所，都必須被解除職務。另外，如果法官未作為法官進行宣誓，或被任命為法官後仍保留原議員或行政職務，或已屆退休年齡或喪失工作能力，也須被免職。

　　律師制度是司法民主的一個重要組成部分，是實施法治原則

必不可少的條件。律師是自由職業者，又是司法機關的獨立單位。他們是有資格的獨立的法律顧問，是各種法律事務的代理人。在法律規定的範圍內，任何人都有權選擇自己的律師充當各種法律顧問，或在各種訴訟案中出庭充當辯護律師。國家對律師業務實行地域管轄和級別管轄。律師只能在其取得資格的州的高等法院所管轄的地區內開展業務。律師的等級按照法院的審級劃分：地方法院級律師只能到地方法院和初級法院出庭活動；高等法院級律師能在高等法院以下的法院辦理律師事務；聯邦最高法院級律師可以到聯邦最高法院出庭辯護，但不能兼辦在下級法院的法律事務。

取得律師資格的要求和取得法官資格的要求一樣。取得律師資格後，要依法宣誓才能作爲地方法院級律師開始法律事務；5年後，可以申請成爲高等法院級律師。允許原民德地區培養的大學學士當律師。對於律師的報酬，《聯邦律師報酬法》規定得非常詳細，有136條之多。一般情況下，律師根據訴訟標的價額收費。收取報酬與訴訟成功與否無關。德國的律師占人口總數的0.059％。律師事務所的規模較小，最大的也只有35人。律師之間競爭特別激烈。

（二）審判制度

德國不實行陪審制而實行參審制，即由陪審官和法官一起組成審判庭審理案件，共同表決。陪審官也稱「業餘名譽法官」，他們在審訊和諮詢判決方面擁有充分的權利，也具有法官的義務。陪審官由法官選舉委員會從地方政府提出的法律門外漢中挑選。擔任陪審官的人，必須具有德國國籍、享有公民權。陪審官可以

參加第一審法院、第二審法院刑事案的審理，和州的中等級法院的商務案件的審理。在法官和陪審官組成審判庭時，必須由法官任審判長。陪審官的地位雖然與法官同等，但不穿法官制服。

控訴制度，是實現權利平等原則的重要保障，它包括個人控訴、團體控訴和政黨控訴。個人控訴指任何一個公民在基本權利受到侵犯時，可以依法向聯邦憲法法院提出控訴（基本法第 93 條第 4 a 款）。在德國，除工會外，其他團體不能為其成員的個人利益或集體利益進行抗辯。工會具有特殊的法律地位，它有權簽訂集體合同，並可以以勞工的名義進行訴訟。這類訴訟主要發生在勞工糾紛和社會保障糾紛中。政黨控訴可以看作是團體控訴的一種，凡平等權利受到侵害的政黨，都有權提出控訴。德國幾個政黨都曾因選舉費用問題提起控訴。1990 年 9 月，原民德的綠黨、左翼競選聯盟、民主社會主義黨等，以兩德統一中《選舉條約》損害了它們的利益為由上訴聯邦憲法法院，而且最終勝訴。

第三節　聯邦憲法法院

德國長期以來一直是個聯邦制國家，歷史上司法權都由各邦（即現在的州）行使。威瑪憲法第 108 條規定、並於 1921 年頒布相關法律，成立了全國統一的國家法院（Staatsgerichtshof），負責審理帝國議會對帝國總統和帝國首相的彈劾案等訴訟。當時，這個法院沒有取得成功。二次世界大戰後，在科隆成立了美英「聯合經濟區德國高級法院」，以調解美英聯合經濟區內以及美英聯合經濟區與法占區的法律糾紛。1948 年制定基本法時，吸取歷史的經驗教訓，決定參照美英「聯合經濟區德國高級法院」的模式，設

立全國統一的「聯邦憲法法院」。

聯邦憲法法院於1951年9月在卡爾斯魯厄成立。它既是立憲機構，又是法院，在德國的司法管轄中占有特殊地位。作為立憲機構，聯邦憲法法院部分地行使最高的國家權力，與基本法直接產生的最高國家機關（即聯邦總統、聯邦議院、聯邦參議院和聯邦政府）享有同等地位。聯邦憲法法院有權對其他立憲機構進行限制，有權將立法機關作出的具有普遍約束力的法律宣布無效。作為法院，聯邦憲法法院把憲法秩序作為法律秩序來加以維護，是憲法的保衛者，也是聯邦範圍內裁判權的最高機構。它有權取消所有其他法院作出的違憲裁決。聯邦憲法法院不從屬於任何權力機關，甚至也不從屬於聯邦司法部，在組織上是獨立的法院，其訴訟程序不同於專門法院的訴訟程序，它只行使憲法管轄權。

聯邦憲法法院與聯邦議院、聯邦政府以及聯邦總統三權分立制衡，形成明確的制約機制。基本法第93條規定，聯邦憲法法院有權解釋基本法，並據此對聯邦其他法律以及各州的法律是否符合基本法作出裁決。凡被聯邦憲法法院裁定違反基本法的一切法律和法令，都立即廢止。它就是透過行使解釋憲法權，對聯邦議院行使立法權的活動作出監督制約。基本法第61條規定，聯邦議院或聯邦參議院有權對聯邦總統故意違反基本法及聯邦其他法律的行為，提出彈劾案。但彈劾總統的審判權屬於聯邦憲法法院。聯邦憲法法院通過審理聯邦議院或聯邦參議院提出的總統彈劾案，可以對聯邦議會兩院提出總統彈劾案的權力作出制約。另外，基本法第93條規定，對聯邦有關法律、聯邦議院通過的立法議案，如聯邦議院內有1/3的議員持有異議，聯邦議員就可以聯名向聯邦憲法法院提出上訴，由聯邦憲法法院作出裁決。如聯邦憲

法法院裁定上訴案成立，則意味著聯邦議院行使立法權的行為受到聯邦憲法法院的監督；與此相反，如聯邦憲法法院裁定上訴案不能成立，則意味著聯邦議院部分議員行使上訴權的行為，受到聯邦憲法法院的制約。

聯邦憲法法院對聯邦政府的制約機制包括三方面。首先，當聯邦政府與聯邦議院、聯邦總統，或聯邦政府與州政府發生權限爭執時，由聯邦憲法法院審理裁決上述各類權限爭執。聯邦憲法法院通過裁定這些權限爭執，可以對聯邦政府可能出現的某些侵犯聯邦議院、聯邦總統權力的行為，以及對侵犯州政府權力的行為作出相應的監督制約。其次，聯邦憲法法院的違憲審查的適用客體，也包括聯邦政府的執政行為。聯邦憲法法院有權對聯邦總理以及聯邦政府其他成員的執政行為是否違憲作出裁決。其裁決對聯邦總理、聯邦政府其他成員都具有約束力，必須服從。此外，聯邦憲法法院有權對聯邦政府與外國締結的條約作出「限制性解釋」。它作出的「限制性解釋」，對聯邦政府行使外交權的行為具有制約作用。聯邦憲法法院對聯邦總統的制約是透過審理彈劾總統案實現的。根據基本法第61條第2款規定，聯邦憲法法院在受理彈劾總統案後，如認為聯邦總統有故意違反基本法或其他聯邦法律之罪，可宣布聯邦總統被依法彈劾；此後，聯邦憲法法院還可以發出臨時決定，阻止聯邦總統試圖繼續行使權力的行為。

聯邦憲法法院的司法權具體包括四方面。首先，審理聯邦與各州以及各州之間的爭端。這是憲法司法權的傳統職能。其次，調解聯邦各機構之間的爭議問題，如聯邦政府與聯邦議院之間的爭議。第三，審查聯邦法從形式到內容是否符合基本法，以及各

州的法律是否符合聯邦法律。透過法律監督權，聯邦憲法法院行使立法性質的權力。最後，對聯邦議院選舉的合法性、對政黨的取締以及對剝奪公民基本權利等案件作出判決。

聯邦憲法法院具體的審理裁決範圍是：聯邦機構之間有關權力和責任範圍的爭端；聯邦法律或州的法律違反基本法以及州的法律違反聯邦法律案的案件；聯邦與各州之間權力與義務的爭執，特別是各州執行聯邦法律和聯邦實施監督方面的爭執；各州之間以及各州內部涉及基本法和聯邦法律方面的糾紛；聯邦議院1/3議員就聯邦議院決議提出的上訴案以及聯邦議院議員資格的上訴案；某一政黨或某一政黨的某一獨立部門是否違憲案；公民提出的違憲申訴案；對聯邦總統和聯邦法官的彈劾案；以及舊法律在當今德國適用性的爭議等等。聯邦憲法法院的判決只有一審和終審，具有最高的效力。其判決對聯邦和各州的一切政府機構、各級各類法院以及各種社會團體都具有約束力。

聯邦憲法法院的廣泛法律權力，引起了德國政界和學術界一些人擔心德國是否會變成為「司法獨裁」國家。事實證明，這種擔心是多餘的。聯邦憲法法院的權力是為憲法服務的，而且它本身也受憲法制約。迄今為止，它從未超出保護憲法的權力範圍，這種權力的被動性限制了它自身權力的擴張。它不但沒有限制和阻礙其他憲法機關行使憲法職能，恰恰相反，它一直力圖保障各憲法機關不超越憲法賦予的職權範圍而去侵犯其他憲法機關的職權，從而使憲法的制約與平衡的體制得到了保證。

另外，聯邦憲法法院是保護少數派利益的重要機構。反對派有時想把聯邦議院中遭受的失敗變為聯邦憲法法院中的勝利，但是聯邦憲法法院堅持憲法原則，從不審理純屬政治性質的問題。

即使在審理某些政治性質的爭議時，聯邦憲法法院也有意識地對自身施加某種司法上的限制，堅持司法機關的職權，而不作政治決策機關；同時，注意不把自己置於社會公眾輿論的對立面。因此，聯邦憲法法院有意拒絕審查有關立法機關的決定是否合理，或某項決定是否具有足夠的客觀依據之類的訴訟。它對涉及聯邦秩序的一些問題的裁判，對政黨制度、公民選舉的裁判，以及公民憲法權利的解釋的裁判，使得基本法在一些重要方面得到了發展。聯邦憲法法院在一些重要案件的審理上，例如同聯邦政府關於電視獨立以及有關政黨籌措資金的爭端等問題上，都毫不猶豫地否決了聯邦政府或聯邦議院的決定，堅持真正的獨立，以及與民主的公眾政治輿論取得一致之間保持了難得的平衡。

1951年3月12日頒布的《聯邦憲法法院法》規定：聯邦憲法法院由2個審判廳、各由8名聯邦憲法法官組成。第一審判廳負責審理聯邦法律和各州法律是否符合基本法的訴訟。第二審判廳負責審理聯邦級機構之間的爭議、聯邦與各州之間關於權利與義務的爭議、州與州之間的公法爭議、有關侵犯公民基本權利的案件、政黨違憲案件以及國際法的某項規定是否符合聯邦法律的案件等。聯邦憲法法院設院長和副院長各一人，分別由聯邦議院和聯邦參議院輪流選舉產生。院長和副院長都具有很強的政黨背景，通常執政黨提名院長人選，反對黨提名副院長人選。院長主持第一審判廳的工作，副院長主持第二審判廳的工作。

聯邦憲法法院的法官，由聯邦議院和聯邦參議院各選舉8名。聯邦議院先按比例代表制選出12名聯邦議員組成「法官選舉委員會」，再由選舉委員會直接選舉法官，以獲2/3多數票者當選；聯邦參議院則採取直接選舉的辦法，以獲得多數票者當選。

這種選舉辦法可以確保在聯邦兩院中擁有多數的政黨不會單方面影響聯邦憲法法院的人員組成。聯邦司法部負責上述選舉的籌備工作，並提出候選人名單。聯邦憲法法院的法官，必須年滿40歲，擁有當選聯邦議員的資格或有資格當選為高級文官。上述由聯邦議院和聯邦參議院分別選舉產生的兩部分法官，每一部分應該至少有3名法官在聯邦其他高級法院最少工作過3年。聯邦憲法法院的法官任期為12年，不得連任，法官最長任期可延續到68歲。總體來說，聯邦憲法法院的法官都是德國著名的法學家。但最近幾年，幾位公法大學的講師也被任命為憲法法官，甚至還出現了教授擔任法官的傾向。這表明，一種更為嚴格、更為現實主義地解釋憲法的方法正在發揮更大的支配作用。

聯邦憲法法院從不主動工作，而必須等待訴訟上門，即只有法律規定的訴訟程序範圍內有人向它提出上訴時，它才開始工作。審理程序依照基本法第93條和第100條的規定，以及有關聯邦憲法法院的法律進行審理。只有在少數情況下進行公開審理。書面訴訟不強制聘用律師。向聯邦憲法法院提出的訴訟，原則上都免費。但在特殊情況下，聯邦憲法法院也可向已被法庭拒絕的起訴人收取不超過1,000馬克的費用；對於違憲起訴，聯邦憲法法院最高可收取5,000馬克的訴訟費。

聯邦憲法法院像其他法院一樣，通過秘密審議作出裁決，並且曾長期拘泥於一種傳統作法，即它只能通過全體一致的判決，並對形成判決意見的過程保持緘默，以保持自己的權威。1970年12月《聯邦憲法法院法》作了重要修改，規定獲得多數票的任何法官有權將其判決的不同意見和理由寫入附加在判決書上的鑑定書中，這樣有利於對憲法作出有力的解釋，也有利於更深刻地理

解作出裁決的司法過程。事實證明，這一作法引起社會各界普遍的積極反應。

　　聯邦憲法法院的建立和近半個世紀的正常運作，證明了這種違憲審查制度，是德國的三權分立政治體制中極其重要的環節。聯邦憲法法院是德國憲法原則的真正捍衛者，「它的司法活動無疑已經為深化自由民主的立憲國家的思想作出了貢獻。它的裁決受人尊重，它的權威引人注目」。它的構成使德國「民主的憲法秩序至今未遭到嚴重破壞」。❹

　　德國各州原則上都設立州憲法法院。各州憲法法院稱謂不同，有的叫憲法法庭，有的叫國家法庭。聯邦憲法法院與各州憲法法院之間無隸屬關係，但什勒斯威—霍爾斯坦州例外，根據基本法第99條和什霍州政府1956年第37條法令規定，該州把發生的州憲法糾紛上交聯邦憲法法院裁決。

—注釋—

❶〔法〕孟德斯鳩：《論法的精神》（上冊），商務印書館，1978年版，第156頁。

❷轉引自《聯邦黨人文集》，商務印書館，1989年版，第391頁。

❸龔瑞祥：《西方國家的司法制度》，北京大學出版社，1980年版，第115頁。

❹〔德〕庫特‧宗特海默爾：《德意志聯邦共和國政治體制的特色》，慕尼黑，1980年德文第8版，第211頁。

第8章

聯邦制中的地方政府

第一節　聯邦與各州關係的憲法原則

　　德國具有實行聯邦制的悠久傳統。基本法汲取了歷代實行聯邦制的成功經驗與失敗教訓，確立了有別於美國的、比較完善的合作性聯邦制。

　　在德國，國家權力的行使和國家任務的完成是由聯邦和各州❶共同分擔的，處理好聯邦與各州之間的關係是首先必須解決的一個問題。對此，基本法明確規定了下列一些基本原則：

1. 聯邦的地位高於聯邦各州。基本法第31條規定：「聯邦的權力得置於州的權力之上」；基本法還明確規定：「執行聯邦法律是各州的職責」，「各州必須服從聯邦最高主管機關的指令」等等。

2. 聯邦與各州實行分權，關於雙方權力劃分的爭議，透過聯邦憲法法院裁決。基本法第二章明確劃分了聯邦和各州單獨享有的立法權限以及共有立法權的範圍，還劃分了行政

管理權、司法權以及財政權的範圍。另外，根據基本法第93條，當聯邦與各州對其權利和義務發生爭執時，雙方均可提請聯邦憲法法院裁決。

3.聯邦與外國簽訂條約如涉及到某州利益時，必須聽取該州的意見。基本法第32條規定，處理與外國的關係是聯邦的職責，但聯邦「在締結涉及某一州的特殊利益的條約前，應及時聽取該州的意見」。各州在其立法權限範圍內，經聯邦政府同意也可以與外國簽訂條約。

4.各州透過聯邦參議院參與聯邦的立法和行政。基本法第50條規定：「各州透過聯邦參議院參與聯邦的立法和行政。」而且聯邦政府成員必須隨時準備回答聯邦參議院議員的質詢，「聯邦政府應隨時向聯邦參議院報告執行公務的情況」。

5.在特殊情況下，聯邦擁有強制權。基本法第37條規定，在州不執行聯邦法律或某州發生內亂而無力或無意平息的情況下，聯邦有權強制執行聯邦法律，並採取措施恢復秩序。

根據上述憲法原則，聯邦與各州的權力劃分主要從立法權、行政管理權和司法管理權三方面進行。總體而言，大部分的立法權屬於聯邦，而絕大多數的行政管理權和司法權則屬於各州。按照基本法第73～75條和105條等的規定，聯邦擁有專有立法權、並行立法權和原則性立法權。在專有立法權範圍內，只有聯邦才擁有專有立法權力。凡是只能由聯邦處理的特殊事務，或者是為求得一致而需在全聯邦範圍內用同樣的方式處理的事務，都屬於

專有立法權的範圍。專有立法權雖然可以按照聯邦法律轉讓給各州（基本法第71條），但聯邦迄今極少這樣做。聯邦專有立法權範圍包括：

1.外交、國防，包括居民的保護。
2.聯邦範圍內的國家事務。
3.自由遷徙、護照、外國移民、國外僑民和引渡事務。
4.金融、貨幣、鑄幣業、度量衡、曆法。
5.關稅和貿易的統一、貿易和航運條約、商品流通、與外國的商品交換和支付、關稅和邊境保護。
6.聯邦鐵路與航空以及聯邦郵政與電信。
7.聯邦公共服務機構的權利。
8.聯邦與各州在刑事警察和憲法保護方面的合作，以及聯邦刑事警察局的設置和國際反刑事鬥爭合作事宜。
9.根據聯邦的需要進行的統計以及關稅和國家專營事務等。

在並行立法範圍內，聯邦擁有並行立法權；如果聯邦不使用它的權力，則各州可以根據聯邦法律的規定和需要頒布法規（基本法第72條）。並行立法權的範圍很廣，屬於這一範圍的事務大部分都由聯邦行使並行立法權。並行立法權的重點包括：

1.民法、戶籍法、刑法和刑事懲處的執行、司法組織和審判程序、結社和集會法以及外國人居留法。
2.武器和炸藥法。
3.經濟法、勞動法、社會保險以及公共救濟。
4.最重要的稅收，如營業稅、工資稅、收入稅、公司和法人

所得稅以及礦物稅等稅收規定。

5.卡特爾法。

6.關於沒收財產和社會化事務。

7.支持培訓與促進科研、促進林業與林業經濟的發展等。

8.土地交易、土地法和住房事務。

9.防治流行病、藥品交易、醫療活動的批准以及醫院的經濟
保障。

10.內河航運與通航水道、公路運輸與機動車及遠程公路的建
設與養護。

11.食品保護及嗜好品的交易。

12.垃圾清理、防止空氣污染和噪音。

13.公共服務機構職工的工資和供養。

14.核能的生產、利用以及放射物質的消除等。

在原則性立法權範圍內，聯邦對某些根據聯邦法律規定需要
立法的事務擁有立法權，但各州的立法機構對原則性立法的規定
擁有執行權（基本法第75條）。聯邦有權對下列事務頒布原則性
的法規。它主要是：

1.州和鄉公共服務機構的權力。

2.高等院校的一般準則。

3.新聞和電影的一般性權利。

4.土地分配、地區規劃和水利管理。

5.戶口登記和身分證事項。

6.狩獵、自然風景區的管理與保護等。

關於行政管理權的劃分，基本法規定，外交、國防、聯邦財政、聯邦鐵路、聯邦郵政等歸聯邦管理。為此，聯邦設立一套行政管理機構及其派出機構。此外，還設立一些直屬機構，如聯邦銀行、聯邦卡特爾局等。州的行政管理任務主要有：

1. 執行州的立法範圍內的任務，主要包括：文教、警察、鄉鎮管理和地區規劃。
2. 「受聯邦委託執行聯邦法律」，如聯邦高速公路由聯邦委託州負責管理。
3. 「作為自己的事務執行聯邦法」，如聯邦頒布某一項環境保護法，各州則須將此作為自己的行政管理事務執行。
4. 部分經濟和財政、稅收事務方面的管理工作。

　　對於純屬州管理範圍內的事務，聯邦無權直接干涉。屬於聯邦委託給州的事務，聯邦主管當局可以向州主管當局下達指示，監督州的有關當局執行。州將聯邦法律作為自己的事務執行時，聯邦行使監督權，並有權下達指示。如果某一州不履行某一聯邦法律規定的義務，聯邦政府可以在聯邦參議院的同意下，強迫該州履行其義務。

　　關於司法權的劃分，基本法第 92 條規定，司法權由聯邦憲法法院、聯邦最高法院以及各類聯邦法院和各州法院行使。各州司法權有其相對獨立性，但它在聯邦司法體制中，首先是透過各州法院實施的。州和地方法院負責審理本地的、不涉及聯邦和其他州的案件。各州的憲法法院負責裁決涉及州憲法的爭執案件。

　　學者們一般認為美國傳統的聯邦制是「二元聯邦制」，即聯邦和各州各有其職權範圍，二者分離，彼此處於相對獨立的狀態，州

是制約聯邦政府的一種手段。與美國的聯邦制相比較，德國是一種合作性的聯邦制，即各州與聯邦都信守忠於合作與相互信任的原則。正是基於這種原因，德國各州與聯邦並不相互孤立，而是建立起聯邦與各州以及各州之間彼此合作、相互諒解的政治關係。聯邦憲法法院對於建立並發展這種可靠的相互關係產生了重要作用。

第二節　州政府與州憲法

戰後初期，德國被美、蘇、英、法四國占領，暫時沒有統一的中央政府。改造和重建州政府，充分發揮州的功能和職責，不但是當時軍事占領的需要，而且從長遠來說，也是重建德國的需要。德意志帝國的行政區劃分為16個州。二次世界大戰後，西部的10個州和西柏林由美、英、法三國占領。其中普魯士在德國歷史上占絕對優勢地位近300年，是1871年統一德國的主力，又被視為兩次世界大戰的主要溫床，是個政治上最可疑的州，由占領軍當局採取步驟予以撤銷，重新劃分。另外一些州，人口太少，面積不大，不足以擔當現代政府的功能與使命，逐步予以合併。這樣，到聯邦共和國成立時，德國西占區共分成11個州，以後又調整為9個州，加上1957年從法國收回的薩爾州，共10個州。另外，當時還有一個雖在國際法上不屬於聯邦共和國，但在政治和經濟上與聯邦共和國具有十分密切關係的西柏林。新設各州的土地面積和人口相去不遠，不像從前那麼懸殊。但是，新州制的最大缺點是一概抹殺了歷史的舊疆界，很大程度是當時占領軍當局政治意志的結果。

原德意志帝國東部的5個州，戰後先由蘇軍占領，後來被德

意志民主共和國劃分為15個專區，並建立了各級地方政權機構。兩德統一後，這15個專區又改劃為5個州，並於1990年10月14日舉行州議會選舉，重新建立州及地方各級政權。

(一) 州憲法

重新制定州憲法是改造州的關鍵一步。最早著手制定州憲法的是美軍占領區的各州，1946年11月基本完成制憲工作。法軍占領區次之，1947年5月也基本結束。英國占領軍當局對州的制憲問題採取慎重政策，認為德國局勢還不穩定，德國人民對州憲法並不感到迫切需要，乃於1946年底頒布命令，規定州政府的臨時權力，以代替州憲法。直到1949年5月聯邦共和國成立後，英軍占領區各州才著手制定州憲法。在各州制定憲法過程中，美國占領軍當局雖然掌握了相當的監督權，對某些條文留有最後選擇權，不過從總體來說，給德國人的自主權較大。而法、英占領區各州的憲法，基本上都是1919～1923年威瑪共和時期州憲法的仿製品。東部5個新州也在1992年5月至1993年10月先後制定了州的民主憲法。

各州憲法既是《基本法》的延續，又是在《基本法》的基礎上結合各州歷史、文化、社會、經濟特色的新發展。各州憲法大體上具有四個特色。

■ 強調民主、社會和法治國家的基本原則

基本法第28條第1款規定：「各州憲法制度必須符合本基本法規定的共和、民主和社會的法治國家的基本原則。在州、縣和鄉中應設有經由普遍、直接、自由、平等和秘密選舉產生的國民

代表機構。這種代表機構，在州一級可由州民大會替代之。」黑森州憲法明文禁止任何形式的獨裁，強調州憲法修正案任何時候都不得改變國家自由與民主的性質。還有，各州都強調了公民複決的民主因素。除什霍州、漢堡和下薩克森州以外，各州憲法都是在基本法生效後制訂的，都更加強調了公民複決的民主原則。基本法強調透過選舉建立代議制機構，實行間接民主；而一些州憲法，如巴伐利亞州憲法、萊法州憲法都賦予州的公民以「複決提議權」和「公民複決權」，實行直接民主。而且，這一種直接民主，不但適用於政治領域，同時也適用於社會經濟領域。不過，州憲法中「複決提議權」以及「公民複決權」的規定，不但在州立法中幾乎不起作用，而且，至今也從未透過「公民複決」而成功地解散過州議會。1971年巴符州雖然成功地實現了解散州議會的「公民複決的提議」，但最後因「公民複決」時不足法定人數而告失敗。

■ 聯邦各州都實行議會內閣制

按照基本法中「國家權力的行使和國家任務的完成是各州的職責」的原則，各州實行議會內閣制，州級國家權力由州議會和州政府共同執掌。但是，由於文化和歷史傳統不同，各州議會內閣制的具體結構又有一些區別，大體上可以分為三種類型。第一種是傳統的議會內閣制，即權力的中心是州議會，而不是州政府。屬於這一類型的有不萊梅、黑森州、下薩森州、萊法州和梅克倫堡一前波莫瑞州和柏林，而以不萊梅最為典型。按不萊梅州憲法第118條和129條的規定，州議會確定州政府的施政方針，並有權對州政府的人員組成施加影響，有權透過建設性不信任投票推翻州政府或解除州政府部長職務，薩爾州憲法規定，薩爾州議

會甚至透過簡單不信任投票就可以推翻州政府或解除州政府部長職務。但這一類型的州政府卻無權依法解散議會，而只能由州議會自行解散，或像下薩克森州、薩爾州那樣，透過公民複決確定州議會是否解散，或像下薩克森州、薩爾州那樣，透過公民複決確定州議會是否解散。

第二種類型是典型的議會內閣制，即在州議會與州政府之間存在某種權力制約和權力平衡。就是說，在一定條件下，例如州議會對州政府提出不信任投票，或者州議會拒絕州政府提出的要求信任投票的情況下，州政府有權解散州議會。州議會與州政府的權力分配關係中強調互相制約，州議會的權力受到一定限制。巴符州、漢堡、北威州以及布蘭登堡州、圖林根州、薩克森—安哈特州都屬於這一類型。

最後一種類型則是弱議會內閣制，即州議會對州政府的監督權比較虛弱。巴伐利亞州憲法第44條第3款規定，如果州政府總理與州議會不能建立相互信任的合作，州政府總理必須辭職；但州議會的不信任投票不能強迫州政府總理辭職。這一規定，既強調了州政府總理必須取得州議會的信任，又加強了州政府總理在州議會面前的優勢地位，弱化了州議會對州政府的監督權。什霍州憲法也有類似的規定。另外，與其他各州相反，巴伐利亞州政府總理任命或者解除州政府部長職務，也不必徵得州議會的同意；州政府總理在立法期內不能隨便辭職，而只有州議會透過建設性不信任投票才能推翻他。巴伐利亞州、薩克森州、什霍州和薩爾州都屬於這種類型。

■ 州議會大都實行一院制

　　各州實行多黨政治，按照各自的選舉法、選舉規則和程序，採用比例選舉制、實行5％的限制條款選舉產生州議會。各州議會的立法期並不相同。北威州、萊法州和薩爾州的議會任期5年，其他13個州議會的任期均為4年。州議會的議員人數多少不等，最小的薩爾州議會僅50人，最大的巴伐利亞議會有204人。各州議會有自己的組織法和嚴格的議事規則。州議會的主要職能是制訂法律，透過州預算，負責組織州政府並對它實行監督。關於州議會的體制，立國之初，南德地區各州以及北威州、什霍州的基民盟都曾主張州議會實行二院制。後經各黨派反覆較量斟酌，其他各州議會都實行一院制，只有巴伐利亞州議會實行二院制，即除州議會外，還設立州參議院。

■ 州憲法詳列公民的基本權利

　　各州憲法不僅詳細規定公民的基本政治權利，以及傳統的基本人權，而且詳細規定了公民的社會、經濟權利，以謀求經濟的社會化、生活的平等化，如黑森州憲法規定，工人有權選舉代表，參與工廠、企業的管理等等。巴伐利亞州憲法第6條還特別規定了公民的州籍，強調州籍不得剝奪。另外，各州憲法還特別把公民的權利與義務有機地結合起來，強調公民的個人利益必須服從社會的整體福祉。公民的自由必須以「忠於人民和憲法義務、忠於國家和法律義務」為前提。

（二）州政府

　　州政府是州級國家機構的權力中樞。一般由州議會選舉州政府

總理（漢堡稱第一市長，不萊梅稱市政府主席，柏林稱執行市長），然後由州政府總理任命、經州議會同意的各部部長來組成州政府。但漢堡、不萊梅、柏林三城市則由州議會先選舉州政府全體成員，然後由州政府成員推選州政府首腦。州政府向州議會負責。

州政府的組織形式分兩種類型，第一種是州政府總理負責制。這種體制的特色是，州議會選舉州政府總理，州政府總理不經州議會同意，直接任命州政府部長，州政府部長的政治命運取決於州政府總理對其信任與否。州政府總理決定州政府的方針政策，並對其負責。州議會的不信任投票案只針對州政府總理一個人；但是，一旦州政府總理下臺，州政府全體成員都必須同時下臺。另外，州政府總理在某些情況下享有類似聯邦總統那樣的權力，如赦免權、頒布州議會制定的法律、對外代表州等等。

另外一種類型則是集體負責制。這種體制的特色是，州政府總理只是州政府會議的主持人，在法律上僅僅是「具有平等權力的人中的第一位」，一切重大方針政策都由全體州政府成員平等地參與，採取一人一票、少數服從多數的原則進行決策。不萊梅市、漢堡市以及柏林市在這方面很典型。不萊梅市政府全體成員都由市議會選舉產生，然後再由全體市政府成員集體推選市政府主席。這就是說，不但市政府主席的政治命運，而且市政府全體成員的政治命運都取決於市議會的信任與否。在這種體制下，州政府集體享有赦免權、頒布州議會制定的法律，並且對外代表州。上述這兩種類型的政府體制的共同點是，州政府的每位成員都獨立自主地負責本部門的工作。

州政府是州一級行使國家權力、完成國家任務的中樞。作為聯邦制國家，各州擁有制定憲法，建立議會、政府和法院等廣泛

的「自治權」。基本法第30條規定：「基本法沒有其他規定或特許，國家權力的行使和國家任務的完成是各州的職責。」第109條還規定：「聯邦與各州在預算方面是自主的和相互獨立的。」第32條甚至規定：「在州的立法權範圍內，各州可以在聯邦政府的同意下，與外國締結條約。」州與聯邦的權力劃分及其相互關係十分複雜，但總的來說，在經濟、財政和司法等23項並行立法領域內，州擁有部分立法權；在文化、教育、農林、市政建設、衛生和宗教事務等領域，擁有較廣泛的立法權。州與聯邦的行政權力的劃分，基本上與立法權相對應。凡聯邦單獨管轄的領域，其行政事務皆由聯邦及所屬機構直接處理，州政府無權過問。凡聯邦與州共同管轄的領域，其行政事務一般都由各州負責處理，聯邦政府只保留監督權和必要的執行權。由各州自主管轄的領域，如州財政預算和州警察、社會治安、農林、市政建設、衛生、宗教事務等等，則由各州自行負責。另外，1969年10月以前，聯邦政府沒有專管教育的部，至今仍無主管文化的聯邦部，只是施若德政府在聯邦總理府增設了一個國務部長，主管全國的文化政策；聯邦政府設置的「各州文化部長常設會議」只進行協調和監督。在司法方面，州和地方法院享有審理和裁判其區域範圍之內的、不涉及聯邦和其他州的案件的權力，而聯邦法院只享有對其監督、接受上訴進行複審的權力，州政府則是行使這些權力的中樞。

聯邦共和國成立早期，很少有一個政黨能在州議會中占過半數議席，因而各州一般都組成聯合政府執政。近年來，隨著政黨的集中化，選票也越來越集中於基盟黨（基民盟—基社盟）和社會民主黨。在不少州議會中，某一政黨占有過半數議席，得以單

獨組織政府。大體上，上述兩大主要政黨平分秋色，社會民主黨主要控制中部和偏北的一些州；而基盟黨則主要控制包括巴伐利亞州在內的南部的一些州以及最北部的什霍州。從表8-1可以看出各政黨在州議會選舉中得票情況的變化。

1990年10月3日兩德完成統一之後，原民德地區改劃為：梅克倫堡－前波莫瑞州、布蘭登堡州、薩克森－安哈特州、圖林根州和薩克森州等5個州，並於同年10月14日舉行了新建5個州的州議會選舉，選舉結果見表8-2。

各州政府的規模不一。德國16個州的政府成員多寡不一，漢堡市政府最大，計13個部；薩爾州政府最小，只設7個部，各州平均設10個部。各州政府所設立的專業部也不盡相同。通常各州都設有內政部、財政部、經濟部、交通部、司法部、農林部、文教部、社會和勞工部。

表8-1　建國初～80年代中期西部各政黨在州議會選舉中的得票率（％）

	基民盟－基社盟	社民黨	自民黨	其他政黨／綠黨
巴符州	35.9／51.9	28.0／32.4	-／7.2	24.3／-
巴伐利亞	52.3／55.8	28.6／27.8	5.6／3.8	13.0／7.5
不萊梅	19.3／31.9	48.0／49.4	16.9／10.8	11.5／-
漢堡	26.7／42.2	43.1／41.7	7.0／4.8	-／10.4
黑森州	30.9／39.0	42.7／45.0	15.0／7.0	10.7／8.5
下薩克森	19.9／44.3	43.4／42.1	8.8／6.0	23.5／7.1
北威州	37.6／36.4	32.0／52.1	5.9／6.0	23.8／-
萊法州	47.2／45.1	34.3／38.0	9.8／7.3	8.7／5.9
薩爾州	36.6／37.2	30.0／49.2	13.8／10.0	16.4／-
什霍州	34.1／33.3	43.8／54.8	5.0／4.4	9.3／-
西柏林	64.5／46.4	19.4／32.4	16.1／8.5	-／10.6

表8-2　近年來主要政黨在東部新建5州州議會選舉中的得票率（%）

	布蘭登堡州		梅克倫堡—前波莫瑞州		薩克森—安哈特州		薩克森州		圖林根州	
	1990	1994	1990	1994	1990	1994	1990	1994	1990	1994
社民黨	38.2	54.1	27.0	29.0	26.0	34.0	10.09	24.0	22.8	29.6
基民盟	29.4	18.7	38.3	37.3	39.0	34.4	53.8	48.0	45.4	42.6
民社黨	13.4	18.7	15.7	22.7	12.0	19.9	10.20	16.7	10.09	16.6
聯盟90／綠黨	9.2	2.2	5.5	3.8	5.3	5.1	5.60	4.8	6.5	4.5
自民黨	6.6	2.9	4.2	3.7	13.5	3.6	5.26	3.8	9.3	3.2
其他小黨	／	3.4	9.3	2.6	4.2	2.5	3.58	2.4	—	3.6

資料來源：根據德國聯邦統計局相關年分的《統計年鑑》編製。

第三節　縣、市與鄉、鎮

　　德國的州以下地方政權一般實行兩級制，即縣（包括縣級市）和鄉（包括鎮）❷。但有些州，如巴伐利亞、薩克森、黑森州、北威州、下薩克森、萊法州，在州和縣之間還設有一級管理機構，稱專區，專區的行政長官由州政府任命。在性質上，專區不是一級政權機關，只是州政府的派出管理機關。

　　縣（包括縣級市）和鄉（包括鎮）都是地方自治單位。基本法第28條規定，在州、縣和鄉（鎮）中，應設立經由普遍、直接、自由、平等和秘密選舉產生的國民代表機構。這種代表機關在鄉（鎮）一級可由鄉（鎮）民大會替代之。必須保障各鄉（鎮）有權在法律範圍內自行負責處理各地方事務。聯合鄉鎮在其法定任務的範圍內，依照法律規定也享有自治權。這說明，地方自治是得到基本法保障的。

　　縣和市，一方面是州的基層行政單位，另一方面又是享有自

治權的行政實體。縣和市在法律範圍內自己管理地方事務；同時，它們也執行州或經過專區所委託的一些任務。

縣（Landkreis）在德國公法中屬於自治團體的社團法人。某縣如經濟上占有重要地位，居民人口又達10萬，則該縣便升格為縣級市（Stadt-Kreis），不再受縣的管轄。縣和市的立法比較完備。各州都有「市章程」和「縣章程」以及其他公法法人或團體的章程，以制約和規範縣和市的政權組織活動。

縣和市的政權組織是以縣行政長官為主導，輔之以代議民主制的委員會制。縣參議會或市參議會由普選產生，它們負責決策，而行政長官和行政部門則執行參議會的決策和負責日常行政事務。參議會（Kreistag）是代議性民主機構，其代表與議員不同，不拿政府薪水。縣長（Landrat）產生的法律程序，在各州不完全相同。在萊法州和薩爾州，縣長由州政府直接任命，但需得到縣參議會的確認。縣長在法律上屬於州官，而不是縣官；在上述兩個州，縣長既擔任縣參議會的主席，又擔任縣行政委員會（Kreisausschuss）的主席。德國北部什霍州的縣長由縣參議會推選，但必須得到州內政部部長的認可。在巴伐利亞州和薩克森州，縣長則由普選產生（在巴伐利亞州，市長也由市民直接選舉產生）。縣參議會和縣行政委員會的職權在各州也不一樣。縣參議會是縣的決策機構，它與縣行政委員會共同構成縣政權。在薩克森州、巴伐利亞州和巴符州，縣參議會甚至取代了縣行政委員會。在黑森州和什霍州，縣行政委員會只是一種合議性的行政機構，負責行政決策和活動；在南部的巴伐利亞州和東南部的薩克森州，縣行政委員會的地位很弱；但有些州，縣行政委員會權力很大，可以作出緊急決定，甚至在有的州，它可以藉口縣參議會

的決定非法加以拒絕或反對。

　　縣和縣級市，一方面行使執行權，執行州政府交辦的行政事務，另一方面擁有地方自治權，擁有對地方性事務進行管理的權力。地方性事務分為兩部分，即由州法律規定的強制性地方事務，以及本縣自願承擔的地方性事務。縣執行州交辦的事務，可分為七方面：

1. 管理外國僑民、國籍、護照、戶口登記以及結婚監督（如涉外婚姻）和防火技術服務等公共安全事務。
2. 執行交通行政管理、車輛登記、頒布摩托車牌照以及監管街道設施等事務。
3. 執行營業法規和價格控制的有關法規。
4. 監督執行有關建築方面的法規。
5. 保護自然環境和風景區、監管水資源以及狩獵和漁業。
6. 代理州政府轉付戰爭損失負擔費、軍事演習造成的賠償費，以及軍人家屬的補貼費等。
7. 主管民防和衛生防疫方面的事務。

　　沒有法律明確界定縣的地方自治權範圍。一般認為，超出各鄉鎮自身管理能力的事務，都屬於縣自願決定的地方事務，例如醫療衛生設施、保護學校的制度等。80年代中期以來的發展趨勢是，過去屬於縣自願決定自理的事務越來越多地變成由聯邦或州的法規明確規定的強制性地方事務，例如地方區劃、污水和垃圾處理、清理街區、成人教育、風景和紀念碑的保護等等，都已變成強制性地方事務了。造成上述趨勢有兩個原因：一方面是聯邦和州想透過規定強制性地方事務，將其政治影響儘可能多地滲透

到地方自治活動中去；另一方面各地方自願性事務存在差異，居民得到當地政府的服務也就不同，結果居民左右看齊，紛紛要求地方政府提供更多服務，導致上級透過具體規章和法律將更多事務強制性地交給地方政府。

市的行政管理職能比縣廣泛得多，主要包括下列13項：

1. 批准集會和遊行。
2. 頒發營業執照。
3. 控制污染、保護環境，以及防火、滅火和救災。
4. 頒發駕駛執照和車牌，並對商業運輸進行管理。
5. 負責出生、結婚、死亡等居民登記、頒發身分證和護照。
6. 管理外國僑民。
7. 負責各類中小學的教育行政工作。
8. 負責社會福利事務，幫助窮困和無業人員；為老人、盲人、病殘人以及青少年提供社會幫助和服務；收容流浪人員並提供一定的社會幫助。
9. 負責公共衛生事業，主管地方醫院的人事和行政事務。
10. 負責利用聯邦和州的專項撥款，建築社會住宅。
11. 負責修路、造橋、疏通並保護水道等社會基礎設施；城市公共交通由非營利性私人公司經營和管理，市政府提供高額補貼。
12. 負責水、電、煤、暖氣的供應和相應設施的興建與維修。
13. 負責管理林木、公園、花園和墓地。

市自願處理的地方性事務，主要集中在城市文化娛樂和體育運動設施兩方面，如戲院、歌劇院、管弦樂隊、博物館、圖書

館、成人和老年教育設施、體育場、游泳池等。

縣政府和縣級市政府的活動經費，主要來自三方面：

1.稅收，主要是營業稅、土地稅和消費稅。

2.各種手續費、登記費的收費。

3.聯邦或州政府對某些專門項目的補貼。另外，銀行也提供
少量低息貸款。

鄉和鎮是德國各州中最基層的地方自治單位。德語是同一個
詞 "Gemeinde"。德國農村大部分是城鎮化了的地區。居民並不
聚居在鎮上，而是散居於整個地區。鄉鎮有各種文化、衛生、體
育設施，有工廠或手工業作坊，也有農場、果園、菜園和花圃，
城鄉差別較小。只有少數邊疆地區，可見鄉土地貌和鄉民，仍保
留鄉村風貌。按照基本法第28條第2款的規定，鄉鎮在法律上不
是州政府的下級行政機構，而是構成縣的各個村鎮的地方自治單
位。它在公法上是獨立的法人社團，在法律範圍內享有完全的自
治權。

鄉、鎮的權力機關，是由選民選舉的鄉鎮代表大會。它與鄉
鎮的關係，可分為「單一制」和「二元制」。所謂「單一制」就是
鄉、鎮長既是鄉、鎮的行政首長，又同時擔任鄉、鎮代表大會主
席，其權力相對較大。二元制是指鄉、鎮長只擔任行政首長，而
鄉、鎮代表大會主席則由另外人士擔任。一般可將鄉、鎮自治組
織形式分為四種類型。在黑森州、什霍州以及梅倫堡一前波莫瑞
州的鄉鎮大都採用行政會議制（Magistratverfassung），這是一種
代議制為主導的組織形式。鄉、鎮的權力機構是民選的鄉鎮委員
會。該委員會負責重大決策並選任行政會議，行政會議負責行政

事務，並接受委員會的監督。行政會議由鄉、鎮長及其副手和助理組成，這些人都是公職人員。鄉、鎮長擔任行政會議的發言人，可以參加鄉、鎮委員會的會議，但不是鄉、鎮委員會的當然主席。

南部的巴符州、巴伐利亞州和薩克森州的鄉、鎮都實行鄉、鎮長主導型的組織形式。在這種類型中，鄉、鎮的權力機關是鄉、鎮代表會議（Gemeinderat），它由居民直接選任，其成員白天從事自身職業，業餘時間開會，討論鄉、鎮重大事務。鄉、鎮長是鄉、鎮代表會議當然主席，同時又是行政機構的首腦。鄉、鎮代表會議與行政機關，透過鄉、鎮長兼任，緊密地聯繫在一起；同時，也加強了鄉、鎮長的地位與權力。另外，在這種組織類型中，鄉、鎮長是由居民直接選舉的，而且任期5年，比鄉、鎮代表會議任期還長（4年）。

在萊因河地區的一些州，特別是萊法州的大多數鄉、鎮，都實行鄉鎮長絕對領導制（Bürgermeisterverfassung）。這種體制中，居民選舉鄉、鎮代表會議，鄉、鎮長同時擔任鄉、鎮代表會議主席和行政長官，他不僅提議鄉、鎮代表會議作出決定，而且也負責執行；在緊急狀態下，他有權作出決定，無須徵求鄉、鎮代表會議的意見，即可執行。但事後須向鄉、鎮代表會議報告。在這種體制中，鄉、鎮長集「立法」與「行政」於一身。與上述第二種組織類型不同的是，鄉、鎮長由鄉、鎮代表會議選任，而不是直接由居民選任；另外，鄉、鎮長候選人並非一定是鄉、鎮代表會議成員，但一旦當選鄉、鎮長，便自然擔任鄉、鎮代表會議主席，任期可以長達10年。

北部的下薩森州、北威州以及東部的圖林根州的鄉、鎮大多

實行雙軌制（Zweigleisige Gemeindever-fassung）。在這種體制中，鄉鎮長由鄉、鎮代表會選出，他的主要職責不是領導鄉、鎮行政事務，而是擔任鄉、鎮代表會議主席，作為鄉、鎮象徵代表，從事禮儀上的一些事務。鄉、鎮行政事務由鄉、鎮主任（Geimeindedirektor）具體經管，他是行政長官，由鄉、鎮代表會選任或委派，可以參加鄉、鎮代表會議，但沒有表決權。他只執行鄉、鎮代表會議的決議，他並對鄉、鎮代表會負責。如果認為決議不合法規，他有權反對。鄉鎮主任是鄉、鎮政府的行政長官，他選任鄉、鎮行政部門的雇員，並對整個行政部及其雇員的工作進行監督。

　　鄉、鎮的職能主要是兩大類，一類是處理本地事務，另一類是縣或市委託鄉、鎮辦理的事務。本地事務主要集中在文化、衛生、體育方面，如戲院、博物館、圖書館、衛生站、游泳池、公園的建立和管理，以及街道、小學、福利事業（青少年、老年、殘疾人）的管理等等。縣、市委託事務主要包括：居民結婚登記、負責領導警察、監督建築、衛生、軍事防務、人口普查、戰爭受害者賠償支付、為居民申辦護照和個人所得稅卡等等。

　　鄉、鎮行政開支與管理活動資金主要依靠縣、市的撥款，以及居民上繳稅款的一部分。另外，鄉、鎮管理活動中收取的各種費用以及鄉、鎮投資項目的部分收入，也是重要的資金來源。

—注釋—

❶ 編按：州與邦同層級，由於譯名與習慣用法不同，對於德意志聯邦共和國的地方政府，台灣稱作「邦」，大陸譯作「州」，為尊重作者，本書採「州」之用法。謹此註明。

❷〔德〕W·豪伍斯等：《市、縣和鄉鎮如何運作》，邁爾百科全書出版社，曼海姆—維也納—蘇黎世，1986年德文版，第6頁。

第9章

選舉制度

第一節　選舉制度的功能與特色

　　選舉制度是指公民按照法律規定，選舉國家代表機構或特定公職人員的制度。它是公共權力獲得合法的重要途徑，也是公民實現政治參與的最普通、最簡便的形式，它與議會制度、政黨制度一起構成當代民主制度的三大根本制度。選舉制度的內容主要包括：選民登記、選民與候選人資格、選區劃分與選票計算、選舉機構與選舉經費，以及選舉的監督、爭訟和仲裁等選舉的保障制度。

（一）選舉制度的功能

　　選舉制最重要的理論依據是以盧梭爲代表的「人民主權原則」和以彌爾爲代表的「代議制」理論。依據這種理論，國家主權屬於人民；人民透過一定的民主程序選出代表，組成代議機構來決定國家政治事務。但是，希特勒1933年奪取國家最高權力之後實

行法西斯獨裁統治，踐踏人權，完全剝奪了德國人民「當家作主」的民主權利。二次大戰後，法西斯獨裁雖然被徹底粉碎，但在美、蘇、英、法四國的軍事占領下，選舉在一般時期內也只能是德國人民可望而不可及的美好願望。德意志聯邦共和國的創立，使德國人民在時隔17年❶之後又重新享有參與管理國家的民主權利。選舉作為國家政治穩定和社會發展的政治機制，又重新發揮著重要作用。

■ 選舉是實現公民政治基本權利的基本形式

「主權在民」的政治理念已經成為現代社會的普遍共識，選舉成為公民最基本的參政活動。英國早在1918年便稱選舉法為「國民參政法」，1928年修訂了此法，仍稱「國民參政（男女選舉平等）法」。公民是否真正享有基本權利，很大程度上也取決於公民是否享有普選權。德國在1919年1月19日舉行的國民議會選舉中，第一次實行了男女平等、秘密、直接的選舉制和比例代表制，選民年齡的下限從過去的25歲降到了20歲。基本法第20條第2款規定：「全部國家權力來自人民。它由人民透過選舉和公民投票的方式以及透過有立法權、行政權和司法權的專門機關行使。」該法不但在第1～19條詳細規定了公民在政治、經濟和社會領域的各項基本權利，而且在第38條明確規定：「德國聯邦議院的議員由普遍、直接、自由、平等和秘密的選舉產生。……年滿18歲的人有選舉權，達到法定成人年齡的人有被選舉權。」基本法第1條還莊嚴宣告：「基本權利作為直接有效的法律，約束立法、行政和司法。」在德國，保障公民的選舉權，不但是憲法不可分割的一部分，而且是自由民主制度的基本原則。

■ 選舉是國家權力合法、有序交替的重要制度保障

　　人群聚合為共同體，就不可避免地要分成極少數領導者和絕大多數的被領導者，就必然會出現角逐極少數領導者角色的政治競爭。競爭的勝利者獲得國家權力，擔負起管理國家的重任，經過一定限期後，再次進行競爭，如此重複循環。選舉就是適應這種要求而產生的、確定政治競爭勝利者的手段。民主政治的重要原則之一是「多數統治」，即國家大事以民意為依歸，國家權力機關的組成取決於多數選民的意志，凡由選舉產生的公職皆以多數當選。「人民的公意是政治權威合法性的唯一基礎」❷。通常情況下，選舉中的獲勝者（政黨或政治家）便以「民主公決」的名義，合法地獲得管理（或參與管理）國家的權利和責任，也就是和平、合法、有序地獲得了國家政權，從而選舉所表達的「人民公意」為國家權力的「和平、有序」地交替，提供了合法的制度保障。選舉制度的確立，是人類管理自身的偉大進步。

■ 選舉是公民對政府的有效監督形式

　　民主政治強調「民意政治」和「責任政治」，認為政府既然直接或間接受「人民委託」行使政治權力，政府的行為如違反民意，就有責任對選民負責。集體責任導致集體辭職，個別責任則由個人承擔。如果選民撤回對政府的「委託」，則政府的存在、延續及權力的行使便失去合法的依據。換句話說，選民如果不再信任政府，政府便不能設立。如不同意現有政府的行為，便可經由民主程序，改組政府或更改法制，或採取特別手段，推翻現有政府，另建合於民意的政府。「政府的正當的權力，則係得自被統治者的同意。如果遇有任何一種形式的政府變成損害這些目的的，那麼，

人民就有權利來改變它或廢除它，以建立新的政府。」❸

■ 選舉是公眾利益表達的正式管道

民主政治的特徵之一是實行政黨政治，即政黨作爲社會政治生活的中樞，聯接政治體制中的各種因素並廣泛深入地參與社會政治生活的各個領域和各個方面。多個政黨透過各種民主形式，作公平、合法競爭，促成「公民意志」的形成，最後透過選舉將這種「公民意志」反映出來，即所謂形成「公意」。「公意是永遠公正的，而且永遠以公共利益爲依歸；但是並不能由此推論說，人民的考慮也永遠有著共同的正確性。」❹公意的神聖和彌足珍貴在於它的「公正」，而不在於它的百分之百的「正確」。在形成公意的過程中，政黨是催化劑，而選舉則是體現公眾利益的「公民意志」的公開表達形式。

■ 選舉有利於促進公民的參與意識和責任感

在今日德國，一方面民主價值被抬得很高，另一方面許多人卻對政治不感興趣，或不主動參與政治活動。人們只是到了聯邦大選或州議會選舉時，才感到自己是整個社會大家庭的一員，才意識到公民的責任，要參與社會的共同政治行動，要行使公民的民主權利。公民在選舉投票時，未必對各政黨的政策主張都進行過理性的、嚴肅認真的思考和比較，但是，參與選舉投票本身卻可以激發選民的共同體觀念和情感，有助於促進公民的參與感和責任感。

德國的選舉制度，經歷了從限選制到普選制、從不平等選舉到平等選舉、從公開選舉到秘密選舉、從間接選舉到直接選舉的漫長演變過程，在這150年的演變過程中，不斷地發展和完善、

不斷地民主和科學。早在1848年4月,全德進行了第一次選舉,當時的選舉在各邦分別進行,實行兩級選舉,而且只有男子享有選舉權;選民選出二次投票人,然後從二次投票人中選舉代表,每5萬居民選出1名代表,全德共選出573名代表。這些代表於同年5月18日在萊因河畔法蘭克福的聖保羅教堂舉行全德國民議會。這是德意志民族有史以來第一次選出的一個全德國民代議制機構。1850年1月頒布的普魯士邦憲法規定,普魯士實行以財產資格爲基礎的三級選舉制,即選民按納稅額劃爲三等,一、二等納稅最多,爲少數大的有產者,約占選民總數的20%,第三等納稅較少,屬中等有產者,約占選民總數的80%。三等選民分別選出同等數量的複選人參加普魯士下議院議員的選舉。1867年4月頒布的北德聯邦的選舉法規定,在全聯邦進行直接的和秘密的選舉。1871年德意志帝國統一,同年4月16日頒布的帝國憲法規定,帝國議會按照普遍的、直接的、秘密的選舉制選出,但25歲以下的男子,25歲以上、領取貧民救濟金的男子以及婦女、軍人都沒有選舉權。實行單選區二次投票制,即每個選區只選出1名議員,第一次投票,得票過半數者當選;如無人當選,則進行第二次投票,得相對多數票者當選。另外,普魯士等幾個邦,甚至不執行憲法規定,仍採用三級選舉制而不是憲法規定的直接選舉制。1919年8月頒行的威瑪共和國憲法規定,全德實行比例選舉制;公民享有普遍的、平等的、直接的和秘密的選舉權;女子首次獲得了與男子一樣的選舉權(威瑪憲法第22條)。威瑪憲法的頒行爲德國奠定了現代選舉制度。

表9-1　1871～1998 年德國公民選舉權的擴大情形

| 年分 | 擁有選舉權的人數 | | 參加選舉的人數 | | 投出的選票數 |
	單位：千人	占總人口的百分比	單位：千人	占有選舉權者的百分比	有效選票占總人口的百分比
1871	7,656.2	19.4	4,148.0	52.0	9.4
1890	10,145.9	21.7	7,702.3	71.5	14.6
1912	14,441.9	22.2	12,260.6	84.2	18.3
1919	37,362.1	63.1	30,524.8	83.0	49.9
1930	42,957.7	68.9	35,225.8	82.0	53.7
1949	31,207.6	66.3	24,495.6	78.5	50.4
1969	38,677.3	65.9	33,523.1	86.7	54.9
1987	45,328.0	74.0	38,225.3	83.5	61.9
1990	60,346.6	75.7	46,995.9	77.8	58.3
1994	60,396.3	74.3	47,743.6	79.1	58.7
1998	60,210.3	74.9	49,946.1	82.2	58.9

資料來源：1969 年德文版《德國聯邦議院歷史數據手冊》和聯邦統計
　　　　　局：1969～1995 年的《統計年鑑》，以及1998 年10 月14 日
　　　　　《德國聯邦議院新聞中心公報》。

(二) 選舉制度的特色

　　第二次世界大戰後，德國東部在政治上走上了一條與西部完全不同的發展道路，建立了以德國統一社會黨（SED）為領導核心的社會主義政治體制。民主德國的最高人民代表機構──人民議院的議員，形式上由普遍、平等和秘密的選舉產生，人民議院的席位按規定的比例分配：德國統一社會黨得500 個議席中的25.4％，四個夥伴黨各占10.4％，東德工會聯合會占12.2％，自由德國青年聯盟7.4％，婦女聯合會占6.4％，民主德國聯合會占

4.2％，農民互助協會占2.8％。各界的大多數代表同時又都是統一社會黨的黨員，因此，該黨在人民議院中占有絕對多數。1950～1989年，民主德國先後舉行過九次全國選舉。由於德國統一社會黨的嚴密控制，歷次選舉表面上都呈現參選率高（1986：99.74％）、贊成票比例高（1986：99.94％）的特色。1990年3月18日，民主德國進行了第一次也是最後一次真正意義上的選舉。聯邦德國各政黨大規模地派人參加這次競選，是這次選舉的特色。選舉結果以那些在聯邦德國有聯盟關係的黨派的明顯勝利而告終。「德國聯盟」〔包括基督教民主聯盟（CDU）、民主覺醒（DA）、德國社會聯盟（DSU）等〕得票率為48.1％，社會民主黨21.8％，自由民主聯盟5.3％，聯盟－90（包括「現在就實行民主」、「新論壇」、「和平與人權組織」）為2.9％。同年4月12日，在民主德國第10屆人民院第二次會議上，基督教民主聯盟主席洛塔爾‧德‧梅齊埃當選為民主德國部長會議主席。基民盟、社民黨、自由民主聯盟、德國社會聯盟、民主覺醒5個政黨以及2名無黨派人士分享了大聯合政府中的23個部長席位。

　　1949年創建德意志聯邦共和國時，基本法的制訂者們對未來的德國採取何種選舉制度曾有過激烈的爭論。基督教民主聯盟主張採用單一選區多數選舉制，社會民主黨和自由民主黨則主張採用比例選舉制。最後達成妥協，實行多數選舉制與比例選舉制相結合的選舉制度。但對於德國目前實行的這種選舉制度，德國學者也各有不同評價與意見。德國著名政治學家庫特‧宗特海默爾認為，德國的選舉制是「比例選舉制」❺。D‧克臘森斯等則認為是比例選舉制與多數選舉制的「混合」（Mischung）❻。E‧霍爾特等則強調是所謂「確定候選人的比例選舉制」（personalisierte

Verhaltniswahl）**❼**。還有的學者稱之為「改進的比例選舉制」
（verbesserte Verhaltniswahlsystem）**❽**。

　　德意志聯邦共和國的第一部選舉法的最大特色是，沒有設立
統一的中央選舉機構。第一屆聯邦議院的選舉受威瑪共和國選舉
法影響較大，完全引進了過去的單一選區制（Einerwahlkreis）。
當時西德是11個州，但沒有薩爾州和西柏林，現在的巴登—符騰
堡州，當時分為南巴登、符騰堡—巴登以及符騰堡—霍亨佐倫三
個州。聯邦各州都是完全獨立的選區，因而不在各州之間進行選
票統一計算。對政黨的5％的限制性條款也以各州為計算單位。
選民只有一張選票，而這張選票同時選舉選區的候選人和想選舉
的政黨。當時60％的議席按多數選舉原則分配給選區候選人，而
只有40％的議席按比例選舉制原則、按政黨得票率分配給政黨。
1953年9月頒行的第二部選舉法規定，對政黨的5％的限制條款
擴大為以全聯邦德國為計算單位，從而正式確立了「兩票選舉
制」，即每個選民擁有兩票（在同一張選票上印有兩票），一票投
給選區的候選人，另一票投給想選舉的政黨；同時，聯邦議院的
議席由第1屆的400增加到484（不包括當時西柏林占有的議席
數）。上述兩部選舉法是分別為第1屆和第2屆聯邦大選專門制訂
的，具有明顯的臨時性質。1956年5月7日頒布了真正意義上的
選舉法，它至今仍然有效。該選舉法包含了第一部和第二部臨時
選舉法的核心內容，增加了通信選舉的規定。隨著政治形勢的需
要，後來進行了3次較大修訂，最近一次修訂是1993年7月21
日。較大的修改是：調整了選區的劃分，對公民享有選舉權和被
選舉權的年齡作了新規定。該選舉法全文9章55條。德國現行選
舉法具有下列三大特色：

■ 選民依法擁有兩票

　　兩票印在同一張選票上，左邊的爲黑字，是第一選票，投給選區的候選人（姓名後附該候選人主要職業、住址和黨派）；右邊爲藍字，是第二選票，投給想選的政黨，也稱「州競爭名單」（Landesliste）（政黨名字後附該黨在本選區的著名政治家的姓名）。選舉時，第二票選舉對象不受第一票選舉對象的政黨屬性的影響，如第一票選舉了社會民主黨的某位候選人，第二票可以選社會民主黨，也可以選舉選票上印的任何其他政黨。

■ 聯邦議員總數的一半按多數選舉制原則選出，另一半按比例選舉制原則選出

　　聯邦議院通常每4年選舉一次。第13屆聯邦議院法定總議席656席 ❾（即上屆聯邦院的實際總議員數），其中的一半即328席，由選民按相對多數原則在選區內直接選出，稱爲「直選議員」。全國劃分爲328個選區，每個選區平均不得少於22.6萬人。實行單一選區制，即每個選區只可以選出1名議員；每個參加競爭的政黨只可以提出1名候選人，相互競爭，獲得多數票者當選。另一半（328席）由選民投給參加競爭的政黨的第二票選出。投票後，各競選政黨按得票的百分比，即比例選舉制原則分配席位。但各競選政黨按得票百分比得到的議席數必須減去該黨按第一票得到的議席數，才是該黨眞正應該得到的議席數。如果一個政黨在各選區中得到的直選議席多於按州競選名單第二票分得的席位，則可保留這些席位，稱之爲滯留議席（Überhang-mandate）。按選舉法規定，第一票實際選出的「直選議員」的人數是不能改變的，即可能多於或少於原先規定的人數。政黨按第

二票有效得票率所分得的議席是可變的，即按有效得票率分得的席位超過原來的規定的（另一半）數目，則按超過部分增加席位。第13屆聯邦議院選舉時，基督教民主聯盟和社會民主黨分別得到了12個和4個滯留議席，從而使聯邦議院總議席由656席增加到672席。

■ 對參選政黨實行5％的限制性條款

參加競選的政黨所得選票，以全聯邦（即全國）為統計單位，少於5％或未獲得3個直選議席者，便沒有資格參加聯邦議院議席的分配。如果某一小黨所得選票按上述規定雖然沒有超過5％的限制條款，但卻獲得了1個或2個直選議席，那麼按照「滯留議席」分配原則，該黨保留「直選議席」，但沒有按有效票率比例分配議席的資格。第13屆聯邦議院選舉中，民主社會主義黨只獲得4.4％的有效選票，沒有資格參加按比例選舉原則分配聯邦議院議席。但該黨獲得4個直選議員，進入了聯邦議院，並按照這個得票數分得30個席位。對參選政黨設置5％的限制條款，是汲取威瑪共和國歷史教訓、防止政黨分崩離析所採取的重要措施。

另外，1990年8月2日，西德和東德簽訂統一後的《選舉條約》，規定在全德大選時實行統一的計票辦法，各黨進入聯邦議院的最低得票率按全德統計不得低於5％或直選議員人數不得少於3名，但同時規定，小黨可以依附於政見相同的大黨，進入聯邦議院，即所謂「背負法」。東德的綠黨和民主社會主義黨等幾個小黨以《選舉條約》損害他們的利益上訴聯邦憲法法院。同年9月29日，聯邦憲法法院判定上述幾個小黨申訴的理由成立，要求立法機構修改選舉法。隨後，聯邦選舉委員會修改並公布了新的臨時

性選舉規定：兩德統一後的第1屆聯邦議院（即1990年的第12屆聯邦議院）選舉時，全國分為兩個大選區，即西部選區（原聯邦德國地區）和東部選區（原民主德國地區），兩個選區分別以起碼3名直選議員或5％的限制條款計票。這樣，小的政黨有了較多的進入聯邦議院的機會。1990年12月2日，統一後的全德第一次大選中民主社會主義黨就是利用這一條款進入聯邦議院的。

第二節　選民、候選人與選區劃分

選舉，一般都要經過選民登記、提名候選人、競選、投票、計票和當選等重要階段。選民登記，就是依法明確誰有選舉權、誰沒有選舉權，以保證選舉正常進行的法律手續。選民登記是基層選舉機構依法辦理公民參加選舉的重要程序之一。

德國實行義務登記制，即鄉、鎮或相當於鄉、鎮的基層選舉機構，有義務依法將符合選舉資格的選民列入選民名冊（Wählerver zeichnis）。選民名單必須在選舉之前16～20個工作日前公布。選民登記時，本人不必到場，而由基層選舉機構認真查核，依法辦理。

選舉法在確認「普遍、直接、自由、平等和秘密」等選舉制度的基本原則的同時，對選民資格從國籍、年齡和居住時間方面作了限制性規定。選舉法第12條第1款規定，按基本法第116條第1款❿規定擁有德國國籍的所有德國人享有選舉權。行使選舉權是選民參與國家政治生活的一種重要形式，選民必須具備一定的判斷和行為能力，而年齡資格是判斷選民是否具備這種能力的重要標誌。第1屆聯邦大選後，選舉法對選民的年齡資格作了三

次下調：1969年選民的年齡資格為25歲；1972年為21歲；1976年迄今為18歲。選民年齡資格的下調也促使聯邦議員的平均年齡呈下降趨勢。1957年開始的立法期，議員平均年齡為51.8歲；1961年為52.3歲；1972年為46.6歲；1980年為47.0歲；1990年為48.1歲。對選民的居住資格，選舉法第12條第1款規定，到聯邦大選日至少3個月，必須在德國有住宅或通常逗留在德國。另外，1949年5月23日基本法公布後，在西歐國家和其他國家生活的德國人，如自1985年以來的最近10年中，至少在德國連續生活了3個月者；派到國外工作在國外生活的公職人員及其家屬，也都有選舉權。選舉法第13條規定，經司法程序判刑、被剝奪公民權者，精神病患者，都沒有選舉權。

對候選人的資格限制，要比對選民資格限制多一些。選舉法第15條第1款規定，至聯邦大選日年滿18歲、按基本法第116條第1款規定的至少擁有德國國籍1年的男女公民都有被選舉權。但是，為了確保公共權力的分權制衡原則，防止議員在政治或經濟上依附於政府或個人，或有人利用其地位與權力對選民施加壓力，現任國務秘書（不是議會國務秘書）以下的各級常任文官，如想參加競選議員，必須先辭去文官職務。另外，選舉法第15條第2款規定，依選舉法第13條規定不享有選舉權者、經法律程序判定沒有被選舉權者，經鑑定沒有能力擔任公職者以及按基本第116條第1款規定不擁有德國國籍者，都沒有被選舉權。

按照選舉法第18條規定，議員候選人分別由參加競選的政黨和選民提名，但實際上，候選人無論是在聯邦一級，還是州一級，都是由政黨提名。原來就已進入聯邦議院的政黨想繼續參加競選，必須經聯邦選舉委員會書面確認其政黨地位，並在選舉日

之前47天向聯邦選舉監督人書面聲明參加競選，才能以政黨資格提出議員候選人。新參加競選的政黨，除必須履行上述手續外，還必須首先徵集到至少200名選民簽名支持其競選，在呈遞議員候選人名單時，還必須另外再交多達2,000名選民支持其競選的簽名書。基督教民主聯盟－基督教社會聯盟（CDU/CSU）和社會民主黨（SPD）召開專門的黨員代表大會，由黨員代表在會上討論並經秘密投票選出候選人。自由民主黨（FDP）和聯盟90－綠黨（Bündnis 90/die Grünen）則召開黨員大會，由黨員在黨員大會上討論提名，並經秘密投票選出候選人。各政黨的領導對候選人提名沒有多大影響。相反，如果政黨總部推薦某些候選人，其結果往往適得其反。那些在聯邦議院中已據有議席的政治家最有機會再被提名。上述候選人的選舉，無論如何不得在聯邦大選前32個月之前進行。各政黨在選舉候選人時，分別選舉「選區候選人」和「州的候選人名單」；在選舉「州候選人名單」時，便同時確定候選人順序。無黨派人士要參加競選，必須徵集到至少200名選民簽名支持其競選。1949年8月14日舉行的第1屆聯邦議院選舉中，有2名無黨派人士分別在弗蘭斯堡和曼海姆選區直接當選議員，但他們後來不久便加入了基督教民主聯盟，從1953年的第2屆聯邦大選起，迄今再沒有一位無黨派人士在選區被直接選為議員。

　　選區是選舉的區域單位。歐美工業發達國家的選區大致分為兩類，即小選區制和大選區制。小選區制就是每個選區只選出1名議員。大選區制又叫複選區制，每個選區選出議員2名以上，可以採用比例代表制或者多數代表制來計算選票。德國採用小選區制。歐美國家的多數學者傾向於肯定小選區制。他們認為小選

區制有四大優點：

1. 對比較大的政黨有利，可防止政黨分化，有助於政局的穩定。
2. 由於每個選區只選1名議員，各個參加競選的政黨只提1名候選人，這樣可以避免黨內同伴的爭奪，消除派系爭奪，實現舉黨一致的選舉，有利於黨內團結。
3. 選民對候選人比較熟悉，便於密切聯繫，便於選民在投票時抉擇。
4. 可以節約選舉費用，防止「金權選舉」。

同時，他們認為小選區制也有一些不理想的地方：

1. 選民很難從政策上選擇，導致棄權票（25％）和「死票」（40％）大量產生。
2. 對執政黨太有利，全部在野黨得票即使與執政黨不相上下，其得票實質上最後也只能視為廢票。
3. 候選人中的候補人員實質上幾乎沒有遞補的機會。

他們對大選區制的評價，其優點正是針對小選區制的缺點；其缺點正是小選區制所沒有的。德國在劃分選區時，注意堅持下列基本原則：

1. 維持州的行政區劃分。
2. 每個選區平均居民人數上下不超過25％；如超過33.33％，則必須重新調整選區的劃分。
3. 各州選區的數目應盡可能符合該州的居民人數的分額；不

考慮外國僑民的人數。

4.各選區應構成一個完整的區域。

5.應儘可能保持市、縣、鄉、鎮的邊界。

根據上述原則，全德劃分為328個選區，平均每個選區不少於22.6萬居民，每個選區只可以選出1名議員，每個參加競選的政黨只可以提出1名候選人。

如何計算選民投票的數量以確定選舉的結果是選舉的關鍵之一。目前歐美發達工業國家選票的計算方法，概括起來主要有三種類型，即多數代表制、比例代表制以及多數代表與比例代表的混合制。德國實行多數代表與比例代表的混合制，也稱「確定候選人的比例選舉制」，即聯邦議員總數的一半（328名議員）分別在328個選區由選民的第一選票按相對多數票當選議員；得票數相同者，由選區的選舉領導人當眾抽籤決定當選人。另一半的議員（328名）則由選民的第二選票透過政黨的「州候選人名單」按比例選舉制原則選出。這就是說，根據選民的第二選票的投票結果，按比例代表制原則根據特定的計算方法，先算出代表席位的比例，各參加競選的政黨在減去透過第一選票直接當選的議員席位後，才得以按州的競選名單自行分配剩下的議員席位。第二選票對各政黨取得聯邦議院席位的多少具有決定性意義。

上述特定的計算方法，就是首先計算出當選者必要的和最低限度的得票數（又叫當選基數，德文 Quote），這就是英國著名學者湯姆士・海爾發明的「海爾計算法」。其他還有「最大殘數法」、「爵普限額法」、「最大均數法」、「拉古最高均數法」等等。超過這個基數的餘票，又透過一種特殊方法移讓給本黨的其

他候選人。德國第1～10屆聯邦大選，都採用頓特計算公式算出當選基數；1987年第11屆聯邦大選起改用尼邁爾計算公式。

頓特計算公式是比利時人Victord' Hondt於1882年發明的所謂「最高數字計算法」。根據該計算公式，將各黨的得票數按多少順序排列，以1、2、3、4……等順序除各黨所得票數，再把各個商數按大小排列到與應選出議員名額相當爲止，這個排列的最後一個商數，就是當選基數。

尼邁爾計算公式是德國數學家Horst Niemeyer發明的。按照這個計算公式用每個政黨所得的第二選票數乘以待分配的議員席位總數，再將所得積數除以各政黨（所得有效選票超過5％者）所得第二選票總數。每個政黨先按比例數得到應該得到的席位數（即小數點前的數字），剩餘的席位再按照最高百分數（即小數點後的數字的順序）分配給相應的政黨。例如：4個政黨分配31個議員席位。政黨A得第二選票18,900張；政黨B得12,900張；政黨C得1,900張；政黨D得3,200張；4個政黨所得第二選票總數爲36,900張。這樣，4個政黨的議席分配情況如下：

政黨A：$18,900 \times 31 \div 36,900 = 15.\underline{8}78 = 15 + 1 = 16$ 議席

政黨B：$12,900 \times 31 \div 36,900 = 10.\underline{8}37 = 10 + 1 = 11$ 議席

政黨C：$1,900 \times 31 \div 36,900 = 1.596 = 1 + 0 = 1$ 議席

政黨D：$3,200 \times 31 \div 36,900 = 2.\underline{6}88 = 2 + 1 = 3$ 議席

對於超過當選基數的餘票，德國採取的移讓方式叫名單式比例代表法。根據這種移讓方法，各政黨提出自己的候選人名單後，選民對各政黨提出的名單上的候選人投票，各政黨在候選人

得票中扣除當選基數以後的過剩票，可以轉讓給本黨範圍內的候選人，轉讓順序按黨內候選人順序排列。

第三節　選舉機構、經費與保障制度

選舉機構負責選舉的準備和實施。德國常設選區委員會由聯邦總統任命，它由聯邦統計局局長、1名聯邦行政法院法官和其他5名成員組成，其任務只是負責選區的劃分。真正的選舉機構在選舉前6個月才成立。選舉機構分爲三級：聯邦選舉總監和聯邦選舉委員會；州選舉總監和州選舉委員會；縣（含縣級市，下同）選舉總監和縣選舉委員會。聯邦選舉總監和副總監由聯邦內政部長任命；州選舉總監、縣選舉總監以及各選區的領導人及其副手，都由州政府或州政府指定的職能部門任命。

按選舉法第8條和第9條的規定，聯邦選舉委員會由聯邦選舉總監和由他聘任的8位選民組成，聯邦選舉總監擔任聯邦選舉委員會主席；州、縣選舉委員會分別由州、縣選舉總監和由他們聘任的6位選民組成，州、縣選舉總監分別擔任相應的選舉委員會主席。選舉法規定，任何人不得同時擔任2個或2個以上的選舉機構的成員。各級選舉委員會的會議都公開舉行。各級選舉委員會副總監及其成員和書記員，在選舉工作中不得表現出黨派傾向。

選舉費用是國家龐大的支出項目之一。最初聯邦議院選舉時，能進入聯邦議院的各政黨每獲得一張選票可以獲得國家補貼2.5馬克，1974年提高爲3.5馬克，1984年爲5馬克。隨著政黨競爭的日趨激烈，各個政黨開始職業化地組織競選活動，並且向主要還是「處女地」的鄉鎮地區進軍，這樣競選費用越來越高，

1980年第9屆聯邦大選時的競選費用為5,000萬美元，1994年第13屆聯邦大選時便上升為2億馬克之多。加之各政黨機構臃腫，還要支付那些專職幹部的工資，這樣政黨經費開支問題便成為公眾關心的焦點問題之一。德意志聯邦共和國建國初期，社會民主黨主要用本黨的黨費來支付一切開支，一些小黨則依靠捐款。1958年聯邦憲法法院對政黨捐款的判決中表示，1954年以來實行的捐款可以減免賦稅的作法是違反憲法的，因為這違背了機會均等的基本原則。但是這一判決給政黨開了從國家財政那裡獲得經費的「後門」。開始時，這些政黨還比較節省，以後就大手大腳了。1966年聯邦憲法法院又判決各政黨從國庫中「自取」經費的作法也違反憲法之後，這些政黨才開始有所收斂。80年代初，各政黨的費用開支大幅增加，不得不申請高額貸款；同時，各政黨的捐款活動也已聲名狼藉。在這種情況下，基督教民主聯盟－基督教社會聯盟、社會民主黨、自由民主黨請求聯邦總統成立一個獨立專家委員會，以便為各政黨經費開支提出原則建議。1983年春，該專家委員會提出的原則建議，主要是：將政黨的經費開支從國家轉移到公民身上；根據政黨的各項具體任務，限制其經費支出；增加政黨經費開支情況的透明度；對違反經費支出規定和浪費現象，進行懲罰和監督。1984年1月頒布的關於政黨經費支出的新規定基本上採納了上述原則性建議。但此後不久，又引發了一場全國性的關於政黨經費開支的激烈爭論。1992年4月9日，聯邦憲法法院對此問題再次作出判決，強調只要國家每年對各政黨資助總額不超過2.3億馬克（絕對最高限額），國家對「一般來說根據基本法進行的積極活動」給予經費支持則是允許的。根據上述判決，聯邦總統於1994年2月批准了政黨經費開支的新

規定，其中關於選舉費用的規定是：給那些在歐洲議會和聯邦議院選舉中獲得0.5％選票、在州議會選舉中獲得1.0％選票的政黨每一張有效選票提供1馬克的競選活動經費（前500萬張選票每張1.3馬克）。但每個政黨所獲得的國家對競選經費的補貼不得超過政黨自身籌集的資金總數（相對最高限額）。

人們對現行選舉費用的規定仍有各種批評。政治學家魯德齊阿認為，按照現行規定國家對競選費用資助總額雖然可以降低，但由於參選人數日益減少，勢必導致各政黨爭取小額捐款的努力更加肆無忌憚；與大的政黨相比，小政黨會因為這種資助辦法而受到歧視。還有的批評者認為，各政黨獲得的前500萬張選票每張可以得到1.3馬克補貼，所有其他選票只可以得到1馬克補貼，這種「遞減法」意味著實行了種新的「基礎補貼」，這違反機會均等的原則，不符合基本法。當所有政治團體對國有資金採取理智的節制態度時，各政黨卻用「自助方式」不斷開發新的國家贊助和經費來源。這是不合時宜的。行政管理律師阿爾尼姆指出，給議會黨團和政黨附屬的基金會經濟資助，實質上具有國家間接給政黨支付費用的性質。如果規定的「絕對限額」還很高，那就根本上談不到限制國家支付的政黨費用了。不過，總的來講，正如德國著名政黨問題專家巴克斯博士所說：現行選舉費用的規定「雖然沒有真正煞住政黨經費的迅速膨脹，還是導致了更多的機會均等，至少是提高了政黨捐款活動的透明度」。

民主國家為了確保選舉能順利、公正地進行，一般都採用某種形式的監督與控制方式，最常用的就是選舉訴訟制。它主要包括選舉爭訟和當選訴訟兩方面。導致選舉爭論的原因很多，但主要是兩方面：第一，關於非法剝奪或賦予選舉權而造成的選舉人

名冊方面的違法行為。第二，關於選舉管理方面的違法行為，如關於選舉公告、選舉日期、投票時間與投票場所、選區劃分、開票人與監票人、選舉票箱管理、投票記錄與開票記錄、競選組織事務等方面的違法行為。當選訴訟，是指以選舉有效為前提、以選舉委員會決定某人當選為違法，就選舉效力而引起的爭議。導致產生當選爭訟的主要原因有：

1. 決定當選人的方法違反法律規定。當選人由選舉委員會決定，而若選舉委員會的構成、決定程序等違法，關於當選人的決定當然也違法。
2. 選票計算違法。選舉委員會違法判定所投選票的有效性，致使當選人得票或增或減，甚至造成該當選者不能當選、不該當選者當選的違法行為。
3. 關於當選人資格認定上違法。如某人被確定為當選人，但不具備候選人資格，或者在選舉日期後，依法喪失選舉權，卻成了當選人等等。選舉爭訟和當選訴訟，原則上都由聯邦憲法法院管轄。但一般先由各級選舉委員會裁定；如不服，當事人再上訴聯邦憲法法院。

—注釋—

❶ 威瑪共和國時期的最後一屆國會選舉於1932年11月6日舉行。德意志聯邦共和國第1屆聯邦議院選舉於1949年8月14日進行。

❷ 盧梭：《社會契約論》，商務印書館1980年2月版，第114頁。

❸ 美國《獨立宣言》，轉引自李道揆著：《美國政府和美國政治制度》，中國社會科學出版社，1990年9月第1版，第746頁。

❹ 前引書《社會契約論》，第39頁。

❺ 〔德〕庫特·宗特海默爾和H·羅林主編：《德意志聯邦共和國政治體制手冊》，R. Piper & Co. 出版社，慕尼黑—蘇黎世，1978年德文第2版，第659頁。

❻ 〔德〕D·克臘森斯、A·科隆納和A·曲勃主編：《聯邦共和國社會知識辭典》，Eugen Diederichs 出版社，杜塞移夫—科隆，1981年德文版，第61頁。

❼ 〔德〕E·霍爾特曼等主編：《政治學辭典》，R. Oldenbourg 出版社，慕尼黑—維也納，1991年德文第1版，第691頁。

❽ 〔德〕T·艾爾溫等著：《德意志聯邦共和國政府體制》，西德意志出版社，1987年德文第6版，第213頁。

❾從西元2002年的第15屆聯邦議院起,聯邦議院議員總人數將減少到598名。

❿基本法第116條第1款:「除法律另有規定外,本基本法所稱的德國人是指具有德國國籍的人,或以德意志民族的難民和被驅逐出境者,或作為這些人的配偶、後裔被接受,在1937年12月31日以後居住在德國領域內的人。」

第10章

政黨與《政黨法》

第一節　政黨的憲法地位與《政黨法》

政黨是由社會中一部人組成的，代表特定社會成員利益，旨在奪取或維護公共權力的政治組織。《大英百科全書》(第15版)認爲：「政黨是在某個政治制度內，透過民主選舉或革命手段，以取得和行使政治權力爲目的而建立的組織。」《美國百科全書》(1980年版)也認爲：「政黨是由個人或團體爲了在某種政治制度內，通過控制或影響政府政策以期行使政治權力而建立起來的組織。」1967年頒行的德國《政黨法》第2條第1款從法律上對政黨作出了嚴格的定義：「政黨是公民的聯合組織，它們要堅持不斷地，或者較長時間內在聯邦或州對政治意志的形成產生影響，在德國聯邦議院或州議會的人民代表機構參與工作。如果根據它們實際狀況的全貌、特別是根據其組織規模和鞏固狀況、根據其成員多少和它們在公眾場合的表現足以證明其目標的嚴肅性，均可稱其爲政黨。政黨的成員必須是自然人。」

（一）政黨的制度

在德國，政黨是以代議制爲特徵的政治體制的基本要素，自1861年德國第一個政黨成立以來，政黨就逐漸對公民政治意志的形成、對整個政治體制的運作發揮著重要作用。概括來講，政黨的功能主要表現在以下三個方面。首先，是居民利益的整合。政黨來自群眾、紮根於群眾，對群眾的利益了解得最眞切。它要號召群眾、組織群眾，就必須代表群眾，必須把各方面的利益加以選擇、綜合，努力尋求不同社會利益之間的調和、妥協，而不是對抗。特別是找出若干共同性原則和主張，並據此制訂或修改黨的政策，進而通過政治體制的運作，影響政府立法。在一定意義上可以說，政黨是各種社會利益的「整合器」，是人民與政府之間的中介者。

其次，提供政策選擇和政治候選人。政黨的綱領實際上是政黨的施政大綱，是具體方針政策的歸納和集中。政黨把自己政治綱領當作「商品」提供給選民決擇。選舉，不但是選舉「人民的代表」，也是選民對每一個參與競選政黨的施政綱領的選擇。另外，選舉中參與競選的政黨都可以機會均等地提出「候選人」供選民選擇；選舉中獲勝的政黨不但可以按照本黨的施政綱領管理國家，還可以派遣本黨成員到各個領導崗位上任職。選舉中未獲勝的政黨雖然處於在野的地位，但仍具有批評和監督執政黨（包括參與執政者）的任務，並向它們提供各種可供選擇的建議。在德國，多元化的政黨競爭爲政治決擇的優化提供了現實可能。

最後一個功能是政治的社會化。政黨爲了取得或維持政權，必須積極吸引群眾，利用一切可以利用的手段來宣傳黨的綱領和

主張，對群衆進行鼓動、招募。政黨通過競選活動、日常宣傳、議會內外的辯論，向公民發出各種政治訊息，促進黨派精神的培育、指導公民的政治行動，吸引公民、特別是進入政治領域的人學習關於政治領域的知識和見解。可以說政黨是公民政治教育的啓蒙人，是社會政治訊息源、政治社會化的一種重要管道。

總之，政黨在社會政治生活、國家事務和政體運作中都處於中心地位。政黨之間的競爭爲政治過程的正常運轉提供了重要的動力，政黨之間的相互妥協與合作成爲保障社會一體化的重要手段。

政黨在德國政治生活中的作用儘管非常巨大，但長期以來並未在憲法中明確規定政黨的法律地位，就連被稱爲資產階級憲法楷模的威瑪憲法也只是在第130條第一段規定公務員必須保持中立時強調，「公務員是全民的服務員，而不是哪一個政黨的」時候，才輕描淡寫地提到了政黨，而且用的是一種拒絕的語氣。與威瑪憲法相反，1949年5月23日頒行的基本法第21條明確規定：

1.政黨在人民政治意志形成的過程中發揮重要作用。政黨的建立是自由的。它的內部制度必須與民主的基本原則一致。它必須公開說明自己的資金來源和使用情況以及其財產狀況。

2.根據其目標和成員的表現，旨在危害和推翻自由民主的基本制度或危及德意志聯邦共和國的存在的政黨都是違反憲法的。政黨違反憲法的問題由聯邦憲法法院裁決。

3.有關政黨的具體問題由聯邦法律規定。

該項憲法條文確立了結黨自由以及政黨在憲法中的地位，實

現了政黨的憲政化。基本法把國家權力的實現局限於各類選舉中的公民投票，而又規定了政黨作為「人民政治意志形成」中參與者的政治地位、職能和使命。也就是說，政黨的主要活動是參與聯邦和地方各級議會的選舉，於是，政黨的活動就被限制在基本法允許的範圍內。同時基本法還列入了嚴厲的「罰則」，以制裁那些觸犯「自由民主基本秩序」的政黨。

德國是第一個透過憲法對政黨活動實行全面、有效的法律調控的大國❶。這主要是由於以下三方面因素促成的。首先，二戰後初期，德國西部（即後來的聯邦德國）政黨體制和政黨格局比較混亂，亟需加以控制。德國在希特勒法西斯的獨裁統治下，除了納粹黨之外，其餘政黨都被取締。戰後，不僅老的政黨紛紛恢復活動，而且湧現出不少新的政黨，盟軍占領當局雖多方限制，仍有150多個政黨，政黨格局出現了類似威瑪共和國時期那樣的混亂局面，對於維持和鞏固新生的聯邦共和國十分不利，亟需調控。其次，抓住機遇，為建立新的政黨體制和政黨格局創造條件。二戰後，德國舊的政黨體制和格局已被打破，基本法的制訂者們正好抓住機遇，適應新的潮流，透過法律手段，按照自己的意志去建立新的政黨體制和政黨格局，鞏固新的憲政體制。最後一個原因是東西方冷戰形勢的需要。當時的聯邦德國處在東西方冷戰的最前線，主要當權者害怕蘇聯和東德的政治攻勢，迫切需要對其內部的反制度政黨、特別是共產黨嚴加控制，以維護「自由民主的基本秩序」。

德國除了基本法對政黨活動作了原則的規定之外，還透過《聯邦選舉法》和《政黨法》對政黨活動作了周密詳細的規定。迄今有效的德國選舉法明確規定了政黨參加競選、提名候選人的程

序、候選人在選舉委員會登記的程序以及政黨參加選舉委員會的有關事項。按照聯邦選舉法的規定，政黨不但參加競選，而且擁有提名候選人的特別權利，還可以享受國家的財政補貼、分享國家的公用設施和稅收優惠。如此一來，政黨的法律地位不但得到有效維護，而且法律實際上還鼓勵政黨在總體活動的結構上積極參與組織選舉、努力提高競選的成功率。

　　1967年6月24日，德國制訂了《關於政黨的法律》（簡稱政黨法）。這是世界上第一部專門規定政黨活動的單項法典，共7章41條。它從法律上確定了政黨的定義，規定了政黨的憲法地位和任務，明確了政黨的內部組織原則、國家提供政黨經費、政黨財務匯報制度以及取締政黨的政治原則。

　　政黨是現代議會憲政體制的基礎和決定因素。政黨法在規定政黨的憲法地位和任務時強調：「政黨是自由民主基本制度的憲法法律上不可缺少的組成部分。它們透過自由、持續地影響人民政治意志的形成，完成基本法賦予並確保的公共任務。」❷聯邦憲法法院在說明政黨特色時，把政黨看作是德國政治機構中「執行憲法性機關職能的機關，甚至視其本身就是國家性、憲法性或憲政制度要素性」機關。政黨法第1條第2款認為：政黨的使命是透過影響公眾意見的形成，促進公民積極參加政治生活；培養有能力承擔公共責任的公民；參與提出聯邦、州以及鄉鎮選舉的候選人；影響議會、政府內的政治發展；把政黨制訂的政治目標引進國家意志形成的過程；關注人民與國家機構之間經常而生動的聯繫等方法，參與公共生活各個領域中人民政治意志的形成。代表人民參加聯邦、州以及鄉鎮的選舉，是政黨在國家政治生活中幫助形成公民的政治意願的最重要形式，如果一個政黨連續6年

沒有提出候選人參加聯邦議院或州議會的選舉，那麼它「就失去作為政黨的法律地位」（第2條第2款）；如果一個政治團體的大部分成員或其理事會的大部分成員是外國人，或者其領導機構在國外，那麼它就不能成為政黨（第2條第3款）。

基本法第21條規定：「政黨的建立是自由的。政黨的內部秩序必須符合民主原則。」根據這個原則，政黨法第2章對保證黨內民主作了周詳的規定：每個政黨都必須有書面章程和成文綱領，以闡明本黨對國內外重大問題的政治見解和基本政策；黨的章程必須包括黨的名稱、固定簡稱、黨的總部所在地、活動地區、黨員的吸收和退出、黨員的權利和義務、黨的理事會的組成和職責、黨員大會和黨員代表大會召開的形式和期限、黨內的決策程序等11項內容。政黨法規定，政黨的黨員大會和黨員代表大會都是該黨聯邦級的最高權力機關。代表大會至少每兩年召開一次，以決定黨的綱領、章程、重大政治決策，和選舉黨的領導機構和領導人。代表大會至少每兩年聽取一次理事會的工作報告，並作出相應的決議。理事會是政黨的中央權力機關，由代表大會以無記名方式選舉產生，最少由3人組成，至少每年改選一次。理事會可以設立精幹的處理日常事務的主席團，其成員可以選舉、也可以任命。在通常情況下，主席團以簡單多數作出決議。政黨有權自由吸收黨員、黨員有脫離政黨的自由；黨員只有在故意違反黨章或黨的原則、內部秩序並造成重大危害時，才能被開除。各政黨必須設立仲裁庭（Parteischiedsgerichte），負責「調處和裁判黨或地方組織與黨員之間的爭議，以及因解釋和運用黨章而發生的爭議」（第14條第1款）。只有黨的仲裁庭才有權決定開除黨員；開除決定須有文字決議並在其中說明開除理由；被開除

的黨員有權向黨的上級仲裁庭申訴。競選時,政黨提名的候選人必須按黨章和聯邦選舉法的規定,由黨員通過秘密投票選舉產生(第17條)。

(二)政黨的經費

經費是政黨賴以生存和發展的重要物質基礎。政黨法第4章和第5章分別對於國家提供政黨的經費以及政黨的財務匯報制度作了詳盡的規定。政黨的經費主要用於三方面:(1)保證本黨的正常運轉,如購置或租賃黨的中央機關和地方機關辦公所需的房屋會所;支付日常辦公和各種會議的開支;發放本黨各級領導人和專職工作人員的薪金。(2)支持本黨的競選活動。競選是政黨活動的中心。無論是聯邦大選前的競選,還是州議會的競選都需要大量資金。競選開支一般都占政黨活動經費的最大比重,從公布的數字來看,德國兩個最大的政黨的競選經費是其日常開支的三倍多。(3)維持本黨各項日常的社會政治活動。如透過各種媒介宣傳本黨的綱領和政治主張,以擴大自己的影響;聯繫社會各界人士、發展黨員;發展與國內外其他政黨的合作關係;參加各種社會政治活動等。按照1994年修訂的政黨法,政黨的經費來自以下六方面。

■ 黨員繳納的黨費

各政黨都要求黨員按期繳納黨費,以積累本黨的活動經費。每個黨的黨員繳納的黨費以及黨費在政黨全部財源中的比重並不完全一樣。基督教民主聯盟的黨員平均每人每年繳納32馬克黨費、黨費收入約占全黨財源的40%。它的姊妹黨——基督教社會

聯盟的黨員繳納黨費的數額與其收入有關，並有一定的浮動範圍：每個黨員每年的黨費基數為36馬克，實際上每人平均繳納60馬克；黨費占該黨財源的50％左右。社會民主黨黨員繳納黨費的數額也與本人收入相關，實際上每人平均繳納黨費46馬克；黨費約占其整個財源的36％。綠黨的黨員每月只繳1.5馬克的黨費。自由民主黨對黨員繳納黨費沒有硬性規定，其活動經費主要不是靠黨費，而是靠企業主捐贈。民主社會主義黨的黨員每月只繳2馬克的黨費。政黨法第18條第3款規定，獲得歐洲會和聯邦議院的0.5％、州議會1.0％有效選票的政黨，其黨員每繳納1馬克的黨費，該政黨便可享受0.5馬克的國家財政補貼。如此，黨員繳納的黨費對本黨的經費開支的意義就更大了。

■ 黨員繳納的「職務費」

在聯邦和州政府任職的黨員須按其收入的7％向本黨繳納「職務費」。議會黨團負責人及其成員、聯邦議員和州議會議員也都要繳納薪金的20％❸的職務費。上述人員之所以要繳納「職務費」，因為他們能獲得上述職務要歸功於他們所在的政黨。

■ 黨的固定資產和各種活動中獲得的收入

隸屬於政黨的企業須向本黨中央繳納費用，特別是屬於各政黨的印刷廠要繳納自己的盈利。1984年以來，各政黨不但要公開報告本黨的收入，而且要報告本黨的資金和財產的用途。

■ 國家補貼的競選費用

最初，有關法律規定，參加競選的政黨獲得起碼有效選票後，每1張有效選票國家補貼2.5馬克；1974年提高為3.5馬克；

1984年提高為5馬克。這種補貼辦法對那些黨費收入和社會捐款都比較少的小黨有利；不過就獲得補貼的總數來說，小黨得到的還是比大黨少得多。1986年，基督教民主聯盟得到5,000萬馬克的國家補貼，當時綠黨黨費收入僅為450萬馬克，而國家補貼卻高達1,050萬馬克。1987年，國家給予各政黨的補貼達2.25億馬克，幾乎占主要政黨經費總數的1/3左右。這種情況引起了公民的廣泛不滿。1994年第六次修訂的政黨法規定：參加競選的政黨獲得歐洲議會和聯邦議院選舉0.5％有效選票、州議會選舉1.0％有效選票，每張選票補貼1.3馬克；超出500萬有效選票的，每張選票只補貼1.0馬克。政黨法的這種規定有利於大黨而不利於小黨，明顯地破壞了政黨機會均等的原則。政黨法還規定，國家每年給所有政黨的補貼最多為2.3億馬克，稱為「絕對最高限額」。1994年10月第13屆聯邦大選時，聯邦政府給各主要政黨的補貼總額約2億馬克，分配情況是：社會民主黨為7,500萬馬克，基督教民主聯盟為6,000萬馬克，基督教社會聯盟和自由民主黨各得2,000萬馬克，民主社會主義黨得1,650萬馬克，聯盟90—綠黨得550萬馬克。

■ 捐款

各政黨開支龐大，僅靠黨費顯然不夠，只好把手伸向大企業、大公司、社會團體、利益集團和有錢人，籌集資金；此外，還建立名目繁多的基金會，以廣開財路。僅1981年，各政黨從這類基金會中便獲得大約7,900萬馬克❹的活動經費。企業和個人之所以肯捐款，其原因是希望政黨能在議會或政府裡能夠維持自己的經濟利益，充當自己的政治代理人。80年代發生的弗利克捐款

案就是一個典型的例子。各政黨都有相對穩定的贊助單位和個人。基督教民主聯盟的捐款主要來自大企業、經濟界的利益集團和康拉德‧阿登納基金會。社會民主黨主要依靠工會組織和弗里德里希‧艾伯特基金會。基督教社會聯盟主要依靠巴伐利亞地方財團和漢斯‧賽德爾基金會。自由民主黨則以弗里德里希‧諾曼基金會爲經濟後盾。1988年，聯盟90—綠黨爲此也建立了彩虹基金會聯合會。最近，民主社會主義黨也建立了盧森堡基金會。

聯邦政府爲支持各政黨開展國際活動，經常通過聯邦經濟合作部（有時還有聯邦外交部）向政黨提供經費。僅1988年一年，就向基督教民主聯盟、基督教社會聯盟、社會民主黨和自由民主黨提供了2.648億馬克。現行政黨法嚴格限制捐款，把捐款的稅收優惠的界限由過去的6萬馬克降到現在的6千馬克（夫婦加在一起爲1.2萬馬克）；取消了對團體、個人和各種基金會向政黨捐款的稅收優惠。把大額捐款者的申報界限從4萬馬克降低到2萬馬克，凡自然人向政黨捐款超過（含）2萬馬克，就必須申報姓名和地址。

■ 貸款

政黨向銀行貸款不但須符合「按照規定制度進行簿記的基本原則」，而且有義務向貸款機構說明貸款用途，限額貸款，照章付息。

（三）政黨的懲禁

基本法對那些觸犯「自由民主基本秩序」的政黨列入了嚴厲的「罰則」。基本法第21條第2款強調：「如果政黨的宗旨和黨員的行爲表明是意圖破壞自由民主的基本秩序或推翻這個秩序或危

害德意志聯邦共和國的存在，該政黨則是違反憲法的。政黨違憲問題將由聯邦憲法法院裁定。」基本法的這一規定是在總結威瑪共和國歷史經驗的基礎上作出的，是基本法所奉行的「具有戰鬥力的民主」的重要成果。一個政黨是否違反憲法，不能由政府、而只能由聯邦憲法法院作出裁決。這一規定是旨在把禁黨問題納入法制軌道，防止用違法的方法去取締非法政黨，對合法政黨也是一種有效的保護。

政黨法就實施違憲政黨（包括其下屬組織）及其替代組織的取締，作了周詳的具體規定。該法規定，聯邦憲法法院作出禁黨裁決後，由州最高當局的有關部門負責具體實施。如果被禁止的政黨跨州界活動則由聯邦內政部負責實施。如某一政黨被取締，也禁止其成立替代性組織。如果替代性組織本身就是政黨，而且在它的初始政黨被取締之前，它就已經進入了聯邦議院或州議會，則需要聯邦憲法法院另行審理裁定。

在德意志聯邦共和國的歷史中，依法禁止的政黨極少。第一例是1952年10月23日宣布取締社會主義帝國黨（SRP）。該黨成立於1949年，集中了當時西部的極右勢力和新納粹團體。他們懷念反民主的過去，踐踏人權，肆無忌憚地從事反猶太宣傳。他們的擁護者主要集中於下薩克森州，主要是一些尚未與民主社會融為一體的群體。社會主義帝國黨的領導人大都是前納粹黨的頭目。根據聯邦政府的起訴，聯邦憲法法院經過近一年的審理後確認，社會主義帝國黨的內部制度是根據希特勒「領袖原則」建立的，它的綱領部分地屬於納粹思想和法西斯要求，該黨應予取締。實際上，這個黨的理事會在1952年9月16日便自動解散了。第二例是1956年8月17日禁止德國共產黨（KPD）。聯邦憲法法

院認為，德國共產黨的目標與自由民主的基本秩序這一憲法原則不相容，應予禁止。到了60年代，德意志聯邦共和國還就德國國家民主黨和共產黨的其他組織進行過幾次激烈的禁黨討論，但聯邦憲法法院沒有作出過禁黨的裁決。只是在1993年8～9月間又提出了禁止自由德國工人黨（FAP）和國家黨（NL）兩項提案。自由德國工人黨成立於1979年，是近年來迅速發展的德國新納粹勢力中的一支主要力量。國家黨是1989年由新納粹主義擁護者庫納恩在漢堡拼湊起來的。前者有幾百人，後者只有幾十人。這兩個新納粹政黨的危險性主要在於對極右暴力份子的活動所產生的刺激性影響。聯邦憲法法院已於1994年秋宣布取締這兩個政黨。

德國學者對依法取締違憲政黨一事存在兩種完全不同的意見。持贊成意見者認為，要吸取納粹黨奪權、實行法西斯獨裁的教訓，時刻注意民主國家不要被反民主的政黨改造，依法禁黨不但可以迫使那些極端政黨的違憲言行收斂些，而且可以遏止極端運動的發展，這樣才能保障多元化的民主制度不會受到危害。持反對意見者認為，禁黨違反了自由民主的精神，對於違憲政黨應該從政治上進行鬥爭，而不是採取簡單的行政手段，況且這樣做可能使違憲政黨轉入地下，甚至成立替代組織從事破壞和地下活動；在黨派自由競爭中採取政治鬥爭的辦法，會使違憲政黨削弱得更快，而且又不會使法治社會陷入缺少民主公開的氣氛中去。

上述兩種意見，都是以左翼和右翼的激進份子對「自由民主基本秩序」構成嚴重威脅為前提的。「實際上與此相反。在聯邦共和國從動員群眾方面來看，來自右的危險是比來自左的危險更大。」「擊退激進主義的最可靠辦法，就是透過同避免衰退和防止大規模結構變化的經濟政策相結合的『承擔國家責任』（die

Staatstragende）的政黨體制，來令人信服地和有說服力地證明，民主條件還在繼續和進一步發展」，❺而不是採取禁止政黨的辦法。

第二節　政黨體制的演變

　　在德國，政黨的產生與成熟是與資產階級革命和議會制的建立和完善聯繫在一起的。1848年革命產生了第一個德國議會──法蘭克福國民議會。這時，政黨或近似政黨的團體尚不存在。但不久，議會黨團就已形成，這些黨團根據自己舉行會議的地點命名，如「娛樂場」或「蘭茨貝格」等等。因此可以說，政黨的萌芽和原型就是議會中的派別，它們以議會爲依託和中心舞臺而生存和發展。議會是近代政黨的搖籃。

　　1848年革命雖然失敗了，卻給德國政黨的產生奠定了基礎。1861年德國第一個政黨──德國進步黨成立。接著還相繼成立了右翼的國家自由黨（1866/1867）、自由保守黨（1867）、德國保守黨（1876）、中央黨（1870）等等。社會民主黨的發展比較複雜：1863年斐迪南・拉薩爾成立了溫和的、奉行改革的全德工人協會（ADAV）；1869年，在追隨卡爾・馬克思的奧古斯特・倍倍爾和威廉・李卜克內西的領導下成立了德國社會民主工人黨（SDAP）；1875年兩黨在哥達聯合爲德國社會主義工人黨；1891年該黨命名爲德國社會民主黨（SPD）。

　　德國統一後建立的帝國議會中，政黨的功能還很不健全，既不能選舉、也不能推翻帝國宰相。自由黨和保守黨爲了經受普遍與平等選舉對政黨的考驗，迅速建立了自己的組織機構，以便長期動員自己的擁護者。當時的政黨呈現出社會民主黨、左派自由

黨、中央黨、右翼自由黨和保守黨等五個大的發展方向。保守黨企圖保留自己的特權並代表「上帝恩賜的」君主制。右翼的國家自由黨代表工業大資產階級的利益，他們歡迎具有俾斯麥特色的權力國家，日益狂熱地宣傳擴張的殖民主義政策和普魯士的三級選舉制。暫時留在各個政黨內的左派自由黨人還處於分裂狀態，其選民主要是自由職業者、部分手工業者和商人，他們贊成英國式的議會君主制，在帝國的後期常常與社會民主黨人站在一起。中央黨是政治上以天主教教義為指導的政黨，它試圖將企業家、農民和工人的利益一體化，與其他政黨相反，幾乎所有社會階層都有相當數量的人參加了這一政黨。社會民主黨作為反對黨處於一種特殊的地位。它奉行著一種「口頭上的激進主義」，實際上主要以改良為主導的政策，但卻被誣蔑為一夥「沒有祖國的傢伙」。1878 年的「反社會民主黨危害治安圖謀的法令」（反社會主義者法）旨在消滅社會民主黨和社會主義工會運動。儘管如此，社會民主黨的追隨者卻與日俱增。保守黨和國家自由黨是所謂「忠於帝國」的政黨；左翼自由黨和社會民主黨則是所謂「帝國的敵人」。但在這期間，也有左翼自由黨和中央黨支持帝國政府而保守黨和國家自由黨反對政府的情況，但只有社會民主黨直到1914 年一直都處於反對黨的地位。在當時的帝國議會中，多數派政黨既沒有必要、也沒有可能組成一個政府，這就使得各個政黨之間長時期處於一種僵硬的不妥協局面，特別是由於社會階級結構的原因而出現的尖銳的利益對立，使各政黨之間完全不可能開展合作。另外，由於各政黨沒有機會組織政府，它們也就沒有機會委派本黨成員擔任高級別的國家公職。這一切都說明，帝國時期德國的政黨還很不成熟。

德國現代政黨體制形成於威瑪共和國，毀於希特勒的第三帝國。第一次世界大戰後，德國廢除帝制建立共和。威瑪共和國的首相對體現人民主權的議會負責，議會黨團作為議會政治活動的基本單位，對組建政府、保障議會正常運轉發揮重要作用。政黨在國家政治生活中擁有了現實意義，現代政黨體制開始在德國確立。但政黨林立的局面一如既往：

1. 新成立的德國國家人民黨（DNNP），主要集中了帝國時期各保守黨的追隨者，但很少反對新的民主體制。

2. 德國人民黨（DVP）主要代表工業界的利益，對威瑪共和國的態度動搖不定；1929年後，一些不具有民主思想的明顯的右翼份子在黨內占了上風。

3. 德國民主黨（DDP）代表了左翼自由主義，1930年與「青年德意志社團」聯合。

4. 中央黨（PZ）成功地將天主教陣營中的大量擁護者吸引到黨內，能將各種不同的利益加以平衡，因而參加了威瑪共和國的歷屆政府。

5. 社會民主黨雖然直到1932年都是最強大的政黨，但由於面臨兩條陣線的鬥爭而處境艱難：許多資產階級政黨斥責它是「馬克思主義的社民黨」，而共產黨又譴責其為「工人階級的叛徒」。威瑪共和國建國初期，該黨是主要執政黨之一，但1923～1928以及1930年的大聯合結束後，就沒有參加政府。

6. 德國共產黨（KPD）起初的影響力很有限，後來由於德國獨立社會黨（USPD）的分裂（激進派靠近共產黨，溫和派

走向社民黨）而變成了重要政治因素。該黨在初期常常試圖舉行起義，後來又熱衷於搞「德共的布爾什維克化」。

7.德國國家社會主義工人黨，即納粹黨（NSDAP），後來是許多小黨中的一個。該黨鼓吹的反猶太主義和法西斯侵略政策沒有被中產階級及時看穿，第一次世界經濟危機又給它幫了忙，以致它在1932年成為最強大❻的政治力量，1933年初奪權上臺，實行法西斯獨裁，禁止了其他一切政黨。

對於德國的政黨來說，1945年是個「零的時刻」。美、蘇、英波茨坦會議規定，在全德允許民主政黨的存在。當時德國西部地區有500多個組織要求建立政黨，由於西方盟國的限制，實際成立了150多個政黨。於是在面積不到25萬平方公里的聯邦共和國的建國之初，便形成了政黨林立、群雄割據的政治局面。而政黨林立又是各種錯綜複雜的社會矛盾作用的結果，可歸納為以下六個方面：

其一，長期存在的「宗教因素」起了重要作用。德國歷史上長期形成的兩大教派的教會制度使教派對抗連綿不斷。30年戰爭後，特別是二次大戰後，教派對抗得到一定控制與緩和，但矛盾並未消除，只是在新的歷史條件下，以政黨的面貌和黨派鬥爭的形式出現。

其二，工人階級與資產階級的階級矛盾與對抗，導致了維護或代表工人階級利益的各種工人組織和政黨的產生。自稱為工人政黨或共產主義政黨的就有十多個。

其三，主張德意志民族統一的民族主義與代表諸侯國利益的地方主義矛盾，經過1817年德意志帝國的統一、1918年的共和革

命以及 1949 年戰後國土的分裂並未消除；相反地，出現了許多代表地方主義利益的小黨。聯邦聯盟黨、巴伐利亞故鄉黨和國王黨、德國漢諾威黨等等，就是這類社會矛盾的產物。

其四，工業社會的發展引起了一連串社會問題，受到這類社會問題衝擊的社會階層和利益集團成立了一些以農民為主體的小黨，以及以保護生態環境為主要目標的小黨。除了綠黨之外，僅以保護生態平衡為主要綱領的政黨就有近十個之多。

其五，戰後國土的分裂，導致原德國東部地區的大量居民逃離家鄉，湧進當時的聯邦共和國，僅到 1949 年底就有 763 萬人。隨著聯邦共和國經濟的發展，外地人與本地人雖已逐漸融合，但有時利益不均、矛盾尖銳，也促使外來居民成立了維護自身利益的小政黨，例如「被迫離鄉難民和被剝奪公民權者聯合會」等一類政治組織。

其六，戰後的德國被分裂成兩個德意志國家，接受這個現實者和反對這個現實者之間的矛盾也很尖銳，結果也導致許多所謂「關於德國問題」的小政黨出現。全德意志人民黨、全德意志聯盟等黨派，就是基於這種政治背景成立的。

在群黨爭逐聯邦共和國政治領導權時，由於歷史、經濟、政治或現實考慮等各種原因，各政黨又自然形成兩大政治營壘，即以社會民主黨（社民黨，SPD）為一方、基督教民主聯盟（基民盟，CDU）－基督教社會聯盟（基社盟，CSU）為另一方的左右兩大營壘。第 1 屆聯邦大選後進入聯邦議院的是基民盟－基社盟、社民黨、自民黨－民主人民黨－不萊梅民主人民黨、德國共產黨、巴伐利亞黨、德意志黨、中央黨、經濟建設聯盟、德意志右翼黨－德意志保守黨、貧困聯盟、南什勒斯威選民聯盟等 11 個

政黨。其中，基民盟—基社盟、社民黨、自民黨三個政黨占據了總票數的72.1％。基民盟主席康拉德·阿登納以一票之多當選第一任聯邦政府總理。

基民盟—基社盟之所以能奪取全國政治領導權，並成爲右翼陣線的盟主，主要原因有三點。首先是該黨在政治上提出了自由主義的實用主義政策。其主要內容是以「社會市場經濟」爲核心的國內政策，和以「西方一體化」爲核心的外交政策。這種政策不但博得了美、英、法三國占領區當局和國內大資產階級的支持，而且博得了中上層有產階級的同情。其次，基民盟—基社盟在思想上匯集了天主教、新自由主義和保守的耶穌教等三大思潮，吸取了天主教的社會學說、新自由主義的經濟思想和耶穌教的保守主義哲學思想，於是該黨在長期爲教派對抗所困擾的德國社會就具有了廣泛的社會基礎和較強的凝聚力。最後一個原因是組織上的強大優勢。除了黨員人多勢眾之外，以阿登納爲核心的黨的領導集團、特別是阿登納本人的精明強幹，深孚眾望。

另一方面，社民黨之成爲左翼陣線的代表勢力和核心也有以下兩個因素。首先是以舒馬赫爲領袖的領導核心提出了既不投入蘇聯懷抱、又不願與西方結盟的路線。這條路線不但迎合了廣大中產階級「恐蘇反共」的心態，而且明確了與基民盟—基社盟的「西方一體化」主張的政治分野，成爲團結廣大「中左」社會勢力的旗幟。其次，社民黨提出的計畫經濟和國有化主張，對於深受30年代初經濟危機和急於擺脫戰後經濟窘境的中下層人民，具有較強的號召力。再者，社民黨具有悠久的歷史和光榮的鬥爭傳統，在工人、工會組織和中下層人民群眾中影響較大，具有廣泛的社會基礎。因此以基民盟—基社盟爲一方、以社民黨爲另一方

的二元制的形成，是戰後初期多黨政黨體制的一大特色。

　　大政黨對小政黨的不斷吞併、多黨政黨體制的逐步集中化，是這一階段政黨體制的另一特色。1949年進入第1屆聯邦議院的是11個政黨，1953年進入第2屆聯邦議院的便減少到6個政黨，1957年進入第3屆聯邦議院的政黨進一步減少到4個，1961年又進一步減少爲3個政黨。而此一政黨體制的集中化主要是經由以下三個過程來實現的。

　　首先是基民盟－基社盟對其他小政黨的吞併。基民盟之所以能吞併其他小政黨，原因是多方面的，分析起來主要有以下四點：

1. 蘇聯在戰後東西方冷戰中的政策、特別是在德國東占區的政策失敗，使得在政治上、思想意識上與之相通的聯邦共和國的左翼勢力喪失政治威信，從反面加強了二元體制中基民盟－基社盟的政治地位。

2. 基民盟－基社盟的成立克服了新教與天主教長期的教派對抗，成了能容納各種宗教流派的代表，具有較大的政治包容性。

3. 德國東部地區大地主勢力較強，但隨著東部一大片領土劃歸波蘭、東西德又分裂成兩個國家，在很大程度上削弱了大地主勢力，使以農村人口爲主體的保守主義小黨喪失了強大的政治後盾。而這時，基民盟－基社盟及時調整了農業政策，因而吸收並融化了農業方面的小黨。

4. 東區過來的難民逐漸適應了生活，這方面的小黨紛紛解體，逐漸湧向基民盟－基社盟。

第二個過程是憲法的限制作用。1949年第1屆聯邦議院大選時政黨林立紛爭的情景，使人擔心聯邦共和國有重蹈威瑪共和國覆轍的危險。因而1953年和1956年相繼修改了選舉法，確立5％限制線、或者在選區中以第一票當選的議員不到3人就不能參加聯邦議席的分配、進入聯邦議院。這項規定加速了小政黨的消亡，阻止了新政黨的產生。

　　最後一個過程是社民黨改革路線的順利推行，使社民黨成了容納並代表各個社會階層的政黨。這不但加強並鞏固了多黨制中的二元制，而且融合或吸收了準備成立小政黨的各種左翼社會勢力。

　　爾後，在1961～1966年之間兩大營壘的解體則是經由下列三個過程完成的。首先，是基民盟－基社盟的由盛轉衰。基民盟－基社盟連續執政兩屆立法期（1949～1953、1953～1957），並在1957年第3屆大選中以50.2％的得票率取得了大選的勝利，達到了政治頂峰。但隨後便發生了歷史性的轉折。1958年11月開始的第二次柏林危機的結局和1961年8月的「柏林圍牆」事件，成了人所共知的阿登納德國政策失敗的標誌，引起了德法關係的重大變化，觸發了聯邦共和國內部「大西洋派」和「戴高樂派」的尖銳鬥爭。1961年第4屆聯邦議院選舉中，基民盟－基社盟45.3％的得票率就是在這種惡劣的「大氣候」下取得的。1959年第一任聯邦總統豪斯任期屆滿，83歲的阿登納宣布競選聯邦總統，並提議他的財政部長巴澤爾出任聯邦總理。但他領導的基民盟及其姊妹黨基社盟卻不同意，他不得不收回參加競選總統的決定，繼續擔任聯邦總理。為取得自民黨的支持，後來他又「自動辭職」，由經濟專家艾哈德接任。阿登納的反覆無常和艾哈德政治上的軟

弱，使基民盟－基社盟逐漸喪失了威信和政治凝聚力。長期以來基民盟主要靠阿登納個人的政治威望來支撐，沒有形成從中央到地方的嚴密的組織系統。政治支柱一旦傾倒，鬆散的組織系統便不能適應尖銳激烈的黨派鬥爭的需要。

其次是自民黨的倒戈。自民黨人繼承自由主義者和民族自由黨人的傳統，主要力量集中在德國西南部，後來發展到黑森州、北威州、巴符州和巴伐利亞州等地。該黨強調實行私有制，突出自主性對經濟的意義。於是從1948年法蘭克福經濟委員會成立時起，它就在涉及社會政策及經濟政策的所有問題上都站到了以基民盟－基社盟爲首的右翼陣線這一邊，並且參加了阿登納的五屆內閣（1949年9月～1966年10月的17年中，只有1956年10月～1961年11月未入閣），成爲阿登納的主要執政夥伴。這也是自民黨對基民盟－基社盟實行又聯合、又鬥爭的「自主政策」成功的一面。但是自民黨的這種政策一直爲自認爲擁有絕對政治權威的阿登納及其人多勢眾的基民盟－基社盟所不容。因而繼1955年就薩爾地區歐洲化問題雙方發生嚴重分歧以後，衝突迭起，矛盾日益加深。1956年北威州自民黨人宣布退出北威州基民盟－自民黨聯合政府，繼而基民盟決定廢除在聯邦一級與自民黨聯合，雙方矛盾空前激烈，不得不分道揚鑣。導致自民黨與基民盟的分手還有一個重要原因。在阿登納聯合政府中，自民黨的政策逐漸喪失了個性，政治威信日益下降，第1屆聯邦議院選舉時得票率爲11.9％，第2屆大選時便降到9.5％，第3屆時又進一步下降到7.7％。自民黨每況愈下，不得不調整結盟政策，尋找新的政治出路。自民黨政治態度的變化，不但從根本上動搖了右翼陣線，導致了兩大營壘的解體，而且增強了它自身的獨立性，形成了二元

體制下的三黨鼎立局面。

　　最後一點是社民黨1959年後擴大了與自民黨的契合點，特別是在外交政策、法律、文化教育方面的共同點，導致了自民黨向社民黨的靠攏。因此兩大營壘的解體，明顯地有利於社民黨，而不利於基民盟－基社盟。

　　60年代中期，聯邦共和國政治、經濟形勢發生了重大變化。1966年爆發了戰後第一次全面經濟危機。1967年國民生產總值比1966年下降0.1％，工業生產下降3.2％。當年10月，自民黨因與基民盟－基社盟在稅收問題上發生爭吵，退出聯合政府，雙方徹底決裂，基民盟－基社盟面臨結盟政策的調整。再加上極右政黨的挑戰和社民黨顯示出新的活力：在北威州議會選舉中，基民盟喪失2.6％的選票，而社民黨卻獲得49.5％的選票，幾乎超過半數；黑森州議會選舉中，基民盟失去2.4％的選票，而有新納粹臭名的極右政黨——德意志民族民主黨卻獲得7.9％的選票，擠進了州議會。在這種形勢下，1966年12月基民盟與社民黨的大聯合政府宣告成立。

　　大聯合政府的成立，標誌著聯邦共和國政黨體制發生了歷史性的轉折。經過17年的反覆較量，基民盟－基社盟終於承認了社民黨的平等政治地位和執政能力，確立了兩大政黨輪流執政的二元體制。社民黨參與執政，爲它宣傳和推行自己的政治綱領以及未來的聯邦議院的選舉取得了有利地位。基民盟－基社盟和社民黨雖然都具有執政能力，但雙方勢均力敵，都不能取得單獨執政的票數。自民黨雖然勢單力薄又處於反對黨地位，但這種雙向性二元體制卻使自民黨成爲基民盟－基社盟和社民黨競相追逐結盟的對象。它的向背對於形成必要的執政多數具有舉足輕重的作

用，從而大大鞏固並提高了反對派小黨的政治地位，促使它實際上也具備了相當穩定的執政能力。

為適應上述黨派鬥爭形勢的需要，1966～1969年間，三大政黨都各自調整了外交政策、經濟政策、社會文化政策和結盟政策；加之大聯合政府期間全國經濟形勢的好轉，各政黨的政治影響又開始發生明顯變化。兩大政黨基本上保持各自傳統的勢力範圍。自民黨由於處於在野黨的地位，其競爭對手德意志民族民主黨又強迫它去調整政治趨向和內部結構，逐漸成為主要由中產階層和高薪者支持的政黨。

1969年兩次具有深遠意義的選舉對政黨體制的演變起了促進作用。一是3月分聯邦總統的選舉。聯邦德國第二位總統、基民黨人呂布克於1969年6月任期屆滿，社民黨提出海涅曼作為下屆總統候選人，自民黨全力支持，使社民黨人海涅曼以微弱多數當選第三任聯邦總統。自民黨的行動促進了自民黨與社民黨的政治合作。二是9月分的第5屆聯邦議院選舉。大選中，基民盟─基社盟的得票率比上屆失去1.5個百分點，而社民黨卻增加了3.4個百分點。這表明，基民盟─基社盟雖然暫時在聯邦議院中保持了優勢，但1957年的那種優勢已經一去不復返了，而社民黨已經上升到基本上可與之匹敵的地位。自民黨在大選中的得票率雖然失去3.7個百分點，但追隨該黨的2/3選民的第一選票都是選舉社民黨人的。這表明選民希望出現一個社民黨─自民黨聯合政府。在這種情況下，社民黨便利用自民黨與基民盟─基社盟的矛盾，抓住時機，與自民黨討價還價，終於在1969年10月組成社民黨─自民黨聯合政府。於是社民黨在德國歷史上第一次執政39年之後又一次成為主要執政黨，而且是和一個自由主義的小黨──自民黨第

一次聯合執政。這次的執政聯盟經歷了第6、7、8、9屆議會立法期，直至1982年10月，連續13年之久。

社民黨－自民黨執政聯盟的建立，標誌著聯邦共和國政黨體制發生了新的變化。首先，以社民黨為主體和以基民盟－基社盟為主體的輪流執政體制正常化。國家政權透過議會程序實現正常更迭，這在相當多的議會制國家是正常現象。但是1969年10月，聯邦共和國國家政權從一個政黨——基民盟－基社盟手裡，循著議會制程序，和平、有序地轉入另一個政黨——社民黨人之手，這在德國歷史上還是第一次。

第二個轉變，是確立了二元體制下的三角均勢。德國不穩定的多黨制發展成了由兩大政黨占主導地位的多黨制，各政黨自行發展成全德人民都可以投票選舉的人民政黨。在上述二元制的政黨體制下，聯邦共和國擁有基民盟－基社盟、社民黨和自民黨四股政治勢力，力量雖不相等，但誰也吃不掉誰。當這三股力量大小恰好滿足二邊之和大於第三邊時，就存在兩方結盟戰勝第三方的可能性。這種三角均勢的形成，是聯邦共和國政局長期穩定的主要原因之一。

最後是意識形態強化、兩極化趨勢明朗。政黨政治兩極化傾向在聯邦共和國建國初期要比50年代末、60年代初強得多。50年代末期以前，政黨之間意識形態的分歧對國家政治決策的影響較小，例如對阿登納時期的西方一體化政策和德國重新武裝政策就是這樣。但由於60年代中期學生運動的影響，以及隨之在全國興起的「民主化」和「基本價值觀」的辯論，使各政黨對原來的政治黨派的基本一致性提出疑問，從而再度強調本黨世界觀，導致了政黨的兩極化傾向，成為這一階段政黨體制的明顯特色。

70年代中期，特別是進入80年代以後，聯邦共和國政治、經濟、社會出現了一些新情況，導致了以環境生態平衡爲主要綱領的綠黨於1980年1月成立。該黨自稱是一個「反對政黨的政黨」，其成員有來自過去的共產主義組織和社民黨左翼，也有來自無黨派的小資產階級營壘或自發的市民組織。該黨1983年3月參加第十屆聯邦議院選舉，以5.6％的得票率第一次進入聯邦議院，給聯邦共和國政黨體制很大衝擊。

　　這段時期，政黨體制的主要特色首先是綠黨進入聯邦議院，打破了1961年以來聯邦議院一直爲社民黨、基民盟—基社盟所把持的局面；同時也是第一個具有激進思想的小政黨進入聯邦議院，在某種意義上說，是聯邦共和國政黨體制的一場「小小的革命」。但由於綠黨思想上、政治上尙不成熟，並未從根本上打破二元體制下基民盟—基社盟、社民黨、自民黨的三角均勢。

　　另外一個特色是中右保守勢力抬頭、左翼頹勢未抑。70年代社民黨經濟社會政策的失誤和80年代初經濟的停滯和衰退，導致了1982年10月社民黨政府的垮臺和基民盟—基社盟、自民黨聯合政府的建立。這時，經濟上出現了強調市場經濟、實行供應學派爲主的新自由主義，以共和黨人爲代表的右翼勢力也空前活躍，於是，聯邦共和國政治路線由中左全面向中右轉移。1987年1月第11屆聯邦議院的選舉結果表明，執政聯盟的中右路線得到多數選民的贊同，基民盟—基社盟、自民黨聯合陣線基本穩定。在這期間，社民黨內外政策失調、黨內派系鬥爭激烈化、缺乏一個衆望所歸的堅強領導班底，陷入了嚴重的頹勢。綠黨以8.3％的得票率成爲左翼營壘中最年輕、最活躍的一員。

　　二次大戰後，東德的政黨體制是完全按照「蘇聯模式」發展

的。1946年4月在蘇軍占領當局的指令下，東部的共產黨和社會民主黨在大多數社民黨黨員反對的情況下，合併組成「統一的工人階級政黨」——德國統一社會黨（SED）。它成立後不久便在黨內大搞肅反，按蘇聯模式，建立所謂「布爾什維克秩序」；1953年後，又與蘇共同步，搞所謂「列寧主義原則化」，一直是蘇共在東歐各國中最堅定的夥伴黨之一。該黨從1949年10月～1990年4月一直是民主德國的唯一執政黨和全國的「領導核心」，承擔著國家和政府的主要領導責任。參加民主德國政權的主要還有基督教民主聯盟（CDU，1945年6月成立）、自由民主黨（DPD，1945年7月成立）、國家民主黨（NDPD，1948年5月成立）和民主農民黨（DBD，1948年4月成立）等民主政黨。但是在統一社會黨倡導的建立「人民各種力量聯盟」的「全國陣線」的名義下，這些政黨長期以來事實上都喪失了作為獨立政黨的政治地位和活動能力。

1989年秋東德政局劇變，統一社會黨很快失去對全國的控制能力，大批黨員退黨。這時，「新論壇」、「現在要民主」、「和平與人權倡議組織」等新成立的政黨和反對派如雨後春筍般冒出；統一社會黨也於1990年2月4日更名為民主社會主義黨（民社黨，PDS）。1989年11月，由12個不同黨派和政治組織構成的「圓桌會議」應運而生，並且在東德特定的歷史條件下扮演著某種立法和行政的職能。1990年3月18日東德的自由選舉，對於東德確立現代政黨體制起了決定性作用。參加競選的政黨和政治組織有民主社會主義黨、德國基督教民主聯盟、德國民主農民黨、德國自由民主黨、德國國家民主黨、德國社會民主黨、民主覺醒、德國論壇黨、現在要民主、新論壇、德國自由黨、綠黨、獨立婦

女聯合會、歐洲聯盟黨、人權倡議黨、石竹黨、左聯、民主婦聯、民主青年黨、青年小組、馬克思主義青年聯合會、德國自由青年聯盟、現在要統一、基督協會、歐洲聯邦黨、德國共產黨、斯巴達克工人聯合會、喝啤酒者聯盟、和平與人權倡議組織、社會主義工人聯合會等。其中，德國基督教民主聯盟、德國社會聯盟和民主覺醒組成「德國聯盟」；原來的德國自由民主黨與劇變中新成立的德國自由民主黨、德意志論壇黨組成「自由民主派聯盟」；現在要民主、和平與人權倡議組織和新論壇組成「聯盟90」；石竹黨和左聯組成「左翼行動聯合會」；民主青年黨和德國自由青年聯盟組成「青年替代名單」。選舉結果為：基督教民主聯盟得票40.91％，163議席；德國社會聯盟6.32％，25議席；民主覺醒0.92％，4議席；德國社會民主黨21.84％，66議席；自由民主聯盟（後稱自由民主黨）5.28％，21議席；此外，「聯盟90」得12議席、綠黨8議席、國家民主黨2議席、民主婦聯1議席、「青年替代名單」1議席。以基民盟為首的「德國聯盟」與「自由民主聯盟」和社會民主黨組成民主德國大聯合政府，基民盟的德‧梅齊埃出任民主德國部長會議主席。1990年10月3日兩德正式統一後，東德的政黨很快與它們西德的「姐妹黨」在組織上融為一體，形成了以西德政黨體制為主體的統一德國的政黨格局。

　　1990年12月2日舉行的第一次全德大選（第12屆聯邦議院選舉）中，中右勢力雖仍占優勢，但左翼勢力已開始回升。基民盟－基社盟和自民黨因為積極推動兩德統一而獲得了54.8％的選票，大大超過了社民黨（33.5％）和西部的綠黨（3.8％）。因為當時東、西部分別執行5％的限制性條款，東部綠黨組織的聯盟90有8名議員進入聯邦議院，民主社會主義黨（民社黨，PDS）

獲得17個聯邦議席，執政聯盟與反對派在聯邦議院中的力量之比，由1987年的282：237擴大為1994年的398：264。第13屆聯邦議院的選舉，於1994年10月在東歐政治衝擊明顯減弱和德國經濟、特別是東部經濟不景氣的情況下舉行，以基民盟為核心的中右聯合陣線雖然以微弱多數獲勝，但得票率大幅下降，基民盟－基社盟下降2.3％，自民黨下降4.1％，創歷史最差紀錄；左翼陣線的凝聚力明顯回升，社民黨得票率為36.4％，比上屆回升2.9％；聯盟90－綠黨得票7.3％，比上屆回升3.5％。在聯邦議院中，基民盟－基社盟和自民黨的優勢變為341：311，明顯縮小。1998年9月27日舉行的14屆聯邦大選中，基民盟－基社盟的凝聚力大幅下降，得票率僅為35.1％，比上屆減少6.4％，獲245個議席，淪為在野黨。社民黨取得巨大勝利，得票40.9％，比上屆增長4.5％，獲298個議席，成為聯邦議院中的第一大政黨。以主張環境生態現代化而著稱的聯盟90－綠黨迅速崛起，得票6.9％，47個議席，一躍成為聯邦議院中的第三大政黨，取代了一向起「政治天平砝碼」作用的自民黨（得票率6.2％）的地位，並且與社民黨聯合組成了紅－綠聯合政府。右翼的共和黨和德意志人民聯盟在聯邦大選和州議會選舉中，影響力穩中趨降。這一切表明，政黨體制正發生微妙變化。

德國政黨經歷了一百多年的興衰、動盪和改組，到本世紀60年代末才最終確立了現代政黨體制，具備了政黨政治的完整功能，其基本特徵有以下三點。首先，基民盟－基社盟和社民黨兩大主要政黨都有廣泛的社會政治基礎，代表社會各階層中較大一部分人的利益，是所謂的「人民黨」，也都推行以社會市場經濟為中心的、基本一致的國內政策。基民盟－基社盟和社民黨雖然各

有不同的選民基礎，但雙方出於共同的政治利益和經濟利益，又往往能在利益契合點上取得事實上的協調一致和妥協。

此外，政黨體制具有雙向性向心傾向。進入聯邦議院的政黨都有結盟執政的可能，而且都各有大致穩定的選民隊伍，競選的焦點是如何爭取中間選民。中間選民大都適應政治上的多樣性，迫使各個政黨不得不放棄急進的主張，不斷調整自己的政策，使之更具中間色彩，從而導致政黨政策逐漸向中間飄浮，使政黨體制更具向心傾向的特色。

最後一點，兩大政黨的輪流執政，過去主要是透過小黨結盟政策的改變而實現的。90年代以來政黨格局發生巨大變化：聯盟90－綠黨的政治影響力迅速上升，自民黨日漸失去其政策特性，民主社會主義黨正在從「東部政黨」變成全國性政黨。在這種情況下，促成執政多數的機遇，已由過去一個小政黨所獨享變成多個小政黨所共有；這些小政黨力量的消長及其政治取向，則成為影響政黨體制演變的主要因素。

第三節　聯邦議院中的政黨及其政策主張

(一) 基督教民主聯盟（基民盟）

基督教民主聯盟（Christlich Demokratische Union Deutschlands），簡稱基民盟（CDU），其前身為威瑪共和國時期的中央黨。二戰後，於1945年12月16日在巴德‧哥德斯堡正式成立。1950年10月20～22日在哥斯拉舉行全國黨代會，通過了該黨的第一個黨章，選舉了當時英占區基民盟主席康拉德‧阿登納

爲首任黨主席，成爲西德的全國性政黨。基民盟從成立之日起就自稱是一個代表中間勢力的「人民黨」。

基民盟之所以能迅速成爲在德國長期執政的「人民黨」，是因爲它「合乎理想地填補了戰後政治的眞空」 ❼：右翼方面，法西斯主義爲人們普遍憎惡，極右派臭名昭著；傳統的保守黨由於自由放任的經濟政策的惡果而名聲不佳；左翼方面，史達林模式在蘇聯和東歐國家也聲名狼藉。基督教民主聯盟抓住這個機會，確立了在人民參與、和解、合作與傳統的道德價値觀念的基礎之上的以「基督教原則」、「民主」和「一體化」爲主要標誌的新的政治理想，對許多選民產生了吸引力。它的基本指導思想是要把「基督教徒和天主教徒聯合起來」，利用「基督教信仰給予的力量，反對任何形式的暴力和專政」，推行社會市場經濟，加強聯邦主義。1947 年以來，基民盟與巴伐利亞州的基督教社會聯盟結成姊妹黨，習慣上稱「基督教聯盟黨」（聯盟黨，CDU－CSU），兩黨聯合參加聯邦議院選舉，並在聯邦議院組成聯盟黨議會黨團。1949 年 9 月～1969 年 10 月執政；1982 年 10 月再度執政至 1998 年10 月。原民主德國的基督教民主聯盟於 1945 年建黨，在蘇聯的控制之下，1949～1988 年一直與德國統一社會黨（SED）結盟，接受統一社會黨的領導。1989 年 12 月 15 日，該黨召開特別代表大會，宣布與其過去的歷史決裂，主張在民主德國恢復州行政建制，按基本法第 23 條加入聯邦德國。1990 年 10 月，兩個德國的基民盟在聯邦德國基民盟黨章的基礎上正式合併。

合併後的基民盟有黨員 636,285 人（1997 年），多數信奉天主教和基督教。黨員中，職員占 28.8％，企業主占 23.6％，官員占12.7％，家庭婦女占 11.4％，工人占 9.4％。基民盟的組織機構分

為中央、州、縣和鄉鎮四級。中央一級有全國黨代會、聯邦理事會和主席團。全國黨代會是該黨的最高權力機構，黨代表由各州和相當於州的機構選出，每1,000名黨員產生1名代表。黨代會的代表一般為750人，每兩年召開一次，其任務是制訂黨的綱領和方針政策，聽取聯邦理事會和該黨在聯邦議院議會黨團的報告，選舉基民盟主席團、基民盟主席和副主席，制訂參加聯邦大選的綱領和基本政治路線，推選出黨的聯邦總理候選人。聯邦理事會是全國黨代會休會期間的權力機構，也是協調聯邦與各州以及各州黨組織之間關係的中央機構，被稱為「小黨代會」。它的成員是基民盟主席、副主席、總書記、司庫、聯邦總幹事長、聯邦議院中基民盟議會黨團主席、副主席、在聯邦議院中擔任議長和副議長以及在聯邦政府中擔任聯邦部長的基民盟成員、基民盟各州領導人以及基民盟下屬的各聯盟和聯合會的領導人，其任務是貫徹全國黨代會的決議、研究全國政治形勢並作出相應決策。1963年起，基民盟設立總書記職務，在主席團的領導下，負責處理黨的日常事務和組織工作。基民盟總幹事長負責全黨的行政事務。主席團由基民盟主席、副主席、總書記、司庫和聯邦議院中基民盟議會黨團主席組成，是基民盟最重要的中央領導機構，主管政治決策、領導全黨日常事務以及領導並監督競選活動。

　　基民盟下轄州、縣和地方（鄉鎮）三級組織。這三級組織都稱聯合委員會。州、縣兩級都設代表大會，選舉出席全國黨代會的代表；選舉理事會，負責本級黨組織的決策和日常事務。縣理事會是黨的最低層的獨立組織單位，有自己的章程，經濟上獨立核算。全國現有276個縣級組織。地方黨組織管轄鄉鎮或大城市的區，主要任務是發展組織和宣傳鼓動。

基民盟對內、對外政策方面，政治上主張：

1. 政治多元化，議會民主制和聯邦制。
2. 堅持基督教原則和民主精神，強調實現德國社會的「精神和道德復興」。
3. 堅決同一切有組織的犯罪作鬥爭，維護社會治安；貫徹《避難法》，阻止難民大量流入。
4. 堅持打擊新納粹份子仇外、排外的暴力活動，抑制極右勢力的發展。

經濟政策方面主張：

1. 保障和促進私人財產、個人自由和真正的社會市場經濟。
2. 推行稅制改革，加強企業活力和德國產品的國際競爭力。
3. 開闢新的就業領域、實行彈性工作制，創造更多就業機會。
4. 團結互助，繼續推進東部社會經濟建設。

科學教育與社會政策方面主張：

1. 改革社會福利保障制度，確保全民生活與社會安全。
2. 對家庭和兒童、特別是對單親家庭提供特別幫助；反對墮胎，促進人口增長。
3. 改善生態環境；綜合利用各種能源，努力開發新能源，不放棄核能。
4. 縮短學制，促進雙軌制教育的繼續發展；努力為促進科研工作創造物質條件和組織條件，大力促進高科技的發展。

對外政策方面主張：

1. 德國在國際上承擔更多責任，發揮更大作用，爭取「在歐洲和世界上有體面的位置」。

2. 保持德法友好關係、維護德法軸心；強調歐盟應建成一個「符合民主、法治國家、社會和聯邦制原則，基本權利能得到保護的歐洲」，應「確保歐洲的自由與和平」，而不是「恢復民族主義和沙文主義」；積極推動歐洲一體化和《馬斯垂克條約》的實施。

3. 鞏固德美合作，堅持北約是保障歐洲安全的重要組織。主張加強北約的「歐洲支柱」，賦予西歐聯盟的防務職能，並將西歐聯盟納入歐盟組織內。

4. 積極主張德國參加北約防務區以外的聯合國的維和行動和其他軍事作戰行動。

5. 與俄羅斯建立特殊關係；積極支持和推進獨聯體國家的改革過程。

6. 調整對發展中國家的援助政策，主張通過援助使發展中國家達到自助；主張發展對華關係，在西藏、台灣問題上奉行「一個中國政策」；在人權問題上，避免與中國發生正面衝突。

7. 加強聯合國、改革聯合國。

基民盟 1982 年 10 月再次執政以來，在實現兩德統一、推進歐盟的經貨聯盟和按時啟動歐元方面，作出了舉世公認的重要貢獻。但是近年來在失業嚴重、財政狀況不佳等一系列社會經濟難題面前束手無策，威信下降。在德國 16 個聯邦州中，執政和參加

執政的州少於社民黨，在聯邦參議院中處於少數地位。另外，基民盟思想趨於僵化，「有帥無將」，缺乏中青年接班人的矛盾非常突出。

基民盟除了設有康拉德·阿登納基金會外，還有一些附屬組織：全國青年聯合會、婦女聯合會、全國社會委員會、全國市鎮協會、全國中小企業協會、全國經濟協會和全國被驅逐者與難民聯合會等。這些組織的結構大致與基民盟的結構相同，在基民盟確立的大政方針下，按照自己的章程，獨立開展活動。其領導人的任命須經基民盟總書記同意。

基民盟沒有正式的機關報，它主要透過兩個管道擴大自己的政治影響，一是透過傾向該黨的新聞媒體，傳遞和發布基民盟的政策和訊息，這些媒體主要是德國《世界報》、《萊因信使報》、《波昂評論報》、《德意志報》、德國第二電視臺、德意志電波電臺；二是由基民盟新聞中心經常地、免費地向社會提供各種資料。

（二）基督教社會聯盟（基社盟）

基督教社會聯盟（Christlich-Soziale Union），簡稱基社盟（CSU），其前身是威瑪共和國時期的巴伐利亞人民黨。1945年10月建立，1946年1月成為全巴伐利亞州的政黨，自稱是「保守的」、「自由的」、「社會的」代表巴伐利亞州各階層利益的「人民黨」。1947年該黨與基民盟結成姊妹黨後，基社盟只限於在巴伐利亞州發展組織、開展活動，基民盟則不在巴伐利亞州活動。1949年起，它在聯邦議院內與基民盟組成一個議會黨團，在聯邦大選時，它與基民盟制訂統一的競選綱領、推選統一的聯邦總理

候選人；但兩黨各自都有自己的章程和綱領，組織上各自獨立，內部事務互不干涉。兩黨相比較，基社盟更熱心於聯邦原則，更著重和自己的政治對手進行堅決與不調和的鬥爭。它在巴伐利亞州除 1954 年 12 月～1957 年 10 月這段時期外，一直處於執政地位，而且 1966 年以來一直單獨執政；在 1949～1969 年參與聯邦執政，1982 年 10 月～1998 年 10 月一直是以柯爾為總理的聯邦政府的主要執政夥伴。因此，該黨不但是巴伐利亞州最重要的政治力量，而且對全德也有重要影響。兩德統一後，基社盟有一個時期曾支持東德的德國社會聯盟，但德國社會聯盟在獲得了最初的成功之後，始終沒有擺脫分裂狀態，以至基社盟不久就跟它脫離了關係。

基社盟現有黨員 180,165 人（1997），絕大多數信奉天主教。黨員成分主要是大企業主和中高級職員，下層居民占的比例很小，在全部黨員中，工人只占 18.3％，農民只占 12％。該黨主要代表大壟斷資本、大銀行和舊容克地主的利益。弗利克集團的克勞斯‧馬菲公司（生產豹式坦克）、梅塞斯米特─伯爾科─布洛姆公司（製造飛機和導彈）、奧格斯堡─紐倫堡機器製造公司和聯合汽車公司（即「寶馬」汽車公司）以及西門子電器公司等，是工業界在基社盟的主要代表。

基社盟的組織機構分為四級。最高一級是巴伐利亞州基社盟代表大會，它是最高權力機構，每兩年舉行一次代表大會，選舉基社盟主席，通過新黨章；選舉理事會和主席團。理事會由主席團成員、執行委員會成員和地方黨組織的領導人組成，其主要任務是制訂黨的綱領。執行委員會由黨的主席、副主席、司庫、幹事長、聯邦議院和巴伐利亞州議會中基社盟議會黨團（組）負責

人、巴伐利亞州政府總理以及青年聯盟的領導人組成，負責制訂政策，管理全黨的組織工作。主席團由黨主席、副主席、司庫、幹事長等組成，是基社盟常設的中央權力機構，負責確立黨在聯邦議院、巴伐利亞州議會中的政策；制訂競選方針；主持黨的日常事務。以下是專區、縣和地方（鄉鎮）組織。共有七個行政專區組織以及慕尼黑、奧格斯堡兩個城市區組織。黨的縣和地方（鄉鎮）兩級組織都分別設理事會，負責宣傳鼓動和發展黨員等日常工作。

對內、對外政策方面，基社盟主張捍衛國家現行政治體制，堅持聯邦制原則，強化國家機器；主張搞現代福利國家，對社會經濟的某些領域進行改革，但要保護企業主和農場主的利益；堅持主張取締極右翼政黨，同右翼極端份子進行堅持鬥爭，同時採取有效措施阻止難民大量流入；強調與美國保持聯盟、建立平等夥伴關係的同時，加強西歐政治和軍事聯合，在防務上組建歐洲混合部隊，必要時依靠歐洲自己的力量保衛歐洲安全；要求推動歐盟深化和擴大，執行共同的外交與安全政策，但歐盟要放權、「德國要為自身的利益而奮鬥」；支持東歐國家的民主化改革，重視發展與第三世界國家、特別是和中國以及非洲國家的關係。

基社盟除設立漢斯‧賽德爾基金會外，還有下列附屬組織：巴伐利亞青年聯盟、婦女聯盟、基督教社會工作委員會、經濟工作委員會、中小企業協會、被驅逐者聯合會、州住房建設與城市生活委員會等。基社盟的機關報是《巴伐利亞信使報》。

（三）社會民主黨（社民黨）

社會民主黨（Sozialdemokratische Partei Deutschlands），簡稱

社民黨（SPD），它的前身是斐迪南‧拉薩爾於 1863 年 5 月 23 日在萊比錫創立的「全德工人聯合會」。1869 年 8 月 7～9 日，威廉‧李卜克內西和奧古斯特‧倍倍爾在愛森納赫成立了「社會民主工人黨」。1875 年 5 月 23～27 日，上述兩黨在哥達開會，合併為「德國社會主義工人黨」。1891 年 10 月愛爾福特黨代會上改名為「德國社會民主黨」至今。

社會民主黨在 1878～1890 年因俾斯麥頒布「鎮壓社會民主黨企圖危害治安的法令」（通稱「反社會主義者非常法令」）而遭到禁止。第一次世界大戰期間，它在組織上發生了嚴重分裂。威瑪共和國建立之初，社會民主黨人弗里德里希‧艾伯特當選為第一任帝國總統。1933 年 1 月希特勒法西斯上臺，同年 6 月 22 日社民黨被取締轉入地下。1946 年 5 月 9 日，德國西部占領區和柏林的社會民主黨代表在漢諾威召開黨代表大會，正式宣布重建社民黨。黨代表大會選舉庫特‧舒馬赫為黨的第一任主席。在此之前，即 1946 年 4 月 20～21 日，德國東部占領區的社會民主黨在蘇軍占領當局的指令下與共產黨合併為「德國統一社會黨」。從此以後，社會民主黨在東部占領區以及後來的民主德國便不復存在。

社民黨重建之後沒有制訂新綱領，而是繼續沿用 1925 年制訂的、以馬克思主義為導向的海德堡綱領；政治上強烈要求德國保持領土完整，並逐步實現統一；要求德國和其他國家一樣享有平等的權利；想在德國建立一個所謂的民主社會主義國家；經濟上建立「一種以社會主義為基礎的新體系」，也即實行計畫經濟，對大工業和大銀行實行社會化，在農村實行土地改革。社民黨的僵化政策沒有贏得選民的擁護，1949 年 8 月 14 日第一屆聯邦議院選舉中，社民黨只得 29.2％的選票（131 個議席），而建黨不到四年

的基民盟和它的姊妹黨基社盟卻獲得31％的選票（139個議席），組閣大權落到了基民盟－基社盟手裡。從此，社民黨一直到1966年在野整整17年。

1959年11月「哥德斯堡綱領」的制訂，實現了社民黨的根本性轉折。哥德斯堡綱領中，完全沒有了關於馬克思主義、無產階級解放鬥爭、反對剝削階級和壟斷資本主義等詞句，而提出社民黨追求的基本價值是「自由、公正和團結」，「社會民主主義在歐洲根植於基督教倫理、人道主義和古典哲學，它不宣布任何最後的真理」。「社會民主黨是一個思想自由的黨，它是一個由不同信仰和思想的人們所組成的團體。他們的一致性建立在共同的、道德上的基本價值觀念和共同的政治目標的基礎上。社會民主黨努力追求符合這種基本價值的生活制度。」「社會民主黨已經從一個工人階級的政黨變成了一個人民的政黨。」❽該綱領還強調，社會民主黨也主張社會市場經濟，支持西方一體化的外交政策。哥德斯堡綱領制訂以後，社會民主黨的威信逐漸上升，1961年第4屆聯邦議院選舉時，社民黨得票率36.2％；1965年第5屆聯邦大選時，其得票率更上升為39.3％。1966年它作基民盟－基社盟的執政夥伴進入了「大聯合政府」。大聯合政府的成立表明，經過17年的較量，社民黨終於具備了同基民盟－基社盟一樣的平等政治地位和執政能力，確立了兩大政黨輪流執政的二元體制。1969年的第6屆聯邦大選社民黨得票42.7％，與自民黨結盟，成立了「社民黨－自民黨聯合政府」，連續執政13年之久。1982年10月～1998年9月，一直處於在野黨地位。這期間，社民黨調整了外交和安全戰略，提出了「安全夥伴關係」和「共同安全」的思想；並就國內政策開展了大辯論。1998年10月，該黨與聯盟90

一綠黨結盟，重新上臺執政。

東德的社會民主黨在東部政局劇變中於 1989 年 10 月 7 日成立，並且迅速建成爲推動民主改革和德國統一的重要政治力量。在 1990 年 3 月 18 日舉行的民主德國自由選舉中，社會民主黨得票 21.84％，在人民議院中占 88 議席，參加了由基民盟主席德·梅齊埃爲部長會議主席的民主德國最後一屆聯合政府，並且擔任了聯合政府中的 7 名部長（包括外交部長），但不久又退出了聯合政府。1990 年 9 月 25～29 日兩個德國的社會民主黨在柏林的聯合黨代表大會上決定合併爲德國社會民主黨，參加了 1990 年 12 月 2 日舉行的德國統一後的首屆聯邦議院選舉。但是，由於 1989～1990 年出現兩德統一的歷史機遇時，西德的社民黨政策失誤，威信大幅下降，以致統一後的首屆聯邦議院選舉中，社民黨只得票 33.5％，創 1961 年以來的最差記錄。近年來，由於黨的政策大幅調整和領導人員的更迭，黨的凝聚力明顯回升。

社會民主黨現有黨員 780,000 人（1997），黨員主要是工人、職員、獨立手工業者、小企業主、公司經理和家庭婦女。其中工人占 26％，職員占 26％，官員占 10.7％，退休者占 12.2％，大中學生占 6.4％，小業主占 4.1％，家庭婦女占 12.2％。

社會民主黨的組織結構比較嚴密，全黨分爲中央、專區、區和地方（鄉鎮）四級。黨的中央又分爲：全國黨代會，黨的監察委員會、黨的顧問委員會、黨的理事會。全國黨代會的代表由 400 個專區的黨組織按黨員人數的比例選舉產生，其中女性至少占代表總數的 40％。黨的理事會成員是黨代會的當然代表，它是黨的最高權力機構，每兩年召開一次，其任務是制訂新黨章、選舉黨的理事會和黨的主席、副主席。黨的監察委員會由黨代會選

舉產生、並向黨代會負責，至少每一季度召開一次會，其成員均
為兼職。黨的顧問委員會由監察委員會成員和黨代會選出的90名
成員組成，主要任務是在理事會決策之前聽取黨關於內政、外
交、黨的建設、財政經費等方面情況並提供諮詢建議。理事會由
黨的主席及5位副主席、幹事長、司庫以及黨代會確定的其他人
員組成。在理事會成員中選舉產生常務理事會（也稱主席團），負
責主持全黨的日常事務，監督各級黨組織貫徹執行黨的決策。理
事會和常務理事會成員至少必須有40％女性。理事會和常務理事
會是全國黨代會休會期間黨的最高權力機構。

　　社會民主黨近年來自稱是「新中間」❾的人民黨。它的政策
主張，政治方面：

1.提倡民主社會主義，堅持自由、公正和團結。
2.主張嚴厲打擊極右翼勢力和暴力排外活動。
3.主張雙重國籍；提倡墮胎自由。

經濟方面主張：

1.利用全球化和歐洲一體化機遇發展經濟，確保就業機會。
2.堅持社會安全與公正，改革稅收和社會保險制度。
3.強調德國應該成為「思想製造廠」，努力發展教育與科學研
　究，提高國民經濟的革新能力和競爭能力。
4.振興德國東部經濟，努力完成內部統一。
5.主張提高汽油、電和天然氣稅；用10％的附加稅取代現行
　的「團結互助稅」，使企業主和高收入者多納稅。

外交方面主張：

1.建立冷戰後的國際新秩序，要求德國在世界上發揮更大作用，承擔更多國際責任。

2.贊成《馬斯垂克條約》，推進歐盟內部合作、密切德法關係，進而建立「歐洲合眾國」。

3.強調德國留在北約，加強德美關係和大西洋聯盟；要求北約同獨聯體和東歐國家建立「可信賴的友好關係」。

4.主張從德國撤走全部核武器，消除核威脅；同意德軍不受《基本法》限制參與聯合國維和行動，反對德軍在北約範圍以外參加武裝軍事行動。

社民黨存在的主要問題是領導層長期爭鬥不已、黨內爭論不斷；政策不穩；黨員人數下降，而且年齡老化。社民黨除了弗里德里希‧艾伯特基金會外，還有下列附屬組織：青年社會主義者聯盟、社會民主婦女聯盟、獨立職業者聯盟、社會民主法律工作者聯盟、教育工作者聯盟、雇員問題聯盟以及城市、住宅政策聯盟等；另外，強大的德國工會聯合會與社民黨關係密切。

（四）自由民主黨（自民黨）

自由民主黨（Freie Demokratische Partei）簡稱自民黨（F.D.P.），它繼承著德國「自由主義」思想的傳統，是德國所有自由派勢力的政黨。其社會政治的核心是自由和個人的尊嚴、法治國家思想以及寬容。1945年6月以後，德國西占區出現了許多自由派小組；1948年12月12日，分散的自由派小組召開代表大會，決定成立統一的「德國自由民主黨」。自民黨成立以來多次參與執政：1949～1956年、1961～1966年與基民盟─基社盟聯合

執政：1969～1982年與社民黨聯合執政：1982年10月～1998年10月又與基民盟—基社盟聯合執政。在德國政治舞臺上，自民黨一直在基民盟—基社盟和社民黨之間起著「平衡器」的作用，並在大多數情況下決定著兩個大黨中誰主政的問題；而長期以來，聯邦政府危機大多也是由自民黨引起的。自民黨的經濟政策具有強烈的新自由主義特徵，主張儘可能減少國家的干預；它的社會政策是儘可能少地考慮雇員和其他貧困階層的利益，處於右翼，但文化政策上卻又處於左翼。自民黨常常在這些政策方面與主要執政夥伴發生分歧，使得聯合政府破裂。隨著聯盟90—綠黨的崛起，自民黨扮演「政治砝碼」的作用明顯變小。

　　東德的「德國自由民主黨」成立於1945年7月，主要由工業者、中小商人、文化工作者和職員組成，沒有自己的明確綱領，接受德國統一社會黨的路線和領導。隨著東德政局的變化，從1989年起黨不再承認德國統一社會黨的領導地位，力主修改憲法。1990年2月10～11日，該黨召開非常代表大會，主張推動德國統一、實現社會市場經濟、建立可靠的社會福利網絡。該黨1990年3月與新組建的自民黨、德國論壇和德國國家民主黨合併成「自由民主聯盟」。在1990年3月18日的民主德國自由選舉中，自由民主聯盟得票5.28％，在人民議院中獲21個議席；參加了德·梅齊埃領導的民主德國的最後一屆聯合政府。1990年8月，西德的自由民主黨與東部的自由民主聯盟合併為「德國自由民主黨」。

　　自由民主黨主要代表中產階級的利益，其黨員主要是大中小企業主、農場主、富裕農民、自由職業者、高級職員、官員和手工業者。1997年底黨員總數71,000人。

自由民主黨的組織機構分為聯邦、州、專區、縣和地方（鄉鎮）五級。自民黨全國代表大會是黨的最高權力機構，每年召開一次，緊急情況下可召開特別黨代會。黨代會的代表計662名，由各州黨組織根據黨員人數的比例選舉產生。黨代會制訂黨的章程和競選綱領，選舉黨的理事會、主席團以及黨的主席和副主席。黨代會休會期間，黨的理事會和主席團是黨的最高權力機構。理事會由主席團成員、黨主席和副主席、自民黨議會黨團主席、歐洲議會中自民黨議員組負責人、黨的總書記、聯邦部長中的自民黨成員、州政府總理中的自民黨成員等人組成，負責決策一切組織和政策問題。

　　自由民主黨自稱是「中間派」的政黨，是「現代改革黨」，在內政方面主張：

1. 強調信仰自由和人身自由，強調更多的直接民主。
2. 主張嚴厲打擊極右翼勢力和新納粹份子；主張控制外國移民；同意「雙重國籍」並給外國人以選舉權。
3. 維護社會市場經濟，強調自由競爭；要求實行私有化、削減福利、改革稅制、減少國家對東部的長期補貼。

外交方面：

1. 主張德國謀求在聯合國安理會常任理事國席位，在世界上發揮更大作用；同意德國國防軍可以不受基本法的限制，參與聯合國的維和行動或執行作戰任務。
2. 支持建立歐洲經濟貨幣聯盟和政治聯盟；要求加強歐洲議會的權力，積極推動歐洲一體化進程。

3.強調德美合作，認爲北約和歐洲防務聯盟是歐洲安全的「兩個屋頂」。

4.支持獨聯體和東歐國家的民主化改革，同意東歐一些國家分別加入北約和歐盟。

5.主張歐洲與第三世界國家建立經濟夥伴關係，積極推行新亞洲政策、發展對華全面友好合作關係。

　　自由民主黨存在的主要問題是：(1)沒有本黨的政策特色，自稱是「現代改革黨」，實際拿不出社會經濟改革方略。(2)黨內派別鬥爭激烈，黨員人數減少，威信下降。(3)聯盟90－綠黨的迅速發展使自民黨失去了德國第三政黨的地位；另外，自身定位不明、凝聚力下降，在聯邦各州很少參與執政，面臨生存危機。自由民主黨除了弗里德里希·諾曼基金會之外，還有下列附屬組織：青年自由黨人、高校自由黨人聯合會、聯邦自由婦女聯合會等。

（五）聯盟90－綠黨（綠黨）

　　聯盟90－綠黨（Bündnis 90/Die Grünen），簡稱綠黨（Grüne）。西德的綠黨是60年代大學生抗議運動、公民替代組織以及和平運動的綜合產物。它最初以各種生態環保組織的名義參加了漢堡、什霍州、下薩克森州的地方鄉鎮選舉；州議會選舉中以6.5％的選票，進入不萊梅州議會；同一年的歐洲議會選舉中，它又獲得了3.2％的選票。1980年1月13～14日，各地方生態環保組織在卡爾斯魯厄召開代表大會，宣告成立綠黨，不久便建立了州、縣、鄉、鎮的綠黨組織；同年，綠黨首次參加聯邦議院選

舉，得票1.5％。1983年在第10屆聯邦議院選舉中得票5.6％，首次進入聯邦議院，獲得27個聯邦議席。1990年12月，統一後的德國首次聯邦議院選舉中，它因反對德國統一和內部爭吵，只得到3.8％的選票，被擠出了聯邦議院。

1989年秋冬民主德國政局發生劇變後，陸續成立了綠黨、「現在要民主」、「和平與人權倡議組織」、「新論壇」等新政黨和新的政治組織。1990年3月18日民主德國自由選舉時，綠黨以及由「現在要民主」、「和平與人權倡議組織」、「新論壇」組成的「聯盟90」參加競選。結果，聯盟90獲得人民議院12個議席，綠黨得8個議席。後來聯盟90和綠黨在人民議院結成政治聯盟，並且以聯盟90－綠黨的名義參加德國統一後的首屆聯邦議院選舉，按全德統計得票1.2％，沒有超過5％的限制線。但根據聯邦憲法法院1990年9月29日裁定的東西德分兩個地區分別計票的規定，聯盟90－綠黨獲得東德地區有效選票的5.9％，從而進入聯邦議院，並獲得8個聯邦議席。

西德的綠黨和東德的「聯盟90－綠黨」為了未來的發展，決定在「生態」、「社會」、「基層民主」和「非暴力」的共同價值觀的基礎上聯合起來，於是，1993年3月15日兩黨在萊比錫的聯合黨代會上正式組建成「聯盟90－綠黨」。1994年10月第13屆聯邦議院選舉中，聯盟90－綠黨得票7.3％，分得49個聯邦議席，成為聯邦議院中僅次於基民盟－基社盟、社民黨的第三大政黨。聯邦大選之後，該黨發表聲明：遵守聯邦政府有關保密問題的規定，從而首次進入聯邦議院監督委員會，參與管理聯邦憲法保衛局、聯邦情報局和軍事反間諜局，但仍不能進入聯邦議院G－10一委員會，也不能參與監督執行信件、郵政和通訊秘密限制法。

第14屆聯邦大選中，該黨得票6.7％，與社民黨結成紅－綠聯盟，首次參與聯邦執政。

聯盟90－綠黨現有黨員49,000人（1997），主要是環境保護主義者、核能反對者、和平主義者、中小工商業主、教師、律師、醫生、職員、農民和大學生。不少人是從社民黨、自民黨和基民盟－基社盟轉入該黨的。黨員大多數都比較年輕，1996年平均年齡只有25歲。黨內派別林立，主要派別有：(1)以路德格爾‧福爾默爾為首的多數派，反對德軍以任何形式進入危機地區，強調尊重人權；(2)原來聯盟90的格哈德‧波帕和沃爾夫岡‧泰姆普林派，主張德軍參與聯合國名義下的維和行動；(3)丹尼爾‧科恩－本迪特派主張繼續推行原來西部綠黨的人權政策，同意德軍參加聯合國名義下的維和使命；(4)胡貝特‧克萊納和約希卡‧費舍爾為中間派，主張推行比較務實的社會經濟政策，並「對社會民主黨打開黨的大門」，爭取參加社民黨領導的各級政府。目前，中間派成為黨內主流派。

聯盟90－綠黨的組織機構分為：中央、州、專區、縣和地方（鄉鎮）。黨的中央機構有：聯邦會議、州委員會、聯邦理事會和聯邦財務委員會。聯邦會議，實際上是黨的全國代表會議，其代表由縣黨組織按黨員人數的比例選舉產生，女代表至少必須占代表總數的50％。黨代會由黨的聯邦理事會召集，至少每年召開一次，其任務是制訂黨章和黨的競選綱領，決定黨的路線、方針政策，選舉黨的聯邦理事會。州委員會由黨的州領導機構的代表、黨的聯邦理事會成員和黨的聯邦議院議會黨團成員共同組成，它是黨的聯邦會議休會期間的最高權力機關，至少每一季度召開一次會議，負責黨的路線和重大事項的決策。黨的聯邦理事會由9

人組成：2位具有平等權力的發言人、聯邦司庫、政務幹事以及5位其他成員，其中至少應有半數是婦女。聯邦理事會負責政治決策，主持黨的日常事務，對外代表本黨發言。聯邦財務委員會主管黨的經費和各項財政事務。黨的州以下各級組織都稱爲「聯合會」，幾個縣聯合會可以組成一個專區聯合會。該黨強調非集中化的組織結構和基層民主，因此，黨的州、縣和地方組織都享有「最大可能的自治」。

聯盟90一綠黨的內外政策近年來已日趨成熟。內政方面主張：

1. 要求社會徹底改革，建立社會公正，保障人權，加強基層自治和自決權。
2. 主張「實行必要的環境保護政策」，廢除核能，恢復生態平衡。
3. 要求男女平等，強調婦女有墮胎自由。
4. 主張保障外國人的平等權利，反對暴力和種族排外主義。
5. 要求建立直接保障人們生存條件的經濟制度，反對經濟權力的壟斷和國家機關的官僚主義化，要求限制銀行的權力。
6. 促進創造就業機會，重視解決失業問題，要求富人多納稅、開徵新的生態稅。
7. 主張解散聯邦國防軍、秘密警察和邊防部隊。

外交方面主張：

1. 實行和平中立的外交政策：主張全面改革北約，建立一個

沒有軍隊的歐洲無核區。

2. 支持歐洲一體化進程，但強調要保持本國的主權和獨立。

3. 反對對第三世界國家的剝削和掠奪，主張削減他們的債務，提倡合作和援助。

4. 支持德國軍隊以「和平服務隊」形式參加聯合國名義下的維和行動；主張核裁軍，反對核試驗和核戰爭。

聯盟90－綠黨存在的主要問題是：(1)黨內無政府主義思想嚴重，組織紀律鬆弛；(2)黨內派系林立，領導人之間對黨的路線和方針政策分歧較大，影響黨的凝聚力和戰鬥力；(3)有些政策脫離實際，且經常搖擺。聯盟90－綠黨除了在1988年成立了彩虹基金會聯合會之外，在1993年成立了附屬的「綠色替代青年聯盟」。該青年組織成員的年齡不超過28歲，而且組織上沒有加入聯盟90－綠黨的義務。

(六) 民主社會主義黨 (民社黨)

民主社會主義黨 (Partei des demokratischen Sozialismus)，簡稱民社黨 (PDS)，其前身是民主德國的執政黨——德國統一社會黨。統一社會黨是由德國共產黨和東德的社會民主黨根據蘇軍占領當局的指令，於1946年4月21～22日的柏林聯合黨代會上合併創立的。從民主德國1949年10月成立起，它就是民主德國的執政黨、民主德國整個社會生活的「領導核心」；並作為蘇共的「兄弟黨」執行著本質上與蘇共類似的對內、對外政策。它的黨員人數最多時達到230萬 (1989年8月)。隨著民德1989年秋冬政局的劇變，統一社會黨開始走下坡。1989年11月9日，柏林圍牆開

放。1989年12月9日統一社會黨在特別黨代會上決定更名為「德國統一社會黨——民主社會主義黨」，1990年2月4日又更名為「民主社會主義黨」（簡稱民社黨），並於同年2月24～25日舉行了第一次黨代會。1990年3月18日民主德國自由選舉時，民社黨自稱是「德意志土地上的一個社會主義政黨」，向人民中所有為實現民主社會主義的基本價值觀而鬥爭的力量開放；並宣稱黨的目標是建立人道的民主的社會主義。大選中，民社黨獲得16.33％的選票，在人民議院中占66個議席，從此該黨由執政黨轉為在野黨。兩德統一後，民社黨參加了統一後首次聯邦議院選舉，按1990年9月29日聯邦憲法法院裁定的選票統計原則，獲得按全德統計的2.4％、按東德選區統計11.1％的選票，從而進入聯邦議院，分得17個聯邦議席。1994年6月，該黨在歐洲議會選舉中得票率為4.7％。同年10月在第13屆聯邦議院選舉中得票為4.4％，雖未達到5％的限制條款，但由於它在柏林獲得4個直選議席而進入了聯邦議院，分得30個聯邦議席。目前，該黨進入了東部5個新聯邦州的州議會，是東部地區僅次於社民黨、基民盟的第三大政黨。

民主社會主義黨現有黨員123,751人（1997年），黨員中工人占26％，職員占45.2％，官員占2.1％，科學工作者占17.1％，農民占2.2％，手工業者占0.9％，自由職業與中小企業主占22.7％。黨員年齡老化十分嚴重：1996年黨員年齡在30歲以下者僅占25％，而40％的黨員是退休者。

民社黨的組織結構分為：中央、州、縣和地方（鄉鎮）四級。中央機構分為：全國黨代會、理事會、黨參議會。全國黨代會是黨的最高權力機構，每兩年舉行一次，其任務是制訂黨的綱

領、章程、政治戰略和基本路線；選舉理事會以及黨的主席、副主席、司庫和幹事長。理事會是黨代會休會期間黨的最高權力機構，由18人組成，負責政治決策、主持黨的日常工作。黨參議會由各州黨的聯合會的代表以及黨內各利益團體的代表組成，其任務是在黨內發生矛盾和衝突時，負責黨內協調和調解。

民主社會主義黨自稱是「社會主義政黨」❿，而且「作為社會主義的黨是不反共，不準備在自己的隊伍中放棄民主——共產主義的立場」。在內政方面主張：

1.要求德國社會向「民主的、社會的、生態的、公民的社會轉變」，實現公正、人道主義和民主；加強基層民主，反對中央集權。
2.主張取締法西斯和極右組織，允許外國人獲得選舉權和雙重國籍。
3.主張建立「社會和生態的市場經濟」，擴大就業，停止使用核能，支持改革稅制和社會保障制度。
4.振興東部經濟，完成德國內部統一。

在外交方面主張：

1.反對北約和歐盟東擴，反對德國軍隊參與國際軍事行動，但不反對其參與聯合國的和平使命。
2.支持歐洲一體化進程，但要透過民族自決的方式決定歐盟的發展。
3.支持獨聯體及東歐國家的民主化改革，重視發展與俄羅斯、中國等國家的關係。

民社黨雖然正在從一個東部的地區性政黨發展爲全國性政黨，但目前存在三大問題：(1)黨的領導人對黨的奮鬥目標和綱領分歧較大，傳統的、左的思想意識根深蒂固，嚴重影響黨的威信和凝聚力；(2)在西部各州的黨員寥寥無幾，政治上幾乎沒有影響力；(3)黨員年齡嚴重老化，且人數不斷下降。民社黨於1999年初成立了盧森堡基金會，迄今沒有成立附屬組織，但在黨內按不同行業和利益群體，組成了各種工作組或聯合會。

表10-1 德國聯邦議院1949～1998年各政黨選舉結果（%）

選舉年分	1949	1953	1957	1961	1965	1969	1972	1976	1980	1983	1987	1990	1994	1998
基民盟－基社盟	31.0	45.2	50.2	45.4	47.6	46.1	44.9	48.6	44.5	48.8	44.3	43.8	41.5	35.1
社民黨	29.2	28.8	31.8	36.2	29.3	42.7	45.8	42.6	42.9	38.2	37.0	33.5	36.4	40.9
自民黨	11.9	9.5	7.7	12.8	9.5	5.8	8.4	7.9	10.6	7.0	9.1	11.0	6.9	6.2
綠黨*									1.5	5.6	8.3	3.8	7.3	6.7
民社黨												2.4		5.1
德意志黨	4.0	3.3	3.4											
全德聯合會－被逐出家園和被剝奪權力者聯合會		5.9	4.6											
全德意志黨				2.8		0.1								
中央黨	3.1	0.8	0.3											
巴伐利亞黨	4.2	1.7	0.5											
德國共產黨	5.7	2.2												
德意志帝國黨	1.8	1.1	1.0	0.8										
德國和平聯盟				1.9	1.3									
經濟建設聯合會	2.9													
德國國家民主黨					2.0	4.3	0.6	0.3	0.2	0.2	0.6	0.3		
聯盟90－綠黨**												1.2		
共和黨												2.1		1.8
其他政黨	6.2	1.5	0.5	0.1	0.3	0.8	0.3	0.3	0.2	0.2	0.7	1.6	4.4	

* ：1994 年起為聯盟90一綠黨。　　** ：1993 年之前為東部的聯盟90一綠黨

資料來源：（德）聯邦統計局：相關年分的《統計年鑑》以及1998 年10 月14 日《德國聯邦議院新聞中心公報》。

表10-2　德國聯邦議院1949～1998年各政黨議席分配數

選舉年分	1949	1953	1957	1961	1965	1969	1972	1976	1980	1983	1987	1990	1994	1998
基民盟	115	191	215	192	196	193	117	190	185	202	185	268	244	245
基社盟	24	52	55	50	49	49	48	53	52	53	49	51	50	
社民黨	131	151	169	190	202	224	230	214	228	202	193	239	252	298
自民黨	52	48	41	67	49	30	41	39	54	35	48	79	47	43
綠　黨*										28	44	8	49	47
民社黨												17	30	36
德意志黨	17	15	17											
巴伐利亞黨	17													
德國共產黨	15													
經濟建設聯合會	12													
中央黨	10													
德意志帝國黨	5													
無黨派	3													
南石勒斯威選民聯合會	1													
被遞出家園和被剝奪權力者聯合會	27													

*：1990年僅爲東部的聯盟90—綠黨，1994年爲聯盟90—綠黨。相關年分的《統計年鑑》以及1998年10月14日《德國聯邦議院新聞中心公報》。
資料來源：(德)聯邦統計局：

表10-3　歷屆聯邦政府執政聯盟與內閣席位分配情形

內閣任期	執政聯盟與內閣席次分配
阿登納總理（基民盟）	
第一屆內閣（1949～1953）	基民盟6、基社盟3、自民黨3、德意志黨2
第二屆內閣（1953～1957）	基民盟8、基社盟2、自民黨4、被逐者和被剝奪者2、德意志黨2、無黨派1、基民盟10、基社盟3、自民黨2、德意志黨2
第三屆內閣（1957～1961）	基民盟12、基社盟4、自民黨2、德意志黨2
第四屆內閣（1961～1962）	基民盟12、基社盟4、自民黨5
第五屆內閣（1962～1963）	基民盟12、基社盟4、自民黨5
艾哈德總理（基民盟）	
第一屆內閣（1963～1965）	基民盟13、基社盟4、自民黨5
第二屆內閣（1965～1966）	基民盟13、基社盟5、自民黨4（1996年10月27日自民黨部長退出聯邦政府）
基辛格總理（基民盟）	
（1966～1969）	基民盟8、基社盟3、社民黨9
布蘭德總理（社民黨）	
第一屆內閣（1969～1972）	社民黨12、自民黨3、無黨派1
第二屆內閣（1972～1974）	社民黨13、自民黨5
施密特總理（社民黨）	
第一屆內閣（1974～1976）	社民黨12、自民黨4
第二屆內閣（1976～1980）	社民黨12、自民黨4
第三屆內閣（1980～1982）	社民黨13、自民黨4（1982年9月17日自民黨的部長退出聯邦政府後社民黨13）
柯爾總理（基民盟）	
第一屆內閣（1982～1983）	基民盟9、基社盟4、自民黨4
第二屆內閣（1983～1987）	基民盟9、基社盟5、自民黨3
第三屆內閣（1987～1991）	基民盟10、基社盟5、自民黨4
第四屆內閣（1991～1994）	基民盟11、基社盟4、自民黨5
第五屆內閣（1994～1998）	基民盟10、基社盟4、自民黨3
施若德總理（社民黨）	
（1998年以來）	社民黨12、綠黨3、無黨派1

—注釋—

❶ 義大利在1948年1月1日頒行的憲法首先規定了政黨的地位。該憲法第49條規定：全體公民有自由組織政黨的權利，並提出了「民主」的要求。迄今在憲法中規定政黨地位的其他國家，依時間順序為：法國（1958年10月4日）、希臘（1975年6月9日）和西班牙（1978年12月29日）。

❷《政黨法》第1條第1款。

❸《西歐研究》雜誌，1991年第4期，第29頁。

❹ 李景治：《當代資本主義國家的政黨制度》，福建人民出版社，1993年版，第246頁。

❺〔德〕庫特・宗特海默爾：《西德政府與政治》，Hutchinson & Co. Ltd, London，1972年英文版，第97頁。

❻ 納粹黨在議會選舉中的得票率，1928年僅為2.8％；1932年7月便猛升為37.3％，1932年11月為33.1％，均居同時期各政黨之首。

❼〔英〕羅納德・歐文：《西歐基督教民主黨》，上海譯文出版社，1987年，第109頁。

❽〔德〕蘇姍・米勒等：《德國社會民主黨簡史── 1848～1983》，

求實出版社，1984 年中文版，第366頁。

❾德國國際交流中心：1998 年 4 月德文版《選舉特別服務》，第 40 頁。

❿同上書第71頁。

第 *11* 章

憲法體制中的利益集團

第一節　利益集團的法律地位

　　利益集團，是德國政治體制的有機組成部分，在一定程度上，它是政黨形式的、更重要的是作用上的一種有效補充，也是多元化政治文化的反映。它對於德國的現實政治和聯邦政府的內政、外交政策都有重大的影響，與政黨一起被視爲「第二圈的政策制訂者」。

　　人們的利益總是以這種或那種方式表達出來的，利益集團就是一個關於人們利益如何表達的政治學概念。美國前總統、集團問題理論家麥迪遜認爲：「利益集團是爲某種共同的感情或利益所驅使而聯合起來的一定數量的公民。」有的學者認爲，利益集團是「一群人爲了透過共同的行爲謀取共同利益而組成的聯合體」❶。在美國，利益集團活動的方式與德國有很大不同。在美國，對議員進行遊說是利益集團活動中最爲普遍的手段。英語中的「遊說」一詞 ── "Lobbing" 即源於議會外的休息室或走廊

"Lobby"。19世紀初期，「院外活動」一詞最初在美國紐約州的奧爾巴尼開始使用時，指的也僅僅是在 "Lobby" 遊說議員以對立法活動施加影響。直至今天，美國的利益集團一直被稱爲「院外集團」或「壓力集團」。德國學者認爲：利益集團是「根據參與者的自由創議，試圖在市場、或其他經濟的、社會的或文化過程中，對國家決策施加各種精神的、物質的影響，而不準備通過接受政府責任而直接參與政治過程」❷。因此，德國人對於把利益集團稱爲「壓力集團」或「院外集團」十分反感，而喜歡稱它爲 "Interessengruppen"（利益團體、利益聯合會），或者 "Verband"（聯合會、協會、社團）、"Vereinigung"（社團、協會、聯合會）、"Vereine"（社團、聯合會、協會）、"Gesellschaft"（會社、團體、協會）等等。德國著名學者馬克思·韋伯在談到利益團體時強調：「團體應該稱之爲一種對外受到調節性限制的或者封閉的社會關係，如果對其制度的遵守是通過特定的人的原本自在讓人執行制度舉止來保障的話：一個領導人的舉止，以及可能是一個行政管理班子的舉止，它在一般情況下也可能同時擁有代表權力。」❸「團體」（Verband）和「利益集團」（Interessenverband）這兩個詞在德國基本法中沒有出現過，在基本法第9條中代之以「社團」（Verein）、「協會」（Gesellschaft）和「聯合會」（Vereinigung）。聯合會，從法律角度講是最高概念；社團，包含「團體」之意，它在德國公民手冊中是延伸的法律概念。德國人採用「聯合會」這種中性名詞是想表明，這類組織與政治無關，而只涉及普通的社會生活，就連那些政治上很有影響的聯合會，如德國工業聯合會（BDI）、德國雇主聯合會（BDA）、德國工商大會（DIHT）、德國工會聯合會（DGB）等，

也不願被稱為「利益代表機構」或「壓力集團」。

在德國，利益集團經歷了一個由初級向高級進化的過程。最初級的利益集團性質的組織是原始氏族組織。它的建立不是以人們的思想和行為為基礎，而是原始氏族血統紐帶關係。最早的原始社會組織是家庭和家族，後來又逐漸演變出了種族、民族和種姓集團。隨著社會的發展、演進，後來又出現了一些類似家庭、家族以及其他形式的社會組織。19世紀階級社會的瓦解、現代經濟社會的發展以及社會上角色的日益異化，導致了現代利益集團的出現。於是，手工業同業公會於1820年、美因茲印刷業聯合會於1848年相繼成立。1848年春爆發的資產階級革命導致了德意志帝國憲法（又稱「保羅教堂憲法」）的誕生（實際上，該憲法並未生效）。該憲法在這方面邁出了重要的一步，它在第162條明確規定，德國人享有自由結社的權利。後來，1867年北德聯邦的工商管理條例又進一步規定，工會和雇主享有自由結社的權利。在這種情況下，農民協會和手工業者聯合會先後問世。不久，德國工業中央聯合會（CVDI）又於1876年成立，這是第一個全國性最高層次的聯合會。於是在德皇統治時期便在全國實現了利益集團的組織化。

1916年12月《救助祖國法》頒行後，正式確認了工會是工人的代表組織。為保證戰時經濟，各類工人和職員的社團組織迅速發展，社團勢力進一步加強，以致有關法律規定：發生罷工時，雇員有權平等地與雇主談判工資與工作條件。著名的威瑪憲法對利益集團的社會政治功能作出了歷史性的規定。該憲法第165條規定，帝國議會內設立「帝國經濟參議會」（Reichswirtschaftsrat），工會和雇主協會各自選派代表參加經濟參

議會，共同協商經濟與社會政策事務。於是社團組織不但實現了行業化，而且實現了憲政化。希特勒統治時期，社團組織經歷了空前的劫難。法西斯要求各社團立即實現組織機構和人的思想「一體化」，立即取締「自由的社團組織」。法西斯的所謂「一體化」，實際上是撤銷進步人士在各社團的領導職務；鎮壓堅持自由與民主的社團組織；並將部分社團法西斯化，如當時的工會和雇主協會就被改組為「德國勞動陣線」（DAF）。

二次大戰後，德國西部首先對各社團組織進行了政治整頓，把納粹份子從社團組織中清除出去；其次，將被破壞了的社團按照威瑪憲法規定的原則恢復起來，最先恢復的是工會組織，接著是經濟界的利益集團和宗教界社團；公民興趣、愛好性社團也恢復得比較早。德意志聯邦共和國成立後，各類利益集團便逐漸納入了《基本法》確立的法制軌道。

兩德統一前，社會主義集體思想在原民主德國占統治地位，公民自主要求成立利益集團的意識比較淡薄，起初只有執行統一社會黨任務的官辦工會組織，如婦女組織和青年組織。唯一不受統一社會黨控制的組織是教會，尤其是基督新教教會，因為在當時的民德地區天主教教派的影響力很弱。在教會的庇護下，80年代初才慢慢成立了一些業餘的、文化的、環保方面的社團；後來相繼成立了和平倡議會、環保倡議會和人權倡議會。它們對1989年秋民德的政治轉折起了重要作用。柏林圍牆倒塌後，東部的各類利益集團如雨後春筍般成立。其中多數利益集團在西部的姐妹組織政治和財政上強有力的支持下，迅速發展，並在1990年10月前後，與西部相應利益集團實現了組織上的合併；少數原民德的利益集團為適應新的政治、經濟環境，迅速進行了政治和組織上

的更新，也逐漸融入了全德的社團體系。但也有少數利益集團，如自由德國工會聯盟（FDGB），自行解散了。

德國人有參加社團的傳統和偏愛，德國有句俚語叫「三個人，一個協會」。每個社團都有自己的章程並在行政法院備案，所以社團又稱「註冊社團」。社團名目繁多，共同的社會追求、共同的興趣愛好，甚至共同的生理特徵或者面臨相同的生活境遇，都可以聚集在一起，成立一個社團。據1988年調查，年滿14歲的德國西部公民，有58％的人參加社團。北威州的年滿16歲的公民有59％的人參加1個或多個社團。德國聯邦議院1995年出版的《利益團體及其主辦者公開註冊名單》上，共計有1,538個利益集團。但1993年受聯邦家庭—衛生部委託、對統一後德國的利益集團進行的調查研究表明，社團組織廣泛分布在各個社會領域，且政治性、社會性都在加強，並正向著國際化方向發展。全德正式註冊登記的利益集團約20萬個❹，如果包括不完全具備法定資格的利益集團總計約24萬個，其中聯邦聯合會（Bundesverbände）2,000個，各級行業公會（Berufsverbäude）6,800個。僅在波昂地區註冊登記的利益集團就有1,500個，在布魯塞爾註冊的國際性利益集團約3,000個。另外，近年來利益集團人數呈明顯上升趨勢，社團勢力迅速擴大：德國體育協會（DSB）的成員由1974年的128萬上升到1991年的238萬；德國青年旅舍（DJH）的成員由1971年的33.11萬上升到1991年的90.9667萬；全德汽車俱樂部（ADAC）的會員由1974年的420萬上升到1997年的1,362.1446萬。

利益集團迅速發展的原因是多方面的，歸納起來主要有以下幾方面。首先，自由民主的憲法體制為利益集團的發展提供了根本前提。現代憲法國家強調公民參與、政治競爭和法治原則，提

供多元化民主。基本法繼承民主憲法的基本原則，保障自由與平等，保證公民參與國家政治意志的確立，保證訴訟規則的遵守，詳細規定了公民的基本權利，明確規定：「所有德國人都有結社的權利。」另外，政黨政治的運作，不但導致政治競爭加劇，而且也出現了許多競爭不完善的現象，如不少社會群體的利益得不到充分、及時的反映。利益集團的發展，使得選民除了透過選舉這種特定的政治形式表達自己的政治意願外，還可以透過社團集團的力量對政府的政治決策提出建議、批評，甚至警告和抵制；而政府也確認利益集團的這種政治功能，如聯邦政府議事規則就規定，聯邦總理和聯邦部長有義務聽取各利益集團領導人的意見。事實上，利益集團在德國社會政治生活中發揮了重要作用，成了「政黨的補充」❺。

其次，社會經濟的巨大變化，為利益集團的發展提供了堅實的基礎。社會、經濟的迅速發展，促使國家對社會經濟生活各個領域的干預日益加深；此外，國家在政治上也越來越多地干預公民的生存條件。這些都使公民組織起來自我保護的意識越來越強烈。二戰後，公民參與意識和民主意識的增強以及福利國家的實現，也迫使國家在制訂政策時不得不採取多種管道，聽取公民的意見。聯邦議院的議事規則也規定，聯邦議院就重大社會經濟問題作出決議之前，要聽取利益集團的意見。公民的壓力和當權者的政治需要的結合，促進了利益集團的發展。

再者，人民對政黨政治淡薄，而對利益集團興趣日益濃厚。政黨紀律嚴明，官僚作風盛行。相比之下，利益集團紀律寬鬆，自由度較大，因而德國人參加利益集團的人數遠遠超過政黨。據統計，全國各政黨黨員總數只有250萬人，占有選舉權公民的5

％：而一個利益集團的成員就有一千多萬人。另外，選民對政黨政治、對議會的興趣普遍下降，這主要反映在各級議會的參選率上。1994 年 10 月第 13 屆聯邦大選時，登記選民人數為 6,040 萬，參選率只有 79.1 ％；1998 年 9 月舉行的第 14 屆聯邦大選，登記選民 6,071 萬人，參選率也只有 82.2 ％。歐洲議會選舉時，德國的參選率更低，1979 年只有 65.7 ％，1984 年下降到 56.8 ％，1994 年稍有回升，但也只有 60 ％。聯邦各州議會選舉時，參選率雖然各不一樣，但普遍都比較低。出現這種狀況的一個重要原因是，各級議員候選人只是僅占選民總數 1.5 ％的 250 萬黨員決定的，絕大多數選民的意志無法得到表達，因此選民紛紛組織各種利益集團，繞過政黨，直接跟上層政治家、高級文官打交道，反映意見。當今，利益集團比政黨的吸引力更大。

最後，科學技術的發展為組織各種利益集團提供了科學依據；生活水準的提高為組織利益集團提供了更多機會。二次大戰後，德國的教育事業有了很大發展。據統計，25～64 歲的居民中，受教育的平均年限為 13.2 年，超過美國的 12.6 年，英國的 11.7 年，法國的 10.3 年，義大利的 8.4 年。教育水準的提高，開拓了人們的視野；科學技術的發展和國際上的頻繁交往，也使人們對戰爭與和平、人權、生態與環境、衛生與健康等等，有了新的認識、新的追求。人們生活水準的普遍提高，為這種新的追求提供了可能和機會。

自由結社只能在自由的多元化民主與憲政國家才可能得到發展。在這方面，基本法提供了強有力的法律保障，這也是利益集團在德國得以迅速發展的一個重要原因。基本法第 9 條第 1 款規定：「所有德國人均有結社的權利。」該條第 3 款強調：「保障

每一個人和一切行業都享有為保護和改善勞動條件和經濟條件而結社的權利。限制或者意圖妨礙獲得此項權利的協議均屬無效。為此而採取的措施均屬違法。根據第12條a，第35條第2款和第3款，第87條a第4款和第91條而採取的措施不得以反對社團按著本款第一句規定為保護和改善勞動條件和經濟條件而進行的勞動鬥爭。」第17條還規定：「每一個人都有由個人或同他人共同用書面形式向有關當局和議會提出請求和訴願的權利。」此外，基本法第5條規定公民擁有言論自由的權利，第8條規定公民擁有集會自由的權利，也構成了公民自由結社的法律基礎。為保障自由民主的基本秩序，基本法還對社團規定了明確的罰則。該法第9條第2款規定：「如果社團的目的和活動違反刑法，或違反憲法秩序和違反國際諒解思想，則此種社團將被禁止。」不過，禁止社團的法律程序不像禁止政黨那麼複雜。

基本法雖然沒有專門提及利益集團，但聯邦各州憲法卻對利益集團的法律地位作了詳盡規定。如巴伐利亞憲法第34條規定：「州參議院由社會、經濟、文化以及地方的代表人士組成。」州參議院擁有立法倡議權，其60名參議員大部分都是具有代表性的大利益集團選出的代表人士。不萊梅州和萊法州憲法都規定，由工會、經濟界聯合會、雇主聯合會的代表組成州經濟參議院（Wirtschaftskammer）。大多數州的憲法還規定，雇員聯合會和雇主協會關於工資談判達成的協議具有普遍法律約束力。州憲法的這些規定，實際上把利益集團納入了國家組織。

另外，聯邦議院和聯邦政府的議事規則也都強調了利益集團在國家政治生活中的地位。聯邦議院議事規則第73條規定，各委員會應注意傾聽公衆、特別是各利益集團的意見。該條第3款a明

確規定，委員會在作出決議之前要給利益集團發表意見的機會。聯邦政府也一向十分重視、關心利益集團，聯邦政府議事規則第10條強調，聯邦總理和聯邦部長有義務聽取各利益集團領導人的意見。聯邦各部也把行業的代表人士和利益集團的代表當作專家和顧問，其議事規則甚至規定，在起草法律草案時應告知相關行業的代表人士或利益集團，請提供意見和背景材料。許多單項法律也都肯定了利益集團的法律地位，如1949年的工資自治法、1953年的勞工法院法和社會法院法、1958年的食品法、1967年的經濟穩定法、1977年的醫療保險與阻止醫療費上漲法等等。總之，利益集團實際上是德國權力結構的重要一環。

第二節　利益集團的形態及特色

（一）集團的形態

利益集團在德國十分普遍，但學術界對利益集團的形態學研究眾說紛紜。早在50年代中期，R・賴特寧❻提出，利益集團可分為經濟類、信仰類和政治類三大類型。60年代中期，H・施奈特在《利益集團》（慕尼黑，1966年德文版）一書中認為利益集團可分為：企業界利益集團、中產階級利益集團、雇員利益集團、社會政策利益集團、業餘時間利益集團、政治意識形態利益集團、生活型利益集團（如青年旅舍）和宗教事務利益集團等八類。P・拉施克在《協會與聯合會——論德意志聯邦共和國的利益團體的組織》（慕尼黑，1978年德文版）一書中將利益集團分為五類，即：經濟和勞動系統的利益集團、社會保障方面的利益

集團、科學與藝術領域的利益集團、價值觀方面的利益集團和業餘時間方面的利益集團。1985年阿勒曼根據活動領域，則將利益集團分成下列五種❼：

1. 經濟界與勞工界的利益集團，其中雇員與獨立職業者的利益集團、工會組織以及消費者利益集團都屬於這一類。
2. 社會保障類利益集團，其中包括需要提供社會保障與提供社會保障者的利益集團以及自助者利益集團。
3. 業餘與休閒類利益集團，包括各類體育協會、交遊性聯合會和通訊方面的社團。
4. 社會政治類利益集團，包括大赦國際、人道主義聯盟、環境保護、反戰與和平運動、婦女運動、保護兒童等等方面的社團。
5. 宗教、文化與藝術類利益集團，包括教會及其教派組織、科學界、教育界與藝術界的社團。

近年來，利益集團出現了新的發展趨勢。首先，青年人不再滿足於組織業餘休閒利益集團，他們也越來越多地組織勞動和職業生活方面的利益集團。婦女不僅積極開展女權運動，而且組織專門的女性雇員社團。隨著社會的老齡化，老齡運動迅速興起，老年人紛紛組織保護老年人權益的各類利益集團。人們把這類新興利益集團稱為「生活方式型」利益集團。

利益集團影響力的大小很不一樣，A‧蓋倫早在1959年就研究創立了衡量利益集團影響力的五個標準，它們是：(1)利益集團所代表的人數；(2)財政能力；(3)組織的嚴密與鞏固程度；(4)法定允許優惠的機會；(5)吸引其成員的能力。這五個標準迄今為學術

界所公認，仍具有現實意義。

（二）集團的特色

在德國，利益集團雖然組織規模、經濟實力相差很大，代表的人群、追求的目標也各不相同，但它們都有一些共同特色。

■ 機構化

各利益集團與政府、聯邦各部管理當局、議會都普遍建立起非正式和正式的兩種聯繫。非正式聯繫，主要指不定期的接見、諮詢、集會、陪同會見外賓和出訪等等。正式聯繫，基本上都通過《聯邦政府議事規則》和《聯邦各部議事規則》得到了組織落實，實現了機構化，如重要利益集團的代表人士參加聯邦政府組織的為數眾多的各種委員會、調查委員會、顧問委員會或協商機制。1996年1月柯爾政府組織的「保障就業和投資環境聯盟」就包括了經濟界和工會。1998年11月以格哈德·施若德為總理的社民黨－綠黨聯合政府為解決長期居高不下的失業問題而組成的三方「圓桌會議」，也包括了著名利益集團——德國雇主聯邦聯合會、德國工業聯合會和德國工會聯合會。另外，利益集團代表人士還透過《聯邦選舉法》、《聯邦議院議事規則》等入選聯邦議員，參加議會各委員會的工作等重要管道，支持、影響立法，支持議員候選人，擴大利益集團的影響。據統計，在第7屆聯邦議員中，有232個利益集團的代表；81％的聯邦議員至少參加了一個利益集團；其中48.6％的聯邦議員是工會會員。第3屆聯邦議院中30％的議員是利益集團的代表人士，而且這個比例在後來幾屆聯邦議院都保持在25％左右。更加典型的是，幾乎歷屆聯邦議

院議員半數都是工會會員。第8屆聯邦立法期中，重要利益集團的人士在各議會委員會總人數中占的百分比如下：選舉審查委員會38.46，請願委員會51.85，外事委員會36.36，內政委員會37.03，體育委員會35.29，法律委員會18.51，財政委員會41.93，預算委員會30.30，經濟委員會38.7，農林委員會62.96，勞動與社會秩序委員會75.75，國防委員會33.33，青年、家庭、衛生委員會55.55，交通與郵電委員會35.48，國土與建築委員會56.52，研究與技術委員會14.64，教育與科學委員會33.33，經濟合作委員會47.82。由此可見一斑。

■ 多樣化

　　如前文所述，德國的利益集團有幾十萬個，幾乎存在於社會生活的所有領域。德國經濟與勞工界的利益集團首推德國工業聯合會（BDI）。以下將分別介紹經濟與勞工界的前四大利益集團。

　　首先是德國工業聯合會（BDI）。它是德國目前四個企業家聯合會❽中規模和權力最大的利益集團，其前身是成立於1919年的帝國工業聯合會。德國工業聯合會於1949年由汽車工業聯合會、建築工業聯合會、服裝工業聯合會、礦山建築經濟聯合會、化學工業聯合會、煙草工業聯合會、印刷工業聯合會、鋼鐵經濟工業聯合會、電器工業聯合會、航空航天工業聯合會等35個行業聯合會和16個州級聯合會共同組成，實行單位集體會員制。會員約14萬個工業企業單位。下轄600多個基層聯合會和行業公會。該聯合會的主要任務是：「最強有力地代表工業企業家的經濟和政治利益。」其組織嚴密、實力強大，對德國的立法和政府的各項政策措施，甚至對聯邦政府的人事任免都有重大影響。如它的東方

部與德國經濟東方委員會經常合作，對於制訂跟東方國家經貿合作的政策一直發揮著重要作用。因此，該聯合會一向被稱為「經濟與社會秩序的律師」、工業的「利益集團總部」、「工業界的發言人」。德國經濟學家普雷茲科萊特稱其為「政府中的政府」。該聯合會組織上分為：代表大會、理事會、主席團、專門委員會、州代表處和日常事務領導等，實權掌握在理事會和主席團手裡，它的成員基本上都是德國工業界最著名的大公司如蒂森、拜耳、奔馳（賓士）、赫斯特、西門子、弗里克等等的老闆、總經理和經濟界著名人士。該聯合會內設有經濟競爭、金融政策和對外經濟等五個總部，並在布魯塞爾、巴黎、倫敦、紐約等設有代表處。它除了與聯邦政府各部保持密切的工作往來以外，還透過領導人與聯邦總理、聯邦部長們的接觸，影響聯邦政府的政治決策。

其次是德國雇主聯邦聯合會（BDA），俗稱「資本家聯合會」。它的前身是於1913年由61個分支協會聯合成立的德國雇主聯合會。二戰後，於1949年重新成立。它不僅包括工業界的雇主，而且包括所有經濟領域的雇主，就連影響力極小的裱糊工業雇主協會也包括在其中。它是德國經濟的真正「老闆」，其主要任務是直接代表雇主的社會政治利益，負責處理勞資關係，對國家的政治決策施加影響。雇主聯合會的前主席保爾森稱它為企業家聯合會的「總參謀部」。該聯合會組織結構上實行雙軌交叉制，即各州設立州級雇主聯合會；同時，在各州範圍內設立行業雇主聯合會。州級行業雇主聯合會與相應的工會聯合會是平等的「工資談判夥伴」，聯邦雇主聯合會對行業雇主聯合會無指令權，與相應的工會也不構成「工資談判夥伴」。但是，聯邦雇主聯合會理事會關於工資談判的一致決議可以「推薦」給各行業雇主聯合會談判

時參照執行。聯邦雇主聯合會的具體任務是：制訂有關社會政治、勞動法律、培訓政策等事務的基本原則和準則，保護雇主在財產形成、共同決定權、職業培訓、社會保障方面的權益，推薦工資談判的政策原則；在制訂法律和法規時，向聯邦議院、聯邦政府提出建議和諮詢或參加聽證會，參與磋商。透過各種方法和管道影響國家的立法和行政決策。另外，它還向聯邦勞動法院、聯邦社會法院、聯邦專利局雇員發明仲裁法庭派遣名譽法官和陪審法官。該聯合會擁有887個行業雇主聯合會和16個州雇主聯合會，實行集體會員制，不接受雇主個人加入聯合會。組織十分嚴密，聯合會總部下轄11個部和20個專門委員會，並且出版專門刊物《雇主》。權力機構除代表大會外，主要是由76人組成的理事會和31人組成的主席團掌理。主席團的構成份子有兩大特色：一是工業界的雇主占多數，以保證其政治優勢；二是主席團成員與德國工業聯合會主席團成員人士交叉。

第三是德國工商大會（DIHT）。它是企業界利益集團的第三根支柱，其前身是1861年創立的「德國商業大會」，1918年改建為「德國工商大會」，1949年重建。目前德國工商大會由99個地方（專區級）工商協會組成。按照1956年《工商協會法》的規定，地方工商協會是按公法組織起來的、受國家委託進行工商界自我管理的機構，實行強制性集體會員制。但工商大會卻不是公法機構，而是社團組織。它的主要工作是就它的下屬協會關心的經濟政策、稅收政策、交通政策、培訓政策以及其他涉及工商企業界權益與發展的各項政策向聯邦議院、聯邦政府及有關聯邦當局提供訊息和政策建議，對聯邦政府的政治決策施加影響，維護、保障企業家在國外的經濟權益。例如1975～1976年，工商大

會就向當年的社民黨一自民黨聯合政府就職業培訓提出過重要意見，並得到採納；僅 1978 年一年，它就向聯邦議院、議會委員會、聯邦政府及其各部呈交過 172 份正式意見書，這些意見也大都得到採納。實際上，它在國家意志的形成中起到了政黨所不可替代的重要作用。但是它一向不標榜自己是「利益代表者」，而強調自己只是「專家」和「顧問」；「不想捆住政治家的手腳」，自己也不想當政治家，而「只是反映意見和願望」。工商大會組織嚴密，權力機構除了會員代表大會外，還有由 25 人組成的理事會。日常事務由總幹事長主持。總部下設 25 個行業委員會、81 個專門工作小組和 53 個對外商務協會。在幾十個國家設立了德國工商大會辦事處，承擔著德國進出口貿易 76.4％的工作任務。

最後是德國工會聯合會（DGB）。它是經濟與勞工界第二個最大的利益集團，於 1949 年由 17 個行業工會共同組成，其中最強大的行業工會有：冶金工業工會（IG-METALL）、公用事業、運輸和交通業工會（ÖTV）以及化學、造紙和陶瓷工業工會（IG-CHEMIE）。各行業工會保持高度的獨立性，只有行業工會擁有與雇主平等談判締結工資協議的權利，而德國工會聯合會只是全國性工會協調機構。它代表各行業工會的社會、經濟、福利、文化諸方面的利益，捍衛自由與民主的基本秩序；保障勞工的勞動與社會權益；提出財產形成政策、經濟景氣政策、結構政策、財政貨幣政策、稅收政策以及在歐盟組織機構中的勞工代表政策；協調各行業工會的重要政治行動；並作為雇主聯邦聯合會的主要社會夥伴，共同維護德國經濟社會的穩定與繁榮。德國雇員的組織化程度不高，只有 43％的人參加了工會組織。❾但工會聯合會本身組織嚴密，其組織機構分為：聯邦代表大會、聯邦委員會、聯

邦理事會和審計委員會。聯邦代表大會是工會聯合會的最高權力機構，負責制訂工會的基本路線，修改工會會章；選舉聯邦理事會和審計委員會。聯邦代表大會的代表人數在504～590人之間，按行業工會的人數分配名額。聯邦委員會是聯邦代表大會閉會期間工會聯合會的最高權力機構，其任務是制定工會政策、決定組織人事問題和財政預算；一般由135人組成，代表名額也按行業工會人數比例分配，如冶金工業工會有23個名額，而藝術界行業工會只有4個名額。聯邦理事會是工會聯合會的實權機構，由主席1人、副主席2人、幹事長6人及17名行業工會主席組成，負責領導由政治、經濟、人事、勞資、國際及歐洲一體化等21個部門組成的工會聯合會總部的工作。審計委員會負責審查、監督財會事務。工會聯合會擁有自己的新聞報刊和47家財力雄厚的股份公司、合作企業、銀行和保險機構，參與的外國跨國公司近80家。德國的共同經濟銀行、考一奧普集團、「新家園」企業集團、「國民救濟」企業集團以及共同經濟參與股份公司等，都是工會的企業。另外，它還設有一個專門研究機構：經濟與社會科學研究所（WSI）。工會聯合會的綱領雖然強調：「德國工會聯合會及其行業工會，現在和將來都獨立於政府、政黨、教會與企業。」但實際上，它們與聯邦政府和各大財團的關係十分密切，政治上一直傾向於社會民主黨。

除上述經濟與勞工界的四大利益集團之外，還有社會領域的利益集團，如德國婦女委員會（Deutscher Frauenrat）、德國大學生服務會（Deutsches Studentenwerk. e. V.）、德國紅十字會（Deutsche Rotes Kreuz. e. V.）、被驅逐出家園者聯合會（BdV）等；業餘休閒領域的利益集團，如德國體育聯合會（DSB）；文

化、宗教、政治、科學領域的利益集團，如德國新教教會大會
（der Deutsche Evangelische Kirchentag e. V.）、天主教徒中央委員
會（das Zentra Lkemitee der Katholiken e. V.）、德國科學家聯盟
（der Bund Deutscher Wissenschaftler, e. V.）和德國作家協會（der
Deutscher Schriftstellerverband PEN）等；以及其他領域的利益集
團，如德國城市大會（der Deutsche Städtetag, e. V.）等等。它們在
國家與公民的中間環節、組織社會多樣化利益、補充代議制民主
等方面都發揮了重要作用。

■ 法制化、規範化

　　此一特色首先表現在利益集團本身的組織機制方面。一般說
來，利益集團是以形式上建立的組織出現的。它們的特色是：(1)
能夠持久地存在；(2)有以綱領形式規定的明確的目標；(3)有以章
程形式確立的固定的組織結構。大多數全國性大利益集團都加入
相應的國際性聯合會。然而，從基層到高層完全從本地到國際上
獨立組建的利益集團很少，因為各利益集團的權利都以本國的法
律為依據。所有大的利益集團，其領導機構都分為兩部分。在各
大利益集團中，主席和理事會成員都是名譽任職的有名人士，一
般都是大企業的經理會或理事會的成員；同時，他們由一個由專
家型工作人員組成的龐大工作機構來支持。德國是高度法制化的
社會，所有利益集團都必須依法向國家有關部門註冊登記。人們
在利益集團的名字後面常看到 "e.V." 兩個字母，便標明它已
「註冊登記」。國家對已註冊登記的利益集團實行「權利與義務相
統一」的原則，依法管理。大部分利益集團，如德國工會聯合
會，都是私法組織，自由組建、依法註冊。少部分的利益集團屬

於公法組織（Öffentlich-rechtliche Körperschafte），它們接受國家的委託，履行行業管理的職責。公法組織的社團主要包括有：工商協會（Industrie-und Handelskammer）、律師協會（Rechtsanwaltskammer）、手工業同業公會（Innungen）以及疾病保險組織的醫生聯合會（Kassenärztliche Vereinigungen）等。另外，還有極少數擁有公法社團職責、但仍保留私法社團特色的「兩棲型」利益集團（beliehene Verände），如技術監督協會（die Technische Überwächungsvereine）。根據相關法律或行政規則，利益集團與國家機構建立正式聯繫，如那些全國總會性的利益集團（Spitzenverbände 或 Dachorganisationen），通過《聯邦政府議事規則》、《聯邦各部議事規則》、《聯邦議院議事規則》以及一些相關法規，大都擁有比一般利益集團高得多的權利和義務，實現了利益集團「體制化」，政府和議會都把跟這些利益集團磋商看成是一種必須履行的責任。如果利益集團不願與相關官員磋商，就意味著對政府或議會的批評，甚至作爲指責對方不遵守有關法律而採取拒絕合作的對抗措施。採取各種方式和管道對國家政治決策施加影響，已經成爲這些利益集團的法定權利。那些較低層次的利益集團的影響力雖然有限，但其法定地位在多元化民主憲法體制中也充分受到保障。

第三節　利益集團的作用

美國學者威廉‧基夫在談到美國利益集團的積極作用時認爲：「第一，它們代表公民的意見。第二，它們履行教育的職能，把政府的情況告訴公衆，又把集團及選民的意向告訴政府。

第三，它們對政治程序貢獻想像力和活力。第四，它們是分析公共政策的專家。第五，它們進入決策程序有助於形成作出決定所需的多數。第六，它們對政府活動的注意，會促進官員們慎重思考其決定的前景。」❿在德國，利益集團數量很多，在國家事務的管理過程中發揮著程度不同的、多方面的重要作用，其社會功能是其他政治組織無法取代的。總括來講，它的社會功能主要有以下四方面。

■ 利益結合作用

利益集團為保護其成員的利益，經常從自身的角度出發，蒐集各種意見和訊息，向政治體系的決策機構「傳遞利益」，反映不同的利益和要求，提供各種建議和諮詢，使政府與社會的各利益群體保持著經常的接觸和聯繫，既有利於政府掌握全社會的脈動、及時彌補政府工作中的疏漏，在國家與公民之間發揮橋樑作用；又刺激了公民利益意識的增強，起到了宣傳和教育作用。有時候，政府決策機構還有意地讓利益集團預先知道它的決策意圖，以試探它們的反應、爭取支持與合作。決策機構這樣做，不但可以較準確地論證政策的可行性，還可以減少它們與利益集團的分歧，避免不必要的矛盾與衝突。當然，利益集團在傳遞利益之前，須經歷一個複雜的利益集團內部政治意志形成的過程，包括利益的篩選、具體表述、可行性論證、管道探求等等。

■ 利益聚集與選擇作用

利益集團廣大成員的利益是多方面、多層次的。它首先蒐集各種利益、要求和願望，然後按照該利益集團的宗旨和綱領把各種要求和願望加以歸納與劃分，進行「利益過濾」，充分考慮該利

益集團的行動能力以及對口機構在政治決策體系中的影響力。經過這一「利益過濾」過程，不但可以明確該利益集團近期、中期乃至長期的利益訴求，而且可以減輕政府政治決策量的負擔，提高工作效率，對政府起重要的促進作用。

■ 利益協調作用

政府與公眾的立足點不同，利益訴求也不完全一樣，利益集團往往在二者之間扮演利益協調人的角色，尤其在雙方矛盾尖銳時，這種作用就更不可缺少；而且，在很大程度上是在關鍵時刻對政府的重要支持。1992年冶金工業工人舉行罷工，要求提高7％的工資，冶金工業工會根據經濟形勢和物價狀況權衡利弊，認為工資只宜增長4％，經過緊張斡旋，順利地解決了一場勞資衝突，維護了社會穩定。70年代中期，聯邦議院擬制訂《參與決定法》時，引起了全國性大辯論，後經雇主聯合會和工會的協商與廣泛、深入的工作，使《參與決定法》於1976年順利頒行。涉及全國經濟、社會的重大問題，在聯邦政府的主持下，由經濟界與勞工界的利益集團共同努力，得到富有成效地協調的例子，不勝枚舉。

■ 利益監督作用

這種監督主要表現在對執法情況的監督，和法律之外對社會影響重大的事務的監督。社會、經濟的迅速發展，加之政府工作千頭萬緒，管理和執法工作難免有疏漏，利益集團正好在這一方面發揮獨特作用。如環境污染問題最初就是由作為綠黨前身的德國北部的利益集團提出的；這個問題雖被提出，但也長期得不到應有重視，以致生態環保社團發動了多次遊行、抗議活動，才迫

使政府採取了嚴格的保護環境措施,扭轉了局面。另外,對於一些社會敏感問題,如家庭暴力和婚姻存續期間的強暴問題、同性戀、虐待兒童等問題,政府更顯得鞭長莫及。利益集團生存在公眾之中,及時、廣泛地吸收社會各方面的意見,透過媒體製造輿論、呼籲社會,使這些社會問題得到了一定程度的遏止;有的問題,如婚姻存續期間丈夫強暴妻子問題,由聯邦議院於1997年甚至以立法的方式給予了較圓滿的解決。

利益集團影響政府決策的手段是多種多樣的,有公開和隱蔽的,有合法和非法的。就公開的和合法的手段而言,主要有正面建議和諮詢、直接遊說和間接遊說、抗議和訴訟等幾種方式:

1. 正面建議和諮詢,就是利益集團的領導人士利用法定管道,向聯邦議院和政府提供政策建議和諮詢。這是利益集團,特別是那些經濟與勞工界的著名利益集團最普遍使用的、最重要的手段。

2. 直接遊說,就是利益集團直接向聯邦議員、政府官員(包括高級文官)陳述其立場和觀點;有時甚至以給予和撤回經濟資助相威脅,以影響政治決策。這也是較普遍使用的手段。

3. 間接遊說,就是利益集團透過在大眾傳媒刊登廣告、發表演說與談話、發布消息和評論、發行音像資料或向選民寄送材料等方式,宣傳該利益集團對某個問題或某些問題的立場和主張,爭取公眾的理解與支持,形成輿論壓力;有時利益集團還鼓動其成員給聯邦議員寫信、打電話或訪問,施加壓力。間接遊說,是一種迂迴的、然而經常使用

的有效手段。

4.抗議示威，通常是在利益集團使用上述溫和手段達不到目
的時，不得不採取的強硬手段，如遊行抗議、靜坐示威、
召開群眾性抗議集會、糾察或強行占領施工現場等。抗議
示威一般是和平的，發展成暴力行動的極少。

此外，有些資金雄厚並且影響力很強的利益集團，如德國工
業聯合會、德國農民協會、德國工程師協會等，時常使用從內部
施加政治影響的方法。這些方法主要是透過聯邦議員施加影響，
如利益集團的代表親自滲透到黨派、議會和政府內；向決策部門
提供外部訊息或透過撤回訊息進行「懲罰」；承諾或拒絕部門或
政府的投資決策；把利益集團中收入高的職位讓給政治家等等。

在德國的政治實踐中，利益集團利用非法手段影響政治決策
的事件算是例外。但是近幾年揭露出來的政黨財政醜聞、腐敗和
裙帶關係等事件說明了德國也不是世外桃園。

利益集團施加政治影響的重點對象是議會、政府和政黨。聯
邦議院接待室是利益集團代表跟聯邦議員見面並懇談的最經常也
是最佳的場所。在這裡，人們可以委託轉交法律草案，呈遞意
見、要求和願望書，商談資金交易。另外，聯邦議院的少數專門
委員會本身就具有「利益集團色彩」。它們為保護其成員的利益，
更是無孔不入，使出了渾身解數。利益集團與各行政部門都有經
常的、有些是法定的日常接觸。利益集團的代表追逐談話的重點
對象首先是各部的專業報告人，因為這些身為高級文官的專業報
告人往往對部長的影響力極大；其次是跟有關的部長懇談。跟聯
邦總理進行高層會談很不容易實現，而且只有那些著名利益集團

的頭臉人物才可能向聯邦總理當面陳述自己的意見和主張。利益集團向政黨施壓時，一般採用長期戰略。這種戰略一方面可以進行資金援助，如提供競選經費等；另一方面可以派可靠人員滲透進去。利益集團與政黨的關係是相互需要、相互影響、自願協作。

　　不過，對於利益集團的積極作用也不能過分誇大。在德國這樣多元化社會裡，公共利益是相互較量的各種利益力量平衡的結果。利益集團跟政黨相比，在整個政治系統中畢竟只是輔助性的。另外，還必須注意到利益集團消極的一面，正如美國學者威廉·基夫所說：「利益集團的主要問題不是它們的存在，而是它們的過分。」筆者認為，基夫的上述看法，對德國的利益集團是公允的評論。

　　近年來利益集團出現兩大趨勢。一是利益集團不僅網絡化程度提高，而且正提升為國際性的。如在聯合國組織倡導下舉行的里約熱內盧的環境問題國際大會、北京的國際婦女大會、哥本哈根的社會安全問題國際大會，德國的一些利益集團的代表都參加了這些國際會議。二是利益集團為吸引更多成員，不但努力注意為其成員提供「優質服務」，而且加強了其成員在內部政治意志形成中的參與性。

—注釋—

❶ 轉引自田為民、張桂琳:《外國政治制度理論與實踐》,中國政治大學出版社,1996年6月第1版,第67頁。

❷〔德〕阿爾弗雷德‧阿爾布雷特:《國家百科詞典》,弗萊堡,1963年第6版,第8卷,第1頁。

❸〔德〕馬克思‧韋伯:《經濟與社會》(上卷),林榮遠譯,商務印書館,1997年12月第1版,第76頁。

❹〔德〕京特‧特里希和沃爾夫岡‧奧肯弗斯:《德國的利益集團》,奧爾措格出版社,1995年德文版,第13頁。

❺李道揆:《美國政府和美國政治》,中國社會科學出版社,1990年,第273頁。

❻〔德〕R‧布賴特寧:《聯邦共和國的利益集團──類型和政治影響方式》,邁森海姆,1955年德文版,第45頁。

❼〔德〕U‧馮‧阿勒曼:〈聯邦共和國利益集團的演變〉,載《議會》週刊的政治與時事副刊,1985年12月7日,第49期。

❽德國四個最重要的企業家聯合會是:德國工業聯合會、德國雇主聯合會、德國銀行聯合會和德國工商大會。

❾德國工會聯合會會員總數中，工人占69％，職員占20％，公務員占11％。

❿〔美〕威廉・基夫等：《美國的民主》，1983年英文版，第267～268頁。

第12章

公務員制度

「文官」一詞在英文中是 "The Civil Servant"。我國學者在介紹西方國家政治體制時,一般根據該詞的含義直譯為「文職人員」或「文官」。它主要指政府公職人員中經過考試任用的職業常任管理人員。各國文官人員的範圍不盡一致,因此「文官」一詞的定義也難於完全統一。在英、美、加、澳、印度、巴基斯坦等原英聯邦國家或泛美聯盟成員國中,政府公職人員一般通用「文官」一詞。在德國則將政府公職人員稱為 "Beamte"。我國學者一般將它譯成「公務員、官員」或「公職人員」。德國的公務員包括國務秘書❶在內的聯邦、州和縣、鄉、鎮等地方行政部門的管理人員,聯邦郵政、聯邦鐵路、聯邦勞動局、國家研究機構、基金會❷以及各級教育部門的工作人員。目前德國約有665萬公務員,其中聯邦62萬人,州250萬人,縣和鄉、鎮等地方206萬人,聯邦郵政64萬人,聯邦鐵路43萬人,其他40萬人。

第一節　公務員制度的形成與確立

　　歷史上，德國長期處於封建割據局面，在公務員的任用上也長期保持著「恩賜官職」制的傳統。直到 18 世紀初，德意志諸邦中實力較強的普魯士邦才重視政府官員的選用和公職人員的任用制度的改革。1713 年，普魯士國王腓特烈‧威廉一世頒布了對法官、律師、書記官等實行公開競考、擇優錄用的法令。1737 年，這位國王又頒布法令，規定採用考試的方法選拔官員，但當時對文官和司法官吏的考試方法和內容都比較相似，而且高級官吏的任用還是採用國王任命的形式。1740 年，腓特烈‧威廉二世繼位後加強了普魯士軍事官僚制度的建立，特別重視政府高級官員的文化素質，強調一般應具備大學畢業學歷、須在政府部門先實習一年、經考試合格後才能正式任職。在後來的一百多年，高級官員任命的形式也逐漸被考試任用的方式所取代，而且文官考試的內容和司法官吏的考試內容也漸漸區別開來。充任政府官員也成為終身職業。不過，那時無論是官員的任用還是其職能的發揮，都帶有濃厚的封建色彩。19 世紀王朝統一戰爭過程中，德國資本主義開始向壟斷過渡，德皇威廉一世重用奧托‧馮‧俾斯麥宰相在內政與外交方面推行改革，曾先後於 1869 年、1874 年和 1879 年三次對官員任用制度進行改革，使公開競考選用官員及官員培訓等制度更加完善。

　　不過德國的公務員制度發展比較緩慢，直到德意志帝國在第一次世界大戰中戰敗，才廢除帝制、建立共和。1919 年 8 月制訂的《威瑪憲法》第一次以國家根本大法的形式將政府官員分成事

務官和政務官兩大類，並且規定了事務官均須公開競考、擇優錄用。該憲法第129條和第130條還規定：政府公務員政治上必須保持中立，必須爲全體人民服務而不能只爲一個政黨服務；如無重大過失，不得因政治原因而被解職。威瑪憲法的實施，基本上確立了德國的公務員制度。

1933年1月希特勒上臺，推行總攬行政、立法、司法於一身的「元首制」，實行法西斯獨裁統治。同年7月頒布《文官任用法》，規定非日耳曼人不得擔任公職，非納粹黨人一概以「不稱職」爲藉口加以清洗；同時，將國家公務員從原來的政府官員擴大爲包括軍隊、警察、國家和地方自治機構、企事業單位、各級各類學校和社會團體在內的全體工作人。另外，威瑪憲法中關於公務員福利保障的許多重要條款遭到納粹政權的刪減，以致公務員生活水準大大下降，不少人紛紛離職另謀出路，公務員隊伍出現空前混亂。

二次大戰後，東部的民主德國不但在政治體制上實行「蘇聯模式」，而且在公務員制度方面也模仿蘇聯的作法，搞中央集權與黨政不分，統稱國家工作人員爲「幹部」。它包括：中央國家機關領導人和工作人員，地方政府主席、成員，以及地方國家機關其他領導人和工作人員；專區經濟委員會主席，專區農業生產和食品經濟委員會主席，專區經濟委員會其他領導人和工作人員；法院、檢察院以及國家公證處工作人員等。民主德國存在的半個世紀中，雖然先後制訂了大量關於國家機關工作人員的管理法規與法令、條例和決議，但對提高公職人員素質、激勵其積極性收效不大。西部的聯邦德國在吸收英、美、法文官制度有益經驗的基礎上，對德意志帝國的公務員制度進行了一系列的改革，陸續頒

布了1950年5月17日的《關於為聯邦服務的人員的法律地位的暫行規定》、1950年6月30日的《德國公務員法》、1953年7月14日的《聯邦公務員法》、1972年的《聯邦法官法》、1975年12月12日的《高等學校總綱法》、1980年12月13日修訂的《聯邦公務員工資法》等等，以及與此相關的十幾個條例和實施細則如《聯邦公務員資歷條例》、《公務員勞保法條例》、《公務員補助條例》、《公務員休假條例》、《公務員工作時間條例》，從而形成了一套比較完整的現代公務員制度。它包括對公務員的考試、錄用、分類、考核、獎懲、升降、培訓、調配、解職、退職、工資、福利以及人事管理機構制訂的一系列規章制度，其宗旨在於革除封建主義和法西斯主義官吏制度造成的嚴重社會弊病，選賢任能，儘可能選用與發揮社會各種人才的才幹，以提高行政效率，保障國家基本制度和政策的連續性和穩定性，並適應現代社會、經濟與政治、文化發展的需要。隨著德國的統一，原聯邦德國的公務員制度在全德生效。

第二節 公務員的錄用、任免與培訓

（一）公務員的錄用

公務員的錄用，是國家實現其政治目標的重要保證，在公務員制度中占據著極其重要的地位。所謂「公務員的錄用」，一般包括兩層意思：一是將「非公務員」錄用為「公務員」，即「取得公務員身分」；二是給公務員「授予某種職位」，或者「由一種類型的公務員改換為另一類型的公務員」。錄用的形式主要有考任制、

聘任制和委任制三種。

■ 考任制

是適用範圍較廣的任用制度，它由先後銜接的競爭考試和擇優錄用兩大程序組成。競爭考試是由主管機構根據行政部門職位的職務（工作任務和責任）要求，對申請擔任職位的人進行測試；擇優錄用是在競爭考試的基礎上，以應選人員的智能優劣為客觀標準進行篩選，取其優者加以任用。

德國的考任制最早是在18世紀根據中國的考任制加以改革發展而成的，它是政治選賢舉能、廣開才路的根本保證；同時，按照一定標準經考試擇優錄用的公務員具有相當的專業能力，能適應科學發展和社會工作日益專業化的需要，可以大大提高行政效率；另外，擇優錄用的公務員很少有政治或私人偏見，對各項事務能夠作出較為客觀的判斷，能降低各種利益集團和各種政治背景對政府決策的干擾，緩和因政府更迭而造成的政治動盪，保障政策的連續性。德國公務員考任制貫穿著下列四項原則。

第一，公開競爭原則。它包括兩層含義，首先是考試的公開化，即考試程序與錄用條件都公開，考試名次和報考人的考試成績通知本人，若對考試評分有疑問，允許依法提出申訴、要求覆核。其次是擇優原則。要得到第一流的人選，必須實行競爭，即按照報考人的考試成績排列名次，鑑別優劣，擇優錄用。

第二，機會均等原則。即所有公民都有按照本人能力與成就依照法律擔任公務員的權利和機會，不得有任何歧視或區別，人人在「分數面前一律平等」。聯邦公務員法第8條第1款明確規定：「錄用官員必須按照謀求者的資格、能力和業務水準，而不

應考慮他們的性別、家庭出身、種族、信仰、宗教或政治觀點、個人出身和社會關係。」這種不管教育程度、年齡或經歷，任何人都有顯示自己才能的價值觀，是西方國家「機會均等」、「法律面前人人平等」等觀念的普遍反映。但是，在德國「機會均等原則」是受到一定限制的，例如聯邦內政部就曾指示，機要部門不得任用德國共產黨黨員；若被任用後再加入德共，一經發現也必須立即辭退。

第三，人才主義原則。挑選出類拔萃的人才爲各級政府或與政府相關的機構提供高效率、高質量的服務和支持，是考任制的核心原則。錄用公務員的唯一標準是本人所具有的知識與能力，符合標準者才能錄用，沒有眞才實學者絕不能任用，寧缺毋濫。

第四，長期任用原則。公務員一經考試錄用就將長期任用，即公務員無重大過失，不受免職處分。德國從1919年威瑪共和國時就規定：「除法律另有規定外，所有公務員一經任用，其任期爲終身職。」聯邦公務員法第5條第1款也指出：凡是爲執行第4條所規定的任務，即(1)爲了執行國家的最高使命，或者(2)爲了執行基於國家社會生活的安全而不允許轉讓給以私法關係從事工作的人的使命，而應當連續被任用的人，可以被任命爲終身公務員。凡是以後將作爲終身公務員加以任用的人，都應當有一個試用期，算爲試用任命。第2款指出：凡下述情況之一者，可以被任命爲非正式公務員：(1)執行規定的實習任務或一般的實習任務的人；(2)只是附帶地或暫時地爲執行第4條所規定的任務而使用的人。第3款指出，凡是以公務員的名義執行第4條所規定的任務而被任命的人，爲名譽公務員。第4款指出：對有規定期限的公務員的任命所依據的法律條款，不受本條規定的限制。事實上，

今天行政管理已經成爲一門專業，廣大公務員只有經過較長時間的學習和工作經驗的積累才能在龐大的訊息通訊、存儲網絡中對政府發揮有效的支撐作用；同時，對公務員的長期任用，也便於以穩定的職業保障吸引社會上的有才之士，有利於提高行政效率。

公務員分爲高級職務、上等職務、中等職務和簡單職務四等，招考公務員根據報考職類和職級分別進行。一般考試實行雙輪制，即全部考試過程由一輪初試和一輪複試完成。通常第一輪安排爲筆試，第二輪安排爲口試。只有通過初試才有資格進入複試，而只有通過初、複試兩輪篩選才能錄用爲公務員。聯邦人事委員會規定：凡第一輪考試不及格者不參加第二輪考試，並作爲考試的全部失敗處理；該失敗者在一定時間內不得再次報考。同時還規定，三次失敗者永遠取消報考資格。

招考公務員的考試方法主要有筆試、口試和品能測試三種。每一職能公務員的招考方法、考試科目和對報考人的要求都不相同。考試科目十分繁多，主要有地理、歷史、政治、經濟、法律、哲學、外語和自然科學。就其內容來說大致分成三個方面：第一，知識測驗，包括基礎知識和專業知識兩部分，當代行政工作逐漸向專業化發展，因而更注重應試人的專業知識；第二，智力測驗，主要包括對空間能力、數目能力、觀察能力、記憶能力、文字表達能力、察覺能力、歸納能力和語言關係能力的綜合測驗；第三則是技能測驗，主要包括應試人處理實際問題的速度和質量，檢驗應試人對知識和智力運用的程度和能力。

德國規定：高級職務的考試由聯邦政府組織國家考試委員會辦理；上等職務、中等職務和簡單職務人員的考試，經聯邦政府

內政部長批准，由聯邦人事委員會授權聯邦的有關行政機關和州政府自行組織考試委員會實施。

■ 聘任制

聘任制是由政府機關透過合同書之類的契約，定期聘用專門人員的一種制度，適用於招聘在社會上有一定名望的專家、學者和科學技術工作者。《聯邦公務員資歷條例》第4條指出，公務員的錄取必須通過公開招聘的辦法，從謀求職業者當中進行物色。《聯邦公務員法》第8條第1款規定：「必須透過公布職位的方法，招聘公務員。錄用公務員必須按照謀求者的資格、能力和業務水準，而不應考慮他們的性別、家庭出身、種族、信仰、宗教或政治觀點、個人出身或社會關係。」

聘任制通常的做法是：首先由招聘單位公開發表招聘啓示，說明招聘工作的性質、責任、工資和福利待遇，對應聘人員的資歷、學歷和年齡等項的要求以及招聘手續，同時註明面談的時間和地點。其次，應聘人應向招聘單位提出書面申請，同時提交本人簡歷、畢業證書、科研成果，包括創造發明證書等附件。接著，招聘單位成立由聯邦人事委員授權的行政機關的領導、專家組成的招聘委員會，負責審查、考核應聘人員的資歷、學歷、學術水準等各項條件，提出意見，確定擬聘人員的名單順序。

聘任制的最後一道手續是：被錄用的應聘人員與招聘單位簽訂聘用合同書，明確責任、要求、工作條件、工資福利待遇和合同期。合同書由雙方簽字，經公證機關確認後即具有法律效力，由結約雙方和有關單位分別保存，以昭信守。錄用後，如發現應聘人員弄虛作假，或隱瞞重大問題，聘用單位有權根據情節，給

予處理，直至解除聘用合同。另外，應聘人員如發現招聘單位不履行合同書規定的條件，可向司法機關提出控告，或立即提出辭職。如果雙方都滿意，合同期滿後，可協商連聘連任。

不過，聘任制不是對所有公務員都可以採用的，它被限定在一定的職級範圍以內。聯邦公務員法第8條第2款規定：「公開招聘公務員的條件不適用於：國務秘書、聯邦各部的司、局長，聯邦各部直屬機構的領導人以及聯邦直屬的法定團體、機構和基金會的領導人。其他不適用於公開招聘的公務員職位，由聯邦人事委員會規定之。」

■ 委任制

委任制就是由機關首長根據某人的效忠程度和工作能力，直接將其委任為自己的部屬，一般只適用於對首長負責的助手和秘書等輔助人員，以保證跟首長協調合作。

德國對什麼樣的人可以擔任公務員作過一些具體規定，從積極方面提出了公務員的資格要求。《聯邦公務員法》第7條第1款明確規定：「允許被任命為公務員的人必須是：A.基本法第116條所規定的德國人❸；B.保證隨時捍衛基本法所規定的自由民主的基本秩序的人；Ca.受過該職務的資歷所規定的基本教育的人，在缺乏為此種資歷所規定的基本教育的情況下，則應當是受過一般基本教育的人；或者，b.通過在公務中或者公務之外的實際生活和職業實踐而獲得了必要的能力的人。」第7條第2款還規定：「在公務迫切需要的情況下，聯邦內政部長可以不按第1款第1項的規定任命公務員。」

另外，聯邦公務員資歷條例還對不同職級的公務員資歷要求

作了明確的規定：

1. 簡單職務的公務員「至少應該是普通中學畢業成績優異的學生，或者具有同等文化程度者。在相應的教育基礎上，通過在公共機構內或在公共機構外的特種職業教育或進修而達到的文化水準，也可以承認具有同等的文化水準」。這個職級的資歷要求一般地說很低，相當於中國大陸的初中生。

2. 中等職務公務員的要求就高些，「至少是：(1)六年制實科中學畢業；或者(2)普通中學畢業，成績優異又受過完整的職業教育；或者(3)在公共法定的培訓部門受過與資歷相應的培訓，或者證明具有同等文化水準」。這個職級的資歷要求，亦相當於中國大陸的初中畢業或中專畢業。

3. 上等職級的公務員應該是：「(1)高級職業專科學校畢業；或者(2)受過其他有資格進入高等學校學習的學校教育；或者(3)具有同等文化水準。」這個職級的資歷要求，一般地說相當於中國大陸高中畢業或大專畢業。

4. 高級職務的公務員應該是：「通過國家考試或高等學校的考試，結束了高等學校學習的人。」「在高等學校學習中正規的學習時間不得少於3年，並且不包括職業實踐的學習時間，在高等學校的學習必須結合高級職務資歷的實習。」一般地說，這個資歷要求相當於中國大陸的大學畢業。

公務員被錄用後，一般都有一個試用期，「公務員處於試用關係的時期為試用期」。聯邦公務員法第5條第1款第2項指出：「凡是以後將作為終身公務員加以任用的人，都應當有一個試用

期。」試用期的長短，原則上根據工作任務的複雜程序來確定，根據公務員的四個級別，規定不同的試用期。聯邦公務員資歷條例第7條規定，正常的試用期的期限是：簡單職務的資歷為一年，中等職務的資歷為兩年；上等職務的資歷為兩年半；高級職務的資歷為三年。

在試用期內，公務員應當努力熟悉業務，證明自己與擔任的職務是相稱的。試用期結束之前，試用公務員必須參加資歷考試，同時試用單位對他的才幹、勝任工作的能力和工作成績作出結論。試用期內證明自己不稱職的公務員，將被解職。如果他們適合於同一專業方向的低一級資歷，並且工作上有這種需要，在徵得本人同意後，可以把他們安置到同一專業方向的低一級資歷職位上任用。

(二) 公務員的任免

公務員在取得合法的任命資格之後，就要及時加以任命。聯邦公務員法第10條規定：只要法律上沒有其他的規定，或者聯邦總統沒有把行使任命的權限轉交給其他部門，則由聯邦總統任命官員。如果任命書中沒有明確規定任命從下達後的那一天生效，則任命自公布之日起生效。把任命的生效時間算在公布日期之前，是不許可的，因而也是無效的。此外並規定，公務員被任命後，該員跟原雇主的私法工作關係，即告結束。

聯邦公務員法對公務員的任命程序作了比較詳盡的規定。該法第6條第1款規定：凡下述情況，需要加以任命：

1.取得公務員身分。

2.由一種類型的公務員改換成另一類型的公務員。

3.第一次授予職務。

4.授予不同的退休基本工資和不同職稱的另一職務。

第2款規定：任命公務員需要透過遞交任命書才能生效。任命書中必須註明：(1)「任命公務員」一欄中，註明公務員身分的形式：「終身」、「試用」、「非正式」、「名譽公務員」和「有期限」；(2)在公務員職銜發生變動時，應按照第一項的內容予以說明；(3)授予某種職務時的職稱。凡不符合上述三項規定的任命書，均不予承認。

另外，該法第6條第3款和第4款還規定：公務員的任命，可由於下述原因而告終止（死亡除外）：(1)免職；(2)喪失了公務員的權利；(3)按照聯邦公務員紀律條例，被免除職務。此外，根據退休公務員的法律地位條例的規定而退休的公務員，其任命也將隨之而撤銷。

關於任命公務員的具體做法，並無明文規定。一般的做法是：高級職務的公務員由各主管部門的人事總監主持審查擬任者的資歷證件等有關資料，提出審查結果和任命意見，然後報請聯邦總統任命。上等職務以下的各級公務員的任命一般由聯邦總統授權有關部門辦理。具體手續類同。

公務員對審查機關擬定的職務、待遇不滿，可依照法定程序送交有關證件，請求重新審定。如果審查機關堅持原定意見，公務員可以呈請辭退，也可以屈低而從。

已經任職的公務員如須免職，必須履行法律手續；否則這種免職就沒有法律效力。聯邦公務員法對免職事項作了許多規定。

該法第28條和第29條規定，在下列情況下，公務員必須被免職：

1. 如果他拒絕宣誓。
2. 如果他在任命為公務員時，已當選聯邦議員，並在規定的期限內又沒有辭去他的職務。
3. 如果他喪失了基本法第110條規定的德國國籍。
4. 如果他未經最高行政機關的同意，私自在國外居住或長期在國外逗留。
5. 除臨時公務員或名譽公務員以外，在法律沒有其他規定的情況下，如果公務員與另一個部門建立了合法的工作關係或在另一個部門擔任職務。

該法第31條和32條還專門對試用公務員和非正式公務員的免職條件作了明確規定。非正式公務員可以隨時透過撤銷期限而被免職；試用公務員，如有下列原因之一，就可以被免職：

1. 犯有一種可能使終身公務員受到只有正式的紀律訴訟中才可能採取的紀律處分的行為。
2. 證明不具有公務員的資格、能力、專業成就。
3. 按規定，雖不到退休年齡，但已喪失了工作能力。
4. 公務員原所在工作單位解散、合併或組織機構有重大變動，而又不能安排其他工作。

只要沒有其他法律規定，免職命令應由聯邦總統或由聯邦總統授權主管任命的單位下達。如果公務員因拒絕宣誓或因當選為聯邦議員而被免職，那麼自公務員接到免職書時起，立即免職，其他公務員都在接到書面通知的第3個月起開始免職。

試用公務員和非正式公務員，除了因受到紀律處分，可以隨時宣布免職外，一般情況下宣布免職的時間必須遵守下列規定：

1.試用期為3個月的第3個月結束前的兩個星期宣布。
2.試用期在3個月以上的，須在工作結束前的1個月宣布。
3.試用期至少1年的，須在工作結束前的6個星期宣布。

公務員在免職後無權要求職務工資和勞保工資。經最高行政機關批准，被免職的公務員在註明「退職」的情況下，可以使用原來的職稱以及與職務相一致的頭銜。但是，如果被免職的公務員的行為有損於他所享有的職稱和頭銜，那麼原來批准的命令可以撤銷。

正確處理公務員的兼職，對於保證公務員全力以赴地獻身於自己的職業，使他在機關內外的言行時時刻刻都能保持他的職業要求、尊嚴和忠誠，對於保障國家機構運轉的流暢和行政工作的高效率，都具有極其重要的意義。為此，聯邦公務員法對公務員各種可能的兼職以及由此而引起的其他問題，既作了原則的區分，又作了明確的規定，概可分為三點說明。

第一，提倡在社會機構中兼職。該法第64條規定：公務員有義務應他所在部門的最高行政機關的要求，在社會機構中擔任和繼續執行某項兼職工作（次要職務、次要工作），只要這種兼職與公務員所受的基本教育或職業教育相結合，並且對他的要求並不過分。同時還規定，最高行政機關可以把要求公務員在社會機構中兼職的權限交給它的下級機關去執行。

第二，有些兼職須經批准，限制從事經濟性營利活動。該法第65條第1款規定：如果公務員不按第64條的規定，履行兼職工

作的義務，而接受下列兼職工作，則須要事先批准：(1)接受一個次要職務，一項監護權、財產管理權或遺囑執行權；(2)接受一項有報酬的兼職工作，從事工業活動，合夥經營一個企業或者從事一處自由職業；(3)參加某一團體、合作社或以其他合法形式經營的企業的理事會、監事會、行政管理委員會或其他機構以及接受某種信託活動。該條第2款還特別規定，考慮到兼職工作可能會損害執行公務、損害公務員的秉公無私或其他的公務利益時，可以拒絕批准。如果兼職經批准後，出現上述危害公務的活動，可以收回原來的批准。公務員的兼職，一般由他所在單位的最高行政機關批准。最高行政機關也可以把批准的權限交下級機關。

第三，學術性、公益性兼職，無須批准。該法第66條第1款規定：公務員在本職工作外，從事下列活動，無須批准：管理公務員自己的或歸他享用的財產；公務員的創作、科學、藝術或講學活動；公務員在科學研究機構中與教學任務或與研究任務有關的、獨立的鑑定活動；在工會，或在職業聯合會，或在公務員的自助機構中維護職業利益的活動；在合作事業的機構中，無報酬的活動。

另外，聯邦公務員法還對幾個與兼職工作相關的問題作了原則的規定。該法第67條指出，對上級所安排的兼職工作的補償：公務員應單位的要求、建議或鼓勵而在一個社會團體、管委會或其他機構中擔任工作，並因而承擔現任的，有權向本單位領導要求補償給他造成的損失。如果這種損失是蓄意的，或者是由於怠忽職守造成的，那麼只有當公務員是按照領導的要求採取的行動，本單位的領導才有義務補償。在60年代制訂的《聯邦公務員兼職法》、《爲聯邦服務的法官的兼職工作法》等對上述官員的兼

職和報酬問題又作了詳盡的具體規定。

（三）公務員的培訓

　　培訓是根據公務員的職務和工作需要進行的「繼續教育」的過程，對於提高公務員的業務能力和更新公務員個人的素質結構具有十分重要的意義。聯邦公務員資歷條例第42條指出，公務員有義務關心有助於保持和提高自己工作能力的業務進修措施；同時還應關心資歷變動時以適應新的情況爲目的的培訓措施。此外，公務員有義務透過自己的進修了解資歷要求，只要這樣做有助於適應提高了的和變化了的要求。概括地說，培訓主要有以下幾個方面的作用。

　　其一，培訓可以促進公務員的知識技能和社會發展的同步化。本世紀以來，科技成就日新月異，知識以幾何級數增長，形成「知識爆炸」。培訓可以爲公務員不斷地補充知識與技能，調整觀點和方法，溝通與社會的聯繫、開拓視野，適應時代的需要創造條件。

　　其二，培訓可以促進行政效率的提高。公務員處在各種訊息通訊和儲存網絡的中心。透過培訓，公務員提高了業務能力，可以更迅速、準確、規範地收集、傳遞、處理各種訊息；同時，透過培訓，公務員更加熟悉行政組織的歷史沿革、組織體系和工作程序，可以更好地適應工作環境，更能振奮精神、大大提高行政效率。

　　其三，透過培訓，使發現人才、培養人才的工作經常化、深入化。培訓是一種「智力開發」和「能力開發」，它以有效的方式在多種層次上改變公務員的知識結構，提高公務員素質，爲各級

各類機關源源不斷地造就和輸送合格的階梯型人才。

　　培訓的形式很多，主要有就業培訓、實習培訓、晉升培訓和高級公務員培訓四種，說明如下。

■ 就業培訓

　　就業培訓又叫職業培訓或職業教育，它是整個教育體系的重要組成部分。聯邦政府規定了公民就業前必須受訓的專業和各類工作的培訓標準。聯邦公務員資歷條例第17條、第19條、第24條也把所受的職業教育作爲錄取各級公務員的起碼條件。可見社會的職業培訓與公務員培訓的網絡是溝通的。1979年10月法國總統德斯坦訪問波昂時，曾希望把職業教育作爲商品出口到法國去。美國副總統蒙代爾也曾說，他受美國國會的委託正在美國進一步加強推行這種培訓制度。

　　這種職業教育主要有三個特色。首先，在徒工培訓中，實行在企業裡學習實際操作和在職業學校裡學習理論知識平行進行，是把教育體制和就業體制結合起來的「雙軌制」。國家對這種雙軌制實行詳細的立法，明確學校和企業的責任，加強嚴格的社會監督，嚴格挑選培訓師資，強調理論聯繫實務。其次，各級各類職業學校互相補充，形成從學徒工培訓到中等、高等職業教育獨立而嚴密的職業教育網。全國15歲到18歲的青年，每兩個中就有一人受過職業教育。從某種意義上說，不僅普通中學的義務教育普及了，而且職業教育也普及了。再其次，職業教育方法靈活、形式多樣。職業教育是德國經濟發展的柱石，培訓的形式多種多樣：有適應工作要求和形勢變化而進行的進修培訓；有爲了提高職務而進行的晉升培訓；有爲了調整行業、工種和工作而組織的

改行培訓；有爲交流經驗、提高水準而組織的各種短期培訓等等。所有這些不同形式的培訓教育，對於提高技術業務水準，都起到了很重要的作用。

■ 實習培訓

實習培訓也稱任前培訓，是指在公務員被錄取之後，任命爲終身公務員之前這段試用期所受的理論和實踐培訓。

1. 聯邦公務員資歷條例第18條規定簡單職務實習期時指出：「實習期至少6個月。實習期包括理論和實踐的培訓。」

2. 第20條規定中等職務培訓期時指出：「實習期的內容是專業理論培訓和實踐培訓，專業理論培訓的時間一般爲6個月。專業理論的培訓也應當傳授能夠在同等資歷中加以運用的基礎知識。」

3. 第25條在規定上等職務實習期時指出，實習按照專業高等學校的學習課程進行，包括專業學習和職業實踐的學習；專業學習時間爲一年半，職業實踐學習爲一年半，並且在正常情況下，二者交替進行。

4. 第31條在規定高級職務實習期時也指出：兩年的實習將透過在與專業有關的資歷任務的主要領域內的培訓，並結合與實踐有關的課程，傳授資歷所必須的職業實踐的能力、知識和技能。

上述實習培訓結束時，各級實習公務員都必須參加資歷考試，考試及格者即任命爲終身公務員。一次資歷考試不及格者可以重考一次，第二次考試仍不及格者則取消公務員資格。

■ 晉升培訓

　　晉升培訓也叫資歷培訓，是指公務員舉辦的熟悉新資歷的培訓。晉升培訓隨晉升考試而結束。晉升考試與資歷考試一致。晉升考試不及格者應返回原工作崗位。

■ 高級公務員培訓

　　高級公務員培訓又叫進修。聯邦公務員資歷條例第42條第3款指出：「應當根據公務員的資格，給他們提供參加按照需要舉辦的業務進修活動的機會，以有助於他們具備從事高級職務的能力。」公務員參加進修的機會可以由主管領導建議，或者由公務員自己爭取。在領導選拔進修人員時，要特別注意人事調查。通過進修證明其能力和專業知識有了顯著提高者，應儘可能給予他們在高級的公務活動中運用其專業知識和施展其特殊專業才能的機會。公務員的業務進修措施，一般由聯邦政府進修中心負責制訂，進修課程由聯邦政府內政部長徵得有關機關的同意制訂頒布。

　　綜上所述，德國公務員培訓政策已經制度化、系列化，而且就業培訓、實習培訓和晉升培訓、高級公務員培訓四位一體，互相銜接、相互促進，全面保證了公務員素質的提高。

第三節　公務員的義務與權利

（一）公務員的義務

　　公務員，是德國各級政府及其相關行政機構的細胞和基礎。

任用公務員的目的，不在於授予公務員以權力，而在於要他們全
心全意效忠國家，做國家的得力工具。公務員效忠國家的行爲規
範和行爲準則，對國家來說，便是公務員的義務；反過來，爲了
使公務員能夠盡忠職守，全力以赴地獻身於他的工作，國家就要
對公務員實施一些保護性條款。這對公務員來說，就是公務員的
權利。聯邦公務員法及其他有關條例對上述兩個方面都作了確認
和明確的規定。《聯邦公務員法》總計202條，其中規定公務員
義務的共27條，主要包括以下五個方面。

■ 保持「中立」的義務

聯邦公務員法第52條第1款規定：公務員爲全體人民服務，
而不是爲某一政黨服務。他應當公正地、不偏袒任何政黨地去完
成他的使命；在執行任務時，他應當考慮的是普遍性的利益。第
53條規定：公務員在政治活動方面採取克制和保留的態度。這種
態度是基於他面對全體人民的地位和他應盡的職責。第57條規
定：公務員當選爲聯邦議員時，必須辭去他的職務。

■ 全心全意效忠國家的義務

聯邦公務員法第52條第2款規定：公務員必須以他的全部行
動來擁護基本法所指的自由民主的基本秩序，捍衛這種基本程
序。第54條第1項規定：公務員應當全力以赴地獻身於他的職
業。他應當無私地、赤誠地對待他的職務。

■ 模範遵守國家法律和法令的義務

如有失職，要按《聯邦公務員紀律條例》查處。聯邦公務員
法第77條第1款認爲：「如果公務員在公務之外的行爲按照具體

情況正好嚴重地危害了他自身的職務和公務員的威信，這種行為就是失職。」該條第2款規定，凡在下屬情況下，均屬失職：(1)如果他的行為是反對基本法所說的自由民主的基本秩序；(2)如果他參加了旨在損害聯邦共和國的存在和安全的活動；(3)如果他觸犯了第61條（破壞了保守機密）或第70條（禁止接受酬謝或禮品）的規定；(4)如果他違背第39條和45條第1款的規定，蓄意不執行新的公務員職務的任命。

■ 支持上級、服從上級的義務

聯邦公務員法第55條規定：公務員應當向他的上級提出建議並支持他的上級。公務員有義務執行由他的上級頒布的規定、貫徹其一般性方針，只要這樣做不涉及下述情況：即按照專門的法定的條例，公務員不受指示的約束後，而只服從於法律。

■ 嚴守機密的義務

聯邦公務員法第61條規定：公務員應當對其在業務活動中所了解的情況保守機密，即使在公務員關係結束後，也應如此；公務員未經批准，既不得在法庭上，也不得在法庭外對其在公務活動中所了解的事情作證或作說明。公務員在自己的公務關係結束時，應部門或單位領導，或者應公務員關係結束時的部門或單位領導的要求，應當交出各種公文、圖表和記錄等公務檔案，即使是複製品也應當交出。

（二）公務員的權利

《聯邦公務員法》涉及公務員權利的一共有17條，主要包括五個方面的權利。

■ 有依法取得報酬和勞保福利的權利

《聯邦工資法》第3條規定：公務員、法官和軍人，自其被任命、調入、接收或者轉入本法第1條第1款中所說的機關之日起，有要求領取工資的權利。如果公務員、法官和軍人無須任命而被授予享有另一退休工資（基本工資）的職務；或者，如果公務員、法官和軍人重新被安置在編制計畫內的工作崗位上，那麼自任職命令決定之日起，就有權利領取工資。

聯邦公務員法第79條規定，交付任務的單位或人員有照顧公務員的義務：交付任務的單位和人員應當在同公務員建立了服務關係和效忠關係的情況下，關心公務員及其家屬的福利，即使在結束公務員關係後，也應當如此。他（它）們有責任保護公務員的業務活動和作為公務員的地位。該法第79條規定了公務員工作時間的減少和休假：如果公務員與家族中至少是一個16歲以下的孩子共同生活而且實際上由他照顧和護理時，經申請可以減少公務員的工作時間，直至正常工作時間的一半；給公務員以不帶工資的休假，假期可以延長到3年。工作時間的減少和休假總共不應超過12年，休假不應超過2年，請求延長休假期，最遲必須在批准的休假期滿前6個月提出。

■ 有查閱本人人事檔案的權利

聯邦公務員法第90條規定了公務員有查閱他的全部人事檔案的權利，即使在公務員關係結束後，也享有此項權利。所有與他有關的檔案，都屬於他的人事檔案。對他不利的或可能危害他的利益的實質性的控告和結論，在放入人事檔案之前，必須聽取公務員本人的意見。公務員本人的意見必須同時放入他的人事檔

案。

■ 有結社權利

　　聯邦公務員法第91條規定了公務員有組織工會或職業聯合會的權利。在法律沒有其他規定的情況下，公務員可以委託主管他們的工會或職業聯合會作為他們的代表。第2款規定，任何公務員都不得由於為他的工會或他的職業聯合會進行活動而在公務中受到紀律制裁或受到危害。另外，對於公務員的罷工問題，《聯邦公務員法》以及其他有關法律、法令都沒有明確規定。但德國的公務員在傳統上沒有罷工的習慣。

■ 有隨時要求辭職的權利

　　聯邦公務員法第39條第1款規定，公務員可以隨時要求辭去他的職務，但必須以書面形式向所在部門或單位的領導說明要求辭職的理由。公務員在向本部門或單位的領導遞交辭職書後的2個星期內，在還沒有接到辭職的命令之前，可以收回辭職的聲明；在得到單位同意辭職的情況下，即使在2個星期之後，也可以收回辭職聲明。主管單位可以按申請的日期宣布免職，也可以延遲到公務員處理完他分內的工作時宣布免職，但延遲的時間最長不得超過3個月。公務員辭職後，可以重新謀求職位。公務員如果由於工作關係不享受權利和義務，或者在休假中不享受工資待遇，或者提出辭職而又同時在聯邦議院謀取議席，或在某州立法機構取得議席，那麼更換的職務，不得享受更高的退休金和更高的級別。

■ 有獲得公務員服務證書的權利

聯邦公務員法第92條規定：公務員在結束公務員關係後，經申請，將由他最後的工作單位的領導發給關於他所擔任的職務的性質和時間的服務證書。應公務員的要求，服務證書同時必須說明公務員所從事的活動和成績。

第四節　公務員的考核、晉升與懲戒

（一）公務員的考核

功績制原則是德國公務員制度中一項根本性的原則。考核是功績制的基本內容之一，在整個公務員激勵機制中，起著特別重要的作用。它可以創造一條制度化的選賢任能的途徑，可以發揮提高效率的槓桿作用；同時，也為合理獎懲、調整薪金提供依據和參考。

德國對公務員的考核內容不像英、美和日本那樣繁瑣。聯邦公務員資歷條例第41條規定：「鑑定應該特別寫上公務員的一般思想品質、特長、文化程度、工作成績、社會狀況和負擔。」「鑑定的結尾應提出總的看法和今後使用的建議。」經聯邦內政部長同意，可以以試用的方式進行新的任用。

聯邦公務員資歷條例對考核的方法和機構也作了規定。該法第40條規定：「公務員的才能和成績至少每年鑑定一次。如果工作的情況或個人的情況需要，可以隨時鑑定。鑑定內容應向公務員公布，並徵求他們的意見。鑑定的公布應當有案可查，並應將有關文件與鑑定內容一併放入人事檔案。」「最高行政機構可以批

准除按上述規定年限進行鑑定外，還可作不定期的鑑定；對於年滿50歲的公務員，也可以批准除作不定期的鑑定外，作定期的鑑定。」上述考核事項，由各行政機關的人事總監負責辦理，在日常工作中，公務員的工作數量、質量、服務態度、品行、性格、特長、勤懶、粗細等等，也都由他作詳細觀察和認真的記載。

（二）公務員的晉升

晉升是公務員激勵機制中最重要、最有效的方式。公務員透過晉升可以得到榮譽、聲望和權力，同時也可以提高薪俸和待遇。因此，晉升歷來受到國家和公務員的高度重視。公務員的晉升，通常包括提職和提級兩種。聯邦公務員資歷條例第12條第1款提出：提升是一種任命。通過任命，公務員將獲得另一種職務和職稱，退休時享有高一級的基本工資。假若公務員獲得了另一種職務，退休時享有高一級的基本工資，而其職稱未變，這同樣算是提升。聯邦公務員法第25條又規定，由低一級的資歷升到高一級的資歷，叫資歷晉升。

公務員晉升的基本原則有兩條：擇優原則和資歷原則。聯邦公務員資歷條例第1條第1款規定：公務員的錄用、任用、授職、提職和晉升，只能按照公務員的資格、勝任工作的能力和工作成績來決定。第2款規定，公務員的資格包括第1款所規定的決定公務員的錄取、任用、授職、提職和晉升的一般條件和完成任務所必須的能力。評定公務員的資格時，必須考慮到公務員的工作成績。第3款規定，公務員勝任工作的能力包括公務員在工作中實際應用的基本能力、知識、技能和其他特長。第4款規定，工作成績就是按照工作要求對公務員的勞動成果所作的評定。資歷原

則比較簡單，主要根據有沒有在職服務的資歷，以及服務的年頭長短來決定晉升。擇優原則是功績原則的核心，就是根據公務員的能力、業務水準、工作成績來決定晉升。

通常，公務員根據上級的建議或本人申請經過審批予以晉升。「在選拔過程中，公務員的才能將根據其未來要承擔的任務和規定的熟練程度的要求來確定。」德國公務員的資歷種類分為四級，即簡單職務資歷、中等職務資歷、上等職務資歷和高級職務資歷。聯邦公務員法對每一種資歷的晉升，都規定有特定的條件，只有符合法定條件，才能依次晉升。

■ 簡單職務晉升為中等職務

聯邦公務員資歷條件第22條規定：第1款，簡單職務的公務員，如果他們(1)符合中等職務資歷的要求，(2)自任用以來已經至少工作1年，並證明自己已稱職，經審批可以晉升為中等職務的資歷。對於被特別使用擔任簡單職務的晉升，該法第23條規定：如果根據本條第2款至第7款的規定，業已獲得中等職務資歷的能力，可以授予他們高一級的資歷的職務，但他們必須是：(1)符合中等職務資歷的要求；(2)已取得他們資歷的最高職務，以及自任用以來，至少已經工作10年，並在此期間內證明是稱職的。

■ 中等職務晉升為上等職務

聯邦公務員資歷條例第28條規定：第1款，中等職務的公務員可以被允許晉升到上等職務的資歷，如果他們(1)符合上等職務資歷的要求，(2)自第一次授予中等職務以來已經至少工作5年，並證明自己已經具備被提升的能力。在確定謀求者的才能時，應當同時考慮：按照他的文化程度，他是否已具備圓滿地完成專業

高等學校培訓的條件。對於被特殊使用、擔任中等職務的公務員，如果按照本條第2款至第7款的規定，業已獲得上等職務資歷的能力，可以授予他們高一級資歷的職務，但他們必須是：(1)符合上等職務資歷的要求；(2)已經取得他們最高資歷的最高職務，以及自第一次授予中等職務以來，至少已經工作10年，並在此期間內證明自己稱職；(3)開始見習時，年齡最大為50歲。

■ 上等職務晉升為高級職務

聯邦公務員資歷條例第33條規定：第1款，上等職務的公務員可以被批准晉升到高級職務的資歷，如果他們(1)符合高級職務資歷的要求，(2)自第一次授予上等職務以來已經至少工作8年，並證明自己稱職和已達到提升職務的水準。

晉升要進行晉升考試。「晉升考試與資歷考試是一致的。」考試由聯邦人事委員會主持。考試內容：1/3是行政管理知識，2/3是基礎知識和專業知識。各個職級晉升考試的評定都分成六等，並規定了統一的考試成績評語。可以按照記分制度評定考試的各項成績和總成績，作為確定考試成績評語的依據。聯邦公務員資歷條例第15條第2款規定如下：

1.特優：成績顯著地超過要求。

2.優：成績全部符合要求。

3.良：成績一般符合要求。

4.中：成績雖然有不足之處，但是一般地尚符合要求。

5.差：成績不符合要求，然而可以看出，具有必要的基礎知識，並且在短時期內能夠克服不足之處。

6.劣：成績不符合要求，並且基礎知識存在很多缺陷，以致
於這些不足之處在短期內不可能得到克服。

另外，各級公務員都不得越級晉升。聯邦公務員法第24條規
定：根據正常的資歷審定的工資級別，不應越級。這也適用於其
他謀求資歷的人。若有例外的情況，由聯邦人事委員會決定。

晉升，由公務員所屬的最高行政機關負責辦理。首先，由行
政機關組織選拔委員會挑選審查，並提出晉升人員名單，最後由
最高行政機關審查批准。聯邦公務員資歷條例第16條第2款規
定，選拔委員會負責對公務員的才能作出結論。每次選拔後，選
拔委員會都應當確定有成就的申請者的名次。特別使用的公務員
的晉升過程可以不考慮上述選拔過程。第3款規定：選拔委員會
至少由3個委員組成。委員會資歷等級必須高於申請者的資歷等
級。選拔委員會的工作是獨立的，它不受指令的約束。第4款規
定：主要的行政機關可以根據業務評定和選拔方法所規定的其他
要求進行預選。預選後，如果簡單職務和中等職務資歷方面申請
人數超過規定，主管的行政機關根據選拔委員會的建議作出批准
的決定。最高行政機關可以把批准中等職務和上等職務資歷的權
限委託給其他行政機關。如果根據第2款第3句的規定，對申請者
所作的評價在名次上出現並列時，選拔委員會作決定時應當優先
前一輪選拔中的申請者。

(三)公務員的懲戒

懲戒就是對違法失職的公務員進行懲處或制裁，它的基本作
用在於：(1)處理不負責任、不盡義務的公務員，促進其權利和義

務的統一；(2)制裁濫用職權或以權謀私的行為，保證權力和責任的統一。因此，懲戒是一種管理和控制公務員的重要手段。懲戒一般分為行政懲戒和司法懲戒兩大類。行政懲戒，指由機關首長或行政機關對違犯公務員紀律的人員進行的懲戒；司法懲戒，一般指對觸犯法律的公務員的懲戒。但是在行政懲戒中有一種特殊情況，即公務員雖然違犯的是工作紀律，而且擬議給予的懲處也不十分嚴厲，也要移送準司法機關即聯邦紀律法院查處。

在德國，對於違法失職的公務員，一旦發現一定繩之以法，決不姑息遷就。聯邦公務員法第77條對公務員和退休公務員的失職作了規定：第1款，如果公務員蓄意損害了他應承擔的義務，他就是犯了失職的錯誤。如果公務員在公務之外的行為按照具體情況正好嚴重地損害了他自身的職務或公務員的威信，這種行為就是失職。第2款，退休的公務員或享受勞保待遇的公務員，凡在下述情況下，均屬失職：(1)如果他的行為是反對基本法所說的自由、民主的基本秩序；(2)如果他參與了旨在損害聯邦共和國存在和安全的活動；(3)如果他觸犯了第61條（破壞了保守機密）或第70條（禁止接受酬謝或禮品）的規定；(4)如果他違犯第39條和第45條第1款的規定，蓄意不執行新的公務員職務的任命。第2款還規定，關於追究失職的細則，由聯邦公務員紀律懲治條例規定之。

聯邦公務員的處分計有七種。《聯邦公務員懲治條例》第5條規定，紀律措施：第1款，紀律措施記有警告、罰款、減薪、調任同一資歷但最終基本工資較低的職務、開除公職、削減及剝奪退休金等。第2款，對退休公務員，只能課以削減或剝奪退休金處分。第3款，對試用公務員或非終身制公務員，只能課以警

告或罰款處分。

　　對公務員的失職的追究，視處分輕重，分別由行政首長、最高行政機關和紀律法院行使。《聯邦公務員紀律條例》第15條規定，紀律處分權限：第1款，紀律處分權限由主管部門、行政上級和紀律法院行使。第2款，對退休公務員的紀律處分權限由其辦理退休時所在單位的最高主管部門行使；該部門可委託其下級機關行使權力。如果最高主管部門已不存在，則由聯邦內政部長決定那個部門為主管部門。關於警告和罰款處分指令的下達，該法第29條第1款規定，紀律處分指令，只能給予當事公務員以警告和罰款處分。

■ 警告處分

　　該法第6條規定，警告是對公務員某種行為的指責。凡未被行政上級明確表示為警告處分之非難性言詞（諸如訓戒、勸告、申斥等）均非紀律處分措施。按照該法第29條第2款的規定：「任何一個行政上級均有權對其下級公務員給予警告處分。」

■ 罰款處分

　　聯邦公務員紀律條例第7條規定：罰款金額不得超過當事公務員一個月的職務工資。如果當事公務員尚無職務工資，或僅於執行工作任務期間才有職務工資，那麼罰款金額不得超過500馬克。對領取各種報酬的公務員，罰款金額最高可達1,000馬克。該法第29條第3款規定：(1)最高行政機關的行政上級可以判處規定限度內的最高數額的罰款；(2)直屬最高行政機關的行政上級可判處規定限度1/2的最高數額罰款；(3)其他行政上級可判處規定限度的1/4的最高數額的罰款。如果按照第35條的規定，把起訴當

局的權限委託給本款第1句第2項和第3項中所述的行政上級，那這個行政上級就可以判處規定限度的最高數額的罰款。

另外，警告和罰款處分超過一定期限不影響公務員的提升。警告和罰款有一定的法定期限，超過了這個期限，處分就自然失效。聯邦公務員紀律條例第8條規定：「如果當事公務員已證實自己可以信賴，則過去的警告或罰款處分均不妨礙其提升。」

■ 削減薪金處分

削減薪金係指部分地降低當事公務員的職務工資（如果當事的公務員曾從過去的某公法職務關係中獲得享受勞保的權利，則在處理時便不考慮削減工資）。削減金額最高可為職務工資的1/5，削減期限最長可為5年。削減的比例按公務員每月領取各種報酬的總額計算，該總額係指對其提出正式的紀律處分訴訟前6個月的各種收入和職務工資的平均額。當事公務員在削減薪金期間不得被提升。從根本上來說，這種處分屬於行政懲戒範圍內，但一般都由聯邦紀律法院裁定。削減薪金的期限自判決依法生效之日算起。

■ 降職、開除公職、削減及剝奪退休金等處分

這些處分屬於司法懲戒的範圍，一般在聯邦紀律檢察官的參與下，由聯邦紀律法院按照正式紀律訴訟程序，收集證據，進行審訊，最後通過決議作出判決。被告如對判決不服，可以上訴到聯邦行政法院。具體訴訟程序十分複雜，不予贅述。

（四）公務員的調動

公務員改變職級的單位或者地點，或者兩者兼有的跨職系、

或不跨職系的橫向變動，稱為調動。它與懲戒毫不相干。調動一般遵循下列原則：

1. 保證工作的需要。聯邦公務員法第26條和第27條都強調，「由於職務上的需要」或「當一個公務需要時」，可以在工作部門內調動，或暫時委派公務員到另一部門去工作。

2. 尊重個人的意願。聯邦公務員法第26條第3款規定：如果把某一公務員調到另一系統工作，「必須徵得該公務員的同意」。第1款最後也強調，更換行政部門時，「必須聽取該公務員的意見」。

3. 不降低被調動人的職級和收入。聯邦公務員法第26條第1款規定：只有在下述情況下才允許未經公務員同意調任另一職務：「新的職務與調換前的職務屬於同一資歷，至少退休時的基本工資與原職務退休時的基本工資相同。職務津貼和可以領取退休金的崗位津貼，在調換工作崗位時，算作基本工資的組成部分。」

公務員調動的原因和形式主要有四個方面。首先是調任，即同一部門、同一職級或同一部門、不同職級間的調動，以便在不招新人的情況下，填補職位空缺，適應工作的需要。聯邦公務員法第26條第1款規定：「如果公務員申請調動，或者是由於職務上的需要，只要法律上沒有其他規定，便可以在其工作部門內調動工作崗位。」

其次是轉任，即不同部門內同一職級或不同職級之間的調動，以便安排編餘人員。聯邦公務員法第26條第2款規定：某一機構解散時，或者是根據聯邦政府的法律條例或指令，對某一機

構的結構作重大的變動時，或者在某一機構與另一機構合併時，由於解散或者改建而使這些機構的某一公務員的工作範圍受到影響。在此情況下，如果不可能根據公務員原來的職務使用某一公務員，也可以不經公務員的同意，把這些機構的某一公務員調任退休時基本工作較低的同一資歷或同等資歷的另一職級。第三款還規定，如果把公務員調到另一系統工作，必須徵得公務員本人的同意。

再者是委派，即不同部門同一職級之間的暫時性調動，以適應工作的臨時需要。聯邦公務員法第27條第1款規定：當某一公務需要時可以暫時委派公務員到另一部門擔任與他的職務相應的工作。如果公務員被派到另一部門工作時的時間超過1年，試用期超過2年，則須徵得該公務員本人的同意。

最後一種是借調，即從其他各級機構調派到聯邦機構暫時工作。聯邦公務員法第27條第2款規定：如果某個州的、鄉的（聯合鄉的）或其他某個不受聯邦監督的法定團體、機構或基金會的公務員，被派到聯邦機構暫時工作，則第3章的各條規定（第48條、81條～87條甲除外）相應地適用於在此期間工作的公務員；工資應由公務員暫時工作的單位支付。

第五節　公務員的工資、福利與退休制度

（一）公務員的工資制度

公務員的工資制度，是公務員制度的重要組成部分。在《聯邦公務員法》202條中，有關公務員工資待遇方面的條款就有14

條：另外還專門制訂頒布了《聯邦公務員工資法》和一系列實施細則。在這些法律和法規中，貫穿了公務員工資制度的一些基本原則：

1.法律保障原則。聯邦公務員工資法第3條第1款指出，公務員、法官和軍人，自被任命、調入、接受或者轉入之日起，有要求工資的權利。第83條規定：「公務員的薪金由聯邦工資法規定。」第86條還明確規定：「職務工資和勞保工資以及公務員的級別，只有通過法律才能改變。」第84條第1款規定：「如果法律上沒有其他規定，公務員只有當他的要求職務工資的權利以資產作爲抵押的基礎時，才可以轉讓或典當他的職務工資。」第2款又規定：「雇主（交付任務的單位或個人）只有在公務員的工資已被扣發的情況下，才可以使用抵銷權和保留權。只有公務員由於蓄意的和不能允許的行爲造成了損失，而雇主又要求賠償損失的情況下，本款第一句所作的限制才失去效力。」

2.與物價掛鉤的定期提薪原則。國家根據物價指數的變動情況，定期增加公務員的工資，使薪金增長略高於或至少不低於物價指數上漲率。聯邦公務員法第14條規定：「聯邦法律將根據一般的經濟狀況和財政狀況的發展和與工作任務相聯繫的責任的輕重，按期對工資進行調整。」從而保障公務員以飽滿的熱情盡忠職守。

3.平衡原則。國家在確定公務員工資時，必須保證公務員的工資與其他各行各業的工資水準保持基本平衡。社會比較理論人士認爲，個人在選定職業時對自己工作的報酬有一

個期望值，對他人的工作報酬也有一個估價值。如果本人的期望值跟他人的估價值相距太遠，就會導致勞動力流向的改變，進而導致公務員隊伍的不穩定。聯邦公務員工資法第18條規定：公務員、法官和軍人「應當在考慮到所有機關的共同利益的情況下，按照職務的重要性使他們所擔任的職務同工資等級相稱」。

4.同工同酬原則。基本法第3條規定：(1)在法律面前人人平等；(2)男女享有同等的權利；(3)誰也不得因性別、世系、種族、語言、籍貫、出身、信仰、宗教或政治觀點而受到歧視或優待。聯邦公務員法第8條也指出：「錄取公務員必須按照謀求者的資格、能力和業務水準，而不考慮他們的性別、家族出身、種族、信仰、宗教或政治觀點、個人出身或社會關係。」聯邦公務員工資法又規定：「公務員、法官或軍人的基本工資是按照他們的職務的工資等級來決定。」因此，根據上述原則，國家對於從事相同工作的公務員，一視同仁，給予相同的報酬，是不言而喻的。

公務員的工資，主要包括基本工資和津貼兩部分，另外還有獎金。聯邦公務員工資法第1條第2款指出：下列職務收入屬於工資：(1)基本工資；(2)高等院校教授的基本工資以外的附加工資；(3)地區補貼；(4)津貼；(5)補貼；(6)國外工作期間的工資。第3款也指出：下列的其他收入也屬於工資：(1)預備公務員的工資；(2)年度特殊獎；(3)工作能力培訓費；(4)年度的休假費。

■ 基本工資

基本工資實行固定金額等級制，即把公務員按照職務、職能

分成若干職級，然後按照職級確定基本工資。基本工資占公務員工資總收入的60～70％。聯邦公務員工資法第18條規定，應該按照公務員擔任「職務的重要性，使他們所擔任的職務同工資等級相稱」。第19條第1款規定：公務員、法官或軍人的基本工資按照授予他們的職務的工資等級來決定。公務員基本工資標準，按照不同行業分為三大工資系列，即：行政單位的公務員和軍人的工資系列、高等學校教授和助教的工資系列、法官和檢察官的工資系列。

行政單位公務員和軍人實行《聯邦公務員工資條例Ａ和Ｂ系列工資標準》，即變動的工資標準和固定的工資標準兩種工資標準。變動工資標準適用於從簡單職務公務員到高級公務員的所有公務員，這類人員的標準工資按聯邦工資條例Ａ系列工資標準，定期升級。變動工資標準分為16級，第1～4級為簡單職務公務員的工資；第5～8級為中等職務公務員的工資；第9～12級為上等職務公務員的工資；第13～16級為高級職務公務員的工資。每一職級再分若干等，定期升級加薪。

固定工資標準又稱「Ｂ系列工資標準」，共分11級，每級不再分等，沒有升級制度，按聯邦工資條例Ｂ系列工資標準的規定，定期調級加薪。它適用於特級公務員，如：聯邦政府各部國務秘書、各部主要司局的司局長、駐外大使、公使、領事，聯邦國防軍的上將、中將、少將、准將，聯邦審計院審計長，聯邦銀行行長，聯邦和州屬研究所所長及其高級研究人員，聯邦和州屬醫院院長和主任醫生等。

聯邦公務員法第176條甲和聯邦公務員工資條例第33條規定，高等院校的教授和助教都是聯邦公務員，適用聯邦工資條例

C的工資標準。這一工資系列分為4級,第1級為助教工資級,這一級又分為3等。第2、3、4級為教授工資級,這3個級別又各自分成15等。各等定期升級加薪。

聯邦公務員工資法第37條第1款規定:法官和檢察官的職務工資等級實行所謂「R系列工資標準」。按照聯邦工資條例R的規定,法官和檢察官的工資分為10級。第1、2級為變動工資標準級,適用於初級法院、地區法院的法官、檢察官等,採取定期升級制。第3～10級為固定工資標準級,適用於聯邦法院、聯邦行政法院、聯邦勞工法院、聯邦財政法院、聯邦社會法院的院長和聯邦檢察院檢察長,以及聯邦其他專門法院的首席法官等等。

■ 津貼

德國公務員的津貼種類繁多,大致可分為生活津貼和工作津貼兩類。生活津貼是由於生活上的各種特殊需要而給予的補貼,屬於這類補貼的主要是用於調整不同地區在生活費用上的差別的地區補貼。聯邦公務員工資法第39條第1款規定,地區補貼的多少,按照公務員、法官或軍人工資等級所規定的工資標準以及符合公務員、法官或軍人的家庭狀況的等級來執行。地區補貼分為2級8等。聯邦公務員工資法第40條規定,地區補貼的等級:

1.享受一級地區補貼的人員是:未婚的和離婚的公務員、法官和軍人,以及夫婦分居或者宣布脫離夫妻關係的公務員、法官和軍人。

2.享受二級地區補貼的人員是:(1)已婚的公員、法官和軍人;(2)喪失配偶的公務員、法官和軍人;(3)離婚的公務員、法官和軍人,以及分居或者宣布脫離夫妻關係,但有

義務負擔其配偶的生活費用的公務員、法官和軍人；(4)非臨時性地把另一個人接進自己的住宅並負擔其生活費（因為他們法律上或者從道德上負有義務，或者基於職業上或者健康原因，需要另一個人的幫助）的公務員、法官和軍人。公務員、法官和軍人，用自己的工資撫養的孩子（而他們並不因此同他有家庭關係），這樣的孩子也算是公務員、法官和軍人所撫養的人。

工作津貼是由於工作上的各種特殊條件或者特殊需要而給予的補貼，它主要包括以下四種。第一種，職務津貼和崗位津貼。聯邦公務員工資法第42條規定，職務津貼和崗位津貼主要包括：

1. 對特種職務，可以規定職務津貼和崗位津貼。在聯邦法律沒有其他規定的情況下，職務津貼和崗位津貼，不得超過公務員、法官和軍人的工資等級的退休時的基本工資和高一級的工資等級的退休時的基本工資之間的差額的75％。
2. 職務津貼不能取消，並且在退休時可以併入退休金的計算基數中。職務津貼是基本工資的組成部分。
3. 只有在承擔特種職務時，才能給予崗位津貼。崗位津貼可以取消，而且只有當法律規定在退休時可以併入退休金的計算基數時，才可以併入退休金的計算基數。
4. 各州只有在聯邦法律已經有所規定的情況下，才允許對鄉、聯合鄉和縣的由選舉產生的有任期的專職公務員規定職務津貼和崗位津貼。

第二種，特殊負擔的津貼。聯邦公務員工資法第47條規定：

聯邦政府有權在徵得聯邦參議院的同意後，通過法令對在評定職務時，或者在規定候補公務員的工資時沒有考慮到的特殊負擔規定給予津貼。這種津貼可以依法取消，而且不能併入退休金的計算基數。對公務員、法官或軍人的特殊負擔津貼費，究竟一併補償多少，由聯邦政府在徵得聯邦參議院的同意後，通過法令規定。

第三種，額外工作報酬。公務員工資法第48條第1款規定：聯邦政府有權在徵得聯邦參議院的同意後，通過法令對公務員的額外工作的報酬作出規定，如果這種額外的工作不能用休假的方法加以抵消的話。額外工作的報酬，只能是對按其工作的方式屬於可以計量的額外工作的領域中的公務員規定的。額外工作報酬的數額，可以根據公務員實際上所做的額外工作的多少來決定，並且根據工資等級加以區分。

第四種，國外工作津貼。聯邦公務員工資法第52條第1款規定：在國外工作的公務員、法官和軍人，領取他們在國內工作時應享有的職務工資；在發給地區津貼的時候，應該把子女在國外享有的補貼計算在內。另外，在國外工作的公務員、法官和軍人，還可以獲得下列國外工作的收入：(1)國外補貼；(2)國外子女補貼；(3)房租補貼。根據該法第55、56、57條的規定以及1981年12月21日制訂的有關實施細則，國外補貼，按照公務員、法官或軍人的工資等級以及他們在國外的工作地點所規定的等級執行，一般為分14級，每級又分為12等，根據個人的工資等級、家庭情況等各種條件，最少每月可拿400多馬克津貼，而最多每月可以拿到7,000多馬克津貼。不論父母享受何種工資系列，子女補貼一律按照聯邦公務員工資法第56條第1款第1項的規定，分為12等。關於房租補貼，聯邦公務員工資法第57條第1款規定，如果

爲了租賃公認爲必要的住宅，而其租金超過了本人的經濟承受能力，即超過了基本工資加一級或者二級的地區補貼，再加上職務和崗位補貼費的總數的18％（其中不包括購買力平衡），可以發給房租補貼。房租補貼的數額是超過的那一部分房租費的90％。

（二）公務員的福利制度

德國是第一個實行社會立法的國家，一百多年來創立了一整套稱之爲「從搖籃到墳墓」的社會福利政策，初步解決了公務員的生、老、病、殘、死，及各種公共福利設施等問題，對於促進公務員的身心健康、豐富公務員的業餘文化生活、激發工作積極性、提高工作效率，起了積極作用。公務員的社會福利主要包括下列五個方面。

■ 享受退休金保險等社會保險

聯邦公務員法第43條第3款規定：「按照公務員勞保法條例的規定，退休公務員終身享有退休金。」另外，根據聯邦法律，公務員可以享受疾病保險和失業保險。

■ 享受年度休假費和進修費的補助

聯邦公務員工資法第68條規定：「公務員、法官和軍人可以根據聯邦特殊法律，獲得進修費。」第68條甲還規定：「公務員、法官和軍人，可以根據聯邦特殊法規規定，獲得年度的休假費。」根據年度休假經費條例的規定，年度休假費最高爲150馬克。

■ 可以請事假或申請減少工作時間

聯邦公務員法第79條甲對公務員工作時間的減少和休假規

定：(1)如果公務員與家庭中至少是一個16歲以下的孩子共同生活，或者與一個按醫生的診斷，需要護理的其他成員共同生活，而且實際上由他照顧和護理時，經申請，可以減少公務員的工作時間，直至正常工作時間的一半；或給公務員以不帶工資的休假期，假期可以延長到3年。(2)「工作時間的減少和休假總共不應超過12年，休假不應超過6年。」該法第89條第3款還規定：「公務員為了執行某個州議會議員所委託的任務，或者為了從事作為某個地方代表機構的成員的活動，可以在保留職務工資的情況下，給予必要的假期。」

■ 可以享受帶薪休假

聯邦公務員法第89條第1款規定：「公務員每年享有繼續領取職務工資的休假。休假時間的許可和長短，由聯邦政府通過法令規定之。」根據1972年10月10日頒行的《聯邦公務員和為聯邦公務員服務的法官的休假的規定》和《關於在國外工作的聯邦公務員的休假和探親的規定》，聯邦公務員一般每年享受30天的帶薪假期。

■ 婦女和殘廢者可以依法享受特殊照顧

聯邦公務員法第87條規定：「(1)按照公職的特色，相應地把母親保護法條例應用於擔負公職的婦女。(2)按照公職的特色，相應地把殘廢者的法律條例應用於殘廢的公務員和謀取公務員職務的殘廢者。」

（三）公務員的退休制度

公務員退休制度，是指公務員工作一定年限、達到一定年齡

後而停止工作，脫離公務員職業，同時，定期得到一定數量的退休金，作爲對其供職期間作出貢獻的報酬和維持本人及其家庭生活的經濟資助。這種制度在德國經過幾十年的不斷充實、調整，已經形成獨特而完整的體系，成爲公務員制度中不可缺少的組成部分，顯示出特有的作用：

1. 吐故納新。公務員達到一定年齡須依法退出公務員職業，使公務員隊伍的平均年齡始終圍繞著某一恆定值輕微地周期性地上下浮動，保持公務員隊伍年齡結構的穩定化、階梯化和年輕化，促進公務員隊伍的新陳代謝。

2. 提高行政效率。大批年邁喪失工作能力或者因病、意外事故受傷而不能盡職者不再躋身公務、讓位於新人，於是公務員隊伍及時得到更新，大批新生力量補充進來，充滿創新精神，工作朝氣蓬勃，可以大大提高工作效率。

3. 具有激勵作用。公務員依法退休，提供生活保障，而且退休待遇比私營部門優厚、可靠，可以消除公務員對供職終止後生活出路的憂慮，吸引更多有才幹的人員進入公務員隊伍。

公務員退休的基本條件，除少數在職期間嚴重失職或被判重刑或喪失國籍的公務員外，主要是公務員個人的年齡和工齡。所謂年齡條件，就是聯邦政府對公務員的退休年齡的一般性的最高法定界限。一般終身公務員的退休年齡爲：男性65歲，女性60歲。但從1972年開始實行彈性退休年齡：凡年滿63歲的男性公務員或年滿62歲沒有喪失工作能力的殘廢者，本人自願申請退休，可以提前退休。另外，在個別情況下，由於行政管理工作的迫切需

要，要求某一公務員繼續執行公務，聯邦政府應公務員所在的最高行政機關的請求，並徵得聯邦人事委員會的同意，可以把年滿65歲的退休年齡延遲一個時期，但每次不得超過一年，而且總的退休年齡不得超過70歲；女性公務員延遲後的退休年齡不得超過65歲。所謂工齡條件，是指享受退休待遇的法定最低工齡界限。聯邦法律規定，一般職務的終身公務員工齡最低限度滿10年才有權享受退休金待遇。公務員退休的方式較多，概括起來有下列四種：

■ 強迫退休

根據聯邦法律規定，公務員達到法定最高退休年齡時，必須停止工作，辦理退休手續。它是防止公務員隊伍老化的強制性措施，是公務員退休的主要方式。

■ 自願退休

公務員達到彈性退休年齡時，本人有資格提出自願退休的申請。這種形式可以照顧公務員的個人志向和需要，也可以鼓勵公務員提前退休，騰出更多工作崗位，解決失業問題。

■ 殘廢退休

聯邦公務員法第42條第1款規定，終身公務員，如果由於殘廢，或由於體力、智力上有缺陷而永遠喪失了工作能力時，必須退休。如果公務員由於疾病在6個月中已有3個月以上時間不工作，並且在今後的6個月內沒有完全恢復工作能力的希望，也可以被認為喪失了工作能力。如果對公務員喪失工作能力有懷疑，那麼該公務員有義務按照行政機關的指示檢查身體，如果保健醫生認為有觀察的必要，也可以進行觀察。

■ 暫時退休

　　終身公務員可以奉聯邦總統的命令暫時退休，暫時退休後還
有義務接受新的終身公務員的任命。聯邦公務員法第36～41條規
定，聯邦總統可以隨時讓具有終身公務員身分的下列公務員暫時
退休：國務秘書和各部的司長；在外事工作中擔任高級職務的公
務員，如大使、公使等；聯邦政府新聞與訊息局局長、副局長、
聯邦政府發言人；聯邦法庭的首席聯邦律師和聯邦行政法院的首
席聯邦律師；聯邦民防專員等等。暫時退休的命令可以在退休開
始前收回。暫時退休的公務員有義務接受新的終身公務員的任
命。被重新任命為終身公務員時，暫時退休結束。暫時退休的公
務員，年滿65歲時，視為終身退休。

　　公務員的退休金不靠公務員交納基金供儲蓄和生利息來負
擔，而全部由聯邦政府負責籌集，所需款項編入年度國家財政預
算，當年籌得的款項當年使用，同時隨物價上漲的增長而適時增
長。根據《聯邦公務員勞保法條例》的規定，公務員退休金的計
發，主要以退休者的工齡和退休前最後一個月的工資作為計算基
礎。其具體計算辦法是：公務員工齡年滿10年者，每月發給最後
一個月工資的35％的退休金；工齡滿11～25年者，在原基礎上
每一年加發原工資的2％退休金；工齡滿26年以上者，從第26年
起，每增加一年工齡再加發原工資1％的退休金。但公務員每月
退休金的數額最高不得超過其最後一個月工資的75％。該條例還
規定：公務員退休後，根據本人意願或工作需要，可以繼續承擔
一定工作任務或另找工作。但他在領取退休金的同時，其工作收
入不能全部歸己，只能取得退休金與退休前最後一個月工資之間

的差額。另外，《聯邦公務員勞保法條例》還規定：

1. 因公受傷不能繼續工作者，其退休金額爲其退休前最後一個月工資的2/3。
2. 對免職公務員發放退職金，其金額以其最後一個月的工資爲基準。工齡滿2年者，工齡每增加1年，退職金便增加50％，但最高額不超過其6個月工資的總和。
3. 對辭職的已婚女性公務員也發放退職金。工齡滿2年者，其退職金爲其最後一個月工資的2倍。工齡在4年以上者，退職金依工齡數增加，但最高不得超過其最後一個月工資的16倍。

對於退休者去世後退休金的處理，聯邦公務員勞保法條例也作了一些具體規定。公務員死亡或喪失國籍或曾受嚴厲懲戒處分者，其本人都失去領取退休金的權利。公務員死亡後，其配偶不管其本人有無退休金，都可以繼續領取其死亡者的退休金的60％；受其贍養的子女可領取其退休金的12％，如果子女較多，可酌情增加，但領取總額不得超過其退休金的40％；如果子女是孤兒，則可以領取其退休金的20％。

第六節　聯邦人事管理機構

第二次世界大戰之後，在德國歷史上第一次設立了全國統一的人事管理機構——聯邦人事委員會。聯邦人事委員會的前身是「聯邦臨時委員會」。1953年7月14日聯邦議院制訂《聯邦公務員法》時，正式確認這一機構，並改名爲「聯邦人事委員會」。聯邦

公務員法第95條指出：「為了統一貫徹公務員法律條例，特建立聯邦人事委員會。它在法律規定的範圍內，獨立地和以自身負責的態度從事它的活動。」

聯邦人事委員會的主要任務是：在聯邦政府的領導下，制訂人事管理規則，監督並指導其貫徹執行，同時兼理部分人事申訴案件。聯邦公務員法第98條規定：(1)聯邦人事委員會中除了執行第8條、第20條、第22條、第24條和第41條中的規定的任務外，其餘的任務包括：參與公務員權利的一般規則的制訂；參與公務員培訓、考核和進修條例的制訂；決定考核的一般認可；在一些原則性的事務中，對公務員和遭到拒絕的謀求職業者的申訴表示態度；對公務員法律條例在執行中所存在的缺點，提出克服的建議。(2)聯邦政府可以把其任務交給聯邦人事委員會。(3)聯邦人事委員會應當把執行任務的情況報告聯邦政府。

聯邦人事委員會由14人組成。聯邦審計院審計長任委員會主席。聯邦公務員法第96條對聯邦人事委員會的委員作了如下規定：

1. 聯邦人事委員會由7個正式委員和7個副委員組成。
2. 作為聯邦人事委員會主席的聯邦審計長和聯邦內政部人事法律司的司長是聯邦人事委員會的常任正式委員。非常任正式委員是聯邦的另一位最高行政機關的人事司的司長和4位其他部門的聯邦公務員。副委員是另一最高行政機關的聯邦公務員，其他的最高聯邦行政機關的人事司的一名司長和4名其他部門的聯邦公務員。
3. 非常任的正式委員和副委員由聯邦總統應聯邦內政部的提

議委任，任期4年，其中的3名正式委員和3名副委員，由聯邦總統根據主管工會的最高機構的提名而委任。

聯邦人事委員會委員受到法律保障。聯邦公務員法第97條第1款規定，聯邦人事委員會的委員是獨立的，他們只服從法律。聯邦人事委員會的委員除了由於任期屆滿外，只有在下列情況才能被開除：(1)由於他們在刑事訴訟中或在紀律訴訟受到法律裁判而喪失了他們的職務時；(2)當他們的主要職務被解除，或者被開除對他的成為聯邦人事委員會的委員起決定作用的機關時；(3)或者在他們結束公務員關係時。第2款規定，聯邦人事委員會的委員不允許由於他們的活動在公務上受到紀律處分和歧視。

聯邦人事委員會以多數票作出決議。聯邦人事委員會由它的主席或主席的代表主持。如果他們因故不能出席，則由資格最老的委員來主持會議。會議以多數票作出決議，並且須在至少5個委員出席的情況下，作出的決議才有效。票數相等時，由聯邦人事委員會主席裁決。而只要決議具有普遍意義，就必須予以公布。只在聯邦人事委員會擁有裁決權，它的決議對有關的部門就具有約束力。

聯邦政府內政部長授權對人事委員會的工作行使監督。聯邦人事委員會在聯邦內政部內設置辦事機構，負責籌備會議，貫徹執行委員會的決議。聯邦內政部長受聯邦政府的委託，對聯邦人事委員會的工作行使監督，這種監督受聯邦公務員法第97條的限制。另外，聯邦內政部還擔負著決策性，以及監督和內外協調等綜合性業務，在人事管理工作中起著十分重要的作用。聯邦內政部在這方面的職能概括起來主要有以下五項：

1. 負責擬定有關公務員管理的基本法規，如《聯邦公務員法》、《聯邦公務員紀律條例》、《聯邦公務員工資法》、《聯邦公務員資歷條例》等。
2. 負責擬定公務員分級分類的法規，並監督實施。
3. 負責與聯邦人事委員會的溝通與聯絡。
4. 會同聯邦財政部推進《聯邦公務員工資法》的實施。
5. 負責協調與聯邦公務員工會的關係。

除了上述全國性人事機構外，聯邦政府各部以及各州政府也都設有執行性人事機構，負責各級、各部門的人事行政工作，具體管理公務員的工資、福利、教育、培訓、考核等執行性業務。這些機構一般都具有人員精幹，工作效率高的特色。

— 注釋 —

❶國務秘書分為：議會國務秘書和國務秘書兩類。前者在聯邦議員中任命，與聯邦政府共進退；後者在高級公務員中任命，不與聯邦政府共進退。在國際交往中，這兩類國務秘書都享受副部長禮遇。

❷德國目前有各種類型的基金會8,000多個。其中最大的十家基金會是：貝特爾斯曼基金會、博世基金會、大眾汽車基金會、德意志聯邦環境基金會、赫爾蒂公益基金會、巴伐利亞州基金會、克虜伯基金會、科爾伯基金會、巴伐利亞研究基金會和德意志—以色列基金會。但這裡指的不是這類基金會，而是指接近政黨的政治基金會以及科學、教育界的國家級基金會，如艾伯特基金會、漢堡基金會等。

❸基本法第116條：「(1)如無其他法律的規定，本基本法所稱的德國人是指具有德國籍，或德意志民族的難民和喪失家園者或他們的配偶和後裔，於1937年12月31日以後在德意志帝國領土上居住的那些人。(2)原德籍公民，在1933年1月30日～1945年5月8日之間，出於政治的、種族的或宗教的原因而喪失國籍者及其後裔，經申請可以恢復他們的國籍。如果在1945年5月8日之後定居在德國，並且沒有表示相反的意向者，不作為喪失國籍論。」

第13章
大眾傳播媒介與輿論調控

第一節　傳媒的功能與法律地位

布蘭德大眾傳播媒介，一般來說可以分為印刷媒介（如報紙、雜誌、書籍）與電子媒介（如廣播、電影、電視）兩大類。在日常語彙中，它主要是指報紙、雜誌、廣播和電視，所以又有新聞媒介的說法。

（一）傳媒地位的演變

大眾傳播媒介體現著公民享受言論和新聞出版自由權利的狀況。與公民的其他自由權利一樣，在德國實現新聞出版自由經過了一個漫長的發展過程。早在1450年左右古騰堡在歐洲發明印刷術之後不久，教會和當時的封建國家便發布了各種文告，規定書報未經事先檢查不得印刷和傳播。普魯士國王腓特烈·威廉一世是第一批認識到新聞出版政治意義的人士之一。同樣地，拿破崙在採取軍事行動之前也總是先用獨到的、措辭巧妙的新聞報導作輿論準備。普魯士軍事官僚政權不願批評當時的自由報刊，但

1819年卡爾‧路德維希‧桑德被刺殺後頒行的卡爾斯巴德決議中關於嚴格檢查書報的規定使德國報刊的「政治聲音」完全沉寂了下去，爾後在1848年資產階級革命時才使新聞出版暫時恢復了自由。

隨著印刷技術的迅速發展，到了19世紀末報刊的印數和讀者數量急劇增加，報刊一躍成為「大眾傳播媒介」，成為一種重要的社會經濟和政治力量。這時除了各政黨的報刊外，還出現了一批大報紙，並同時崛起了第一批報業集團，如柏林的舍爾、烏爾施泰因和莫塞等。1874年第二帝國國會雖然制訂了帝國新聞出版法，明確禁止各種書報檢查和其他預防性措施；但帝國國會仍可以簡單多數限制或廢除新聞出版自由。對中央黨報紙《日耳曼尼亞》的審訊、對社會民主黨報刊的查封、特別是反社會主義者非常法的頒行都表明，帝國新聞法實際上只是一堆廢紙。

威瑪憲法在德國歷史上第一次以國家根本大法的形式規定了新聞出版自由。該憲法第118條規定：「每個德國人在一般法律的範圍內，都有權透過言論、印刷品、圖畫以及其他方式自由表達自己的意見。勞動關係或僱傭關係均不能損害這種權利。當他在使用這種權利時，任何人都不得進行歧視。不再實行書報檢查……」於是，如要重新實行書報檢查必須取得同意修改憲法的2/3多數。但威瑪共和國時當權者卻利用一般性法律來限制新聞出版自由。如1922年和1930年威瑪共和國政府先後發布的行政條例都規定，政治出版物如果煽動人們對內閣成員採取暴力行動或蔑視共和政體的國家形式，就可以對其查封或禁止出版。布呂寧政府1931年頒布的緊急條例甚至規定：所有報紙都有義務根據國家最高當局和地方最高當局的要求，無償發表為普遍利益而需要發表

的官方文字。希特勒上臺後，1933 年 3 月新組建了帝國國民教育和宣傳部，負責對報刊、廣播和電影進行法西斯主義集中控制。它透過每天舉行的記者招待會發布各種具體得無以復加的指示，使所有的新聞記者都變成了統治當局的政治意志的執行人。與此同時，禁止那些比較進步的出版商的所有活動，而納粹黨的出版社卻以低廉的價格收購了許多出版社，成立了一個龐大的納粹報業集團。電臺與報刊一樣，其節目也被徹頭徹尾地納粹化。第三帝國的電影在非政治性娛樂的面具下，也對納粹主義宣傳起著持續的推動作用。

二次大戰後初期，德國的報刊重建工作大致分為三個階段：最初在新聞和娛樂領域實行全面禁令，並關閉所有報館；後來允許編輯出版英文和法文的軍事報紙；第三階段便是在盟軍監督下，編輯出版德文報紙。到 1949 年底，西方占領區已獲准出版149 家報紙，其中西柏林占 20 家。《亞琛消息報》、《法蘭克福評論報》、《布倫瑞克日報》和柏林的《每日鏡報》是第一批獲准出版的報紙，此外還有各占領軍當局的機關報：美占區的《新日報》、蘇占區的《每日評論》、英占區的《世界報》和法占區的《新法蘭西》。占領軍當局對報刊的出版發行，實行許可證制度、出版前檢查與出版後檢查制度。在發放許可證時，各盟國的作法不盡相同。美國人的作法是創辦所謂「超黨派的」、「獨立的」報刊，並且常常透過挑選兩個分屬不同政治黨派的許可證獲得者的辦法來達到這個目的。英國人批准的大多是「具有黨派傾向的報紙」，這些報紙要代表英國人支持並依賴的某個黨派的觀點。法國人的作法搖擺不定，有時像美國人，有時像英國人。蘇聯人不向個人、只向政黨和社會團體發放許可證。他們透過分配新聞紙的

辦法，限制社會民主黨和資產階級的報紙，而優待德國共產黨的報紙。蘇聯占領軍當局強調，報刊同其他大衆傳播媒介一樣，其任務是：傳播馬列主義思想；共同促進社會主義覺悟的形成；支持社會主義建設；同資產階級意識形態的各種觀念作鬥爭。1945年9月，美國人首先放棄了對報刊出版前的檢查；不久，英國人和法國人也相繼仿效，只進行出版後的檢查。1949年9月21日，盟國最高委員會頒布了「第五號法令」。這個法令規定，在聯邦德國生活的德國人（前納粹份子除外）無須事先獲得批准就有權出版報紙、雜誌。

聯邦共和國成立後，公民才眞正享有言論和出版自由的權利，大衆傳播媒介也才眞正確立了它在社會政治生活中的地位與作用。首先，基本法第5條規定：(1)每個人都享有以語言、文字和圖畫自由地發表和傳播其意見，以及不受阻撓地從可利用的一般訊息源獲得訊息的自由權利。保障新聞出版的自由以及廣播和電影的報導自由。不得進行新聞檢查。(2)上述權利僅受到普通法、保護青少年以及個人名譽權的有關法律的限制。聯邦憲法法院1958年在一項裁決中概括表現自由的政治意義時強調：「作爲社會上個人最直接的表現活動，自由表達意見的基本權利是一切人權中最寶貴的權利。……它是自由民主政治制度的絕對前提，因爲只有它才能保障持續的理性討論和意見交鋒，而這正是維持民主制度生存所必須的血液。在一定意義上來說，它是一切自由的基礎。」基本法第5條第1款的規定涉及到訊息自由，而訊息自由是民主制度的一個前提條件。從民主的意義上來說，「選舉本身是民主的保障機制，而民主實質性的保障卻來自這樣的條件，即公民們能夠獲得訊息，並且面臨輿論製造者的壓力」❶。在今

天的德國，與訊息自由相比較，新聞自由不僅僅是一種國家對公民的保護權利，根據聯邦憲法法院的解釋，基本法第5條還將整個新聞事業作為民主國家的一個基本機構加以保護。新聞自由不僅符合大眾媒介的利益，而且符合國家所有公民的利益。因此，聯邦憲法法院1961年、1971年和1981年三次關於電視的裁決中都強調，要保障「形成自由、全面而真實的輿論」。它在1981年6月16日公布的裁決中更進一步明確，法律「必須保障廣播電視事業不能為個別社會集團所控制，保障各有關社會勢力均擁有對節目總體的發言權，保障報導自由不受侵犯」。「立法機關有責任確保廣播電視節目在總體上有助於保障言論的多元性，這是自由民主的標誌。任何有關公共生活的意見都不能被排除在輿論形成過程之外，任何擁有廣播電視頻率資源和資金的媒介都不得在公眾輿論形成過程中居支配地位。」另外，聯邦各州的新聞法也對報刊的法律地位作了相應的補充規定，許多規定適用於所有的大眾傳播媒介，例如要求權力當局提供訊息的法定權利等等。需要指出的是，權力當局對新聞出版物不得進行任何形式的檢查，任何允許這種干預的法律都是違反基本法的。但是，如果某個媒介觸犯了刑法或基本法規定的相關適用範圍，則由經濟法庭扣押已發行的出版物，並予審判。發行人、導演、主編或其他負責人可以對來稿進行審查；但發行者和廣播界團體公認，這種審查不是新聞檢查。

堅持統一社會黨意義上的黨性立場，是民主德國大眾傳播媒介遵循的最高原則。1989年秋天之前，民主德國有6套廣播節目和2套電視節目：出版39份日報，每天發行1,000萬份報紙。其中，統一社會黨就擁有17家日報，除了它的中央機關報《新德意

志報》之外，還有14家專區報紙，這些報紙在當時民德的218個縣還辦了自己的地方版；此外還出版了影響較大的31份週報和畫報，其中《每週郵報》、《滑稽人》、*FF DABAI*、《為了你》和《新柏林畫報》等刊物的總發行量達900多萬份；另外，還有500多家專業雜誌，教會報紙和企業報600多家。所有這些媒體都在統一社會黨和民德政府的嚴密控制之下，堅持為統一社會黨的政治路線和思想路線服務，同西方的各種意識形態作鬥爭。但在一些報紙的地方版上可以發表一些批評性文章，主要是反應對日常生活中弊端的不滿、指責地方政府官僚主義作風、抱怨飯店和商店中惡劣的服務態度以及修理業須長時間排隊等待等問題。

1989年11月9日開放柏林圍牆和東西德邊界之後，民主德國原來的一些報紙就開始改用一些新名稱繼續出版，如哈勒的《自由報》改名為《中部德意志報》、波茨坦的《馬爾克人民之聲報》改名為《馬爾克匯報》等。此外，西德的出版社與民德的報紙紛紛建立合作關係，或對前統一社會黨的專區報紙進行政治改造和技術更新，或創辦新的報紙等，試圖在民德的新聞業中站穩腳跟。但新創辦的一些報紙在一年之後東部第一次報業兼併浪潮中大都倒閉了。還有一些出版社經託管局裁定而被拍賣了，如東德媒介市場上號稱「最漂亮的門面」的柏林出版社被賣給了漢堡雜誌大亨格魯納－雅爾和英國大出版商羅伯特‧馬克斯維爾；克姆尼茨的《自由新聞報》賣給了柯爾密友路德維希港的一家出版社；《中部德意志報》賣給了由根舍密友控制的科隆一家出版社；前統一社會黨控制的10多家報紙賣給了西部出版社。原來民德的廣播電視十分集中，位於柏林納勒帕大街上的廣播中心和位於阿德勒霍夫的電視中心占統治地位，如今這個高度集中的廣

播、電視體制已被聯邦制所取代，變成了新聯邦州自己的廣播電臺和電視臺。原來的2套電視節目DFF1和DFF2合併成了一個新的DFF ── 新聯邦連環電視臺；原來的民德第二廣播臺和德意志文化廣播臺被撤銷，柏林國際廣播電臺則被改組。總之，統一之後，東部的廣播電視也納入了於1991年8月31日重新制定的《聯邦德國廣播電視國家協議》的框架之內。

（二）傳媒的功能

隨著科學技術的迅速發展，大眾傳播媒介在德國的政治生活中也發揮越來越重要的作用。它一方面可以為全社會服務，體現和確保基本法所賦予公民的基本權利，促進民主政治的發展；另一方面，它也可以為當權者所用，成為政府進行社會調控的工具。概括來說，大眾傳播媒介的社會政治功能主要包括傳播訊息、影響輿論、監督與批評政府，以及提供娛樂與教育等四方面。

■ 傳播訊息

大眾傳播媒介是訊息傳播工具。在一定意義上可以說，我們是生活在一個媒介社會，在這個社會中，沒有什麼事物不是和媒介發生聯繫的。沒有在媒介中報導的事物，在社會中幾乎不存在。大眾傳播媒介發揮「告知作用」，及時地、完整地、實事求是地提供各種訊息，使享有「知情權」的社會公眾密切關注並判斷公共事務。大眾傳播媒介透過提供各種訊息使人們認識自己的處境；懂得自由、民主的憲政體制；理解各種社會的、生態的、經濟的和政治的關係；了解所有參與政治過程的人的觀點和行為，

以便使每個人不論作爲選民、政黨成員或作爲公民個人主動參與社會生活。我們的社會空間已變得越來越大，人們透過面對面的交談和直接交往已經遠遠不夠。作爲在這個社會中存在的每一個個體和各式各樣的群體，我們是被人引導著進入彼此的交往之中，而這些正應當是大衆傳播媒介所做的工作。另外，世事浩繁，我們已經不再能直接了解世界上的很多事物，而主要是透過傳播媒介的報導來認識和了解世界的。

■ 影響輿論

　　大衆傳播媒介的另一項社會功能是影響輿論。輿論是社會上相當數量的公衆對他們共同關心的某個問題所表示的個人意見、態度的匯集，它反映了一個社會中各個群體的需要，可以爲執政者及其決策以及反對者及其政治訴求提供訊息和支持。但是，個人的意見並不構成輿論，它只有透過一定的管道並以一定的形式公開表示出來造成影響，才能形成輿論。而大衆傳播媒介正是輿論的啓動者和組織者。大衆傳播媒介主要透過兩種方式來影響輿論，一是報導消息。大衆傳播媒介以最快的速度向最廣泛的公衆報導關於當前各類社會政治事態，例如選舉或者政府的某項重大決策等基本訊息，保證公衆獲得形成輿論所必須的訊息；對某些特定事件廣泛而深入的報導也可以引起公衆對該事件的廣泛注意，並動員社會上儘可能多的人就當前的話題發表意見，形成社會輿論，例如大衆傳播媒介對環境污染從不同角度的連續報導，使得人們對環境的重要性及其現狀有了較全面的認識，保護環境成爲全社會的共識。二是引導輿論。大衆傳播媒介不僅報導各種訊息，而且在報導中往往顯示自己的傾向性，有時甚至還加上評

論。這種傾向性、特別是評論，可以對社會公眾產生潛移默化的影響，使之爲社會公眾所接受。實際上，大眾傳播媒介的動向往往就是社會輿論的動向。

另外，當權者一向十分重視輿論宣傳，因爲它是維持現存社會規範或引導社會變遷的最重要手段之一。德國政府透過新聞發言人和聯邦新聞與訊息局控制了大部分重要訊息的分配，又擁有對大眾傳播媒介的管理權，因此它往往透過發布、透露新聞，或隱瞞、掩蓋消息的手法，利用大眾傳播媒介進行政治宣傳，引導輿論，使其決策得到公眾支持，或改變不利於其決策的輿論，從而使大眾傳播媒介淪爲政府的宣傳工具。德國政府不僅利用大眾傳播媒介對國內公眾進行宣傳鼓動，而且還大規模地進行對外宣傳，這種作法則構成了其外交戰略的一部分。目前，莎西埃德出版社與德國聯邦新聞與訊息局聯合編輯出版的政治、文化、經濟與科學雜誌《德國》（中文版）以及 *Deutsche Welle*（德國之聲），就是發揮這種功能的兩個重要媒體。

■ 監督和批評政府

監督和批評政府，是大眾傳播媒介的主要社會功能之一。按照西方的民主理論，大眾傳播媒介是爲社會公眾服務而不是爲政府服務的，政府是會犯錯的公僕，它可能濫用職權侵害公民的權利，因此需要對政府進行監督。美國第三屆總統托馬斯・傑佛遜就曾主張：「報紙要對政府提供一種其他機構無法提供的監督作用。」❷美國最高法院在 1931 年對尼爾訴明尼蘇達州涉及報刊批評政府官員一案的判決中指出：「政府工作變得更加複雜，瀆職和腐化的機會成倍的增加，……凡此種種無不表明特別需要一個

有警惕性的和勇敢的報界。」❸從而強調了報刊對政府及其官員監督的必要性。德國聯邦憲法法院1966年在一項判決中也強調：「自由的、不受公共權力操縱、不受檢查的新聞工作是自由國家的基本因素。定期出版的報刊對現代民主來說尤其不可缺少。如果公民要作出決定，他必須廣泛了解情況，也能熟悉各種意見並將之互相參照。」德國現代著名媒體專家赫爾曼‧麥恩認爲：「如果其他在議會制政府預先設置的組織（如反對黨）不能，或不能充分地履行批評和監督的職責，那麼，大眾傳播媒介的批評和監督便具有極大的意義。如果沒有報刊、廣播電臺和電視臺發現弊端，並透過報導引起議會的質詢和派出調查委員會，民主社會就會處於屈服於腐敗或官僚主義專橫的危險之中。」❹

從實踐來看，德國大眾傳播媒介歷來以監督、批評政府及其官員，揭露政治醜聞、官員貪污瀆職，以及競選者的桃色事件爲樂事。1961年5月31日，媒體報導了聯邦德國國防部長施特勞斯對一個私營經濟的建築草案的支持，導致聯邦議院就此問題派出了一個調查委員會。1981年媒體揭發出企圖赦免偷稅者的勾當，這些違法的偷稅者將錢僞裝成捐款，「施捨」給了各個政黨，引起了德國政壇的轟動。1984年媒體有關維爾納和基斯林事件的三個專題報導，導致基斯林將軍平反；任命了聯邦議院的一個調查委員會；改組了軍方反間諜組織。1987年9月14日媒體關於「巴舍爾航髒伎倆」的專題報導，其有關事實在什霍州州長自殺後，被該州議會的一個調查委員會所證實；後來還導致什霍州基民盟出現了很長一段時間的危機，以致什霍州政府不得不更迭。1991年1月，媒體多次報導了巴登－符騰堡州州長羅塔爾‧施佩特由一個私營公司出資旅遊的事，導致這位州長被迫下臺。1993年6

～7月，媒體多次報導了關於聯邦刑偵局和聯邦憲法保衛局在巴特萊因失敗的緝捕行動，後來導致最高聯邦檢察官亞歷山大・馮・施塔爾和聯邦內政部長魯道夫・塞特爾的辭職。大眾傳播媒介的這種監督，具有公開性、靈活性、廣泛性和社會性等四大特色，對政府其及官員形成了強大的制衡和約束力量。因此，大眾傳播媒介被譽為制約立法、行政、司法三種權力，甚至凌駕於它們之上的「第四種權力」。

■ 提供娛樂與教育

　　大眾傳播媒介在提供娛樂和教育、豐富知識和文化生活方面，也起著越來越重要的作用，甚至改變了人們的生活方式。據調查❺，1990年德國居民星期一至星期天每人平均耗時，西部居民為：看電視2小時15分鐘，聽廣播2小時50分鐘，閱報28分鐘；東部居民為：看電視2小時51分鐘，聽廣播3小時2分鐘，閱報33分鐘。這些耗時是除了工作、睡覺之外最長的一項日常活動。許多青少年僅看電視的時間就與上學的時間差不多。隨著多媒體技術的發展，不但社會公眾的大部分娛樂節目都來自傳播媒介，甚至不少人在家裡上班辦公。大眾傳播媒介可以提供從政治事件到天氣預報、購物、交通、就醫等等幾乎無所不包的訊息服務和生活知識。在德國，收音機和電視機已經很普及，據統計，1992年德國人的家庭每百家占有率：電視97％，電話87％，錄影機70％，閉路電視43％，家庭電腦29％，衛星電視27％，攝影機18％，CD音響14％，行動電話10％，網路服務5％，付費電視3％；每千人擁有328份報紙，在世界上占第5位，僅次於日本、英國、奧地利和瑞士。據1995年德國「消費者分析」的調查

結果，聽音樂、看電視和看報紙，是德國人最普遍的三大消遣方式。在德國觀眾的眼中，德國電視一臺播放新聞、政治專題、戲劇、青少年節目、益智節目和地方節目最好；德國電視二臺播放體育、娛樂片、言情片，偵探片、民族音樂以及科技節目方面最佳；而盧森堡電視臺在播放訪談、答問比賽和搖滾及流行音樂方面最出色。

第二節　傳媒的結構與特徵

（一）傳媒的結構

德國公眾心中的大眾傳播媒介主要指：新聞通訊社、報紙、雜誌、廣播電臺和電視等五類。它們在德國的政治生活和人們的日常生活中，重要性和影響很不相同。

■ 新聞通訊社

新聞通訊社是收集和傳播新聞的機構。爲了報導世界各地的最新消息，報紙、雜誌、廣播電臺和電視臺一般透過記者、記者站和新聞通訊社三個途徑來獲得新聞。一個記者或記者站通常把新聞報導交給離他最近的通訊分社、或設在柏林和所有在聯邦各州的首府城市以及那些「容易產生新聞的地方」的辦公室，再從那裡傳到通訊社中心編輯部；中心編輯部對上述新聞報導立即加工，也就是刪節、改寫或補充，如果認爲比較重要的話，這條新聞報導就與通訊社的訂戶見面，被立即刊登在報紙、雜誌上，或送到廣播電臺和電視臺播出；也或許送到聯邦政府的新聞與訊息

局和各社團組織的新聞處，以及通訊社的全部訂戶手裡。

德國最重要的新聞通訊社是德意志新聞社（DPA）。這個通訊社是1949年由美英法三國占領軍當局的三個通訊社（美占區的DANA，英占區的DPD和法占區的SUEDENA）組成的。現在的所有者是由一些出版商和廣播電視機構組成的股份公司。股份公司選出一個監督委員會來決定業務領導和總編輯。爲了避免片面地代表某一方面的利益，不允許任何團體占有該新聞社1.5％的原始資本；監督委員會由好幾種不同政治傾向和世界觀的代表組成；並禁止國家購買新聞社的股票。新聞社不能長期片面地報導某一政黨的優點或缺陷，它必須執行獨立於政黨的政策。另外，德意志通訊社（AND）、德意志電報服務中心（DDP）、美國的美聯社（AP）、英國的路透社（RTR）和法國的法新社（AFP），也在德國提供德文新聞稿。德意志通訊社在原民主德國是德國統一社會黨的官方發言臺。1990年夏，德意志新聞社與德意志通訊社曾計劃聯合，後因雙方在應當聘用德通社多少職工的問題上發生分歧而失敗。兩德統一之後，德新社在東部的五個新聯邦州建立起自己的州分社。1992年，託管局把德通社賣給了杜塞爾多夫的埃菲克騰施皮格爾股份有限公司老闆巴爾克·霍夫曼，他也是德國電報服務中心擁有多數股權的股東。除了上述大型通訊社外，在德國還有很多專門報導某些題材的小型通訊社，其中主要的有：福音新教新聞通訊社（EPD）、天主教通訊社（KNA）和聯合經濟通訊社等。

聯邦政府新聞與訊息局（Presse und Informationsamt der Bundesregierung）對於新聞通訊社和那些訊息服務機構來說是最重要、最有用的訊息源。新聞與訊息局負責向聯邦政府通報國外

重要新聞；向大眾傳播媒介通報聯邦政府的政策。它將內部新聞傳到外部，又把外部新聞傳到內部，扮演著內閣的「喉舌」和「耳目」的雙重角色。聯邦政府發言人是聯邦新聞與訊息局的負責人，直接受聯邦總理的領導。他獲取訊息的最重要途徑，除了與聯邦政府首腦直接談話外，就是參加內閣會議。此外，聯邦各部的發言人都向聯邦新聞與訊息局提供它們的工作報告、表態發言、統計資料和各種圖表以供參考。這位政府發言人，在首都通常於每星期一、三、五與各聯邦部的發言人一起出席聯邦記者招待會，即各新聞媒介派駐首都的記者參加的聚會。他在新聞界面前要為政府辯護，而在政府面前要為新聞界說好話；這種雙重身分往往使他處於兩面都不討好的尷尬境地。聯邦新聞與訊息局除了當面發布訊息外，主要透過它的出版物《致新聞界》和《聯邦政府新聞與訊息局公報》（*BULLETIN*）向新聞媒介通報訊息。聯邦政府新聞與訊息局公報主要公布聯邦總統、聯邦總理和聯邦政府對重要時事和原則性問題的聲明。

■ 報紙、雜誌

　　德國的報紙數量很多。據德國報紙出版協會統計，1993年報紙總數 ❻ 1,597種，發行總數3,320萬份。其中日報總數386種，發行量2,600萬份；週報31種，發行量220萬份；星期日報6種，發行量500萬份；跨地區報7種，發行量150萬份；街頭零售報9種，發行量610萬份。德國雜誌品項繁多，分布極廣，迄今沒有準確的統計數字，據德國著名大眾傳播媒介專家赫爾曼‧麥恩估計，雜誌總數可達20,000種，總發行量可能在2億份左右。據德國廣告經濟中心委員會1993年在波昂出版的《德國廣告》統計，

1992 年審核過的雜誌：大衆雜誌619 種，發行量12,100 萬份；專業雜誌951 種，發行量1,670 萬份；顧客雜誌36 種，發行量2,130 萬；教會雜誌38 種，發行量240 萬份。

大衆雜誌主要有時事畫報、婦女雜誌、節目新聞、彩虹雜誌等，1993 年大衆雜誌的發行範圍見表13-1。專業雜誌向來都把向專業人員傳遞專業知識當成自己的任務，它是對近50％的居民進行培訓、進修的主要媒體，《醫學診所》、《政治培訓資料》和《焊接與切割》等，是這類雜誌中發行量較多的。教會的雜誌發行量也很大，天主教教會出版主管教區雜誌、家庭雜誌、星期日期刊、教團雜誌、使命雜誌、世界圖片、新圖片郵報等等；基督教教會則利用教徒的來信和星期日報來關心其成員。顧客雜誌主要是爲產品和整個經濟部門做廣告，這類雜誌十分繁多。

表13-1　1993 年大衆雜誌發行範圍

雜誌名稱	發行範圍	
	西德地區（％）	東德地區（％）
彩色畫報	8.0	1.8
明星畫報	14.6	3.0
一　　瞥	7.9	12.5
請　　聽	17.4	5.4
F. F	0.3	14.3
超級畫報	0.8	15.0
布利吉特	7.6	2.5
我美麗的花園	4.0	7.9

資料來源：《地平線》第25 期，1993 年6 月25 日出版，轉引自H．麥恩的《德意聯邦共和國的大衆傳播媒介》德文版，第81 頁。

■ 廣播電台和電視

　　德國實行公法和私營廣播電視「協調共存」的雙軌體制。這
一制度的基礎是1986年聯邦憲法法院在一項判決中確定的原則。
該判決規定：公法廣播電視負有「基本廣播」的任務；而私營廣
播電視的任務是對觀眾和聽眾提供「補充廣播」。在此基礎上，聯
邦各州於1987年達成了改組廣播電視事業的國家協議。兩德統一
之後，於1991年8月31日重新制定了《聯邦德國廣播電視國家協
議》，該協議於1992年1月1日生效。現在，德國有11個州廣播電
視臺、1個聯邦法電臺，以聯邦各州簽訂的一項國家協議爲基礎
的德國電視二臺（ZDF），和公法性組織的德國電臺。最大的廣播
電視臺是設在科隆的西德意志廣播電視臺，工作人員約4,400人，
最小的是布蘭登堡東德意志廣播電視臺和不萊梅電臺，職工分別
爲600人和650人。除德意志電視二臺以外，德國所有非私營廣播
電 視 臺 都 是 全 德 聯 邦 聯 合 體 —— 德 國 公 共 廣 播 電 視 聯 盟
（Arbeitsgemeinschaft der Öffentlich-rechtlichen Rundfunkanstalten
der Budesrepublik Deutschland, ARD）的成員。聯邦各州的廣播電
視臺播出它們自己的節目，其中包括地方臺在內的8家廣播電
臺、1套跨地區電視節目以及第三頻道節目，該廣播電視聯盟所
屬各臺聯合舉辦「德國電視一臺」節目，1991年德國公共廣播電
視聯盟又增加了兩家新臺，一家是由薩克森州、薩克森—安哈特
州和圖林根州聯合開辦的中德意志電視臺，另一家是由波茨坦的
布蘭登堡州議會開辦的東德意志—布蘭登堡廣播電視臺。在柏
林、布蘭登堡和梅克倫堡—前波莫瑞聯合開辦三州廣播電視臺的
計畫失敗後，梅克倫堡—前波莫瑞州議會決定與北德意志電視臺

進行合作。

德意志第二電視臺（ZDF）是1961年根據聯邦國家協議設立的。在此之前，康拉德‧阿登納曾試圖建立一家私人有限公司──「德國電視臺」作為聯邦政府電視臺，但他的這項計畫因被設在卡爾斯魯厄的聯邦憲法法院裁決違反憲法而告吹。德意志電視二臺是歐洲最大的單一的電視臺，它採用中央營運形式，所有節目都從美因茲播出。1984年12月1日，該電視臺開始與奧地利和瑞士電視聯合為有線電視臺，播出1套衛星節目，即三國電視臺「衛星三臺」。

德國的兩家國家廣播電臺執行特殊任務。其中之一是「德國之聲」電臺（Deutsche Welle），該臺由聯邦政府提供資金，負責向海外聽眾綜合介紹德國各方面的情況；1992年接受了美占區電視臺（RIAS TV）之後，也製作電視節目。另一家是德國廣播電臺（Deutschlandradio），它由德國無線電臺、美占區廣播電臺（RIAS）和德意志文化電臺合併而成，向全國播出2套無廣告的訊息節目和文藝節目。

1984年1月1日，路德維希港有線電視實驗工程落成，標誌著德國的新聞媒介政策發生重大變化，開始出現了私營廣播電視事業。私營媒介公司最初只能經營有線和衛星廣播電視，後來逐漸被允許使用一部分傳統的無線電波頻道。德國現有兩家主要的私營電視公司，一家是設在美因茲的衛星電視一臺（SAT1），另一家是設在科隆的盧森堡廣播電視臺（RTL）。這兩家私營電視臺的訊息節目有「訊息娛樂化」傾向，即把訊息和娛樂混在一體播送，但效果現在還不能判斷。此外，還有一些影響較小的廣播電視臺，如盧森堡廣播電視二臺（RTL2）、福克斯電視臺（VOX）、

N－TV新聞頻道、VIVA電視臺、電信五臺（TELE5）和第七套節目（PRO7）等等。

　　私營廣播電臺的發展比私營電視臺更具有多樣性。全國性私營廣播電臺主要有薩克森的FFN廣播臺、什霍州廣播臺、巴伐利亞天線臺、HUNDERT－6廣播臺（柏林）和漢堡廣播電臺等。在私營廣播電臺的發展過程中，私營廣播電臺有的已經超過了公共廣播電臺；但有一些地區性私營廣播電臺，如柏林的訊息臺、巴符州的哈爾廣播臺等，由於競爭力下降而不得不停止經營。私營廣播電臺播出的音樂節目比例太大，以致它們得到了「喇叭」的綽號。

（二）傳媒的特徵

　　德國的大眾傳播媒介具有八大特徵，說明如下：

■私人所有

　　德國的新聞通訊社、報紙、雜誌出版社、廣播電視和廣播臺通常都是私人股份公司或獨立的私人企業。在原民主德國則完全不同，那裡從印刷機到報紙、雜誌等所有印刷產品都屬於政黨和群眾團體，主要屬於當時的執政黨——德國統一社會黨。1990～1991年間，託管局把這些出版社都私有化了。這種建立在私有制基礎上的大眾傳播媒介，一方面要為大眾服務，另一方面要盈利，因而具有雙重特性。

■報紙的數量多，而且多半設有地方版

　　星期一至星期五在聯邦各州出版的報紙約只有380種，就有將近1,614種地方版和地區版，如《圖片報》一家報紙就有35種

地方版和地區版。據1995年統計，每千戶居民每天購買的報紙數：美國226份，英國317份，法國156份，德國314份；德國在西方四大工業國中名列第二。地方版不是獨立的地方性報紙。這種報紙的編輯部只編輯本地新聞部分，一般的報導部分便統一地、不加改變地從他們的主報上轉載。這種母子報紙，無論經濟上還是法律上都屬於同一所有者。

■ 地區性報紙實力雄厚

　　德國聯邦制的國家結構也反映在它們的新聞業中。在聯邦各州政府所在地和其他一些大城市，有60家發行量超過10萬份的地區性日報，這些報紙重點報導本地區的新聞，除了在本地區發行外，還在某些特定的火車站和飛機場的售報亭出售。這類報紙中最有名的是《斯圖加特報》、《漢堡晚報》、《奧斯納布呂克報》，以及《西德意志匯報》（埃森）。按照它們的發行量和廣告收入，這些報紙都屬於財力雄厚的出版社。

■ 跨地區性報紙數量少、影響大

　　與第一次世界大戰前的威瑪共和國時代相比，現在德國出版的跨地區性日報相當少，著名的只有四家。

1. 《南德意志報》（*Süddeutsche Zeitung*），1945年在慕尼黑創刊，發行量約40.5萬份。該報堅持自由主義原則，保衛和追求自由民主的社會形態和法制國家體制，它新聞版的特色是報導面寬，對巴伐利亞州的報導內容也廣泛而全面。頭版上的雜文欄「曝光台」和其他通訊報導很有特色。
2. 《法蘭克福匯報》（*Die Frankfurter Allgemeine Zeitung*），

1949 年在法蘭克福創刊，發行量約39.5萬份。該報的優勢是擁有一個密集而遍布世界的記者站網絡，使該報能夠在很大程度上不依賴各通訊社而發布世界各地的報導，特別在經濟報導方面獨領風騷。該報在其政治報導中同情基民盟的立場，在經濟問題上爲企業家的利益而呼籲，副刊爲自由撰稿人提供了一個百家爭鳴的論壇。

3. 《世界報》（*Die Welt*），創刊於 1946 年，是施普林格集團及其柏林的中心編輯部的「旗艦」。發行量22 萬份。該報保持著保守的民族立場，有時被人暱稱作「波昂的眞理報」，其讀者大多數是國家機關和經濟界的領導層。施普林格集團的董事會自1991 年起對這份報紙在政治上和新聞業務上進行了改革，強調「不要紅色的，但也不要黑色的修道院」。

4. 《法蘭克福評論報》（*Die Frankfurter Rundschau*），創刊於 1945 年，發行量約19 萬份。該報的基本態度是「社會自由主義的」（左傾自由主義）。該報贊成人權、贊成「對國家政治的不斷改革」，支持少數民族，主張和平與非暴力，以及透過群衆參與決策來監督權力機構，並試圖「促進民衆形成自己的見解」。該報的特色是文獻資料內容豐富。

此外，還有幾家影響不大的跨地區性報紙，如《日報》（*TAZ*）、《商報》（*Handelsblatt*）等。《圖片報》（*Die Bild — Zeigung*）也是跨地區性大報，但在《圖片報》上占統治地位的不是文字報導，而是圖片、大字標題、彩色的線條和彩色的花邊，習慣於將複雜的政治事件處理爲口號和流行語，因而被人們貶稱爲「馬路小報」（Boulevardblatt），或稱之爲通俗報紙。屬於這一

類的還有《特快郵件報》、《早郵報》、《晚報》、《柏林報》和《柏林信使報》，以及專門為東德市場創辦的《超級報》（*Die Super ! Zeitung*），該報用性內容和轟動新聞與《圖片報》展開競爭，有時用特有方式煽動東德人對西德人的仇恨，但它在創刊14個月後因嚴重經濟虧損而倒閉。

■ 雜誌種類繁多，發行量較少

　　與日報相比，雜誌的新聞較少，但詳細的分析和評論文章較多，特別是能將新聞事件放到更大的社會背景中評論。雖然發行量較少，一般只有十幾萬份，但由於它們水準較高和跨地區發行，對德國政治、經濟和文化方面影響較大。著名的雜誌有八種：

1. 《時代》（*Die Zeit*），自稱是「自由主義」的，它不追隨某個政黨的政治方針，在政治報導中總是首先刊登那些特別有爭議的話題和各式各樣的論點。有人嘲諷該刊說：它的「政治報導是爭議的焦點，文化報導上是極左的，而經濟報導的傾向又是保守的」。

2. 《明鏡》週刊（*Der Spiegel*），是仿照美國新聞週刊《時代》於1947年創刊。它的特色是注意將所有的新聞放到歷史背景中，並盡可能地把人放到事件情節的關鍵點中加以報導。

3. 《明星》畫報（*Der Stern*），以搞揭露性新聞而聞名。它熱衷於搜尋醜聞，專門揭短。但有時察覺到一些跡象便開始搜尋，搜尋到最後一無所獲，自己倒因此出了醜聞。1983年5月，該刊報導發現了「希特勒日記」，而這些「日記」

後來被證明是用拙劣的手法偽造的，結果該刊一時間陷入身敗名裂的境地。《明鏡》週刊總編輯漢斯‧維爾納‧基茨1991年3月在對比《時代》、《明鏡》和《明星》三家刊物時，不無道理地指出：「《時代》週刊報導面寬，《明鏡》週刊偏於尖苛，而《明星》畫報則比較花俏。」

4. 《週郵報》（*Die Wochenpost*），自認為是《時代》週刊在東德的一個「潑辣的小表妹」，它主要從偏左的立場上報導新聯邦州出現的問題。

5. 《週報》（*Die Woche*），創刊於1993年，該刊報導較多的是觀點而不是訊息，與其他刊物相比，它使用了較多的視覺訊息資料如圖表、卡片和示意圖，在40個版面上，給讀者提供「深層次的訊息」。

6. 《議會週報》（*Das Parlament*），由波昂的聯邦政治教育中心出版發行，不討論政治問題，而是用文獻資料來證實問題，主要引用聯邦議院辯論的提要。

7. 《焦點》（*FOCUS*），於1993年在慕尼黑創刊，該刊報導簡明扼要、活潑，基本情調積極，善於把訊息放到一個關聯性的情節中，並用一種輕鬆愉快的方法來介紹訊息。目前，它是《明鏡》週刊的主要競爭對手。

8. 《經濟週刊》（*Die Wirtschaftswoche*），專門報導經濟問題並公布所有大型交易所的股票行情，常常把新聞用評論的方法加以強調，然後放到事件的情節中去。它主要針對企業家和炒股票的人。

其他還有《彩色畫報》、《新雜誌》等許多雜誌，但其影響都

比較小。

■ 政黨報紙力量較弱

德國政黨的報刊局限於新聞服務和訊息服務，地位十分微弱。社會民主黨目前有26家日報和週報以及相應的出版社和印刷廠。基督教民主聯盟和基督教社會聯盟的報刊更少，只聯合出版《德國聯盟服務報》。此外，基督教民主聯盟還出版《新時代報》。基督教社會聯盟除出版《基社盟通訊》之外，還出版週報《巴伐利亞信使報》。

■ 所有報紙和雜誌財政上都嚴重依賴廣告收入

報紙和雜誌賴以生存的收入來自預訂費、街頭零售額和廣告收入。報紙和雜誌均以大大低於生產成本的價格銷售，如果沒有廣告收入，《時代》週刊必須以2倍於現價的價格、《世界報》要以3倍於現價的價格，而《明星》畫報則要以3.5倍於現價的價格銷售，才能回收成本。要提高訂閱價格是不現實的，因而只好依賴廣告收入。研究結果表明❼，在100馬克的銷售額中，德國西部地方性日報的廣告收入，50年代為30馬克，90年代為70馬克；大眾雜誌的廣告收入約占80馬克。

■ 報業的集中化傾向嚴重

目前，在日報和星期日報的總發行量中，40％以上是由施普林格出版社（Axel Springer — Verlag）、斯圖加特報業出版集團（Die Verlagsgruppe der Stuttgarter Zeitug）、西德意志匯報出版集團（Die Verlagsgruppe der Westdeutschen Zeitung）、杜蒙特‧紹貝格出版社（Der Verlag DuMont Schauberg）和南德意志報業出版集團

（Die Verlagsgruppe der Süddeutschen Zeitung）等五大出版集團掌
握的。60％以上的大眾雜誌屬於鮑爾（Bauer）、施普林格
（Springer）、布爾達（Burda）和貝塔斯曼／格魯納＋雅爾
（Bertelsmann/Gruner＋Jahr）等四大出版企業，僅鮑爾出版社就
占了1/3。

　　施普林格出版社是歐洲大陸上最大的報紙出版社，它出版
《世界報》、《圖片報》、《星期日世界報》、《星期日圖片報》、
《漢堡晚報》、《柏林報》、《柏林晨郵報》、《貝格多夫報》、《埃
爾姆斯霍恩報》，以及廣播電視雜誌《注意聽》、《無線臺鐘》、
《婦女圖片》、《汽車圖片》、《運動圖片》、《圖片週報》、《婦女
雜誌》、《我的故事》、《網球期刊》、《滑雪雜誌》、《高爾夫運
動》等等。1992年這家集團的營業額爲36億馬克，年盈利5,700
萬馬克。

　　貝塔斯曼出版公司是歐洲最大的媒介集團，它原始資本中的
68.8％屬於貝塔斯曼基金會，20.5％屬於莫恩家族，10.7％屬於
《時代》週報出版商。該公司以經營圖書和唱片起家，後來又建立
了讀書會，購買了大型印刷廠，現在則進入了廣播、電視和電影
領域，其中有烏法電影製片廠、漢堡廣播電臺、盧森堡電視臺和
盧森堡電視二臺。另外，還在格魯納＋雅爾集團那裡參與了股
份。1992～1993年度，該公司營業額170億馬克，其中一半以上
來自國外。格魯納＋雅爾集團除了《漢堡晨郵報》外，還出版下
列雜誌：《明星》畫報、《布里吉特》、《資本》、《地球》、《桑
拉德》和 P. M.。它74.9％的股份掌握在貝塔斯曼集團手中，與該
公司一起進軍電影和電視業。它本身在《明鏡》週刊占有24.9％
的股份；正在美國、法國、西班牙和英國大力開拓大眾雜誌市

場。

　　漢堡的海因茨・鮑爾出版社擁有許多專業雜誌出版社、服裝圖樣和通俗小說出版社、東部的《人民之聲》報和許多以娛樂爲主要內容的雜誌，如《新週刊》、《新郵報》、《我們的畫報》等等。它以年營業額20億馬克雄踞德國出版界第三位。

　　布爾達出版社出版的雜誌有：《焦點》、《福布斯》、《彩色》、《我和我家》、《帕恩神》、《女友》、《電子圖片》、《家庭》、《業餘評論》、《我美麗的花園》等，它還在東部出版發行《超級畫報》、《超級電視報》、《北德意志最新消息報》等。1992年營業額爲13.5億馬克。

　　其他還有斯圖加特的格・馮・霍爾茨布林克出版有限公司、漢堡的甘斯克出版社以及E・布羅斯特和J・馮克控制的西德意志匯報集團。總之，目前德國大衆傳播媒介集中化趨勢十分嚴重。

第三節　政府與輿論調控

　　德國的大衆傳播媒介享有言論出版自由、報導自由和批評自由，也沒有新聞檢查制度。審查世界各國新聞自由狀況的倫敦國際新聞研究所也認爲，德國是官方尊重自由新聞界強大地位的少數國家之一。但是，這並不意味著德國的傳媒不受任何限制。實際上，每一種自由都是有限制的，只不過由於各國的文化傳統和社會生活的差異，爲保護自由而對自由實施的限制的程度和方式不同罷了。德國的傳媒與政府並無隸屬關係，彼此是獨立的；然而二者又是密切相關和相互依賴的。傳媒報導的新聞大部分是政府和政府領導人的活動，其消息來源主要是政府各機構和政府官

員。政府則透過傳媒了解國內外大事、宣傳其政策和政績，以製造輿論、影響輿論。但由於二者的目的不同，其關係總體來說是既合作又對立的，因此，政府作為國家的治理者總是千方百計對傳媒進行管理、限制甚至控制。

■ 透過規範性的法律手段對傳媒進行管理

德國的傳媒，不論是通訊社、報紙、雜誌還是廣播電視，絕大多數都是私人商業企業，因此政府首先便是用各種商業立法來管理媒體，如有關稅收的各種法律、卡特爾法、廣告法、數據保護法等等，為此設有嚴密的監管體系。國家除有廣播電視、新聞立法外，設有聯邦憲法法院，負責對傳媒的違憲監督。此外，廣播電視機構都有自己的監督機構，如總裁負責節目，同時也接受廣播電視行政當局和管理委員會的監督和指導。監督機構一般由政黨、工會、教會、雇主聯合會以及文化機構的代表組成。

其次，對電臺和電視臺進行頻道管理。電波會互相干擾，隨著廣播電臺的增多和電視臺的出現和發展，必須對廣播頻道進行管理，否則廣播事業就不能發展。一般情況下，電臺和電視臺在營業之前必須取得營業許可證，並獲准使用某個特定頻道。同時，電視臺和電臺在競選或播放不同意見時還必須遵守「同等時間」、「公平原則」、「辯駁權利」的規定。

再其次，根據基本法第5條第2款的規定，表現、訊息和新聞自由「受到普通法、保護青少年和個人名譽權有關法律的限制」。普通法包括民法和刑法。一個新聞記者如果唆使士兵叛逃、敗壞死者的名譽或誹謗其他公民，其行為便違反刑法。對普通法的解釋，必須維護基本法中所包含的特定價值觀，在涉及到保護個人

名譽、保護人格尊嚴、保護公司、保護國家時，對表現、訊息和新聞自由的限制尤其複雜。一個新聞記者如果在公眾中製造或傳播貶低他人的事由，他便犯了人格侮辱罪；如果該記者是在充分了解事實的情況下從事這種行為的，則構成了誹謗罪。基本法所保障的是意見的表達，因為討論是民主的基礎。正如聯邦憲法法院所指出的那樣：「因為作了某種判斷性表述而遭到嚴厲的法律制裁，這會窒息和限制討論，因而與憲法所設想的表現自由的功能是背道而馳的。」但是表現自由必須有分寸，不能濫用批評。例如：一家雜誌在一篇文章中說一位電視播音員像隻「擠奶的母山羊」，引起了訴訟案，聯邦最高法院對此案判決認為，這是一種濫用批評。許多法院允許用「吸血鬼」來描述房主對房客的行為、用「小集團」來描述德國乒乓球協會執委會成員，或將宣傳極右勢力的雜誌稱為「激進右翼的破旗」，但基本法都不允許將某位政治對手稱為「流氓」、將一位聯邦部長稱為「法西斯頭子」，或將某個清潔材料交易商稱為「無賴」。

除了對名譽的保護之外，報導自由還受到一般人格權的限制，這項權利在基本法第1條關於個人的尊嚴和第2條關於人格的自由發展的條款中都有明確規定。只有在訊息有助於形成客觀輿論、有助於形成各州或社會的民主意志的基礎的情況下，人格權才能被允許涉及。個人的私生活，尤其是男女的性生活則享受絕對的保護，只要當事者本人沒有公開講述自己的愛情生活，傳媒就不允許隨意報導。公司或商業的秘密是可以揭露的，如某公司生產的食品中加入了某種不能容許的添加劑，媒介便可以將它曝光。侵犯個人隱私，如未經本人同意而出版非公開談話的錄音磁帶或發表私人記事等則受到禁止。個人的私生活只有涉及重大的

公共利益才能允許報導，單純爲了滿足大衆好奇心、煽情或觀淫癖而窺探名人的室內隱私，是不正當的。當德國前聯邦總理維利‧布蘭德的秘書京特‧紀堯姆作爲東德間諜被揭發出來的時候，有些媒體報導說已經結婚的聯邦總理跟另一個女人有著過分親密的個人關係。在當時的情況下，這些報導是正當的，因爲當時布蘭德有可能遇到以公開他的私生活相威脅的敲詐，從而可能危及他處理國家公務的方式。

媒體允許報導對商品的檢驗結果，但必須符合下列原則，即：從事檢查的個人或團體必須以中立的方式實施；檢驗結果必須正確無誤；報導必須符合公共利益，不能幫助某公司打擊它的競爭對手；報導不能超越公正批評的界限。

媒體的自由不僅受到他人的個體權利的制約，在國家安全面臨威脅或公共的安寧遭到擾亂之際，同樣要受到限制。任何故意公開國家秘密或將之洩露、並因此給國家安全帶來危害的人，都屬於通敵罪。媒體不允許發表諸如軍隊裝備或戰術防禦計畫一類的軍事機密。此外，對新聞自由還有一些限制，如：煽動侵略戰爭、鼓吹以暴力手段對待少數民族如猶太人、避難者和外國人、美化對人類的暴力行爲以及煽動人們犯罪或爲恐怖份子組織號招等等皆非法律所允許。

另外，根據基本法確定的保護青少年的原則，禁止媒體報導有損青少年身心健康的內容，並限制電臺、電視播送這類內容的時段。1987年4月，德國西部各州共同簽署的「廣播電視新安排的國家協議」，在第10條中對禁止播送的內容以及爲保護青少年身心健康而確定爲不宜播送的內容作了非常詳細的規定；而且明確限定，某些表現暴力、色情和淫穢的東西只能在夜裡22時或23

時至次日清晨6時之間播送。為了貫徹基本法規定的上述原則，德國政府還成立了由負責青年事務的聯邦部長和各州政府任命的高級官員組成的聯邦檢查處。該處根據提案，將那些在道德上危害兒童和青年的、教唆野蠻的、引誘人走向暴力的、犯罪或種族仇視以及狂熱讚揚戰爭的作品列出一個特別名單，那些一年之中有2次以上被列在這個特別名單上的定期出版物，則被罰在3～12個月期間不得在報亭出售、也不得在圖書館和讀者社團中借閱。

德國沒有全國統一的新聞法，新聞權由各州新聞法管轄。漢堡州新聞法在各州中具有代表性。該法在第19條、20條和21條中詳細規定了媒介違法的懲罰細則。

■ 透過各種政治手段對媒體進行操縱和控制

首先，透過發布、透露新聞來製造輿論。德國政府對傳媒不採取一種簡單的逃避態度；相反地，透過主動舉辦記者招待會和新聞發布會、接見某些新聞界巨頭或資深記者、提供新聞公報等方法來操縱和左右傳媒。在德國，政府首腦、政府發言人、聯邦部長、聯邦議員等都可以舉行記者招待會，其中以政府首腦、政府發言人舉行的定期的、不定期的記者會最為重要。在招待會上，他們有意強調某些問題或者迴避某些問題，以左右公眾的注意力。至於召開新聞發布會、接見資深記者、提供新聞發布會，更是政府利用傳媒、誘導輿論的絕好機會。一般情況下，記者與政治家的單獨交談往往比正式的記者招待會、新聞發布會更具實際意義，在輕鬆的交談中、聚餐會上或文藝活動中，政治家可以巧妙地表示他對一些問題的看法，以便將輿論引上官方軌道，或

至少有利於官方的軌道。有的政治家，如前聯邦總理施密特和柯爾，與某些著名記者私交很好，他們有時也利用這種特殊關係有意向他們透露一些消息，讓其發表獨家新聞，以引導輿論。

其次，以隱瞞、掩蓋消息的手法來控制輿論。傳媒的新聞大部分都是政府及其官員的活動，其訊息源是政府機構及其高級官員。如果政府向傳媒封鎖消息，新聞界就不知道政府在做什麼，實際上，政府的許多重要活動都是在對新聞界嚴格封鎖的情況下進行的；有時甚至以「國家機密」為遁詞予以封鎖。德國政府首腦有一個精幹的新聞班底，他們有一套控制和操縱傳媒的方法和手段，例如什麼消息放在週一發表、什麼消息安排在週末，什麼消息由電視一臺或電視二臺的黃金時間播出，都有精心安排。從法律的角度看，新聞報導自由的幅度儘管很大，但消息畢竟掌握在政府的手裡，除非對政府有利，否則政府就不可能主動向新聞界提供對己不利的消息。公眾沒有了訊息，輿論監督也就無從談起。

■ 透過超級集團在經濟上對傳媒施加影響

在德國，除了《德國之聲》和《德國廣播電臺》這兩家國營廣播電臺之外，幾乎所有的傳媒都是以商業組織形式存在和運轉的。隨著社會經濟競爭的加劇，媒介的壟斷和集中趨勢，如前文所述，也十分嚴重。除此之外，不同的傳媒之間以及傳媒與其他行業之間也出現了交叉壟斷現象。歐洲最大的報紙出版社——施普林格出版社，不僅在日報、星期日報和娛樂雜誌市場上是德國的首把交椅，而且現在也是電影製片廠和多家私人電視公司的持股人。1995 年它的總營業額已經超過41億馬克。貝塔斯曼公司從

一家小型圖書出版社發展成了歐洲銷售量最大的媒介集團。 1994
～1995年銷售額達到約200億馬克，其中約2/3是在國外獲得的。
它在美國擁有圖書出版社、圖書俱樂部、印刷廠、RCA唱片公司
等等。目前它除了擁有日報市場外，還擁有雜誌、出版社、印刷
廠、造紙廠、音樂製作公司、電影和廣播電視領域的許多企業。
它還在私營電視領域投了巨額資金，例如它擁有最成功的私營電
視臺「盧森堡廣播電視臺」（RTL）的多數股份，並與發行量很大
的「西德意志匯報」出版社一起行使投票權。

　　另外，媒介業的收入主要來自廣告，因而媒介還受到社會上
一些大公司和商業巨頭的影響。1972年1月底，西德經濟界的一
些頭臉人物，如BASF的總裁庫特‧漢森教授以及大葡萄酒商賴
因哈特‧阿斯巴森就曾聚會，策劃跟漢堡的鮑爾出版社一起反對
當時社民黨－自民黨聯合政府的廣告運動。席中，大出版社長海
因茨‧鮑爾向與會者建議今後由他的出版物刊登廣告，而不由
《明鏡》刊登廣告。最後他們是否達成了協議人們不得而知，但是
《明鏡》和《明星》1972年確實蒙受了很大的廣告損失。媒介集
團和商業鉅子不僅彼此競爭、互相傾軋，而且為了他們共同的利
益有時也相互勾結；加上這些人跟歷屆聯邦政府都有著千絲萬縷
的聯繫，一種經濟、政治乃至人事上的緊密網絡，因此，他們往
往成為大眾傳媒經濟上的真正調控器。

—注釋—

❶ 〔美〕喬萬尼·薩托利：《重訪民主的理論》，查塔姆—豪斯出版
社，1987年英文版，第1卷，第86～87頁。

❷ 楊柏華、明軒：《資本主義國家政治制度》，世界知識出版社，
1984年版，第384頁。

❸ 轉引自李道揆：《美國政府和美國政治》，中國社會科學出版社，
1992年版，第133頁。

❹ 〔德〕H·麥恩：《德意志聯邦共和國的大眾傳播媒介》，福爾克—
施皮斯出版社，1994年德文版，第12頁。

❺ 〔德〕瑪麗—路易莎·基費爾：〈1990年的大眾傳播媒介〉，載於
《媒介視點》，1991年第4期，第251頁。

❻ 前引書《德意志聯邦共和國的大眾傳播媒介》，第48頁。

❼ 前引書《德意志聯邦共和國大眾傳播媒介》，第85頁。

—附錄—

1.德意志聯邦共和國歷屆聯邦總統

希奧多・豪斯（Theodor Heuss）

　　1949～1959，自由民主黨（F.D.P）；

海因里希・呂布克（Heinrich Lübke）

　　1959～1969，基督教民主聯盟（CDU）

古斯塔夫・海涅曼（Gustav Heinemann）

　　1969～1974，社會民主黨（SPD）

瓦爾特・謝爾（Walter Scheel）

　　1974～1979，自由民主黨（F.D.P）

卡爾・卡斯滕斯（Karl Carstens）

　　1979～1984，基督教民主聯盟（CDU）

理查・弗賴赫爾・馮・魏茨澤克（Richard Freiherr von Weizsäcker）

　　1984～1994，基督教民主聯盟（CDU）

羅曼‧赫爾佐克（Roman Herzog）

　　1994～1999，基督教民主聯盟（CDU）

約翰尼斯‧勞（Johannes Rau）

　　1999至今，社會民主黨（SPD）。

2.德意志聯邦共和國歷屆聯邦總理

康拉德‧阿登納（Konrad Adenauer）

　　1949～1963，基督教民主聯盟（CDU）

路德維希‧艾哈德（Ludwig Erhard）

　　1963～1966，基督教民主聯盟（CDU）

庫特格奧爾格‧基辛格（Kurt-Georg Kiesinger）

　　1966～1969，基督教民主聯盟（CDU）

維利‧布蘭德（Willy Brandt）

　　1969～1974，社會民主黨（SPD）

赫爾穆特‧施密特（Helmut Schmidt）

　　1974～1982，社會民主黨（SPD）

赫爾穆特‧柯爾（Helmut Kohl）

　　1982～1998，基督教民主聯盟（CDU）

格哈德‧施若德（Gerhard Schröder）

　　1998至今，社會民主黨（SPD）。

——參考書目——

1.*Grundsetze für die Bundesrepublik Deutschland*, Bundeszentrale für politische Bildung, Bonn, 1996.

2.Uwe Thaysen: *Parlamentarisches Regierungssystem in der Bundesrepublik*, Leske Verlag+Budrich GmbH, Opladen, 1976.

3.Thomas Ellwein u. Joachim Jens Hesse: *Das Regierungssystem der Bundesrepublik Deutschland*, Westdeutscher Verlag, Opladen, 1988.

4.Klaus von Beyme: *Das politische System der Bundersrepublik Deutschland*, R. Piper & Co. Verlag, München, 1979,5. Auflage.

5.Wolfgang Rudzio: *Das politische System der Bundesrepublik Deutschland*, Leske+Budrich, Opladen, 1991,3. Auflage.

6.Kurt Sontheimer: *Gründzüge des politischen Systems der Bundesrepublik Deutschland*, R. Riper & Co. Verlag, München—Zürich, 1980,8. Auflage.

7.Uwe Andersen u. Wiehard Woyke （Hrsg.）: *Handwörterbuch des politischen Systems der Bundesrepublik Deutschland*, Leske+Budich, Opladen, 1995.

8.Hans—Peter Schwarz （Hrsg.）: *Handbuch der deutschen AuBenPolitik*, R. Riper & Co. Verlag, München—Zürich, 1975.

9.Dieter Raff: *Deutsche Geschichte ——vom Alten Reich zur Zweiten Republik*, Max Hueber Verlag, München, 1985.

10.R. Suchenwirth: *Deutsche Geschichte von der germanischen Vorzeit zur Gegenwart*, Leipzig, 1939.

11.E. A. Kosmiuski: *Geschichte des Mittelalters*, Berlin, 1952.

12.C. Misch: *Deutsche Geschichte in Zeitalter der Massen ——von der französischen Revolution bis zur Gegenwart*, Stuttgart, 1952.

13.J. Streisand: *Deutsche Geschichte in einem Band ——Ein Überblik*, Berlin, 1971.

14.A. E. Gerhard: *Arbeiterbewegung, Parteien und Parlamentarismus —— Aufsätze zur deutschen Sozial-und Verfassungsgeschichte des 19. und 20. Jahrhunderts*, Göttingen, 1976.

15.W. Durant: *Kulturgeschichte der Menschenheit*, München, 1976.

16.Akten der Reichskanzlei: *Weimarer Republik*, Boppard, 1986.

17.Karl Dieter Braeher / Theoder Eschenburg / Joachim Fest / Eberhard Jäckel: *Geschichte der Bundesrepublik Deutschland,* in 5 Bänden, DeutscheVerlags—Anstalt—Stuttgart, F. A. Brockhaus, Wiesbaden, 1983~1987.

18.Wolfgang Benz （Hrsg.）: *Die Bundesrepublik Deutschland*, Geschichte in 3 Bänden, Fischer—Taschenbuch Verlag, 1985.

19.Friedrich Schäfer: *Der Bundestag*, Westdeutscher Verlag, Opladen,

1982, 4. Auflage.

20.Rupert Schick u. Wolfgang Zeh: *So arbeitet der deutsche Bundestag*, DNV Neue Darmstädter Verl.—Anst. 1997,8. Auflage.

21.Dieter Wilke u. Bernd Schulte （Hrsg.）: *Der Bundesrat*, wissenschaftliche Buchgesellschaft, Darmstadt, 1990.

22.Jürgen Hartmann u. Udo Kempf: *Staatsoberhäupter in westlichen Demokratien*, Wesdeutscher Verlag, Opladen, 1989.

23.Wolfgang Haus （Hrsg.）: *Städte, Kreise und Gemeinden*, Meyers Lexikonverlag, Mannheim / Wien / Zürich, 1986.

24.Ulrich von Alemann u. Leo KiBler （Hrsg.）: *Organisierte Interessen in der Bundesrepublik*, Lestke Verlag+Budrich GmbH, Opladen, 1989.

25.Hermann Meyn: *Massenmedien in der Bundesrepublik Deutschland*, Wissenschaftsverlag Volker Spiess GmbH, 1994.

26.Karl Kaiser: *Deutschlands Vereinigung ——Die internationalen Aspekte*, Gustav Lübbe Verlag GmbH, 1991.

27.Guido Knopp / Ekkehard Kuhn: *Die deutsche Einheit ——vom Traum zur Wirklichkeit*, Verlag Straube GmbH, Erlangen—Bonn—Wien, 1990.

28.Carl Böhret / Werner Jann / Eva Kronenwett: *Innenpolitik und politische Theorie*, Westdeutscher Verlag, Opladen, 1988,3. Auflage.

29.König / von Oertzen / Wagener （Hrsg.）: *Öffentliche Verwaltung in der Bundesrepublik Deutschland*, Nomos Verlagsgesellschaft, Baden—Baden, 1981.

30.J. Harvey and L. Bather: *The British Constition and Politics*, 1982 by Macmillan Education Ltd.

31.Tom Brennan: *Politics and Government in Britain*, 1982 by Cambridge University Press.

32.〔英〕洛克：《政府論》，商務印書館，1982年版。

33.〔法〕孟德斯鳩：《論法的精神》，商務印書館，1961年版。

34.〔法〕盧梭：《社會契約論》，商務印書館，1980年版。

35.恩格斯：《論日耳曼人的古代歷史》，《馬克思恩格斯全集》 第19卷。

36.〔德〕維納·洛赫：《德國史》，三聯書店，1976年版。

37.〔美〕科佩爾·平森：《德國近現代史：它的歷史和文化》，商務印書館，1987年版。

38.丁建弘等：《德國通史簡編》，人民出版社，1991年版。

39.呂耀坤：《德國政治制度》，時事出版社，1997年版。

40.孫炳輝、鄭寅達：《德國史綱》，華東師範大學出版社，1995年版。

41.李道揆：《美國政府和美國政治》，中國社會科學出版社，1990年版。

42.〔日〕佐滕功：《比較政治制度》，法律出版社。

43.吳大英、任允正：《立法制度比較研究》，法律出版社，1981年版。

44.張宏生：《資產階級議會制度》，商務印書館，1962年版。

45.施治生、沈永興：《民主的歷史演變》，北京出版社，1982年版。

德國政府與政治

比較政府與政治 05

著　　者／顧俊禮

出 版 者／揚智文化事業股份有限公司

發 行 人／葉忠賢

執行編輯／洪千惠

美術編輯／黃威翔

登 記 證／局版北市業字第 1117 號

地　　址／台北市新生南路三段 88 號 5 樓之 6

電　　話／(02)2366-0309　2366-0313

傳　　真／(02)2366-0310

E-mail／tn605541@ms6.tisnet.net.tw

網　　址／http://www.ycrc.com.tw

郵撥帳號／14534976

戶　　名／揚智文化事業股份有限公司

印　　刷／偉勵彩色印刷股份有限公司

法律顧問／北辰著作權事務所　蕭雄淋律師

初版一刷／2001 年 11 月

定　　價／新台幣 400 元

I S B N／957-818-327-5

國家圖書館出版品預行編目資料

德國政府與政治 ／ 顧俊禮著 . -- 初版 . -- 臺
北市：揚智文化， 2001[民 90]
　　面；　公分 . -- （比較政府與政治；5）
參考書目：面
ISBN　957-818-327-5（平裝）

1.德國 — 政治與政府

574.43　　　　　　　　　　　　90015793

§ 揚智文化事業股份有限公司 §

中國人生叢書

A0101	蘇東坡的人生哲學—曠達人生	范　軍/著	NT:250B/平
A0102A	諸葛亮的人生哲學—智聖人生	曹海東/著	NT:250B/平
A0103	老子的人生哲學—自然人生	戴健業/著	NT:250B/平
A0104	孟子的人生哲學—慷慨人生	王耀輝/著	NT:250B/平
A0105	孔子的人生哲學—執著人生	李　旭/著	NT:250B/平
A0106	韓非子的人生哲學—權術人生	阮　忠/著	NT:250B/平
A0107	荀子的人生哲學—進取人生	彭萬榮/著	NT:250B/平
A0108	墨子的人生哲學—兼愛人生	陳　偉/著	NT:250B/平
A0109	莊子的人生哲學—瀟灑人生	揚　帆/著	NT:250B/平
A0110	禪宗的人生哲學—頓悟人生	陳文新/著	NT:250B/平
A0111B	李宗吾的人生哲學—厚黑人生	湯江浩/著	NT:250B/平
A0112	曹操的人生哲學—梟雄人生	揚　帆/著	NT:300B/平
A0113	袁枚的人生哲學—率性人生	陳文新/著	NT:300B/平
A0114	李白的人生哲學—詩酒人生	謝楚發/著	NT:300B/平
A0115	孫權的人生哲學—機智人生	黃忠晶/著	NT:250B/平
A0116	李後主的人生哲學—浪漫人生	李中華/著	NT:250B/平
A0117	李清照的人生哲學—婉約人生	余蒞芳、舒　靜/著	NT:250B/平
A0118	金聖嘆的人生哲學—糊塗人生	周　劼/著	NT:200B/平
A0119	孫子的人生哲學—謀略人生	熊忠武/著	NT:250B/平
A0120	紀曉嵐的人生哲學—寬恕人生	陳文新/著	NT:250B/平
A0121	商鞅的人生哲學—權霸人生	丁毅華/著	NT:250B/平
A0122	范仲淹的人生哲學—憂樂人生	王耀輝/著	NT:250B/平
A0123	曾國藩的人生哲學—忠毅人生	彭基博/著	NT:250B/平
A0124	劉伯溫的人生哲學—智略人生	陳文新/著	NT:250B/平
A0125	梁啓超的人生哲學—改良人生	鮑　風/著	NT:250B/平
A0126	魏徵的人生哲學—忠諫人生	余和祥/著	NT:250B/平
A0127	武則天的人生哲學—女權人生	陳慶輝/著	NT:200B/平
A0128	唐太宗的人生哲學—守靜人生	陳文新/等著	NT:300B/平
A0129	徐志摩的人生哲學—情愛人生	劉介民/著	NT:250B/平

比較政府與政治

POLIS系列